JN411917

¿스페인어 필수동사?

español

유연창

HU:iNE

¿스페인어 필수동사?

초판 1쇄 발행 2012년 11월 30일
초판 2쇄 발행 2014년 3월 20일
초판 3쇄 발행 2017년 7월 13일

지은이 유연창
발행인 김인철
총괄 · 기획 가정준 Director, University Press
편집장 신선호 Executive Knowledge Contents Creator
도서편집 김민정 Contents Creator
재무관리 김은혜 Managing Creator
마케팅 파트장 백승이 Chief Marketing Creator
마케팅 박종원 Marketing Creator
발행처 한국외국어대학교 지식출판원
02450 서울특별시 동대문구 이문로 107
전화 02)2173-2493~7
FAX 02)2173-3363
홈페이지 http://press.hufs.ac.kr
전자우편 press@hufs.ac.kr
출판등록 제6-6호(1969. 4. 30)
편집·디자인 디자인퍼브 02)2254-4308
인쇄 · 제본 네오프린텍(주) 02)718-3111

ISBN 978-89-7464-768-1 13770 정가 14,000원

* 잘못된 책은 교환하여 드립니다.

불법복사는 지적재산을 훔치는 범죄행위입니다.

저작권법 제136조(권리의 침해죄)에 따라 위반자는 5년 이하의 징역 또는 5천만 원 이하의 벌금에 처하거나 이를 병과할 수 있습니다.

HU;NE 은 한국외국어대학교 지식출판원의 어학도서, 사회과학도서, 지역학 도서 Sub Brand이다. 한국외대의 영문명인 HUFS, 현명한 국제전문가 양성(International+Intelligent)의 의미를 담고 있으며, 휴인(携引)의 뜻인 '이끌다, 끌고 나가다'라는 의미처럼 출판계를 이끄는 리더로서, 혁신의 이미지를 담고 있다.

머리말

문장의 핵심인 동사는 외국어 학습에서 가장 중요한 부분입니다. 외국어를 정복하기 위해서 반드시 해야 할 일은 동사의 용법을 익히는 일입니다. 특히 스페인어는 시제가 다양하므로, 각 시제의 용법을 철저히 익혀야 하고, 그다음으로는 일반적으로 많이 사용되는 동사의 의미와 용법을 익혀야 합니다. 동사 자체만으로도 의미가 다양하고, 또 전치사와 함께 사용되기도 하고, 다양한 문형을 구성하기도 합니다.

본서는 스페인어에서 가장 많이 사용되는 필수 동사의 다양한 의미와 다양한 용법을 예문과 함께 제시한 책입니다. 665개의 필수동사를 선정하여, 동사가 구성하는 1684개의 용법과 문형을 예문과 함께 제시하였습니다.

예를 들면, 동사 estar는 주어의 상태와 위치를 표현하는 기능 외에, estar a algo(가격이 …이다, 거리가 …이다, 기온이 …도이다, 무슨 요일이다, 며칠이다), estar en algo(몇 월이다, 계절이 …이다, …에 기초・기반을 두다, …을 믿다, 이해하다), estar con algo/uno(…에 일치・동의하다, 누구와 살다), estar de algo(…하는 중이다, …로 임시로 일하다), estar por + inf.(막 …하려 하다, 아직 …하고 있지 않다), estar por algo/uno(…을 좋아하다, …을 지지하다), estar sin + inf.(…하지 않고 있다) 등 다양한 의미를 나타내고, estar que + ind.(…하는 상태에 있다), estar en que + ind.(…하는 것을 믿다, 이해하다), estar en que + ind.(…하는데 있다 [3인칭]), estar en que + subj.(…하는지에 있다 [3인칭]) 등과 같이 다양한 문형을 만듭니다.

동사 parecer는 parecer + inf.(…하는 것으로 보이다), parecer que + ind.(…할 것 같다), no parecer que + subj.(…할 것 같지 않다), parecer bien/mal que + subj.(…하는 것은 좋다고/나쁘다고 생각하다), parecer adj./sust. que + subj.(…하는 것은 ~같다) 등과 같이 다양한 문형을 구성합니다.

또한 admitir, advertir, comprender, confiar, decidir, decir, entender, insistir, persuadir, poner, prevenir, sentir, temer 등과 같은 동사는 그 의미에 따라 직설법과 접속법 문형을 구성합니다.

따라서 우리는 자주 사용되고, 의미가 다양하고, 다양한 문형을 구성하는 동사의 용법을 철저히 익혀야 합니다. 기본적인 동사의 의미와 용법을 잘 익히는 것이 스페인어를 잘 하기 위한 가장 중요한 방법입니다. 본서는 이와 같은 기본적인 동사의 다양한 용법을 예문과 함께 제시하였기 때문에, 스페인어 학습에 큰 도움이 될 것입니다.

유 연 창

약어

algo	무엇 (사물)	ind.	직설법
uno	누구 (사람)	subj.	접속법
inf.	부정사	adj.	형용사
ger.	현재분사	adv.	부사
p.p.	과거분사	sust.	명사

(예)

caber que + subj.	caber que + 접속법
entender que + ind.	entender que + 직설법
poner que + ind./subj.	poner que + 직설법 poner que + 접속법
dar que + inf.	dar que + 부정사
dar por + adj.	dar por + 형용사
parecer bien/mal que + subj.	parecer bien que + subj. parecer mal que + subj.
protegerse contra/de algo	protegerse contra algo protegerse de algo
enviar a uno/algo	enviar a uno (누구를 보내다) enviar algo (무엇을 보내다)
pedir a uno algo	누구에게 무엇을 요구하다
pedir a uno que + subj.	누구에게 …하라고 요구하다

목차

A

abandonar a uno/algo 누구/무엇을 버리다, 단념 · 포기하다

- Antonio ha abandonado sus estudios.
  안또니오는 학업을 포기했다.
- Mi amigo abandonó todo lo que tenía y se fue.
  내 친구는 갖고 있던 모든 것을 버리고 떠나버렸다.
- El hombre ha abandonado a su familia.
  그 남자는 가족을 버렸다.
- No te abandonaré, suceda lo que suceda.
  무슨 일이 일어나더라도 나는 너를 포기하지 않겠다.
- Abandonamos la idea de visitar al abuelo.
  우리는 할아버지를 방문하려는 생각을 버렸다.

abandonarse 자포자기하다, 몸을 맡기다

- No hay que abandonarse a la suerte.
  모든 것을 운에 맡겨서는 안 된다.
- Isabel se ha abandonado a su destino.
  이사벨은 자신의 운명에 몸을 맡겼다.
- Si te abandonas a la pereza, estarás perdido.
  만일 게으름에 빠지면, 너는 파멸할 것이다.

abarcar 품다, 포함하다, 바라보다

- Hay un árbol tan grueso que no lo pueden abarcar con los brazos.
  정원에 나무가 있는데 너무 굵어서 팔로 껴안을 수가 없다.
- Quien mucho abarca poco aprieta.
  많은 것을 원하는 자는 전부를 잃는다.
- Sus tierras abarcan desde el río hasta la sierra.
  그의 땅은 강에서 산까지 펼쳐져 있다.

- La cibernética abarca todas las ramas de la ciencia.
  인간 공학은 과학의 모든 분야를 포함한다.
- Desde la colina podemos abarcar un amplio panorama con la mirada.
  언덕에서 우리는 넓은 전경을 한눈에 바라볼 수 있다.

abarcarse (한눈에) 바라보이다

- Desde aquí se abarca todo el valle.
  여기서는 모든 계곡이 한눈에 보인다.
- Desde allí se abarca con la mirada toda la ciudad.
  저곳에서는 도시 전체가 한눈에 바라보인다.

abatir 격추시키다, 쓰러뜨리다, 실망시키다

- La artillería abatió tres aviones.
  포병대는 세대의 비행기를 격추시켰다.
- El cazador abatió tres pájaros.
  사냥꾼은 세 마리 새를 쏴 맞혔다.
- El huracán ha abatido varios árboles.
  허리케인은 여러 나무들을 쓰러뜨렸다.
- La ciudad decidió abatir las casas viejas y abandonadas.
  도시는 낡고 버려진 가옥들을 철거하기로 결정했다.
- La pérdida del partido abatió a los jugadores.
  경기의 패배는 선수들을 실망시켰다.

abatirse (sobre algo) (무엇을) 내리 덮치다, 기가 죽다

- El águila se abatió desde el cielo sobre su presa.
  그 독수리는 하늘로부터 먹이를 덮쳤다.
- Los soldados se abatieron sobre la ciudad indefensa.
  군인들은 무방비 상태의 도시에 들이닥쳤다.
- Al oírlo él se abatió mucho.
  그 말을 듣자마자 그는 무척 기가 죽었다.
- Se abatió por la enfermedad.
  그는 병으로 쇠약해졌다.

ablandar(se) 부드럽게 하다, 부드러워지다, (날씨가) 풀리다

- Sus palabras ablandaron el rigor de la cólera paterna.
  그의 말이 부친의 격렬한 노여움을 달랬다.
- El caramelo se ablandó con el calor.
  더위 때문에 캐러멜이 부드러워졌다.
- El frío no ablanda.
  추위가 풀리지 않는다.
- Se ablandó el vendaval.
  태풍이 약해졌다.
- Con el tiempo se ablandará el enojo.
  시간이 지나면 화가 풀릴 것이다.

abonar 납입・입금하다, 지불하다, 보증하다, 비료를 주다

- ¿Cómo lo quiere abonar?
  어떻게 지불하시렵니까?
- Hemos abonado la comisión en su cuenta.
  우리들은 수수료를 당신의 계좌에 입금하였다.
- Ya he abonado el importe del gas.
  나는 이미 가스요금을 납입했다.
- No podrá retirar el coche hasta que no abone la multa.
  벌금을 내기 전에는 차를 가져갈 수 없습니다.
- Yo abonaré la certeza de lo que él diga.
  나는 그가 하는 말을 보증하겠다.
- El agricultor abona la tierra para que le dé buena cosecha.
  농부는 알차게 수확하기 위하여 토지에 비료를 주었다.

abonarse a algo 무엇에 가입하다, 예매하다, 구독신청을 하다

- Me aboné a un club de golf.
  나는 골프 클럽에 가입했다.
- Se abonó a la ópera.
  그는 오페라 예매권을 샀다.
- Miguel se ha abonado a una revista mensual de deportes.
  미겔은 스포츠 월간잡지의 구독신청을 하였다.

abrazar a uno/algo 누구를 포옹하다, 무엇을 포함하다, 채택하다

- Abrázame fuerte.
  나를 꼭 안아줘.
- Antonio abrazó a su mujer antes de salir de viaje.
  안또니오는 여행을 떠나기 전에 부인을 포옹했다.
- Guillermo abrazó otra religión.
  기예르모는 다른 종교를 받아들였다.
- Este capítulo final abraza los temas anteriormente tratados.
  이 마지막 챕터는 앞에서 다루어진 주제들을 포함하고 있다.

abrazarse a uno/algo 누구/무엇에 꼭 매달리다, 붙들고 늘어지다

- Los niños se abrazaron a su madre.
  아이들은 어머니에 꼭 매달렸다.
- Los niños se abrazaron a las piernas de su madre.
  아이들은 엄마의 다리를 붙들고 늘어졌다.
- El cazador se abrazó al árbol para no caerse.
  사냥꾼은 떨어지지 않으려고 나무를 붙들었다.

abrigar (de algo) (무엇으로부터) 보호하다, 감싸다, 품다

- Este abrigo de lana me abriga mucho.
  이 코트는 나를 따뜻하게 해준다.
- Mi madre abrigó al niño porque hacía frío.
  나의 어머니는 날씨가 추워서 아이에게 옷을 든든하게 입혔다.
- Las montañas abrigan el valle de los vientos.
  산은 바람으로부터 계곡을 보호한다.

abrigarse (de algo) (무엇으로부터) 몸을 싸다 · 지키다, 피하다

- Abríguese bien antes de salir.
  외출하기 전에 (외투 따위로) 따뜻하게 하세요.
- Me abrigo los pies cuando paleo nieves.
  나는 삽으로 눈을 치울 때 발을 든든히 감싼다.
- Los niños se abrigaron del aguacero en el portal.
  아이들은 현관에서 소나기를 피했다.

- Me abrigué del viento detrás de ese árbol.
  나는 그 나무 뒤에서 바람을 피했다.

abrir 열다, (눈을) 뜨다, 개설・개시하다

- El portero nunca abre la puerta a los desconocidos.
  수위는 모르는 사람에게는 절대 문을 열어주지 않는다.
- En mi calle han abierto una cafetería.
  내가 사는 거리에 카페테리아를 열었다.
- Los bancos no abren hoy.
  오늘 은행은 문을 열지 않는다.
- La tienda abre de nueve a tres.
  그 가게는 9시부터 3시까지 문을 연다.
- Cuando llueve abrimos el paraguas.
  비가 오면 우리는 우산을 편다.
- Al oír tu voz abrí los ojos.
  나는 네 목소리를 들었을 때 눈을 떴다.
- Tengo ganas de abrir el regalo.
  나는 선물을 열어 보고 싶다.
- Mañana abren el plazo de matrícula.
  내일 등록기간이 시작된다.
- ¿Quiere abrirme una cuenta?
  구좌를 개설해 주시겠습니까?
- Abrió el libro.
  그는 책을 폈다.
- En cuanto recibí tu carta la abrí.
  나는 네 편지를 받자마자 편지를 개봉했다.
- Han abierto un camino en el monte.
  산에 길을 만들었다.

abrirse 열리다, 시작되다, 꽃이 피다

- El banco se abre a las diez.
  은행은 10시에 문을 연다.

- Cuando hace viento la puerta de mi habitación se abre sola.
  바람이 불면 내 방문이 저절로 열린다.
- Las flores se abren con el calor.
  날씨가 더워지면 꽃이 핀다.
- Un paisaje maravilloso se abría ante nosotros.
  매우 아름다운 풍경이 우리 앞에 펼쳐지고 있었다.

abstenerse de algo 무엇을 삼가다

- Absténganse del tabaco.
  담배를 삼가주세요.
- Tengo que abstenerme del alcohol.
  나는 술을 삼가야 한다.

abstenerse de + inf. …하는 것을 포기하다 · 삼가다

- Los electores se abstuvieron de votar.
  유권자들은 투표하기를 포기하였다.
- Los invitados se abstienen de fumar en nuestra casa.
  손님들은 우리 집에서 흡연하는 것을 삼간다.
- Tienes que abstenerte de comer dulces si no quieres engordar.
  네가 뚱뚱해지고 싶지 않으면 단 것을 먹지 말아야 한다.

abstraer 추출하다, 추상하다

- No es necesario abstraer tanto las ideas.
  생각을 그렇게 추상할 필요가 없다.
- No consigo abstraer las ideas principales de este texto.
  나는 이 텍스트로부터 주요 개념을 포착하지 못한다.
- Elimina lo superficial y podrás abstraer las ideas centrales.
  표면적인 것을 제거해. 그러면 중심 개념을 포착할 수 있을 거야.

abstraerse de algo 무엇을 잊다, 무시하다

- Se abstrajo de su estudio.
  그는 자신의 연구도 잊어버렸다.

- Procuré de abstraerme de lo que me rodeaba.
  나는 주변의 것에 신경 쓰지 않으려고 노력했다.
- Cuando se pone a leer, se abstrae de los ruidos.
  그는 책을 읽기 시작하면, 소음을 잊게 된다.

abstraerse en algo 무엇에 몰두・전념하다

- Me he abstraído en la lectura.
  나는 독서에 몰두했다.
- Se abstraía en su negocio.
  그는 자신의 사업에 전념하고 있었다.
- Suele abstraerse en sus pensamientos.
  그는 생각에 잠기곤 한다.

abundar (en) 많이 있다

- En Castilla abunda el trigo.
  까스띠야 지방에는 밀이 풍부하다.
- En esta zona abundan las palomas.
  이 지역에는 비둘기가 많다.
- El petróleo abunda en Kuwait.
  쿠웨이트에는 석유가 풍부하다.

abundar en/de algo 무엇이 풍부하다, 많이 있다

- El país abunda en recursos naturales.
  그 나라는 천연자원이 풍부하다.
- La región abunda en cereales.
  그 지역에는 곡물이 풍부하다.
- El zoo de la ciudad abunda en pájaros tropicales.
  그 도시의 동물원에는 열대 조류가 많이 있다.

abundar en algo 무엇을 찬성하다, 집착하다

- Los dos partidos abundan en esa opinión.
  두 정당은 그 의견에 찬성한다.

- Mi compañero ha hecho una propuesta, y yo abundo en ella.
  나의 동료가 제안을 했는데 나는 그 의견에 찬성한다.
- Cada cual abunda en su juicio.
  각자 자신의 의견을 고집한다.

aburrir 지루하게 · 따분하게 만들다

- Me aburre esta novela.
  나는 이 소설이 따분하다.
- Le aburren las discusiones.
  그는 토론이 따분하다.
- La película aburrió a los niños.
  아이들은 그 영화가 지루했다.
- El libro aburre a los niños.
  책은 아이들을 따분하게 만든다.

aburrirse 따분해 하다, 싫증이 나다

- Se aburrió enseñándole la lección al chico.
  그 아이를 가르치면서 그는 싫증이 났다.
- Porque no tengo nada que hacer, me aburro mucho.
  나는 할 일이 전혀 없기 때문에 매우 따분하다.
- En esa fiesta me aburrí como una ostra.
  그 파티에서 나는 엄청나게 따분했어.
- Nunca me había aburrido tanto.
  나는 그렇게 따분했던 적이 없었어.

aburrirse con/de/en uno/algo 누구/무엇에 싫증을 내다

- Me aburrí en la conferencia.
  나는 그 강연회에 싫증이 났다.
- Los estudiantes se aburren con los sermones largos.
  학생들은 긴 설교에 싫증을 낸다.
- Alicia dice que se aburre con su novio.
  알리시아는 애인에게 싫증이 난다고 말한다.

- Los amigos de Julio se aburrieron de las vacaciones.
  훌리오의 친구들은 휴가에 싫증이 났다.

aburrirse de + inf. …하는 것에 싫증을 내다, 지루해 하다

- Carlos se ha aburrido de esperar.
  까를로스는 기다리는 것에 싫증이 났다.
- Los niños no se aburren de jugar.
  아이들은 노는 것에 싫증을 내지 않는다.
- Julia se aburrió de hacer lo mismo todos los días.
  훌리아는 매일 똑같은 일을 하는 것에 지루했다.

abusar de uno/algo 누구/무엇을 악용・남용하다, 성폭행하다

- Los borrachos abusan de la bebida.
  주정뱅이들은 술을 너무 많이 마신다.
- No abuses de mi paciencia.
  나의 인내심을 악용하지 마라.
- El jefe abusa de sus empleados.
  사장은 직원들을 혹사했다.
- Ese hombre abusó de una mujer.
  그 남자는 한 여성을 성폭행했다.

acabar 마치다, 완성하다, 결말에 이르다

- Por fin he acabado este trabajo.
  드디어 나는 이 일을 마쳤다.
- El curso acaba en junio.
  그 과정은 6월에 끝난다.
- ¿Acabaste el cuento?
  그 이야기를 끝냈니?
- La película acabó bien.
  그 영화는 해피엔딩으로 끝났다.
- Cuando lo acabes, avísame.
  그것을 마치면 나에게 알려주게.

- ¿Cómo acabó lo de anoche?
  어젯밤 일은 어떻게 되었어?
- Marta y yo hemos acabado.
  마르따와 나는 끝났어(헤어졌어).
- Me sirvieron tanta comida que no la pude acabar.
  나에게 너무 많은 음식을 주어서 다 먹을 수 없었다.

acabar con uno/algo 무엇으로 끝나다, 누구를 죽이다

- La palabra acaba con A.
  그 단어는 A로 끝난다.
- El teatro acaba con un diálogo triste.
  그 연극은 슬픈 대화로 끝난다.
- Este trabajo acabó con nosotros.
  이 작업이 우리를 녹초로 만들었다.
- El insecticida acabó con las moscas.
  살충제는 파리를 죽였다.
- Tú acabarás con mi vida.
  너는 나를 죽일 거야.

acabar de + inf. 방금 …하다

- Acaban de llegar de España.
  그들은 방금 스페인으로부터 도착했다.
- No pises el suelo, porque acabo de fregar.
  방금 바닥을 걸레로 닦았으니 바닥을 밟지 마라.
- No quiero nada porque acabo de comer hace un momento.
  나는 조금 전에 식사를 했기 때문에 아무 것도 먹고 싶지 않다.
- Acababa de meterme en la cama cuando me llamaste.
  네가 전화했을 때 나는 막 침대에 누웠었어.

acabar de + inf. …하는 것을 마치다

- Cuando acabes de leerlo, llámame.
  그것을 읽는 것을 마치면 나에게 전화해.

- Ya hemos acabado de limpiar la casa.
  이제 집 청소하는 것을 끝냈다.
- Ella no acabó de escribir las cartas.
  그녀는 결국 편지를 다 쓰지 못했다.

no acabar de + inf. (좀처럼, 쉽게) …하지 않다 [부정문]

- No acababa de convencerla.
  그녀는 좀처럼 설득되지 않았다.
- El autobús no acaba de venir.
  버스가 좀처럼 오지 않는다.
- No acabo de entender cómo ha pasado esto.
  나는 어떻게 이런 일이 발생했는지 좀처럼 이해할 수가 없다.

acabar en algo 결국 무엇으로 되다

- La discusión acabó en pelea.
  토론은 결국 싸움으로 끝났다.
- El proyecto acabó en fracaso.
  그 계획은 결국 실패로 끝났다.
- Después de caminar mucho ellos acabaron en el pueblo.
  한참을 걷고 난 후에 그들은 마을에 도달했다.
- Tomó tanto licor que acabó en alcohólico.
  그는 술을 너무 많이 마셔서 결국 알코올중독자가 되었다.

acabar por + inf. 마침내 …하게 되다

- Alfonso acabó por casarse con Isabel.
  알폰소는 마침내 이사벨과 결혼하였다.
- La mujer acabó por volverlo loco.
  그 여인은 마침내 그 남자를 미치게 했다.
- Acabé por creer que estaba loca.
  나는 결국 그녀가 미쳤다는 것을 믿게 되었다.
- Si seguimos presionándolo, acabará por ceder.
  우리가 계속해서 그를 압박하면 그는 양보하게 될 것이다.

acalorarse 달아오르다, 열중하다, 흥분하다

- Se acaloraron en la discusión.
  그들은 열정적으로 토의했다.
- Los hombres se acaloraron con el whisky.
  그 남자들은 위스키 때문에 달아올랐다.
- Se acaloraron discutiendo de política.
  그들은 정치에 대하여 토론하면서 격앙되었다.
- Ella se acaloró por las burlas del público.
  그녀는 관중의 야유 때문에 흥분하였다.

acceder 동의・허용하다, …하는 것을 허용하다

- Accedo a tu pedido.
  나는 자네의 요청에 동의하네.
- Por aquella carretera se accede a la autopista.
  저 국도를 통하여 고속도로로 들어간다.
- El presidente accedió a recibir a los delegados.
  대통령은 대표단을 받아들이는 것을 허용했다.

acelerar (속도・시기를) 빨리하다, 촉진하다

- Como se nos hacía tarde aceleramos el paso.
  우리는 늦었기 때문에 걸음을 재촉하였다.
- El conductor aceleró el coche para ir más de prisa.
  운전자는 더 서둘러 가기 위하여 차의 속도를 올렸다.
- Las fábricas van a acelerar la producción de camiones.
  공장은 트럭의 생산을 가속화할 것이다.
- Las emociones aceleran las palpitaciones del corazón.
  흥분은 심장의 박동을 빠르게 한다.

acelerarse 서두르다, 가속화하다

- Se aceleró el ritmo de la marcha.
  행진속도가 빨라졌다.
- Con el miedo se acelera el pulso.
  공포심은 맥박을 빠르게 한다.

- Nuestro viaje se aceleró a causa del mal tiempo.
  기상악화로 인하여 우리는 여행을 서둘렀다.

aceptar 받다, 받아들이다, 시인・승낙하다

- Aceptaron a Jorge en el club.
  클럽에서 호르헤를 받아들였다.
- Alicia aceptó con alegría el ramo de flores que le envié.
  알리시아는 내가 보낸 꽃다발을 기쁘게 받았다.
- Aceptaron cenar con nosotros.
  그들은 우리와 함께 저녁 식사하는 것을 승낙했다.

acercar algo 무엇을 접근시키다, 가까이 하다

- Acércame la sal.
  소금을 이리 주게.
- Acerca tu silla a la mesa.
  의자를 탁자 가까이 하게.
- Tu presencia acercó a las dos familias.
  너의 존재가 두 가족을 가깝게 해주었다.

acercarse (a uno/algo) (누구/무엇에) 가까이 가다, 접근하다

- Se acercan las vacaciones.
  이제 곧 방학이다.
- Se acercó un poco más para ver mejor.
  그는 더 잘 보기 위하여 조금 더 다가갔다.
- Felipe se acercó a la puerta.
  펠리뻬는 문에 접근하였다.
- El cometa se acercará a la tierra.
  혜성이 지구에 접근할 것이다.
- Se le acercaron dos policías.
  경찰 두 명이 그에게 접근했다.
- Josefina se acercó a su madre para escucharla bien.
  호세피나는 어머니 말씀을 잘 들으려고 어머니에게 다가갔다.

acertar 적중시키다, 알아맞히다

- Esta vez sí lo acertaste.
  이번에는 네가 맞혔다.
- Acerté al blanco.
  내가 과녁을 맞혔다.
- Va a ganar el que acierte el número.
  번호를 알아맞힌 사람이 이길 것이다.
- Juan ha acertado todas las preguntas del examen.
  후안이 시험의 모든 문제를 맞혔다.

acertar a + inf. 잘 …할 수 있다, 우연히 …하다

- No acerté a explicarlo.
  나는 그것을 잘 설명할 수 없었다.
- El niño no acierta a escribir las letras correctamente.
  아이는 글자를 정확하게 쓰지 못한다.
- Yo acerté a pasar por la calle.
  나는 우연히 그 길을 지나가게 되었다.
- Acertó a ser domingo ese día.
  그날은 우연히 일요일이었다.

acertar con algo 무엇을 알아내다, 마주치다, 발견하다

- No acerté con la casa.
  나는 그 집을 찾아낼 수가 없었다.
- Ha acertado con el color que yo quería.
  그는 내가 좋아하는 색깔을 알아맞혔다.
- Acerté con el camino por casualidad.
  나는 우연히 길을 발견했다.

aclarar 밝게 · 맑게 하다, 해명하다, 헹구다, 맑아지다

- Hay que aclarar este asunto.
  이 문제를 분명하게 밝혀야 한다.
- Aclárame lo que has dicho.
  네가 말한 것을 나에게 해명해라.

- La lavadora aclara la ropa con agua limpia.
  세탁기는 깨끗한 물로 옷을 헹군다.
- Esta pintura está muy oscura, tengo que aclararla con agua.
  이 그림은 너무 어두워서, 내가 물로 밝게 해야겠다.
- Todo el día estuvo muy nublado, pero a las cinco aclaró.
  하루 종일 날씨가 흐렸지만, 5시에는 날씨가 맑아졌다.
- No entendía sus ideas, pero tú me las has aclarado.
  나는 그의 생각을 이해하지 못했는데, 네가 나에게 분명하게 설명해줬다.

aclararse 밝아지다, 맑아지다

- Al correr las cortinas, la habitación se aclaró.
  커튼을 열자 방이 밝아졌다.
- Se nos aclaró el contrato una vez que lo releímos.
  우리는 계약서를 다시 읽자마자 이해했다.
- Si se aclara el tiempo, vamos a dar un paseo.
  날씨가 맑아지면, 산책하러 가자.

acoger 맞이하다, 받아들이다, 수용하다

- El asilo acoge a los ancianos.
  보호소는 노인들을 수용한다.
- Juan acoge cordialmente a sus amigos.
  후안은 친구들을 진심으로 맞이한다.
- El gobierno acogió las propuestas del ciudadano.
  정부는 그 시민의 제안을 받아들였다.

acogerse (a algo) (무엇에) 피하다, 의지・호소하다

- Las mujeres se acogieron a las naves.
  여인들은 배로 도망쳤다.
- Llovía fuertemente y se acogió debajo de un árbol.
  비가 세차게 내렸기 때문에 그는 나무 밑으로 피했다.
- Se acogieron a los textos de la ley.
  그들은 법조문에 호소했다.

acomodar 놓다, 정리하다, 묵게 하다

- Acomodaron el mueble en un rincón de la habitación.
  가구를 방의 한구석에 놓았다.
- José la acomodó de secretaria en la empresa.
  호세는 그녀를 그 회사의 비서로 취직시켰다.
- La azafata acomoda a los pasajeros en el avión.
  승무원은 비행기에서 승객들을 자리로 안내한다.
- Acomodaremos los libros de modo que quepan todos en la estantería.
  우리는 모든 책이 책장에 들어갈 수 있도록 책을 정리하겠다.

acomodarse a algo 무엇에 적응하다, 따르다

- Ella tiene que acomodarse a las circunstancias.
  그녀는 환경에 순응해야 한다.
- Ellos se acomodaron al horario de trabajo.
  그들은 작업시간을 준수했다.
- No tuvo más remedio que acomodarse a lo que había.
  그는 기존 것에 따르는 수밖에 다른 방법이 없었다.

acompañar 동반하다, 함께 하다, 반주하다

- Te acompaño en tu dolor.
  나는 너의 고통을 함께 한다.
- Este vino acompaña bien la comida.
  이 포도주는 음식과 잘 맞는다.
- Ella cantaba y él la acompañaba al piano.
  그녀는 노래를 했고 그는 그녀를 따라 피아노를 반주한다.
- Te acompañaré a la estación porque ya es tarde.
  늦었으니 내가 역까지 너와 같이 가겠다.

aconsejar 충고하다, 조언하다

- Le aconsejé no viajar a ese país.
  나는 그녀에게 그 나라를 여행하지 말라고 충고했다.
- Te aconsejo que hoy no salgas a la calle.
  오늘은 외출하지 말도록 너에게 충고한다.

• Las personas mayores aconsejan a los jóvenes.
어른들은 젊은이들에게 충고한다.

aconsejarse con/de uno 누구의 조언을 구하다, 상의하다

• Me aconsejé con mi profesor.
나는 선생님께 조언을 구했다.

• Tengo que aconsejarme de un buen abogado.
나는 훌륭한 변호사와 의논해야 한다.

• Es conveniente que te aconsejes con un buen abogado.
너는 훌륭한 변호사와 상의하는 것이 좋겠다.

acordar 합의하다, 결정하다

• Acordaron la fecha de la próxima reunión.
그들은 다음 모임의 날짜를 결정했다.

• Los dos no acuerdan un precio.
그 두 사람은 가격에 합의하지 않는다.

• La junta acordó la subida de la cuota.
위원회는 분담금의 인상을 결정했다.

acordar + inf. …하는 것을 합의・결정하다

• Acordaron trabajar por la paz.
평화를 위하여 일하는 데 동의했다.

• Nosotros acordamos no discutir de política.
우리는 정치에 대해서는 논쟁하지 않을 것을 결정했다.

• Acordaron restablecer las relaciones diplomáticas.
그들은 외교관계를 회복하는 것에 합의했다.

acordarse de uno/algo 누구/무엇을 기억하다, 생각해내다

• ¿Te acuerdas de mí?
나를 기억하니?

• No me acuerdo del nombre de usted.
나는 당신의 이름을 기억하지 못합니다.

- ¿Te acuerdas de esta fotografía?
  너는 이 사진을 기억하니?
- Me acuerdo de lo bien que pasé las vacaciones.
  나는 휴가를 얼마나 잘 보냈는지 기억한다.

acordarse de +inf. …하는 것을 기억하다

- ¿Te acuerdas de comprar vino?
  포도주 사는 것을 기억하니?
- Acuérdate de dárselo.
  그에게 그것을 주는 것을 기억해라.
- No me acordé de mandarle una carta.
  나는 당신에게 편지 보내는 것을 기억하지 못했습니다.
- Se acordó de haberla visto allí.
  그는 거기서 그녀를 본 것을 기억했다.

acostar 눕히다, 재우다

- Es hora de acostar a los niños.
  아이들을 재워야 할 시간입니다.
- La madre acostó al niño en la cama.
  어머니는 아이를 침대에 눕혔다.
- La niña acuesta a la muñeca en la cunita.
  여자아이는 인형을 요람에 눕힌다.

acostarse 잠자리에 들다, (드러)눕다

- Normalmente, me acuesto a las once.
  나는 보통 11시에 자.
- Me acuesto ahora. Es hora de acostarse.
  나는 지금 잘 거야. 잠자리에 들 시간이야.
- Los chicos se acostaron en la playa.
  소년들은 해변에 드러누웠다.
- Juan se acostó vestido.
  후안은 옷을 입은 채로 누웠다.

acostumbrar a + inf. …하는 것이 버릇이다, 항상 …하다

- Acostumbro a tomar café después de comer.
  나는 식사 후에 항상 커피를 마신다.
- Acostumbran a celebrar su cumpleaños en la villa.
  그들은 생일파티를 별장에서 여는 것이 버릇이 되어있다.
- Mi padre acostumbra a levantarse temprano.
  아버지는 항상 일찍 일어나신다.

acostumbrar a uno a algo 누구를 무엇에 익숙하게 하다

- La hemos acostumbrado al trabajo.
  우리는 그녀를 일에 익숙하게 했다.
- Acostumbró a su hija a dormir la siesta.
  그는 딸아이를 낮잠 자는 것에 익숙하게 했다.
- Nos costó mucho acostumbar al niño a lavarse los dientes.
  아이를 이 닦는 것에 익숙하게 하는 것은 매우 힘들었다.

acostumbrarse a + algo 무엇에 익숙해지다, 무엇에 길들다

- Me acostumbró a la bebida de allí.
  나는 그곳의 음료에 익숙해졌다.
- El perro se ha acostumbrado a nosotros.
  개는 우리에게 길들었다.
- No pudo acostumbrarse a los zapatos nuevos.
  그는 새 구두에 익숙해질 수 없었다.
- No nos acostumbramos a la contaminación de la ciudad.
  우리는 도시의 오염에 익숙하지 않다.

acostumbrarse a + inf. …하는 것에 익숙해지다

- Me acostumbro a salir de noche.
  나는 밤에 나가는 것이 익숙하다.
- Se acostumbró a trabajar de noche.
  그는 밤에 일하는 것에 익숙해졌다.
- José está acostumbrado a levantarse temprano.
  호세는 일찍 일어나는 습관이 있다.

acudir a uno/algo 누구/무엇에 가다・오다, 호소하다, 구원을 요청하다

- Josefina acude al parque todos los domingos por la tarde.
  호세피나는 매주 일요일 오후에 공원에 간다.
- Él acude siempre a sus citas puntualmente.
  그는 항상 약속 시간에 정확하게 도착한다.
- No sé a quién acudir.
  누구에게 구원을 요청하러 가야 할지 나는 모르겠다.
- Marisol acudió a su compañero para conseguir trabajo.
  마리솔은 일자리를 구하기 위하여 동료에게 도움을 요청하였다.
- Hay que solucionarlo todo antes de acudir a las armas.
  무기에 의지하기 전에 그것을 모두 해결하여야 한다.
- La policía acudió al lugar de los hechos.
  경찰은 사건 발생지역으로 갔다.

acudir a + inf. …하러 가다

- Los ciudadanos acudieron a oír al presidente.
  시민들은 대통령의 말을 듣기 위하여 갔다.
- Ella acudió a ayudar a su hijo que estaba enfermo.
  그녀는 아픈 아들을 도와주러 갔다.

acusar 나타내다, 보이다, 드러내다

- Su rostro acusaba su crueldad.
  그의 얼굴은 잔인함을 나타냈다.
- Sus ojos acusan cansancio(sorpresa).
  그의 눈에는 피로(놀람)의 기색이 보인다.
- Su silencio acusa mala educación.
  그의 침묵은 잘못된 가정교육을 드러낸다.

acusar a uno (de algo) 누구를 (무엇 때문에) 고소하다, 비난하다

- Carlos acusó a su hermano.
  까를로스는 자신의 형제를 고소했다.
- Se le acusó de una evasión de impuestos.
  그는 탈세로 고발되었다.

- Los acusé del accidente.
  나는 그 사고 때문에 그들을 비난했다.

acusar de + inf. …하기 때문에 비난·기소하다

- Lo acusaron de haber robado.
  그를 절도죄로 기소하였다.
- Ha sido acusado de robar el banco.
  그는 은행을 털었다는 죄로 기소되었다.
- Lo acusan de ser perezoso.
  그를 게으르다고 비난한다.
- Acusaron a José de haber hablado mal del señor Gómez.
  호세는 고메스 씨를 험담했기 때문에 비난을 받았다.

acusarse de algo 무엇을 고백·자백하다

- Me acusaré de todos mis pecados.
  나는 나의 모든 죄를 고백하겠다.
- Me acusé de un pecado ante el sacerdote.
  나는 사제 앞에서 죄를 고백하였다.
- Se acusaron del crimen a la policía.
  그들은 범죄를 경찰에 자백했다.

acusarse de +inf. …한 것을 고백·자백하다

- Se ha acusado de haberlo hecho.
  그는 자신이 그것을 행했다고 자백했다.
- Se acusó de robar el banco.
  그는 은행을 털었다고 자백했다.
- Ella misma se acusó de haber roto los cristales.
  그녀 스스로 자신이 유리를 깼다고 고백했다.

adaptar a/para algo 무엇에 적합하게 하다, 각색·편곡하다

- El propio autor de la novela la adaptó al cine.
  그 소설의 작가가 그 소설을 영화로 각색했다.

- Ese músico adapta para orquesta cualquier obra musical.
  그 음악가는 어떤 음악 작품이라도 오케스트라에 적합하게 편곡한다.
- El país ha adaptado su red telefónica al sistema internacional.
  그 나라는 전화통신망을 국제시스템에 적합하게 했다.

adaptarse a algo 무엇에 적응・순응하다

- Debes adaptarte a tu nuevo trabajo.
  너는 새 업무에 적응해야 한다.
- Los animales se adaptan fácilmente al clima frío.
  동물들은 추운 기후에 쉽게 순응한다.
- Mi hijo se ha adaptado muy bien a la nueva situación.
  내 아들은 새로운 상황에 매우 잘 적응했다.

adelantar 앞으로 당기다, 미리 지불하다

- Adelanté mi silla para ver mejor la pizarra.
  나는 칠판을 잘 보기 위하여 의자를 앞으로 당겼다.
- Está prohibido adelantar en las curvas.
  커브에서 추월하는 것은 금지되어있다.
- Empezó mal la carrera, pero luego adelantó a todos.
  그는 경주에서 출발이 좋지 않았지만, 그 후에 모든 선수를 추월했다.
- En Navidad las empresas adelantan la paga a los trabajadores.
  크리스마스에 기업들은 직원들에게 급여를 앞당겨 준다.

adelantarse 앞서가다, 진보하다

- Mi reloj se adelanta media hora al día.
  내 시계는 하루에 30분 빠르다.
- El calor se ha adelantado este año.
  금년에는 더위가 빨리 왔다.
- Gracias a los científicos, la ciencia se ha adelantado mucho.
  과학자들 덕분에 과학이 매우 발전했다.
- El niño se ha adelantado mucho en matemáticas.
  그 소년은 수학 실력이 매우 향상되었다.

A

adeudar(se) 빚지다, 과세하다

- Pedro adeuda cien euros.
  뻬드로는 100유로의 빚이 있다.
- Se adeudan tres millones de dólares.
  그들은 3백만 달러의 빚이 있다.
- Ya no te adeudo nada.
  나는 이제 너에게 빚이 없다.
- Los tabacos adeudan derechos elevados.
  담배에는 높은 세금이 부과된다.

adivinar 점치다, 알아맞히다, (수수께끼를) 풀다

- Hay quien piensa que se puede adivinar el futuro.
  미래를 알아맞힐 수 있다고 생각하는 사람이 있다.
- Adivine lo que me ha ocurrido hoy.
  오늘 나에게 무슨 일이 있었는지 맞춰보세요.
- Ella adivinó el resultado del partido.
  그녀는 경기의 결과를 알아맞혔다.
- Adiviné el acertijo que me puso mi amigo.
  나는 내 친구가 내준 수수께끼를 풀었다.

admirar 감탄시키다, 놀라게 하다, 찬양하다

- Admiro tu valor(talento).
  나는 너의 용기(재능)를 찬양한다.
- Elena admira el arte de Picasso.
  엘레나는 피카소의 예술을 찬양한다.
- Ellos siempre han admirado a José.
  그들은 항상 호세를 찬양했다.
- Me admira su honestidad.
  나는 그의 정직함에 감탄한다.

admirarse (de algo) (무엇에) 감탄・감격하다, 놀라다

- Me admiro de que todavía no sepas la noticia.
  네가 그 소식을 아직 모른다니 놀랍구나.

- Te admirarás cuando veas el paisaje.
  네가 그 풍경을 보면 너는 놀랄 거야.

admitir 시인 · 승낙하다, 들어가다

- No se admiten propinas.
  팁은 사절합니다.
- Me han admitido en la universidad.
  나는 대학 입학이 허가되었다.
- En ese hotel no admiten perros.
  그 호텔은 개의 출입을 금한다.
- El asunto no admite demora.
  이 사건은 유예를 허용하지 않는다.
- Le admitieron por su jefe.
  그들은 그를 자기들의 보스로 인정했다.
- El estadio admite 50.000 personas.
  그 스타디움은 50,000명을 수용한다.

admitir + inf. …라고 시인 · 인정하다

- Admitió tener dos novias.
  그는 애인이 두 명이라고 시인했다.
- Admitió haber estado en la cárcel.
  그는 감옥에 있었던 것을 시인했다.
- El presidente admitió tener una cuenta bancaria en Suiza.
  대통령은 스위스에 은행계좌를 갖고 있다고 시인했다.

admitir que + ind. …하는 것을 인정 · 시인하다

- No quiso admitir que estaba equivocado.
  그는 자신이 잘못했다는 것을 인정하지 않으려 했다.
- Admito que hice una tontería.
  나는 내가 멍청한 짓을 했다는 점을 인정한다.
- Admito que no he dicho la verdad.
  나는 내가 사실을 말하지 않았다는 것을 시인한다.

admitir que + subj. …하는 것을 허락 · 용인하다

- Admito que me digas lo que piensas.
  나는 네가 생각하는 것을 말하는 것을 허용한다.
- No admite que se le reprenda.
  그는 사람들이 자신을 꾸짖는 것을 용인하지 않는다.
- No admito que insultes a mis amigos.
  나는 네가 내 친구를 욕하는 것을 용인하지 않겠다.
- Él no admitió que le contradijeran.
  그는 사람들이 자신에게 반론하는 것을 용인하지 않았다.

adoptar 양자로 삼다, 채용 · 채택하다

- La señora quiere adoptarte por hijo.
  그 부인은 너를 양자로 들이기를 원한다.
- El comité adoptó la resolución de condena.
  그 위원회는 유죄판결을 받아들였다.
- El presidente adoptó una actitud cerrada y fría.
  대통령은 보수적이고 냉정한 태도를 취했다.

adueñarse de algo 무엇을 자기 것으로 삼다, 무엇의 주인이 되다

- Esa chica se ha adueñado de mi corazón.
  그 소녀는 나의 마음을 차지했다.
- Se adueñaron de la casa por la fuerza.
  그들은 그 집을 무력으로 차지했다.
- Corea va a adueñarse de los yacimientos petrolíferos.
  한국은 유전의 주인이 될 것이다.

advertir 알아채다, 경고하다

- ¡Te lo advierto!
  너에게 경고한다!
- Ella advirtió sus errores.
  그녀는 자신의 잘못을 깨달았다.
- He advertido una falta en tu carta.
  너의 편지에 한 가지 잘못이 있음을 알아냈다.

advertir a uno de algo 누구에게 무엇을 알리다, 주의를 주다

- Les advertí de su llegada.
  나는 그들에게 그의 도착을 알려주었다.
- Me advirtieron del peligro.
  그들은 나에게 위험에 대하여 주의를 주었다.
- No nos habían advertido de los riesgos.
  우리들은 위험에 대해서는 주의를 받지 못했다.

advertir que + ind. …라고 알리다, 경고하다

- Nos advirtió que vendría tarde.
  그는 우리에게 늦게 올 것이라고 알려주었다.
- Te advierto que llegaré un poco tarde.
  너에게 알려두지만 나는 약간 늦게 도착할 거야.
- Les advertimos que no debían arrojar la basura allí.
  우리는 그들에게 그 곳에 쓰레기를 버리면 안 된다고 알렸다.
- Le advertí que sería castigado si volvía a cometer la infracción.
  나는 그에게 또 다시 위반하면 벌을 받을 것이라고 경고했다.

advertir que + subj. …하라고 충고하다, 경고하다

- Le advertí que tuviera cuidado.
  나는 그에게 조심하라고 경고했다.
- Le advertí que estuviese quieto.
  나는 그에게 움직이지 말라고 경고했다.
- Le advirtió que no llegara tarde.
  그는 그에게 늦게 도착하지 말라고 충고했다.
- Su madre le advirtió que no saliera de noche.
  그의 어머니는 그에게 밤에 외출하지 말라고 충고했다.

afanarse en algo 무엇에 열심히 하다, 최선을 다하다

- Él se afanaba en los estudios.
  그는 학업에 열중했었다.
- La cocinera se afanó en la preparación de la comida.
  요리사는 음식 준비에 최선을 다했다.

- Todos se afanan en el trabajo para acabarlo a tiempo.
  모두 그것을 제 시간에 끝내려고 최선을 다하고 있다.

afanarse en/por + inf. …하려고 애쓰다, 최선을 다하다

- Se afana en(por) conseguir un ascenso.
  그는 승진하기 위하여 최선을 다하고 있다.
- Se afanan en(por) conseguir un trabajo.
  그들은 일자리를 구하기 위해 애쓰고 있다.
- En vano se afanaban mucho en(por) alcanzar algún resultado.
  그들은 어떤 결과라도 얻으려고 힘껏 노력하였으나 허사였다.

afectar 영향을 주다, 지장・타격을 주다

- El huracán afectó la economía del país.
  태풍은 그 나라 경제에 지장을 주었다.
- Su desgracia nos ha afectado a todos nosotros.
  그의 불행은 우리 모두의 마음을 움직이게 했다.
- Este medicamento puede afectar al estómago.
  이 약은 위에 영향을 줄 수 있다.
- Le afectó mucho la muerte de su padre.
  그의 부친의 사망은 그를 매우 슬프게 했다.

afeitar 면도해 주다

- Le afeité el bigote.
  나는 그의 수염을 깎아줬다.
- El barbero lo afeita todos los sábados.
  이발사는 매주 토요일에 그에게 면도를 해준다.

afeitarse 자신을 면도하다

- Él se afeita antes de bañarse.
  그는 목욕하기 전에 면도를 한다.
- Se cortó cuando se afeitaba.
  그는 면도를 하다 베었다.

agitar 젓다, 흔들다, 자극하다, 동요시키다

- Agítelo bien antes de usar.
  사용하기 전에 잘 흔들어 주십시오.
- Agito el café para que se disuelva el azúcar.
  설탕이 녹게 커피를 젓는다.
- El político agitó a los trabajadores.
  그 정치가는 노동자들을 선동했다.

agitarse 흥분·동요하다, 흔들리다

- Cuando lo oyó, José se agitó mucho.
  그 말을 듣고 호세는 무척 동요되었다.
- Cuando le hablan de dinero siempre se agita.
  그에게 돈 얘기를 하면 항상 흥분한다.
- Las ramas de los árboles se agitaban con el viento.
  나뭇가지가 바람에 흔들린다.

agotar 피곤하게 하다, (완전히) 없애다

- El excesivo trabajo nos agota.
  지나친 업무로 우리는 피곤하다.
- Agotamos los refrescos que había en la nevera.
  우리는 냉장고에 있던 음료수를 바닥냈다.
- Los dos hermanos agotaron rápidamente su herencia.
  두 형제는 상속재산을 금세 탕진하였다.

agotarse 다하다, 절품되다, 지치다

- Se han agotado las entradas para el partido.
  그 경기 입장권이 매진되었다.
- Se agotaron las provisiones en poco tiempo.
  짧은 시간에 양식이 떨어졌다.
- Los atletas se agotaron en el maratón.
  마라톤에서 선수들은 탈진했다.
- Se agota mucho con el calor.
  그는 더위 때문에 매우 지친다.

agradar 좋아하다, 마음에 들다

- No me agrada su actitud.
  나는 그의 태도가 마음에 들지 않는다.
- Nos agradó mucho verlo nuevamente.
  당신을 다시 만나서 우리는 기뻤습니다.
- Me agrada ver a la gente alegre.
  나는 유쾌한 사람을 보는 것이 좋다.

agradecer 감사하다, 감사를 느끼다

- Le agradecí el regalo.
  나는 그가 선물을 줘서 고마웠다.
- Le agradezco mucho su visita.
  방문해 주셔서 감사합니다.
- No sé cómo agradecerle.
  뭐라 감사드려야 좋을지 모르겠습니다.

ahorrar 저축하다, 절약하다

- Ella ahorra mil euros cada mes.
  그녀는 매월 1,000유로를 저축한다.
- Los españoles no ahorran mucho.
  스페인 사람들은 많이 저축하지 않는다.
- José ha ahorrado ese dinero trabajando.
  호세는 일해서 그 돈을 저축했다.

ahorrarse 피하다, 면하게 하다, 절약하다

- Así te ahorras preocupaciones.
  그렇게 하면 너는 걱정하지 않아도 된다.
- Si lo haces ahora, te ahorrarás trabajo más tarde.
  네가 지금 일을 하면, 나중에 일을 하지 않아도 될 거야.
- Esto te ahorrará un dolor de cabeza más tarde.
  이것은 나중에 너에게서 두통을 없애 줄 거야.
- Comprándolo de segunda mano te ahorras mitad de dinero.
  그것을 중고로 사면 너는 돈의 절반을 절약할 수 있다.

ajustar 맞추다, 조정하다, 정하다

- El pantalón no ajusta.
  바지가 꼭 맞지 않는다.
- El sastre le ajustó el traje al cuerpo.
  재봉사는 옷을 그의 몸에 맞추었다.
- El padre ajustó sus pasos a los del niño.
  아버지는 발걸음을 아이의 발걸음에 맞췄다.
- Ajusté el tornillo porque estaba suelto.
  나사가 풀려 있었기 때문에 나는 나사를 조였다.
- Han ajustado el casamiento para el día 15.
  그들은 결혼 날짜를 15일로 결정했다.

ajustarse 따르다, 동의・동조하다, 조여 매다

- Ella se ajustó a nuestras instrucciones.
  그녀는 우리의 지시에 따랐다.
- Ajústate a lo que te he mandado.
  내가 너에게 명령한 것을 정확하게 해라.
- El presupuesto se ajusta a la realidad económica.
  예산은 경제 현실에 들어맞는다.
- Él se ajustó los cordones de los zapatos.
  그는 구두끈을 조여 맸다.

alcanzar 닿다, 따라잡다, 도달하다, 이해하다

- Alcánzame esa botella.
  그 병을 집어다오.
- No puedo alcanzar esa fruta. La rama está muy alta.
  저 과일을 잡을 수 없어. 가지가 너무 높이 있어.
- El corredor español pudo alcanzar al francés.
  스페인 주자는 프랑스 주자를 따라잡을 수 있었다.
- José ha alcanzado la recompensa que merece.
  호세는 그에게 알맞은 보수를 받았다.
- El sueldo no me alcanza para vivir.
  내 월급은 생활하기에는 부족하다.

- Estos caramelos no alcanzan para todos los niños.
  이 캐러멜은 어린이들 전부에게는 부족하다.
- No alcanzo lo que dice José.
  나는 호세가 말하는 것을 이해할 수 없다.

alcanzar a +inf. …하기에 이르다

- Por fin alcanzó a terminar el trabajo.
  드디어 그는 일을 마칠 수 있었다.
- Su padre no alcanza a comprenderle.
  그의 아버지는 그를 이해하지 못한다.
- Alcanzó a comer antes de salir.
  그는 나가기 전에 식사를 할 수 있었다.
- No alcanzo a comprender el móvil.
  나는 그 이유가 이해되지 않는다.

alegrar a uno 누구를 기쁘게 하다

- Su visita la alegró mucho.
  그의 방문은 그녀를 매우 기쁘게 했다.
- Los payasos alegran a los niños.
  광대들은 아이들에게 기쁨을 준다.
- Tus noticias nos han alegrado mucho.
  너의 소식은 우리들을 매우 기쁘게 했다.
- Unas flores alegrarían la habitación.
  꽃 몇 송이가 방을 환하게 해줄 것이야.

alegrarse (con/de/por algo) (무엇에) 기뻐하다

- Se alegraron con la llegada de la familia.
  가족의 도착으로 그들은 기뻐했다.
- Nos alegramos por su llegada.
  당신의 도착에 우리는 기쁩니다.
- Se alegró mucho con la noticia.
  그는 그 소식을 듣고 매우 기뻤다.

- Ella se alegró muchísimo cuando lo vio.
  그녀는 그를 보았을 때 너무 기뻤다.

alegrarse de + inf. …해서 기쁘다

- Me alegro mucho de verte.
  너를 보니 나는 매우 기쁘다.
- ¿No te alegras de haber venido?
  너 여기 오니까 기쁘지 않아?
- Se alegró de trabajar con el científico famoso.
  그는 유명한 과학자와 함께 일하게 되어 기뻤다.
- Nos alegramos de poder celebrar esta fiesta juntos.
  이 파티를 함께 개최할 수 있어서 우리는 기쁩니다.

alegrarse de que + subj. …해서 기쁘다

- Me alegro mucho de que estés conmigo.
  네가 나와 함께 있어서 나는 너무 기쁘다.
- Me alegro de que hayas llegado a tiempo.
  네가 제 시간에 도착해서 난 기쁘다.
- Me he alegrado de que hayas venido.
  네가 와서 난 기뻤다.
- Me alegro de que vayas a España como becario.
  네가 장학생으로 스페인에 가게 되어 나는 기쁘다.

alimentar 기르다, (영양 따위를) 공급하다, 부양하다

- La tierra alimenta los árboles.
  땅은 나무에 영양을 공급한다.
- Este prado alimenta quinientas vacas.
  이 목장은 500마리의 소를 기를 수 있다.
- La injusticia alimenta el descontento.
  불공평은 불만을 키운다.
- Esta comida alimenta poco.
  이 음식은 별로 영양이 되지 않는다.

- La leche alimenta mucho.
  우유는 많은 영양을 공급한다.
- Con su trabajo alimentaba a toda la familia.
  그는 일을 해서 가족 모두를 부양했었다.

alimentar de/con algo 무엇을 공급하다, 영양으로 주다

- Este río alimenta de agua el nuevo embalse.
  이 강이 새 댐에 물을 공급한다.
- Hay que alimentar de papel la impresora.
  프린터에 용지를 넣어야 한다.
- Ella alimenta a su hija con leche y cereales.
  그녀는 딸에게 우유와 시리얼을 준다.
- El cable alimenta de energía a la máquina.
  전선은 기계에 전력을 공급한다.

alimentarse de/con algo 무엇을 (영양으로) 먹다

- Isabel solo se alimenta de frutas para adelgazar.
  이사벨은 살을 빼기 위하여 과일만 먹는다.
- Las golondrinas se alimentan de insectos nocivos.
  제비는 해충을 먹이로 하고 있다.
- Se alimenta de pan y leche todas las mañanas.
  그는 매일 아침 빵과 우유를 먹는다.

almorzar 점심을 먹다

- Almorcé carne con papas.
  나는 점심에 감자를 곁들인 고기를 먹었다.
- Almorzamos al mediodía.
  우리는 정오에 점심을 먹는다.
- Siempre almuerzo en el trabajo, pero ceno en casa.
  나는 항상 직장에서 점심을 먹지만, 저녁식사는 집에서 한다.
- Generalmente almuerzo de doce a una.
  나는 대개 12시부터 1시 사이에 점심을 먹는다.

alterar 바꾸다, 부패시키다, 동요시키다.

- Su venida alteró completamente el ritmo de mi vida.
  그가 와서 나의 생활리듬이 완전히 바뀌었다.
- El calor altera los alimentos.
  더위는 음식물을 상하게 한다.
- La pregunta del juez le alteró visiblemente.
  판사의 질문에 그는 눈에 띄게 동요했다.

alterarse 변하다, 동요하다

- No te alteres.
  동요하지 마라.
- Jaime no se altera por nada.
  하이메는 어떤 일에도 동요하지 않는다.
- Se alteró cuando le dieron la mala noticia.
  그는 나쁜 소식을 들었을 때 동요했다.

aludir a uno/algo 누구/무엇에 빗대어 말하다, 언급하다

- Elena aludía indudablemente a tu hermano.
  엘레나는 틀림없이 너의 동생에 관하여 말하고 있었다.
- Aludió al problema económico en ese discurso.
  그 연설에서 경제 문제를 넌지시 빗대어 말했다.
- En la carta ellos aludían a su propuesta anterior.
  그들은 편지에 지난번 제안을 넌지시 빗대어 말했었다.
- El profesor aludió a la situación económica de Corea.
  교수는 한국의 경제 상황에 관해 언급했다.

amar 사랑하다

- Ella ama a su patria.
  그녀는 조국을 사랑한다.
- Lo amaba con pasión.
  그녀는 그를 열정적으로 사랑했었다.
- Desde niño Carlos amaba el mar.
  까를로스는 어릴 때부터 바다를 좋아했었다.

amenazar (con/de) 위협・협박하다

- Me amenazó con un cuchillo.
  그는 칼로 나를 협박했다.
- Lo amenazaron de muerte.
  그는 생명의 위협을 받았다.

amenazar algo 무엇의 우려・위험이 있다

- El edificio amenaza ruina.
  그 빌딩은 무너질 듯하다.
- El cielo amenaza lluvia.
  하늘을 보니 비가 올 것 같다.
- La crisis amenaza problemas en el gobierno.
  그 위기는 정부에 문제가 생길 것 같다.

amenazar + inf. …할 우려가 있다, …한다고 협박하다

- El edificio amenaza derrumbarse.
  그 빌딩은 무너질 우려가 있다.
- Parece que amenaza llover.
  비가 올 것 같다.
- Él amenazó matarme con la pistola.
  그는 권총으로 나를 죽이겠다고 협박했다.

amenazar con algo 무엇을 하겠다고 협박하다

- Le amenazaron con el despido.
  그들은 그를 해고하겠다고 위협했다.
- Amenazan con una nueva huelga.
  그들은 또 다시 파업을 하겠다고 협박한다.

amenazar con + inf. …한다고 협박하다, …할 우려가 있다

- Me amenazó con quitarme la vida.
  그는 나를 죽이겠다고 협박했다.
- Luis amenaza con dejar la universidad.
  루이스는 대학을 그만둔다고 협박한다.

- El director le amenazó con despedirle.
  사장은 그를 해고하겠다고 협박했다.
- Me amenazó con pegarme si desobedecía.
  복종하지 않으면 나를 때리겠다고 그는 협박했다.
- El incendio amenazaba con extenderse.
  화재는 확산될 우려가 있었다.

andar 걷다, 운행한다, 어떤 상태에 있다

- Él anda muy rápidamente.
  그는 매우 빠르게 걷는다.
- Él anda tras un trabajo(un libro).
  그는 일자리(책)를 찾아다니고 있다.
- Mi libro anda por aquí.
  내 책은 이쪽에 있다.
- Juan anda en los 25.
  후안은 25살이다.
- Él anda en líos.
  그는 분쟁에 휘말렸다.
- ¿Anda bien su reloj?
  당신 시계는 시간이 잘 맞습니까?
- Ahora anda mal de dinero.
  지금 그는 자금 상태가 나쁘다.

animar 고무하다, 분위기를 띄우다

- Su llegada animó la fiesta.
  그의 도착으로 파티는 활기가 찼다.
- Ella animó la fiesta con su canción.
  그녀는 노래로 파티의 분위기를 띄웠다.
- Estas vitaminas te animarán.
  이 비타민이 너에게 활력을 줄 거야.
- Cuando estuve triste, me animaron mucho.
  내가 슬펐을 때 그들은 나에게 용기를 북돋아 주었다.

animar a uno a + inf. 누구에게 …할 용기를 주다

- Me animaron a viajar.
  내가 여행하도록 용기를 주었다.
- Mis amigos me animaron a hablar con ella.
  내 친구들이 내가 그녀와 얘기할 수 있도록 용기를 주었다.
- Las buenas notas me animaron a seguir estudiando.
  나는 성적이 좋아서 계속 공부할 용기를 갖게 되었다.

animar a uno para que + subj. 누구에게 …할 용기를 주다

- Juan animó a su hija para que continuara estudiando.
  후안은 딸이 계속 공부할 수 있도록 용기를 주었다.
- Mis padres me animan para que haga deportes.
  나의 부모님은 내가 운동을 하도록 용기를 북돋아 주신다.

animarse a + inf. …할 용기·생각을 갖다

- Me animé a cruzar el río.
  나는 강을 건널 용기가 생겼다.
- Se animaron a hablarle a Silvia.
  그들은 실비아에게 얘기할 자신감을 얻었다.
- Si me animo a salir te llamo.
  내가 외출할 생각이 들면 너에게 전화할게.
- Al final me animé a confesárselo a ella.
  마침내 나는 그녀에게 고백할 용기가 생겼다.

anticipar 미리 하다, 앞당겨 하다

- Anticipé el pago de la casa.
  나는 집 임대료를 미리 냈다.
- Me han anticipado el suelo.
  나는 급여를 가불받았다.
- Hemos anticipado la fecha de la fiesta.
  우리들은 파티 날짜를 앞당겼다.
- Le anticipamos las gracias por su pronta respuesta.
  조속한 회답을 받고 싶어서 미리 감사드립니다.

anticiparse 앞지르다, 빨리 · 앞당겨 …하다

- Se me anticipó.
  그는 나를 앞질렀다.
- Se anticiparon las lluvias.
  예상했던 것보다 비가 빨리 왔다.
- El gobierno se anticipó a los huelguistas y cerró las calles.
  정부는 파업자들을 앞지르고 길을 막았다.
- Nos anticipamos a pintar la casa antes de que lloviera.
  우리는 비가 오기 전에 빨리 집에 페인트칠을 했다.

anunciar 알리다, 발표 · 예고하다

- Anunciaron la llegada del vuelo 720.
  720편 항공기의 도착을 알렸다.
- El periódico anuncia las próximas elecciones.
  신문은 다음 선거를 발표했다.
- Algunos anuncian el fin del mundo.
  어떤 사람들이 지구의 멸망을 예고한다.

añadir (a algo) (무엇에) 첨가하다, 보태다

- Añade otro plato porque tenemos visitas.
  손님이 오셨으니 접시를 더 가져 와.
- Añadí cien dólares más al presupuesto mensual.
  나는 매월 예산에 100달러를 증액했다.
- Le añadí a la casa más habitaciones.
  나는 집에 방을 더 만들었다.
- La costurera añadió un encaje al vestido.
  재봉사는 드레스에 레이스를 붙였다.

apagar (불을) 끄다, 약하게 하다, 없애다

- Apagué la luz y me dormí.
  나는 불을 끄고 잠을 잤다.
- Los bomberos apagaron el fuego.
  소방대원들은 불을 껐다.

- Acuérdate de apagar el gas antes de salir.
  외출하기 전에 가스 끄는 것을 명심해라.
- Su engaño apagó mi esperanza.
  그의 사기가 나의 희망을 없애버렸다.
- La guerra apagó miles de vidas.
  전쟁은 수많은 생명을 앗아갔다.

apagarse 꺼지다, 죽다

- Se apagó la luz por la tormenta.
  태풍으로 전기불이 꺼졌다.
- Él se apagó la sed con vino.
  그는 와인으로 갈증을 해소했다.
- Se apagó tranquilamente en su cama.
  그는 침대에서 조용히 숨을 거두었다.

aparecer (en/por) 출현하다, 나타나다, 보이다

- Todas las mañanas aparece el sol.
  매일아침 해는 떠오른다.
- El sol apareció en el horizonte.
  해가 수평선에 나타났다.
- Aparecieron langostas en los campos.
  메뚜기가 들판에 출현했다.

aparecerse (a/en) 나타나다, 보이다, 있다

- El fantasma se apareció a los niños.
  귀신은 아이들 앞에 나타났다.
- Después de dos años él apareció en el pueblo.
  2년 후에 그가 마을에 나타났다.

apegarse a uno/algo 누구/무엇에 애착을 느끼다, 집착하다

- Él se apegó más a su padre que a su madre.
  그는 어머니보다 아버지에게 애착을 더 느꼈다.

- Me apego mucho a los lugares que visito.
  내가 방문하는 장소에 애착을 느낀다.
- Se apegó al cargo que desempeñaba.
  그는 수행하던 업무에 집착했다.

apoderarse de algo 무엇을 자기 것으로 만들다

- Se apoderó de las propiedades de su familia.
  그는 가족의 재산을 자기 것으로 만들었다.
- Nos apoderamos de la finca.
  우리는 그 별장을 우리 것으로 만들었다.

apostar (algo) (무엇을) 걸다, 내기를 하다

- Te apuesto una cerveza.
  나는 너에게 맥주를 걸겠다.
- A él le gusta apostar a los caballos.
  그는 경마에서 내기하는 것을 좋아한다.
- Ella apostó cien pesos (al ganador).
  그녀는 (승자에게) 100뻬소를 걸었다.

apostar (algo) a que + ind. …하는 것에 (무엇을) 걸다, 내기하다

- Apostaré a que mañana va a llover.
  나는 내일 비가 오는 것에 내기를 걸겠다.
- Apostaron mil euros a que va a ganar el Real Madrid.
  그들은 레알마드리드팀이 이기는 것에 1,000유로를 걸었다.
- Apostaron una cena a que ella llegaba muy tarde.
  그들은 그녀가 매우 늦게 도착하는 것에 저녁식사를 걸었다.

apoyar (en algo) (무엇에) 기대다, 지지・지원하다

- Ella apoyó la cabeza en la pared.
  그 여자는 머리를 벽에 기댔다.
- Apoyaron las columnas en un suelo firme.
  단단한 바닥에 기둥을 세웠다.

- Esta mujer ha aumentado mucho de peso.
  이 여인은 체중이 많이 늘었다.

avenirse (con uno/algo) (누구/무엇과) 조화를 이루다, 일치하다

- Sandra se aviene con Juan muy bien.
  산드라는 후안과 마음이 잘 맞는다.
- Esta corbata se aviene con mi chaqueta muy bien.
  이 넥타이는 나의 재킷에 매우 잘 어울린다.
- Tiene buen carácter y se aviene con todo el mundo.
  그는 인품이 좋아서 모든 사람과 조화를 이룬다.
- Estas costumbres no se avienen con los principios cristianos.
  이런 습관은 기독교의 원칙에 어긋난다.

avenirse a + inf. …하는 것에 납득하다, 일치하다

- Luis se avino a trabajar en esta fábrica.
  루이스는 이 공장에서 일하는 것에 찬성했다.
- No me avengo a tener que pagar siempre yo.
  나는 항상 내가 지불해야 한다는 것을 납득하지 못한다.
- Las partes implicadas en el conflicto se avinieron a dialogar.
  분쟁에 싸인 당사자들은 대화하는데 일치했다.

avergonzar a uno 누구에게 창피를 주다

- Avergonzó a Pedro con sus reproches.
  그는 뻬드로를 질책하면서 창피를 주었다.
- Tu falta nos ha avergonzado.
  우리는 네 잘못에 수치를 느꼈다.
- El profesor avergonzó al alumno delante de sus compañeros.
  그 선생은 다른 학생들 앞에서 그 학생에게 창피를 주었다.

avergonzarse (de/por algo) (무엇을) 수치스러워하다, 부끄러워하다

- Me avergüenzo cuando hablo en público.
  나는 대중 앞에서 말할 때 부끄러움을 느낀다.

- Apoyé la silla(escalera) en la pared.
  나는 의자(사다리)를 벽에 기대어 놓았다.
- Yo apoyo a María Pérez para presidenta del club.
  나는 마리아 뻬레스를 클럽의 회장으로 지지한다.

apoyarse en algo (무엇에) 의지하다, 기대다

- Los viejos se apoyan en el bastón al caminar.
  노인들은 걸을 때 지팡이에 의지하다.
- Nos apoyamos en la familia cuando hay problemas.
  문제가 있을 때 우리는 가족에게 의지한다.
- El edificio se apoya en cimientos sólidos.
  건물은 단단한 기초에 세워져 있다.

aprender (de uno) (누구에게서) 배우다, 학습하다

- Él aprende la historia de España.
  그는 스페인 역사를 배운다.
- Hay que aprender de los mayores.
  어른들에게서 배워야 한다.
- Dice que aprendió de mí muchas cosas.
  그는 나에게서 많은 것을 배웠다고 말한다.

aprender a + inf. …하는 것을 배우다・익히다

- Elena aprende a conducir.
  엘레나는 운전을 배운다.
- Juana y María aprendieron muy rápido a jugar al tenis.
  후아나와 마리아는 테니스를 매우 빨리 배웠다.

apresurar 독촉하다, 서두르다

- Si no apresuras el paso, llegaremos tarde.
  네가 걸음을 재촉하지 않으면 우리는 지각할 거야.
- Si me apresuras, no acertaré a contestarte.
  네가 재촉하면 나는 대답을 하지 않을 것이다.

apresurar a uno a + inf. 누가 …하도록 재촉하다

- El profesor nos apresuró a terminar el examen.
  선생님은 우리에게 시험을 마치라고 재촉하셨다.
- Mi madre me apresuró a llegar a tiempo a la clase.
  어머니는 나에게 수업에 제때 도착하도록 재촉하셨다.

apresurar a uno para que + subj. 누가 …하도록 재촉하다

- Apresuro a María para que no llegue tarde.
  나는 마리아가 지각하지 않도록 재촉한다.
- Apresuré a mi hijo para que no perdiera el avión.
  나는 아들이 비행기를 놓치지 않도록 재촉했다.

apresurarse 서둘다

- Vamos a llegar tarde al cine, apresúrate.
  우리가 극장에 늦게 도착하겠어. 서둘러.
- Apresúrese si no quiere perder el tren.
  열차를 놓치지 않으려면 서두르세요.
- No nos apresuremos demasiado.
  우리 너무 서두르지 맙시다.

apresurarse a + inf. 서둘러 …하다

- Se apresuraron a responder.
  그들은 서둘러 대답했다.
- Me apresuraré a concluir el trabajo.
  내가 일을 서둘러 마치도록 하겠다.
- Se apresuraron a coger el autobús porque era el último.
  그 버스가 막차였기 때문에 그들은 서둘러 버스를 탔다.

apresurarse por + inf. …하기 위해 서두르다

- Me apresuré por alcanzarle.
  나는 그를 따라가려고 서둘렀다.
- Nos apresuramos por llegar a tiempo.
  우리는 제 시간에 도착하기 위해 서둘렀다.

- El niño se apresuró por comprar los juguetes.
  아이는 장난감을 사려고 서둘렀다.

aprobar 승인・인가하다, (시험에) 합격하다

- Fue aprobado el proyecto de ley.
  법안이 통과되었다.
- Has actuado con prudencia y yo apruebo tu conducta.
  너는 신중하게 행동했고, 나는 너의 행동을 인정한다.
- Si no aprietas en tus estudios, no aprobarás.
  네가 공부에 더 노력하지 않으면, 너는 낙제할 것이다.

apropiar 적용・응용하다, 맞추다

- Debes apropiar tu comportamiento a cada situación.
  너는 행동을 각 상황에 맞게 해야 한다.
- Apropiaron el método a la enseñanza básica.
  그들은 이론을 기초교육에 적용했다.
- El profesor de arte dramático nos enseña a apropiar la voz al gesto.
  연극 교수는 우리에게 목소리를 동작에 맞추는 법을 가르친다.
- La orquesta intentó apropiar la música a la edad de los invitados.
  오케스트라는 음악을 초대 손님의 연령에 적합하게 하려고 시도하였다.

apropiarse de algo 무엇을 차지하다, 가지다

- Antonio se apropió de nuestras ideas.
  안또니오가 우리의 아이디어를 가로챘다.
- Se apropió de los bienes de los hermanos.
  그는 형제들의 재산을 차지했다.
- Es un delito apropiarse de lo ajeno.
  남의 것을 차지하는 것은 범죄다.

aprovechar 도움이 되다, 이용하다

- ¡Qué aproveche!
  (음식을) 맛있게 드세요.

- Se afeita con maquinilla eléctrica.
  그는 전기면도기로 면도를 한다.

aficionarse a algo 무엇이 좋아지다, 무엇에 열중하다

- Él se aficiona a los helados.
  그는 아이스크림이 매우 좋아졌다.
- Te estás aficionando a beber alcohol.
  너는 음주를 너무 좋아한다.
- Felipe se ha aficionado a los deportes.
  펠리뻬는 스포츠에 푹 빠졌다.

agarrar (de/a) 잡다, 붙잡다, (병에) 걸리다

- Agarré a Luis de(por) la camisa.
  나는 루이스의 셔츠를 꼭 잡았다.
- Él agarra al niño para que no se caiga.
  그는 아이가 넘어지지 않게 아이를 꼭 붙잡는다.
- Agarra esa cuerda y no la dejes escapar.
  그 줄을 붙잡고 놓지 마라.
- Lo agarraron cuando robaba otro banco.
  다른 은행을 털고 있을 때 그를 잡았다.
- Parece que he agarrado un resfriado.
  나는 감기에 걸린 것 같다.

agarrarse (de/a algo) (무엇에) 달라붙다, 붙잡다, (병에) 걸리다

- Me agarré de la puerta.
  나는 문에 달라붙었다.
- Los náufragos se agarraban a una balsa.
  조난자들은 뗏목에 매달렸다.
- Se agarró de la rama para poder subir.
  그는 올라갈 수 있도록 나뭇가지에 달라붙었다.
- A él se le ha agarrado la tos.
  그는 감기에 걸렸다.

A

acabar + ger. 마침내 …하게 되다

- Ellos acabarán aceptándolo.
  그들은 결국 그것을 받아들이게 될 겁니다.
- Acabé interesándome en el alpinismo.
  나는 마침내 등산에 관심을 갖게 되었다.
- Si no se cuida, acabará enfermándose.
  자신을 돌보지 않으면 결국에는 병을 앓게 될 거야.
- Tras dos años de matrimonio acabaron aborreciéndose.
  그들은 결혼 2년 만에 마침내 서로 싫증내게 되었다.

acabarse 모두 끝나다, 바닥나다, 완성되다

- Se acabó.
  만사가 끝났다.
- La conferencia se acabó a las seis.
  강연회는 6시에 끝났다.
- A Felipe se le acabó la gasolina.
  펠리뻬는 휘발유가 떨어졌다.
- Se nos acabó el dinero.
  우리는 돈이 떨어졌다.
- Acábate la sopa, que te traigo el segundo plato.
  수프를 다 먹어. 다음 음식을 가져올게.
- Se acabaron las vacaciones hace dos días.
  2일 전에 방학이 모두 끝났다.
- Lo que no se empieza, no se acaba.
  시작하지 않은 일은 끝나지 않는다.

acalorar 격렬하게 하다, 달아오르게 하다, 화나게 하다

- La comida caliente en verano me acalora.
  여름에 뜨거운 음식을 나를 달아오르게 한다.
- La carrera acaloró a los corredores.
  경기는 그 달리는 선수들을 흥분하게 만들었다.
- Como siempre discutes, consigues acalorar a tu padre.
  너는 항상 논쟁을 하기 때문에 너의 아버지를 화나게 한다.

- Armándose de una escopeta salió de caza.
  그는 엽총을 갖고 사냥에 나섰다.
- Si quieres hablar con él, ármate de mucha paciencia.
  그와 이야기하고 싶으면, 인내심을 충분히 가져라.
- Al ocurrir el accidente se armó un escándalo terrible en el tren.
  사고가 일어났을 때 기차 안에서는 큰 소란이 벌어졌다.

arrancar (a/de) 뿌리를 뽑다, 찢다, 시동을 걸다, 강탈하다

- El jardinero arrancó la mala hierba.
  정원사는 잡초를 뿌리째 뽑았다.
- Ella arrancó la hoja del cuaderno.
  그녀는 공책에서 종이를 찢었다.
- Trató de arrancar el motor, pero no pudo.
  그는 엔진시동을 걸려고 노력하였으나, 할 수 없었다.
- El ladrón le arrancó la cartera.
  도둑은 그에게서 지갑을 강탈했다.

arrancar de algo 무엇에서 비롯되다

- De allí arrancaron todas sus desgracias.
  그의 모든 불행은 거기서 비롯되었다.
- Esta situación arrancó de mala interpretación.
  이런 상황은 오해에서 비롯되었다.
- Estos problemas económicos arrancaron de la revolución.
  이런 경제적인 문제들은 혁명에서 비롯되었다.

arreglar 정리하다, 해결하다, 수리하다, 청산하다

- Está arreglando los papeles para divorciarse.
  그는 이혼하기 위해 서류를 준비하고 있다.
- Arreglaron el problema de dinero.
  그들은 돈 문제를 해결했다.
- El mecánico ha venido a arreglar el coche.
  차를 수리하러 정비공이 왔다.

- Arregla la casa antes que lleguen los invitados.
  손님들이 오기 전에 집안을 정리해라.
- Espere un momento, voy a arreglar las cuentas.
  잠깐 기다리세요. 제가 계산을 하겠습니다.

arreglarse 정리하다, 몸치장을 하다, 처리하다

- Ella se arregló las uñas.
  그녀는 손톱을 정리했다.
- Marisa se arregla para salir.
  마리사는 외출하기 위하여 몸단장을 하고 있다.
- El ministro se arregló con los huelguistas.
  장관은 파업자들과 합의에 도달했다.
- ¿Cómo me las arreglo para terminar a tiempo?
  제 시간에 끝내려면 나는 어떻게 해야 할까요?

arrepentirse 생각을 바꾸다

- Aceptó el dinero, pero se arrepintió y lo devolvió.
  그는 돈을 받았지만, 생각을 바꾸고 돈을 되돌려주었다.
- Dijo que vendría a la fiesta, pero se arrepintió y se fue al cine.
  그는 파티에 온다고 말했지만, 생각을 바꾸고 영화관에 갔다.

arrepentirse de algo 무엇을 후회하다, 뉘우치다

- No me arrepiento de nada.
  나는 아무것도 후회하지 않는다.
- Yo me arrepiento de mis errores.
  나는 내 실수를 후회한다.
- Ella se arrepintió de su mala conducta.
  그녀는 자신의 나쁜 행동을 후회했다.

arrepentirse de + inf. …한 것을 후회하다

- Me arrepiento de habérselo dicho.
  나는 그에게 그것을 말한 것을 후회하고 있다.

- Ahora se arrepiente de haber abandonado los estudios.
  그는 지금 학업을 포기한 것을 후회하고 있다.
- Se arrepiente de haber tratado tan mal a su madre.
  그는 자기의 어머니를 그토록 학대했던 일을 후회하고 있다.

arrojar 던지다, 버리다, 쫓아내다

- El niño arrojó la comida que había ingerido.
  어린 아이는 입에 넣었던 음식을 뱉었다.
- Los niños se divierten arrojando piedras al lago.
  어린이들은 호수에 돌을 던지며 즐거워하고 있다.
- Está terminantemente prohibido arrojar basura a la carretera.
  도로에 쓰레기를 버리는 것은 엄히 금지되어 있다.
- Lo arrojaron del edificio porque no pagaba el alquiler.
  그는 임대료를 내지 않아서 건물에서 쫓겨났다.

arrojarse a/en algo 무엇으로 몸을 날리다, 뛰어들다

- Él se arrojó al mar por la ventana.
  그는 창문을 통하여 바다로 뛰어들었다.
- Los niños se arrojaron en los brazos de su padre.
  아이들은 아버지의 팔에 달려들었다.

ascender a algo 무엇으로 승진하다, 오르다

- Juan ascendió a vicepresidente.
  후안은 부사장으로 승진했다.
- El equipo ascendió a primera división.
  그 팀은 1군으로 승격했다.
- El globo asciende a las nubes.
  풍선은 구름으로 올라간다.
- El termómetro ascendió ayer a 40 grados.
  온도계는 어제 40도까지 올라갔다.
- Los daños ascienden a un millón de euros.
  손해는 100만 유로에 달했다.

asegurar 단단히 잠그다, 확인하다, 보호하다

- Le aseguro que estaré allí dentro de una hora.
  한 시간 내에 그곳에 도착할 것을 당신에게 확언한다.
- Aseguró las ventanas y las puertas.
  그는 창문과 문을 단단히 잠갔다.
- Aseguraron el pueblo contra un ataque.
  그들은 공격으로부터 마을을 보호했다.
- Las leyes aseguran la libertad de los hombres.
  법은 인간의 자유를 보장한다.

asegurar algo contra algo 무엇을 보험에 들다

- ¿Contra qué vas a asegurar la casa?
  집을 어떤 보험에 들려고 하니?
- Aseguré la casa contra incendios.
  나는 집을 화재 보험에 들었다.
- Aseguró el coche a(contra) todo riesgo.
  그는 그 차를 종합보험에 들었다.

asegurar que + ind./subj. …라고 확인・확언・확약하다

- Le aseguré que los rumores eran falsos.
  나는 그에게 그 소문들은 거짓이라고 확언했다.
- Me asegura que él pagará mañana.
  그는 내일 지불할 것을 나에게 확약한다.
- Yo salí después de asegurar que mi mujer estaba dormida.
  나는 아내가 잠든 것을 확인한 후에 외출했다.
- ¿Cómo puede usted asegurar que dejará de llover mañana?
  내일은 비가 멈출 것이라고 어떻게 장담할 수 있습니까?
- No puedo asegurar que venga. [부정문에서 접속법]
  나는 그가 올 것이라고 장담할 수 없다.

asegurarse de algo 무엇을 확인・확신하다

- Se aseguró de mis palabras.
  그는 내 약속을 확신했다.

- No puedo decirte nada antes de asegurarme de la verdad.
  나는 사실을 확인하기 전에는 너에게 아무 것도 말할 수 없다.
- Nos aseguramos de no volver a caer en el mismo error.
  우리는 다시 똑같은 실수를 하지 않을 것이라고 확신한다.

asegurarse de que + ind. …인지를 분명히 하다, 확인하다

- Asegúrate de que todo está en orden.
  모두 정돈되어 있는지를 확인해라.
- Me voy a asegurar de que la puerta está cerrada.
  나는 문이 잠겼는지 확인 할 것이다.
- Asegúrate de que el gas de la cocina está bien cerrado.
  부엌의 가스가 잘 잠겨있는지 확인해라.
- Le llamo antes de salir para asegurarme de que está en casa.
  나는 출발하기 전에 그가 집에 있는지를 확인하려고 그에게 전화를 한다.

asemejarse 비슷하다, 닮다

- Los gemelos se asemejan muchísimo.
  쌍둥이들은 정말 매우 비슷하다.
- Los personajes se asemejan unos a otros.
  인물들이 서로 닮았다.

asemejarse a algo/uno 무엇/누구를 닮다, 비슷하다

- El niño se asemeja a su padre hasta el carácter.
  그 아이는 성격까지 아버지를 닮았다.
- Nuestra casa se asemeja a la de mi tío.
  우리 집은 삼촌의 집과 비슷하다.
- Cada vez se asemeja más a su madre.
  그는 점점 더 어머니를 닮아간다.

asistir a uno 누구를 돕다, 간호하다, 구조하다

- Mi padre me asistirá en todo lo que necesite.
  아버지는 나에게 필요한 모든 것을 도와주실 것이다.

A

- Las enfermeras asisten a los pacientes.
  간호사들은 환자들을 간호한다.
- Los enfermeros asisten a los médicos.
  간호사들은 의사를 도와준다.
- Le asiste un médico famoso.
  유명한 의사가 그를 진료한다.
- Al ver el accidente corrieron a asistir a los heridos.
  사고를 보자 그들은 부상자들을 구조하러 달려갔다.

asistir a/en algo 무엇에 참석하다

- Cientos de personas asistieron al funeral.
  수백 명이 장례식에 참석하였다.
- Me gustaría asistir a esta clase como oyente.
  저는 이 수업에 청강생으로 참석하기를 원합니다.
- No asistió a la fiesta, porque ayer cayó enfermo.
  그는 어제 병이 나서 파티에 출석하지 못했다.
- El médico coreano asistió en la operación presidencial.
  한국인 의사가 대통령의 수술에 참석했다.

asomar a/por algo 무엇에 보이다, 나타나다

- Su cabeza asomaba por encima de la tapia.
  그의 머리가 담 위로 나타났다.
- A sus ojos asomaron las lágrimas.
  그녀의 눈에 눈물이 글썽거렸다.
- Todas las mañanas asoma el sol por el este.
  매일 아침 태양은 동쪽에 모습을 드러낸다.

asomar algo 무엇을 드러내다, 나타내다

- Asomó la cabeza por la ventana.
  그는 창문으로 머리를 내밀었다.
- Abrió la puerta y asomó la cabeza.
  그는 문을 열고 머리를 내밀었다.

- Los soldados asomaron los rifles al(por el) balcón.
  군인들은 발코니로 총을 드러냈다.

asomarse a/por algo 무엇에 나타나다, 드러나다

- La chica se asomó al(por el) balcón.
  여자 아이가 발코니에 나타났다.
- Sandra se asomaba a(por) la ventana.
  산드라는 창문에서 모습을 드러냈다.
- Cuando se asomó a(por) la ventana le dispararon.
  그가 창가에 나타났을 때 그를 향해 총을 쐈다.

asombrar 놀라게 하다, 감탄하게 하다

- Me asombra tu capacidad de trabajo.
  너의 업무 능력에 나는 놀랍다.
- La maravillosa voz de Elena asombra al que la escucha.
  엘레나의 경이로운 목소리는 듣는 사람을 감탄하게 한다.
- Ignacio asombraba a todo el mundo por su genio.
  이그나시오는 재능으로 모든 사람들을 놀라게 했다.

asombrar a uno que + subj. …하는 것이 누구를 놀라게 하다

- Me asombra que hayas hecho tal cosa.
  네가 그런 일을 했다니 나는 놀랍다.
- Me asombra que ella beba el whisky.
  그녀가 위스키를 마시다니 나는 놀랍다.
- Nos asombra que estés aquí a esta hora.
  네가 이 시간에 여기 있다니 우리는 놀랐다.

asombrarse de/con/por algo 무엇에 놀라다, 감탄하다

- Se asombró con los resultados.
  그는 결과에 놀랐다.
- Ya no me asombro por nada.
  나는 이제 아무것에도 놀라지 않는다.

- Mi abuelo se asombra de los avances científicos.
  나의 할아버지는 과학의 발전에 놀라신다.
- Se asombró de la habilidad musical de Emilio.
  그는 에밀리오의 음악적 재능에 감탄했다.

asombrarse de + inf. …해서 놀라다

- Se asombraron de verme allí.
  그들은 거기서 나를 보고 놀랐다.
- Se asombra de ir a la cárcel.
  그는 감옥에 가게 되어 놀란다.

asombrarse de que + subj. …해서 놀라다

- Me asombro de que estés en la cárcel.
  네가 감옥에 있다니 놀랍다.
- Me asombré de que los estudiantes no supiesen una cosa tan fácil.
  학생들이 그토록 쉬운 것을 몰라서 나는 놀랐다.
- Juana se asombró de que hubieras vuelto tan pronto.
  네가 이렇게 빨리 돌아와서 후아나는 놀랐다.

aspirar 흡입하다, 들이마시다

- Queremos aspirar aire puro.
  우리들은 맑은 공기를 마시고 싶다.
- Él ha salido a aspirar el aire fresco de la mañana.
  그는 아침의 신선한 공기를 마시러 나갔다.
- El cirujano aspira las grasas de la modelo.
  외과의사는 그 모델에게서 지방흡입을 한다.

aspirar a algo 무엇을 동경・열망하다

- Aspiran a una vida mejor.
  그들은 더 좋은 인생을 열망한다.
- Aspiramos a una buena posición económica.
  우리들은 좋은 경제적 상황을 열망한다.

- Murió joven aspirando a la fama.
  그는 명성을 열망하면서 요절했다.
- Aspirar a la presidencia de la empresa.
  그는 그 기업의 사장 자리를 열망한다.

aspirar a + inf. …하기를 열망・갈망하다

- Aspiraron a hacerlo.
  그들은 그것을 하고 싶어 했다.
- Aspira a ser diplomático.
  그는 외교관이 되기를 갈망한다.
- Unos políticos aspiran a ser presidente.
  정치가 몇 명이 대통령이 되기를 열망한다.

asustar 놀라게 하다

- No me asustes.
  나를 놀라게 하지 마.
- Nos asustó el ruido de la explosión.
  그 폭발 소리에 우리는 깜짝 놀랐다.
- Nos asustan los índices de pobreza en el mundo.
  세계의 빈곤지수는 우리를 놀라게 한다.

asustarse (de/por algo) (무엇에) 놀라다, 질겁하다

- Los niños se asustaron de(por) los animales(las tormentas).
  아이들은 동물(태풍) 때문에 놀랐다.
- Me asusté cuando vi que no estaba allí.
  그가 그곳에 없다는 것을 알고 나는 놀랐다.
- No se asuste, no es nada grave.
  놀라지 마세요. 별일 아닙니다.

asustarse de + inf. …해서 놀라다, 질겁하다

- Me asusté de oír la noticia.
  나는 그 소식을 듣고 놀랐다.

- Se asustaron de oír los truenos.
  그들은 천둥소리를 듣고 놀랐다.
- Me asusté de ver a mi padre tan delgado.
  나는 아버지의 여윈 모습을 보고 놀랐다.

atacar 덮치다, 습격 · 공격하다

- Los soldados atacaron al enemigo.
  병사들은 적군을 습격했다.
- Le atacó una fiebre muy alta.
  그에게 대단한 고열이 났다.
- Esperaban en la esquina de la calle para atacarle.
  그들은 그를 기습하려고 거리의 모퉁이에서 기다리고 있었다.
- No me ataques delante de los demás.
  다른 사람들 앞에서 나를 비난하지 마라.

atar 묶다, 속박하다

- Ató los dos paquetes con una cuerda.
  그는 끈으로 2개의 짐을 묶었다.
- Le até el pelo con una cinta.
  나는 그녀의 머리를 리본으로 묶어주었다.
- No olvides atar al perro a ese árbol.
  개를 그 나무에 매어 두는 것을 잊지 마라.
- Los niños la tienen muy atada; no puede salir a ningún sitio.
  그녀는 아이들에 얽매여 아무데도 갈 수 없다.

atarse (a algo) (무엇에) 매달리다, (자기의 구두끈 등을) 매다

- Juan se ata a una sola opinión.
  후안은 오직 한 가지 의견에 매달린다.
- La niña se ató a ese chico desde que era una niña.
  그 여자아이는 어릴 때부터 그 소년에게 매달렸다.
- Alfonso se ata los zapatos.
  알폰소는 구두끈을 맨다.

atender a uno/algo 대접하다, 돌보다, 주의하다

- La secretaria atendió el teléfono.
  비서는 전화를 받았다.
- No puedo atender la llamada ahora.
  지금 전화 받기 곤란해.
- Ella atendió las quejas del cliente.
  그녀는 고객의 항의를 받았다.
- Atendemos a los invitados.
  우리는 손님들을 대접한다.
- Atiende a lo que haces.
  네가 하는 일에 주의해.
- Jorge nunca me atiende cuando le hablo.
  호르헤는 내가 말할 때 내 말에 전혀 주의를 기울이지 않는다.

atenerse a uno/algo 누구/무엇을 따르다, 몰두하다, 의지하다

- Yo me atengo a lo que veo.
  나는 보이는 것을 따른다.
- Ella se atiene a su padre para conseguir empleo.
  그녀는 일자리를 구하기 위해서 아버지에게 의지한다.
- No tengo a quién atenerme.
  나는 의지할 사람이 없다.

atentar a/contra algo 무엇을 어기다, 해치다

- Echar basura en la calle es atentar a(contra) la salud pública.
  길거리에 쓰레기를 버리는 것은 공공건강을 해치는 것이다.
- No hay que atentar a(contra) la norma de seguridad.
  안전규칙을 어기면 안 된다.
- Los terroristas atentaron contra el edificio oficial.
  테러리스트들은 공관을 공격했다.

atravesar 횡단하다, 관통하다

- Los niños no deben atravesar esta calle.
  아이들은 이 길을 횡단하면 안 된다.

- Los soldados atravesaron la frontera.
  군인들은 국경을 가로질렀다.
- Han atravesado el Pacífico varias veces.
  그들은 태평양을 여러 차례 횡단했다.
- Lo atravesé con una espada.
  나는 검으로 그를 관통시켰다.

atravesarse en algo 무엇에 끼어들다, 끼다

- El perrito se me atravesó en el camino.
  강아지가 길에 끼어들었다.
- Se me atravesó una espina en la garganta.
  나는 생선가시가 목에 찔렸다.
- La competencia se atravesó en nuestro negocio.
  경쟁자가 우리 사업에 끼어들었다.

atreverse a + inf. 감히 …하다

- Díselo si te atreves a hacer eso.
  네가 그것을 행할 생각이 있으면 그에게 그렇게 말해라.
- Se atrevió a cruzar el canal de Panamá.
  그는 과감히 파나마 운하를 횡단했다.
- Él se atreve a pelear con el campeón.
  그는 대담하게 챔피언과 싸운다.
- No nos atrevemos a salir sin el permiso de los padres.
  우리들은 부모님의 허락 없이는 감히 외출하지 않는다.

aumentar 증가시키다, 증가・증대하다

- Ha aumentado el sueldo a su secretaria.
  그는 비서의 급여를 올려주었다.
- El gobierno ha aumentado los impuestos.
  정부는 세금을 올렸다.
- Van a aumentar el precio de la gasolina.
  휘발유 가격을 올리려 한다.

- Él se avergüenza de(por) su origen humilde.
  그는 자신의 천한 태생을 수치스러워한다.
- Me he avergonzado de(por) la conducta de mi hijo.
  나는 아들의 품행에 대해 부끄럽게 생각했다.

avergonzarse de/por + inf. …하는 것을 수치스러워하다

- Me avergüenzo por haber hecho tal cosa.
  나는 그런 일을 한 것이 수치스럽다.
- Ella se avergüenza de(por) cantar en público.
  그녀는 대중 앞에서 노래하는 것을 부끄러워한다.
- Teresa se avergüenza de ir mal vestida al colegio.
  떼레사는 형편없는 옷을 입고 학교에 가는 것을 부끄러워한다.

averiguar 조사・탐구・수사하다

- Averigüe a qué hora sale el tren.
  열차가 몇 시에 출발하는지 알아보세요.
- Quiero que averigüen el sitio donde vive esa mujer.
  그 여인이 살고 있는 곳을 조사해주기 바란다.
- Hay que averiguar la causa del problema.
  문제의 원인을 조사해야 한다.

avisar a uno 누구에게 알리다, 주의・충고하다

- Avíseme con tiempo.
  미리 저에게 알려주세요.
- Me ha avisado por teléfono que no puede venir.
  그는 오지 못한다고 전화로 나에게 알려왔다.
- En este país es regla avisar antes de visitar.
  이 나라에서는 남의 집을 방문하기 전에 알리는 것이 풍습이다.
- Julia habría venido a cenar, pero no la avisamos.
  우리가 훌리아에게 알려주었더라면, 저녁식사에 왔을 텐데.
- Por última vez te aviso, que si no me pagas te llevaré a los tribunales.
  마지막으로 충고하는데, 지불하지 않으면 나는 너를 법원에 고소하겠다.

ayudar (a uno) (누구를) 돕다, 거들다, 도움이 되다

- ¿Quires que te ayude?
  도와줄까?
- Inés vino a ayudarme.
  이네스가 나를 도와주러 왔다.
- A quien madruga, Dios le ayuda.
  하늘은 스스로 돕는 자를 돕는다.
- Estudié medicina para ayudar a los enfermos.
  나는 환자들을 돕기 위하여 의학을 공부했다.
- Siempre que se ve apurado, acude a mí para que le ayude.
  그는 곤란하면 바로 나에게 와서 도와달라고 한다.
- Los consejos no arreglan los problemas, pero ayudan.
  충고는 문제를 해결하지 못하지만 도움은 된다.

ayudar a uno con/en algo 누구의 무엇을 돕다, 거들다

- ¿Puedo ayudar en algo?
  뭐 좀 도와드릴까요?
- Nos ayuda con(en) las labores de campo.
  그는 우리의 밭일을 도와준다.
- Me ayudaste con(en) el tejido del suéter.
  너는 스웨터 짜는 일을 도와주었다.
- Mi hermano mayor siempre me ayuda con las tareas.
  나의 형은 항상 나의 숙제를 도와준다.

ayudar a uno a +inf. 누가 …하는 것을 돕다

- Ayúdame a poner la mesa.
  상 차리는 것 좀 도와줘.
- Me ayudó a pintar la casa.
  그는 내가 집에 페인트칠하는 것을 도와주었다.
- Alicia me ayudó a aprender español.
  알리시아는 내가 스페인어 배우는 것을 도와주었다.
- ¿Quieres ayudarme a limpiar el jardín?
  정원 청소하는 것을 도와주지 않겠니?

ayudarse de algo/uno 무엇/누구를 이용하다

- Él se ayudó de los amigos.
  그는 친구의 힘을 빌렸다.
- Tienes que ayudarte de un bastón para caminar.
  네가 걷기 위해서는 지팡이를 이용해야 한다.
- Para entender esto, me ayudo de un diagrama.
  이것을 이해하기 위하여 나는 도형을 이용한다.

B

bailar 춤추다, 흔들리다

- ¿Quieres bailar conmigo?
  나와 함께 춤을 추겠니?
- Los jóvenes bailaron hasta que se cansaron.
  젊은이들은 지칠 때까지 춤을 추었다.
- Si pisan fuerte arriba, bailan las lámparas.
  위에서 심하게 발을 구르면, 전등이 흔들린다.

bajar 내리다, 내려가다

- La temperatura baja mucho al atardecer.
  해질 무렵에는 기온이 많이 내려간다.
- Para ir al sótano hay que bajar la escalera.
  지하실을 가기 위해서는 계단을 내려가야 한다.
- Él baja la cabeza para poder entrar.
  그는 들어가기 위해 고개를 숙인다.
- Bajen la cortina, por favor.
  커튼을 내려주세요. 부탁합니다.
- Bajó la voz para que no se despertase el niño.
  아이가 깨지 않도록 그는 소리를 낮추었다.
- Sus pedidos han bajado mucho últimamente.
  귀사의 주문량이 최근에 많이 감소했습니다.
- Ha bajado el precio de la gasolina.
  휘발유 가격이 내렸다.
- ¿Quiere usted bajar la maleta?
  여행 가방을 내려주시겠습니까?
- La fiebre te bajará por la mañana.
  너는 아침이 되면 열이 내릴 것이다.

• Tenemos que aprovechar la ocasión.
우리는 기회를 이용해야 한다.

• Una comida tomada de prisa no aprovecha.
급히 먹은 식사는 도움이 되지 않는다.

aprovecharse de algo 무엇을 이용하다

• Ella se aprovecha de mi debilidad.
그녀는 나의 약점을 이용한다.

• Me aproveché de la oferta y compré un auto.
나는 할인판매를 이용해서 차를 샀다.

• Se aprovechó de que yo no estaba en casa para robarme.
그는 내가 집에 없는 것을 이용하여 도둑질을 했다.

apuntar (a) 겨냥하다, 가리키다, 적다

• Apuntaba con la escopeta a la ventana.
그는 엽총으로 창문을 겨누고 있었다.

• Juan apuntó a la botella.
후안은 병을 가리켰다.

• Apunte la dirección para que no se le olvide.
그가 잊어버리지 않도록 주소를 적어두십시오.

armar 무장시키다, 조립하다, (소동 따위를) 일으키다

• Hay que armar a una población en caso de guerra.
전시에는 시민을 무장시켜야 한다.

• Conviene armar la tienda antes de que caiga la tarde.
날이 저물기 전에 천막을 설치하는 게 좋겠다.

• Están armando un escándalo.
그들은 소동을 피우고 있다.

armarse (de algo) (무엇을) 가지다, (소란 등이) 일어나다

• Se armaron de lo necesario para el trabajo.
그들은 작업에 필요한 것을 갖추었다.

bajar a + inf. …하러 내려가다

- Bajamos a comer con nuestros amigos.
  우리는 친구들과 식사하러 내려왔다.
- Ella ha bajado a desayunar.
  그녀는 아침식사를 하러 내려갔다.

bajar de algo 무엇에서 내리다

- Bajó del coche con mucha prisa.
  그는 매우 급히 차에서 내렸다.
- Bajamos de la montaña antes de ponerse el sol.
  우리는 해가 지기 전에 산에서 내려왔다.

bajar por algo 무엇을 통해 내려가다

- Siempre bajamos por el ascensor.
  우리는 항상 엘리베이터로 내려간다.
- El cazador bajó por la ladera, dejando atrás a los perros.
  사냥꾼은 개들을 남겨둔 채 산비탈을 통해 내려왔다.

bajarse 내리다, (몸을) 구부리다

- Ella se bajó del autobús en la parada de la esquina.
  그녀는 모퉁이 정류장에서 버스에서 내렸다.
- Se bajó para atarse el zapato.
  그는 구두끈을 매기 위해 몸을 숙였다.
- Él se bajó a coger el libro del suelo.
  그는 바닥에 있는 책을 주우려고 몸을 구부렸다.

bañar a uno/algo 누구/무엇을 목욕시키다, 비추다, 접하다

- La madre baña al niño todos los días.
  엄마는 매일 아이를 목욕시킨다.
- Me gusta comer bizcochos bañados en leche.
  나는 우유에 담근 카스텔라를 먹는 것이 좋다.
- Llegó bañado en sudor.
  그는 땀투성이가 되어서 왔다.

- El sol baña la habitación a esa hora.
  그 시간에 태양은 방을 비춘다.
- El mar Cantábrico baña las costas del norte de España.
  스페인 북부의 해안은 칸타브리아 해에 접해있다.

bañarse 목욕하다, 해수욕을 하다, 흥건히 젖다

- Me gusta bañarme en la playa.
  나는 해수욕장에서 해수욕하는 것을 좋아해.
- Marisa se bañó porque estaba muy sucia.
  마리사는 너무 더러워서 목욕을 했다.
- La mujer se bañó en llanto por la muerte de su marido.
  남편의 죽음에 그 여인은 눈물로 젖었다.

basar (en/sobre algo) (무엇에) 기초・근거를 두다

- Han basado sus argumentos en datos históricos.
  그들은 역사적 자료에 기초해 논거를 세웠다.
- El rey hizo levantar un castillo basándolo sobre aquella roca.
  왕은 그 바위 위에 토대를 만들고 성을 세우게 했다.

basarse en algo 무엇에 기초・근거를 두다

- No te bases en conjeturas.
  추측에 근거를 두지 마라.
- ¿En qué te basas para afirmar eso?
  너는 무엇을 근거로 그것을 단언하는 거니?
- La dicha más perfecta se basa en el hogar más perfecto.
  가장 완전한 행복은 가장 완전한 가정에 (기초를 두고) 있다.

bastar 충분하다, 족하다

- ¡Ya basta!
  이제 됐어! (이제 그만해!)
- Me bastan mil euros para viajar.
  나는 여행을 하기 위해서 1,000유로로 충분하다.

- ¿Te basta una lata de cerveza?
  너는 맥주 한 캔으로 충분하니?
- Me basto yo sola, no necesito a nadie más.
  나 혼자로 충분하니, 더 이상 아무도 필요하지 않아.

bastar (a uno) con algo (누가) 무엇에 만족하다, 충분하다

- Me basta con tu palabra.
  나는 네 말로 만족해.
- Me basta con cien mil dólares.
  나는 10만 달러로 충분하다
- Con el dinero que teníamos bastaba para ir al cine.
  우리가 갖고 있었던 돈으로 영화관에 가기 충분했다.

bastar con + inf. …하는 것으로 만족하다, 충분하다

- No basta con pedir perdón.
  사과하는 것으로는 충분하지 않아.
- Me basta con saber que estás aquí.
  나는 네가 여기 있는 것을 아는 것으로 만족한다.
- Basta con comer una vez al día para vivir.
  살기 위해서는 하루에 한 끼만 먹는 것으로 충분하다.
- Para entender matemáticas basta con practicarlas.
  수학을 이해하려면 연습하는 것으로 충분하다.
- Basta con apretar este botón para encender el gas.
  가스를 켜기 위해 이 단추를 누르면 됩니다.

bastar de + inf. …하는 것을 그만하다

- Basta de jugar con el perro.
  이제 개와 그만 놀아.
- Basta de beber licor.
  이제 술을 그만 마셔.
- Basta de charlar y a trabajar.
  잡담은 그만하고 일하자.

batallar (con algo/uno) (무엇/누구와) 싸우다, 투쟁하다

- Han tenido que batallar con la enfermedad para sobrevivir.
  그들은 생존하기 위하여 병마와 싸워야만 했다.
- El hombre siempre batalla con su mujer por dinero.
  그 남자는 항상 돈 때문에 아내와 싸운다.
- Desde hace un siglo los dos países batallan por ese territorio.
  두 나라는 한 세기 전부터 그 영토 때문에 싸우고 있다.
- Pienso batallar hasta conseguir lo que me propongo.
  나는 나의 목표를 성취할 때까지 투쟁할 생각이다.

batir 때리다, 타도 · 타파하다, 뒤섞다

- Él me batió con un palo.
  그는 나를 몽둥이로 때렸다.
- Las olas batían las rocas.
  물결이 바위에 철썩이고 있었다.
- El jugador coreano batió el récord mundial.
  한국 선수가 세계 기록을 깼다.
- Él batió al contrincante en pocos minutos.
  그는 단 몇 분 만에 경쟁상대를 물리쳤다.
- ¿Quieres batir los huevos bien?
  달걀을 잘 저어 주겠니?

beber (a/por) 마시다, 음주하다

- Luis bebe agua de la botella.
  루이스는 병에 든 물을 마신다.
- Ella lo bebió con mucha sed.
  그녀는 갈증이 심해서 그것을 마셨다.
- Javier bebe demasiado a menudo.
  하비에르는 자주 과음한다.
- ¡Bebamos por(a) nuestra victoria!
  우리의 승리를 위하여 건배합시다!
- Si bebes no conduzcas.
  술을 마시면 운전하지 마라.

B

besar 키스하다, 무엇에 부딪치다

- Él besó a su novia con delicadeza.
  그는 조심스럽게 애인에게 키스했다.
- Yo la besé en las mejillas(en la frente).
  나는 그녀의 볼(이마)에 키스했다.
- Besó a su mujer y a sus hijos antes de tomar el tren.
  그는 기차를 타기 전에 아내와 아이들에게 키스했다.
- La pelota besó el palo derecho de la portería y salió fuera.
  공은 우측 골대에 맞고 밖으로 나갔다.

besarse 서로 키스하다, 부딪치다

- Las jóvenes se besan en las mejillas al conocerse.
  젊은 여자들은 만날 때 서로 볼에 키스를 한다.
- Los novios se besaron después de la boda.
  신랑 신부는 결혼식이 끝난 후 서로 키스했다.
- Se besaron violentamente al torcer la esquina.
  그들은 모퉁이를 돌다가 세게 부딪쳤다.

borrar (de algo) (무엇에서) 지우다, 지워버리다

- Yo borré las palabras mal escritas con una goma.
  나는 틀리게 쓴 단어들을 지우개로 지웠다.
- Él ha borrado a Elena de la lista.
  그는 엘레나를 리스트에서 지워버렸다.
- Quiero borrarla de mi memoria para siempre.
  나는 기억 속에서 그녀를 영원히 지워버리고 싶다.

borrarse (de algo) (무엇에서) 지워지다, 사라지다

- Se borró con la lluvia.
  그것은 비에 쓸려 사라졌다.
- Se borraron sus nombres de la memoria colectiva.
  그들의 이름은 그 집단의 기억 속에서 지워졌다.
- Se le borraron los malos recuerdos y volvió a ser feliz.
  그에게서 나쁜 기억들이 사라지고 그는 다시 행복해졌다.

bostezar (de algo) (무엇 때문에) 하품하다

- Bostezamos cuando estamos aburridos.
  우리는 지루할 때 하품한다.
- Ella bosteza de sueño(aburrimiento).
  그녀는 졸려서(지루해서) 하품한다.

botar 던지다, 버리다, 진수시키다, 해고하다

- El escritor botó todos los papeles escritos.
  작가는 모든 원고를 집어던졌다.
- No botes un cigarrillo por la ventana.
  창문으로 담배를 던지지 마라.
- Por favor, bota estos papeles al basurero.
  이 종이들을 쓰레기통에 버려줘.
- El nuevo barco fue botado al agua ayer a las diez.
  어제 10시에 새 선박이 진수되었다.
- La botaron de su trabajo.
  그녀는 직장에서 해고당했다.

brincar (de algo) (무엇 때문에) 깡충깡충 뛰다, 뛰다

- El perrito brincaba.
  강아지가 깡충깡충 뛰었다.
- Las chicas brincaron de alegría.
  여자 아이들은 기뻐서 깡충깡충 뛰었다.
- Brincaron al otro lado de la cerca.
  그들은 담장 건너편으로 뛰었다.

brindar (por algo) (무엇을 위하여) 건배하다, 제공하다

- Brindemos por la salud de tu amigo.
  네 친구의 건강을 위하여 건배하자.
- Ellos brindaron por la victoria del equipo.
  그들은 팀의 승리를 위하여 건배했다.
- Brindamos con champán por el éxito.
  우리들은 성공을 축하하여 샴페인으로 건배했다.

- Su invitación me ha brindado la oportunidad de visitar Madrid.
  그의 초대가 마드리드를 방문할 기회를 제공해 주었다.

brindarse a + inf. …하겠다고 자진하다

- Este muchacho se brindó a acompañarte.
  이 소년이 너와 함께 가겠다고 자진하였다.
- Inés se brindó a corregir el ensayo.
  이네스는 에세이를 수정하겠다고 자발적으로 나섰다.
- Ella se brindó a pagarme.
  그 여자는 자발적으로 나에게 지불했다.

bromear (con) 농담하다, 장난치다

- ¿Estás bromeando?
  농담하는 거야?
- Miguel bromea mucho con sus amigos.
  미겔은 친구들과 농담을 많이 한다.
- Uno no debe bromear con la muerte.
  사람은 죽음에 대하여 농담하면 안 된다.

broncearse 햇볕에 피부를 태우다

- Ella se bronceó durante dos horas.
  그녀는 2시간 동안 햇볕에 피부를 태웠다.
- Se broncean para tener un aspecto saludable.
  그들은 건강한 모습을 위해 햇볕에 피부를 태운다.

bullir 끓어오르다, 우글거리다, 들끓다, 돌아다니다

- La sopa bullía en la cazuela.
  수프가 냄비에서 끓고 있었다.
- Antonio bullía de cólera.
  안또니오는 몹시 화가 나서 피가 끓었다.
- En verano la gente bulle en la playa.
  여름에 해변은 사람들로 들끓는다.

- Las moscas bullían en el pastel.
  파리들이 케이크에서 우글거렸다.
- Le bullían las ideas.
  그에게는 아이디어가 자주 떠올랐다.
- Juan bullía más de lo necesario.
  후안은 필요 이상으로 돌아다녔다.

burlar 속이다, 놀리다

- Burló al cliente con el vuelto de la compra.
  그는 물건 구입의 거스름돈을 갖고 고객을 속였다.
- El ladrón burló al guardia y entró en el banco.
  도둑은 경비의 눈을 피해 은행에 들어갔다.
- El jugador de fútbol burló a dos adversarios y metió el gol.
  축구 선수는 상대편 두 명을 속여 제치고 골을 넣었다.

burlarse de uno/algo 누구/무엇을 놀리다, 비웃다

- Juan siempre se burla de sus compañeros.
  후안은 항상 자기의 동료들을 놀린다.
- No te burles de mí(Sandra).
  나(산드라)를 놀리지 마.
- ¿Ahora se burla usted de mí?
  지금 나를 비웃는 겁니까?
- No os burléis de su modo de vestir.
  너희들은 그의 옷 입는 방법을 비웃지 마라.

buscar 찾다, 구하다, 부르러 가다

- Busco una casa que tenga piscina.
  나는 수영장이 있는 집을 찾고 있다.
- Hace mucho tiempo que busca a su hijo.
  그가 아이를 찾아다닌 지 오래 되었다.
- Busqué a Anita toda la noche.
  나는 아니따를 밤새도록 찾아다녔다.

B

- Fui a buscarla a su casa.
  나는 그녀를 데리러 그녀의 집에 갔다.
- Lleva dos meses buscando un empleo y no lo encuentra.
  그는 일자리를 구하러 다닌 지 두 달이 되었지만, 아직 찾지 못하고 있다.
- Tuve que volver a buscar el paraguas.
  나는 우산을 가지러 돌아가야 했다.
- Revolví toda la casa en busca de los documentos.
  나는 서류를 찾아 온 집을 뒤졌다.

C

caber 들어가다, 여유(여지)가 있다

- No cabe más.
  더 이상 들어가지 않는다. (꽉 찼다.)
- No creo que esto quepa ahí.
  이것이 그 곳에 들어갈 거 같지 않다.
- Este piano no cabe por la puerta.
  이 피아노는 문으로는 못 들어간다.
- No nos cabe duda alguna.
  우리는 전혀 의심하지 않는다.
- No cabe la menor duda.
  의심의 여지가 전혀 없다.
- No cabe la menor duda de que es inocente.
  그가 결백하다는 점에는 의심의 여지가 없다.

caber a uno algo 무엇(옷, 구두 등)이 누구에게 들어가다(맞다)

- El anillo no le cabe.
  반지가 그에게 들어가지 않는다.
- Estos pantalones(zapatos) ya no me caben.
  이 바지(구두)는 나에게 더 이상 들어가지(맞지) 않는다.
- No me cabe la falda, necesito dos tallas más.
  치마가 나에게 맞지 않아. 두 치수 더 큰 것이 필요해.

caber en algo 무엇에 들어가다, 용량이 있다

- No cabe más en el baúl.
  트렁크에는 더 이상 여유가 없다.
- El mueble(sofá) no cupo en la sala.
  가구(소파)가 거실에 들어가지 않았다.

C

- En el coche no caben más que cuatro personas.
  그 차에는 4명밖에 타지 못한다.
- En el coche todavía cabe uno más.
  차에는 아직 한 사람 더 탈 수 있다.
- En esta botellla caben dos litros.
  이 병에는 10리터가 들어간다.
- No me cabe en la cabeza.
  나는 그것을 이해할 수 없다.

caber la posibilidad de que + subj. …할 수 있다, …할 지 모르다

- Cabe la posibilidad de que llueva mañana.
  아마 내일 비가 올 거야.
- Cabe la posibilidad de que haya perdido el tren.
  그가 기차를 놓쳤을 수도 있어.

caber + inf. …할 수 있다, …할 지 모르다

- Cabe manifestar que los políticos son astutos.
  정치인들은 간사하다고 밝힐 수 있다.
- Cabe llover mucho en la temporada de lluvias.
  우기에는 비가 많이 올 수 있다.
- Cabe imaginar que lo hace a sabiendas.
  그는 알면서 일부러 그렇게 한다고 생각할 수 있다.
- Cabe imaginar la posibilidad de realizar un debate público.
  공개토론회를 개최할 가능성을 생각해 볼 수 있다.

caber que + subj. …할 수 있다, …할 지 모르다

- Cabe que llueva mañana.
  내일 비가 올 수도 있어.
- Cabe que llegue mañana.
  그가 내일 올 가능성이 있다.
- Cabe que vayamos el domingo.
  우리는 일요일에 갈지도 몰라.

- No ha venido todavía, pero cabe que venga más tarde.
  그는 아직 오지 않았지만, 나중에 올지도 몰라.

caer 떨어지다, 넘어지다, 몰락하다

- Algo cayó afuera.
  밖에 뭔가 떨어졌다.
- El boxeador cayó de lado.
  권투 선수는 옆으로 쓰러졌다.
- El avión cayó a las diez de la mañana.
  비행기가 오전 10시에 추락했다.
- El Imperio Romano cayó en el año 467.
  로마제국은 467년에 붕괴되었다.
- Al caer el sol daremos un paseo.
  해가 지면 우리는 산보를 할 것이다.
- El flequillo le cae sobre los ojos.
  앞머리가 그의 눈 위에 늘어져있다.

caer a/en algo 무엇에 떨어지다, 적중하다

- La piedra ha caído al(en el) río.
  돌은 강에 떨어졌다.
- Todos caímos a(en) la cama.
  우리는 모두 침대에 쓰러졌다.
- El enfermo cayó en profundo sopor.
  환자는 깊은 혼수상태에 빠졌다.
- El día de mi cumpleaños cae este año en domingo.
  금년에 내 생일은 일요일이다.

caer de algo 무엇에서 떨어지다

- La maceta cayó desde el octavo piso.
  8층에서 화분이 떨어졌다.
- El dinero no cae del cielo.
  돈이 하늘에서 떨어지지는 않는다.

- La fruta madura cae de los árboles.
  익은 과일은 나무에서 떨어진다.

caer bien/mal a uno 누구에게 잘 맞다/맞지 않다

- La comida italiana me cae mal.
  이탈리아 음식은 나에게 맞지 않는다.
- El café me ha caído fatal.
  커피는 정말 형편없었다.
- Tu hermana me cae bien.
  나는 네 여동생이 좋다.

caerse (de algo) (무엇에서) 떨어지다, 넘어지다

- Casi(Por poco) me caí.
  나는 하마터면 넘어질 뻔했다.
- El mono se cayó de la rama.
  원숭이가 나뭇가지에서 떨어졌다.
- Se ha caído un avión en el mar.
  비행기가 바다에 추락했다.
- Se cayó del caballo cuando iba a bajarse.
  그가 말에서 내리려 할 때 말에서 떨어졌다.
- Mi madre se cayó y se golpeó la cabeza.
  나의 어머니가 넘어져서 머리를 부딪쳤다.
- Juan tiene los pies planos, por eso se cae mucho.
  후안은 평발이기 때문에 자주 넘어진다.
- Se cayó al subir las escaleras.
  그는 계단을 올라가다가 넘어졌다.

caerse a uno algo 누구에게서 무엇이 떨어지다

- Se me cayó un botón.
  내 단추가 떨어졌다.
- Se me cayó un diente.
  나는 이가 하나 빠졌다.

- El pelo se le cae sobre la frente.
  머리카락이 그의 이마에 늘어져 있다.
- Oiga, se le cayó un bolígrafo(libro).
  저기요, 볼펜(책)을 떨어뜨렸네요.

calentar 데우다, 뜨겁게 하다, 때리다

- Calentamos el agua hasta hervir.
  우리는 물을 펄펄 끓인다.
- El sol calienta la tierra.
  해는 지구를 뜨겁게 한다.
- Un solo radiador calienta toda la casa.
  단 한 개의 난방기가 집 전체를 덥힌다.
- La película erótica le calentó.
  에로영화는 그를 자극했다.
- Los jugadores calentaron antes del partido.
  선수들은 경기에 앞서 워밍업을 했다.
- Mi padre me calentó por hacer una travesura.
  내가 못된 장난을 해서 아버지는 나를 때리셨다.
- No me calientes, que hoy no tengo paciencia.
  나를 화나게 하지 마. 오늘 나는 참지 않을 테니까.

calentarse 따뜻해지다, 흥분하다, 화가 나다

- Nos calentamos alrededor de la chimenea.
  난로 주위에서 우리들은 따뜻해졌다.
- Se calentó cuando oyó las noticias.
  그는 소식을 듣자 흥분했다.
- Me calenté porque no me llamaste.
  네가 전화를 하지 않아서 나는 화가 났다.

callar 침묵하다, 말하지 않다

- Yo callé lo que sabía.
  나는 알고 있던 것을 말하지 않았다.

- José ha callado lo más importante.
  호세는 가장 중요한 것을 말하지 않았다.
- En este caso vale más callar.
  이 경우에는 침묵을 지키는 것이 더 좋다.
- Cuando hablen las personas mayores debes callar.
  어른들이 말씀하실 때 너는 조용히 있어야 한다.

callarse 말하지 않다, 침묵하다

- ¡Cállate! (¡Cállese!)
  조용히 해! (조용히 하세요!)
- Cállate, yo me ocuparé de convencerla.
  입 다물어. 그녀를 설득하는 것은 내가 맡을게.
- Al entrar él, se callaron todos.
  그가 들어오자 모두들 입을 다물었다.
- El público se calló durante el funeral.
  관중들은 장례식 동안 침묵을 지켰다.

calzar 구두를 신다

- ¡Qué bonitos zapatos calzas hoy!
  오늘 정말 예쁜 구두를 신었구나!
- Calzaba zapatillas de deporte.
  그는 운동화를 신고 있었다.
- ¿Qué número [de zapato] calza usted? -Yo calzo un 42.
  구두 사이즈가 몇입니까? -저는 42를 신습니다.

calzar a uno 누구에게 신발을 신기다, 장갑을 끼우다

- El zapatero calzó al cliente.
  구두 장수는 고객에게 구두를 신겨주었다.
- La madre vistió y calzó a un bebé.
  어머니는 갓난아기에게 옷을 입히고 신발을 신겨주었다.
- Calzaba zapatillas de deporte.
  그는 운동화를 신고 있었다.

calzar algo 무엇에 고정 장치를 대다

- Hay que calzar la mesa porque cojea.
  식탁이 뒤뚱거려서 고정 장치를 대야 한다.
- Voy a calzar las ruedas para que no se mueva el coche.
  차가 움직이지 않도록 내가 차바퀴에 굄돌을 놓겠다.

calzarse algo 무엇을 신다

- Me calzo las botas altas cuando voy de cacería.
  나는 사냥을 나갈 때 높은 부츠를 신는다.
- Ella se calza las sandalias cuando va a la playa.
  그녀는 해변에 갈 때 샌들을 신는다.
- Se calzó los esquís y se fue esquiando.
  그는 스키를 신고 스키를 타며 갔다.

cambiar 바꾸다, 변화하다, 변하게 하다, 옮기다

- No cambies tu coche todavía.
  아직은 네 차를 바꾸지 마라.
- Cada año el profesor cambia el libro de texto.
  교수는 매년 교과서를 바꾼다.
- Voy a cambiar esta camisa porque me está pequeña.
  이 셔츠가 나에게 작아서 바꿔야겠어.
- En ese banco se puede cambiar dinero.
  그 은행에서 돈을 바꿀 수 있어.
- ¿Cada cuántos kilómetros cambias el aceite del coche?
  너는 자동차 엔진오일을 몇 킬로미터마다 갈아주니?
- La situación de mi pueblo cambiará el próximo año.
  우리 마을의 상황은 내년이면 달라질 것이다.
- El tiempo cambia a la gente.
  시간은 사람을 변하게 한다.
- Estos días cambia mucho el tiempo.
  요즘에는 날씨가 자주 변한다.
- Vamos a cambiar el televisor al salón.
  우리는 텔레비전을 거실로 옮기려 한다.

C

cambiar(se) de algo 무엇을 바꾸다

- He cambiado de coche, ahora tengo un Ferrari rojo.
  나는 차를 바꾸었는데, 지금 빨간 페라리를 갖고 있다.
- Cecilia ha cambiado de peinado.
  세실리아는 헤어스타일을 바꿨다.
- Me cambiaré de calcetines(medias).
  나는 양말(스타킹)을 갈아 신을 거야.
- Cambié de opinión después de leer su artículo.
  나는 그의 기사를 읽고 나서 의견을 바꿨다.
- Usted se cambia de casa como cambiarse de camisa.
  당신은 셔츠를 갈아입듯이 이사를 하는군요.
- Tenemos que cambiar de tren en Zaragoza.
  우리들은 사라고사에서 열차를 갈아타야 한다.
- Se han cambiado de piso y no sé dónde viven ahora.
  그들이 다른 아파트로 이사해서 난 그들이 어디 사는지 모른다.

cambiar en algo 무엇으로 바꾸다, 환전하다

- Cambia tu pesimismo en optimismo.
  너의 비관주의를 낙천주의로 바꿔라.
- ¿Se puede cambiar estos dólares en euros?
  이 달러를 유로로 바꿀 수 있습니까?
- ¿Dónde podemos cambiar euros en dólares?
  어디서 유로를 달러로 교환할 수 있습니까?
- Cambié 100 libras en dólares.
  나는 100파운드를 달러로 바꿨다.

cambiar algo por algo 바꾸다, 교환하다

- Cambié la mesa por un sofá.
  나는 테이블을 소파로 교환했다.
- Elena cambiará la chaqueta por una camisa.
  엘레나는 재킷을 셔츠로 교환할 것이다.
- He cambiado la pluma que tenía por esta.
  나는 가지고 있던 펜을 이것과 바꾸었다.

cambiarse 옷을 갈아입다

- Me cambié en un minuto.
  나는 1분 만에 옷을 갈아입었다.
- Cámbiate que vamos a salir.
  외출할 것이니 너는 옷을 갈아입어라.

cambiarse en algo 무엇으로 변하다, 변화하다

- El placer se cambió en dolor.
  기쁨은 고통으로 바뀌었다.
- La risa se cambió en llanto.
  웃음은 눈물로 바뀌었다.

caminar 걷다

- Debo caminar cinco kilómetros al día.
  나는 하루에 5킬로미터를 걸어야 한다.
- Hemos caminado 10 kilómetros sin detenernos.
  우리들은 멈추지 않고 10킬로미터를 걸어 왔다.
- Caminaré hasta aquel pueblito que se ve a lo lejos.
  나는 저기 멀리 보이는 작은 마을까지 걸어가겠다.
- Camine directo y en la esquina doble a la izquierda.
  똑바로 걸어가시고 길모퉁이에서 왼쪽으로 돌아가세요.
- Si usted camina todos los días, se sentirá como nuevo.
  당신에 매일 걸으시면 산뜻한 기분을 느끼실 거예요.

caminar a/hacia algo 무엇을 향해 걷다

- Caminaremos a la cima de la montaña.
  우리는 산의 정상을 향하여 걸어갈 것이다.
- Ellas caminan hacia el norte.
  그녀들은 북쪽을 향해 걷는다.

canjear algo (por algo) 무엇을 (무엇으로) 교환하다

- Canjeamos las cosas que teníamos.
  우리가 갖고 있었던 물건들을 교환했다.

- Pedro ha canjeado sus sellos por revistas.
  뻬드로는 자신의 우표를 잡지로 바꿨다.
- Debemos canjear esto por algo mejor.
  우리는 이것을 더 좋은 걸로 교환해야 한다.

cansar a uno 누구를 피곤하게 하다

- Este trabajo me cansa mucho.
  이 일은 나를 너무 피곤하게 한다.
- El largo paseo ha cansado a los niños.
  장시간의 산책은 아이들을 피곤하게 했다.
- Me cansa subir y bajar las escaleras.
  나는 계단을 오르내리는 것 때문에 피곤하다.
- Me cansas con tus repetidas preguntas.
  너는 질문을 반복하면서 나를 귀찮게 한다.

cansarse (de algo) (무엇에) 싫증을 내다, 피곤해지다

- Se cansó del trabajo.
  그는 일에 지쳤다.
- Voy a dormir porque ya me cansé.
  이제 나는 지쳤기 때문에 잠을 잘 것이다.
- No se cansó de contar lo que había visto allí.
  그는 그곳에서 본 것을 말하는 것에 싫증을 내지 않았다.
- Los músicos se cansaron de tocar y ellos se cansaron de bailar.
  연주자들은 연주하는 것에 싫증났고 그들은 춤추는 것에 싫증났다.
- Pepe se cansa pronto de los juguetes que le compran sus padres.
  뻬뻬는 부모님이 사주는 장난감에 금방 싫증을 낸다.

cantar 노래 부르다, (새가) 울다, 실토하다

- Alfonso siempre canta esta melodía cuando se ducha.
  알폰소는 샤워할 때 항상 이 노래를 부른다.
- Ella cantaba en el coro del colegio.
  그녀는 학교 합창단에서 노래했었다.

- Ya no canta este pájaro.
  이 새는 이제는 울지 않는다.
- Ya ha cantado todo lo que sabía.
  그는 이미 알고 있던 모든 것을 실토했다.

carecer de algo 무엇이 빠져 있다, 부족하다

- Mi país carece de recursos naturales.
  우리나라는 천연자원이 부족하다.
- Tú careces de habilidad para aprender idiomas.
  너는 언어를 습득하는 능력이 부족하다.
- En estos momentos carezco de dinero.
  지금 나는 돈이 부족하다.
- Carece totalmente del sentido de responsabilidad.
  그는 전혀 책임감이 없다.

cargar 짐을 싣다, 짊어지다, 충전하다

- Cargaron el camión.
  그들은 트럭에 짐을 실었다.
- Cargó la escopeta y disparó.
  그는 엽총을 장탄하고 쐈다.
- Me han cargado una multa.
  나에게 벌금을 부과했다.
- Hay que cargar la batería.
  배터리를 충전해야 한다.
- Cargaron todo el maíz que se había recogido.
  그들은 거둬들인 옥수수를 다 짊어졌다.

cargar a/en algo 무엇에 짊어지다, 싣다

- Yo cargué mi equipaje al hombro.
  나는 짐을 어깨에 짊어졌다.
- Ellos cargan a(en) hombros grandes racimos de bananas.
  그들은 큰 바나나 송이를 어깨에 짊어진다.

C

- Cargaré a(en) la espalda al niño porque no puede caminar más.
  아이가 더 이상 걷지 못하니 내가 업고 가겠다.

cargar con algo 무엇을 떠맡다, 채우다

- Alejandro cargó con costas.
  알레한드로가 비용을 떠맡았다.
- Yo cargué con toda la responsabilidad.
  나는 모든 책임을 떠맡았다.
- Carga con la casa y con la suegra.
  그는 집안일을 떠맡아 하고 장모를 부양한다.
- El cazador cargó con municiones el fusil.
  사냥꾼은 총에 탄약을 장탄했다.

cargar de algo 무엇을 싣다, 과하다

- Vamos a cargar de arroz el camión.
  우리는 트럭에 쌀을 실을 것이다.
- Cargué la estufa de leña.
  나는 난로에 장작을 넣었다.
- El gobierno cargó de impuestos al pueblo.
  정부는 국민들에게 세금을 부과했다.

cargar sobre uno/algo 누구/무엇에 뒤집어씌우다, 떠넘기다

- Él ha cargado sobre nosotros la culpa.
  그는 우리에게 죄를 뒤집어씌웠다.
- No cargues sobre el niño demasiada responsabilidad.
  그 어린이에게 너무 책임을 떠넘기지 마라.

cargarse de algo 무엇을 짊어지다, 많이 가지고 있다.

- Los señores López se cargaron de hijos.
  로뻬스씨 부부는 자식들이 많았다.
- Las nubes se cargaron de electricidad.
  구름은 전기를 잔뜩 품고 있었다.

- Se le cargaron los ojos de lágrimas.
  그녀의 눈은 눈물로 가득 찼다.

casar a uno 누구를 결혼시키다

- Han casado a su hijo con la chica más rica del pueblo.
  그는 아들을 마을에서 가장 부유한 소녀와 결혼시켰다.
- Antes los padres casaban a sus hijos, aunque estos no lo quisieran.
  예전에는 자식들이 원치 않더라도 부모는 자식들을 결혼시켰다.

casarse (con uno) (누구와) 결혼하다

- El actor se casó por segunda vez.
  남자 배우는 재혼했다.
- Se casó con una chica española muy bonita.
  그는 대단히 예쁜 스페인 아가씨와 결혼했다.
- El viejo se casó con una joven.
  그 노인은 젊은 여자와 결혼했다.
- Quiero casarme con la mujer ideal.
  나는 이상적인 여자와 결혼하고 싶다.

cegar 장님이 되다, 시력을 잃다

- Una luz intensa puede cegar a una persona.
  강한 빛은 사람의 시력을 잃게 할 수 있다.
- Cuando se cegó de amor, no sabía lo que decía.
  그는 사랑에 눈이 멀었을 때 무슨 말을 하는지 몰랐다.

celebrar(se) 축하하다, 열다, 개최하다(되다)

- Le celebro mucho.
  정말 축하합니다.
- La inauguración se celebrará en el 25 de mayo.
  개회식은 5월 25일에 거행될 것이다.
- El sacerdote celebra misa todos los domingos.
  그 사제는 매주 일요일 미사를 거행한다.

- En mi pueblo celebran cada año la fiesta de San Isidro.
  나의 마을에서는 매년 '산 이시드로' 축제를 연다.

C

cerrar 닫다, 잠그다

- Por favor, cierre la puerta después de salir.
  나가시면 문을 닫아주실 것을 부탁드립니다.
- Los niños cerraron los ojos y saltaron.
  아이들은 눈을 감고 뛰었다.
- Haga el favor de cerrar el grifo.
  수도꼭지를 잠가주세요.
- ¿Quién cerró la llave del gas? -Yo la cerré.
  누가 가스 밸브를 잠갔니? -내가 잠갔어.
- Cierre la puerta de su casa con llave.
  당신의 집 대문을 열쇠로 잠그세요.
- La ventana no cierra bien.
  창문이 잘 닫히지 않는다.
- Han cerrado el plazo de inscripción.
  등록기간이 마감되었다.
- Cerramos los lunes.
  매주 월요일에는 문을 닫습니다.
- Cerramos la fábrica por la huelga.
  우리는 파업 때문에 공장을 닫았다.

cerrarse 닫히다. 끝나다, 아물다

- La puerta se ha cerrado de golpe.
  문이 갑자기 닫혔다.
- El banco se cierra a las cuatro.
  은행은 4시에 문을 닫는다.
- La herida se ha cerrado sola.
  상처가 저절로 아물었다.
- Se me cierran los ojos de cansancio(sueño).
  너무 피곤해서(졸려서) 눈이 감긴다.

- Se cerró y no quiso saber nada.
  그는 마음을 닫고 아무 것도 알려고 하지 않았다.

cesar 멎다, 그만두다, 해고하다

- La lluvia ya cesó.
  비가 멎었다.
- Trabajaron sin cesar durante 24 horas.
  그들은 24시간 동안 쉬지 않고 계속 일했다.
- En esta oficina el trabajo cesa a las cuatro.
  이 사무실에서는 일이 4시에 끝난다.
- Cesaron a mi padre por edad.
  아버지는 나이 때문에 해고당하셨다.

cesar de + inf. …하는 것을 그만두다, 중지하다

- Ha cesado de llover.
  비가 멈추었다.
- Por fin cesó de insultarnos.
  마침내 그는 우리를 욕하는 것을 중단했다.
- El niño cesaba de llorar cuando su madre lo acariciaba.
  아이는 어머니가 쓰다듬어주면 울음을 그치곤 했다.

cesar en algo 무엇에서 그만두다, 중지하다

- Mi padre cesó en el trabajo en 2010.
  아버지는 2010년도에 직장을 그만두셨다.
- Ha cesado en el cargo que desempeñaba.
  그는 수행하고 있던 직무를 그만두었다.
- El ministro de Asuntos Exteriores cesó ayer en su cargo.
  외무부장관이 어제 사임했다.

chocar 부딪치다, 충돌하다, 싸우다

- Anoche dos carros chocaron en esta esquina.
  어제 저녁에 이 모퉁이에서 두 자동차가 충돌했다.

C

- Sus comentarios chocaron a los presentes.
  그의 논평은 참석한 사람들에게 충격을 줬다.
- No nos llevamos bien, chocamos mucho.
  우리는 사이가 좋지 않아 자주 싸운다.

chocar con uno/contra algo 무엇과 충돌하다, 싸우다

- El camión chocó contra la pared.
  트럭은 벽에 부딪쳤다.
- El tren chocó con(contra) un autobús.
  기차는 버스와 충돌했다.
- Con el carácter que tiene, choca con todo el mundo.
  그는 성격 때문에 아무하고나 충돌한다.

cocer (액체가) 끓다, (불에) 삶다, 굽다

- Cuando la sopa cueza, apaga el gas, por favor.
  수프가 끓으면 가스를 꺼줘.
- Cocimos la carne primero, luego cocimos las papas.
  우리는 먼저 고기를 구웠고, 그 다음에 감자를 삶았다.
- Has cocido demasiado el pan y ahora está muy duro.
  네가 빵을 너무 구워서 지금은 빵이 딱딱하다.

cocerse 비밀리에 꾸며지다, 획책되다

- Se cocía una intriga.
  음모가 꾸며지고 있었다.
- Algo malo se está cociendo en ese despacho.
  그 사무실에서 뭔가 나쁜 일을 꾸미고 있다.
- No sé lo que se está cociendo en esa reunión.
  그 모임에서 무엇이 획책되고 있는지 나는 모른다.

cocinar 요리하다, 삶다

- Voy a cocinar un plato especial.
  나는 특별한 음식을 요리할 것이다.

- Cocine la zanahoria a fuego lento durante varios minutos.
  당근을 연한 불에 몇 분 동안 삶으세요.
- ¿Quién cocina en tu casa? –Mi mamá cocina.
  너희 집에서는 누가 요리하니? –우리 엄마가 요리하셔.
- Mi mujer cocina en un horno de leña.
  나의 아내는 장작 화덕에서 요리한다.

coger a uno/algo 누구/무엇을 붙잡다, 타다, 덮치다, 병에 걸리다

- La policía cogió al delincuente.
  경찰은 범인을 체포했다.
- No coja ese plato porque está caliente.
  접시가 뜨거우니 만지지 마세요.
- Coja usted un lápiz y escriba.
  연필을 잡고 써주세요.
- El toro cogió al torero y lo hirió gravemente.
  황소가 투우사를 받아서 큰 부상을 입혔다.
- Un camión cogió a un viejo ayer.
  어제 한 트럭이 노인을 치었다.
- Me cogió la lluvia en medio del campo.
  나는 들녘 한 가운데서 비를 만났다.
- Él tiene que coger el avión a las 10 en punto.
  그는 10시 정각에 비행기를 타야 한다.
- Él cogió una pulmonía.
  그는 폐렴에 걸렸다.
- No he cogido el chiste.
  나는 그 유머를 이해하지 못했다.

coger de/por algo 무엇을 잡다, 움켜잡다

- Cogí al niño de la mano para cruzar la carretera.
  나는 도로를 건너기 위하여 아이의 손을 잡았다.
- Miguel ha cogido a su novia por la cintura.
  미겔은 애인의 허리를 잡았다.

- La cogió por los pelos y la arrastró.
  그는 그녀의 머리채를 잡고 질질 끌고 갔다.
- Me he cogido la falda con la puerta del coche.
  자동차 문에 내 치마가 끼었다.

coincidir con algo/uno 무엇/누구와 일치하다, 마주치다

- Mi cumpleaños coincide con vuestro aniversario de boda.
  내 생일이 너희들 결혼기념일과 같은 날이야.
- Coincido con Luis en su opinión sobre el fútbol.
  나는 축구에 대한 의견에 있어서 루이스와 일치한다.
- He coincidido con Anita en el banco.
  나는 은행에서 아니따와 우연히 마주쳤다.

colaborar 협력하다, 공동으로 일을 하다, 기고하다

- Muchos actores colaboraron en la obra benéfica.
  많은 배우들이 자선 사업에 협력했다.
- Centenares de médicos de Europa colaboran en este estudio.
  유럽의 수백 명의 의사가 이 연구에 협력하고 있다.
- Colabora en un periódico escribiendo un artículo todos los domingos.
  그는 매주 일요일 기사를 쓰면서 신문에 기고를 한다.

colaborar con uno 누구와 협력・협조하다, 합작・공저하다

- He colaborado con mi compañero para hacer este libro.
  나는 이 책을 쓰기 위하여 나의 동료와 협력했다.
- Le pedí que colaborara conmigo en una obra de crítica literaria.
  나는 그에게 문학 평론 작품을 함께 쓰자고 부탁했다.
- Ángel colaboró con su donativo a la lucha contra el cáncer.
  앙헬은 기부를 통하여 암과의 싸움에 협력했다.

colar 거르다, (속이고) 들어가다

- Vierta en la olla el líquido colado.
  거른 액체를 냄비에 부으세요.

- Voy a colar el café para eliminar la broza.
  나는 찌꺼기를 없애기 위해 커피를 거를 것이다.
- He colado muchas veces la salsa y aún tiene grumos.
  나는 이 소스를 여러 번 걸렀는데 아직도 덩어리가 있다.
- Colamos a mi hijo sin pagar en el autobús diciendo que era menor.
  우리는 아들이 어리다고 말하고 요금을 내지 않고 버스에 태웠다.

colarse (en algo) (무엇에) 몰래 들어가다, 실수하다, 반하다

- Se coló en el concierto porque no tenía dinero.
  그는 돈이 없어서 콘서트에 몰래 들어갔다.
- Alfredo se ha colado en el cine sin hacer cola.
  알프레도는 줄을 서지 않고 새치기해서 영화관에 들어갔다.
- La pelota se ha colado en casa del vecino.
  공이 이웃집으로 굴러 들어갔다.
- En el ejercicio práctico me he colado.
  나는 실기시험에서 나는 실수를 저질렀다.
- Se cuela por todas las chicas que le presentan.
  그는 앞에 나타나는 모든 여자아이들에게 홀딱 반한다.

colegir (de/por algo) (무엇으로부터) 추측・추정하다

- Tienes que colegir del texto la intención del autor.
  너는 본문에서 작가의 의도를 추정해야 한다.
- Por su manera de hablar colegí que estaba mintiendo.
  말투로 보아 그가 거짓말을 하고 있다고 나는 추측했다.
- De tus palabras podemos colegir tu animadversión hacia nosotros.
  네 말을 듣고 우리는 우리에 대한 반감을 느낄 수 있다.

colgar (de/en algo) (무엇에) 걸다, 매달다, 중단하다

- Cuelgue el receptor.
  전화를 끊으세요.
- Me colgó sin despedirse.
  그는 인사도 하지 않고 전화를 끊었다.

- Cuelgue su abrigo en la percha.
  옷걸이에 외투를 걸으세요.
- Lo colgaron por asesinato en 2012.
  그는 2012년에 살인죄로 교수형을 당했다.
- Una lámpara cuelga del techo.
  전등이 천장에 매달려 있다.
- Grandes racimos de uvas cuelgan de la vid.
  커다란 포도송이가 포도나무에 매달려 있다.
- Su vida cuelga de un hilo.
  그의 목숨은 풍전등화와 같다(매우 위태롭다).
- Ha colgado sus estudios y se ha puesto a trabajar.
  그는 학업을 중단하고 일을 하기 시작했다.

colgarse 매달다, (컴퓨터가) 멈추다

- El delincuente se colgó antes de que la policía lo capturara.
  그 범인은 경찰에 잡히기 전에 목을 매달아 자살했다.
- Se le colgó del cuello y le dio un beso.
  그녀는 그의 목에 매달려서 그에게 키스를 했다.
- Intenté conectarme a Internet y se me colgó el ordenador.
  나는 인터넷에 연결하려고 했는데 컴퓨터가 다운되었다.
- No des tantas órdenes al ordenador porque se va a colgar.
  컴퓨터가 다운될 수 있으니, 컴퓨터에 많은 명령을 하지 마라.

colocar (en algo) (무엇에) 놓다, 배치하다

- Colóquelo en su lugar.
  그것을 다시 제자리에 놓으세요.
- Coloqué todos los muebles como estaban antes.
  나는 예전 위치에 모든 가구들을 배치했다.
- Nuestra empresa va a colocar un producto nuevo.
  우리 회사는 새로운 제품을 출시할 것이다.
- He colocado los zapatos en el estante.
  나는 구두를 선반에 놓았다.

colocarse 취직하다, 위치를 잡다

- Mi hermano mayor está muy bien colocado.
  형은 매우 좋은 곳에 취직해 있다.
- Emilio se colocó de cajero en un hotel.
  에밀리오는 호텔에 현금 출납 담당자로 취직했다.
- Se ha colocado en el banco porque pagan bien.
  그는 급여를 많이 주기 때문에 은행에 취직했다.
- según las encuestas, el candidato se ha colocado en primer lugar.
  설문조사에 의하면, 그 후보가 1위를 차지했다.

combatir 싸우다, 전투하다, 물리치다

- Los soldados han combatido con valentía.
  병사들은 용감하게 싸웠다.
- El pueblo combatió por defender su libertad.
  국민은 자유를 지키기 위해 싸웠다.
- La ciencia médica combate las enfermedades.
  의학은 질병과 싸우고 있다.
- Tuvimos que combatir la dictadura militar.
  우리들은 군사 독재와 싸워야만 했다.

combatir contra uno 누구에 맞서 싸우다

- Los soldados combatieron contra un enemigo muy peligroso.
  군인들은 아주 위험한 적군과 맞서 싸웠다.
- Voy a combatir con buenos argumentos contra tus ideas.
  나는 좋은 의견으로 네 생각에 맞설 것이다.

combinar 조합・연합・결합하다

- Combinando nuestros esfuerzos obtendremos un buen resultado.
  우리들의 노력을 결집하면 좋은 결과를 얻을 것이다.
- Elena combina muy bien los colores de su falda y su blusa.
  엘레나는 치마와 블라우스의 색깔을 매우 잘 맞춘다.
- Si combinas los colores mejor, pintarás un cuadro excelente.
  색을 더 잘 조합하면 너는 뛰어난 작품을 그릴 것이다.

C

combinar con algo 무엇과 합치다, 조화시키다

- Si combinas el chocolate con coñac sabrá mucho mejor.
  초콜릿에 코냑을 넣으면 맛이 훨씬 더 좋아질 거야.
- Alfonso combinó sus ideas con las de Miguel.
  알폰소는 자신의 생각과 미겔의 생각을 합쳤다.
- El amarillo combina bien con el azul.
  노란색은 청색과 조화를 잘 이룬다.
- Esos zapatos combinan bien con tu vestido.
  그 구두는 네 옷에 잘 어울린다.

comentar 논평・해설하다, 소문내다

- En el programa comentan las noticias del día.
  그 프로그램에서는 그 날의 뉴스를 해설한다.
- Muchos periódicos comentan el discurso del Presidente.
  많은 신문이 대통령의 연설을 논평하고 있다.
- En clase comentamos la poesía española contemporánea.
  우리는 수업시간에 스페인 현대시를 설명했다.
- Raúl comenta todo lo que yo digo.
  라울은 내가 말하는 모든 것을 소문내고 다닌다.

comentar sobre/acerca de algo 무엇에 대하여 논평・해설하다

- No comentaré nada de su obra.
  나는 그의 작품에 대하여 논평하지 않겠다.
- Comentó acerca de lo que estaba pasando en su país.
  그는 그의 나라에 벌어지고 있는 것에 대해 논평했다.
- El astrónomo comentó sobre la teoría de la relatividad.
  천문학자는 상대성 원리에 대해서 설명했다.

comenzar 시작하다, 시작되다

- ¿A qué hora comienza la función?
  공연은 몇 시에 시작합니까?
- Comenzó el trabajo y nunca lo terminó.
  그는 작업을 시작했지만 끝내지 않았다.

- Este año el curso comenzará en octubre.
  금년에 그 과정은 10월에 시작할 것이다.
- Dentro de pocos días comenzarán las vacaciones de verano.
  며칠 있으면 여름 방학이 시작될 것이다.
- El almuerzo comenzó a las dos y ha durado casi una hora.
  점심은 2시에 시작되어 거의 한 시간 지속되었다.

comenzar a + inf. …하기 시작하다

- El niño comenzó a andar.
  그 아기는 걷기 시작했다.
- Normalmente comenzamos a cenar a las ocho.
  보통 우리는 8시에 저녁을 먹기 시작한다.
- Comenzó a llover cuando salimos del teatro.
  우리들이 극장을 나올 때 비가 내리기 시작했다.

comenzar por + inf. …하는 것부터 시작하다

- No sé por dónde comenzar.
  나는 어디서부터 시작해야 할지 모르겠다.
- Comencé por quitarme los zapatos.
  나는 구두부터 벗기 시작했다.
- Vamos a comenzar por limpiar la casa.
  집 청소부터 시작하자.
- Comenzó por el ejercicio número siete del libro.
  그는 책의 연습문제 7번부터 시작했다.
- Si quieres discutir conmigo, comencemos por ser sinceros.
  나랑 토론하고 싶으면 먼저 우리 솔직해지자.

comer 먹다, 식사하다, 소비하다

- Anita come poco para guardar la línea.
  아니따는 몸매를 유지하기 위하여 매우 적게 먹는다.
- ¿Qué tenemos hoy a mediodía para comer?
  오늘 점심에는 무엇을 먹습니까?

- No vivimos para comer, sino que comemos para vivir.
  우리들은 먹기 위해 사는 것이 아니고, 살기위해 먹는다.
- Esta estufa come mucha electricidad.
  이 난로는 전기를 많이 소비한다.

comerse 먹어치우다, 식사하다, 빠뜨리다

- Él solo se comió un pollo.
  그 사람 혼자 닭 한 마리를 다 먹어버렸다.
- Nos comimos todo el arroz que quedaba.
  우리는 남아 있던 밥을 다 먹어버렸다.
- Él se come las uñas cuando está nervioso.
  그는 긴장하면 손톱을 먹는다(물어뜯는다).
- En este restaurante se come bien.
  이 식당은 음식 솜씨가 좋다.
- Se han comido un párrafo en la redacción.
  그들은 문서 작성에서 한 단락을 빠뜨렸다.

comerciar (con uno) (누구와) 거래하다, 무역하다

- Los Estados Unidos comerció con Japón.
  미국은 일본과 무역을 했다.
- Los campesinos comerciaban productos agrícolas.
  농부들은 농산물을 거래했다.

comerciar con algo 무엇을 취급하다, 거래하다

- En aquella tienda comercian con ordenadores.
  저 상점에서는 컴퓨터를 취급한다.
- Hizo una fortuna comerciando con prendas deportivas.
  그는 스포츠 의류를 거래해서 큰돈을 벌었다.

cometer 범하다, 저지르다

- Todos cometemos errores.
  우리는 모두 실수를 범한다.

- Tres hombres han cometido un asesinato.
  3명의 남자가 살인을 저질렀다.
- Jorge cometió dos faltas de ortografía en el dictado.
  호르헤는 받아쓰기에서 맞춤법 실수를 두 번 했다.
- Sandra comete muy pocos errores porque habla despacio.
  산드라는 천천히 말하기 때문에 실수를 거의 하지 않는다.

compadecer (por algo) (무엇 때문에) 불쌍히 여기다, 동정하다

- Compadezco a esa mujer.
  나는 그 여인을 불쌍히 여긴다.
- Todos le compadecieron por su mala suerte.
  그의 기구한 운명 때문에 모두가 그를 불쌍히 여겼다.
- Compadeció los sufrimientos de los desgraciados.
  그는 불행한 사람들의 괴로움을 불쌍히 여겼다.
- Compadecieron al pobre joven que asaltaron en la calle.
  그들은 거리에서 강도를 당한 불쌍한 청년을 동정했다.

compadecerse de uno 누구를 동정하다

- Me compadezco de los niños que no tienen comida.
  나는 먹을 것이 없는 아이들을 불쌍히 여긴다.
- Se compadecieron de los damnificados del terremoto.
  모든 사람들이 지진 피해자들을 동정했다.
- Me compadezco de los padres que perdieron a sus hijos.
  나는 자식들을 잃은 부모들을 동정한다.

comparar (con algo) (무엇과) 비교하다, 대조하다

- No me compares con mi amigo.
  내 친구와 나를 비교하지 마라.
- Compare usted esta copia con el original.
  이 사본을 원본과 대조해 주십시오.
- Tu profesor es muy buena persona comparado con el mío.
  너의 선생님은 우리 선생님에 비하면 매우 좋은 사람이다.

C

- Tu problema no es nada comparado con el mío.
  네 문제는 내 문제에 비하면 별 거 아니야.
- Compara estos dos dibujos y dime en qué se diferencian.
  이 두 그림을 비교해보고 어떤 점에서 차이가 있는지 나에게 말해라.

compartir 나누다, 분배하다, 동의하다

- Yo comparto vuestro dolor.
  너희들의 고통을 내가 함께 하겠다.
- Andrés compartió la tarta de su cumpleaños.
  안드레스는 그의 생일케이크를 나누어주었다.
- Los hermanos compartieron la habitación.
  형제들은 방을 함께 사용했다.
- Ningún gobernante quiere compartir el poder.
  어떤 통치자도 권력을 분배하고 싶어 하지 않는다.
- Comparto tu opinión.
  나는 네 의견에 동의한다.

compartir algo con uno 누구와 무엇을 나누다, 공동으로 하다

- El niño compartió su torta con su amigo.
  그 어린이는 케이크를 친구와 나누어 먹었다.
- La niña no quiere compartir sus juguetes con su hermanito.
  여자 아이는 남동생과 장난감을 같이 쓰기 싫어한다.
- Quiero compartir el piso con mi amigo.
  나는 이 아파트를 친구와 함께 사용하고 싶다.
- ¿No le importa compartir la mesa con este señor?
  이 분과 합석해도 괜찮겠습니까?

compartir algo en/entre uno/algo 누구/무엇에게 분배하다, 나누어주다

- Hay que compartir las frutas en estas dos cajas.
  과일을 이 두 상자에 나누어야 한다.
- Antes de su muerte, el padre compartió la fortuna entre sus hijos.
  부친은 죽기 전에 자식들에게 재산을 나누어 주었다.

compensar con algo 무엇으로 보상・변상하다, 보충하다

- Te voy a compensar el libro con el cuadro.
  나는 네 책을 그림으로 보상하겠다.
- Le compensé con quinientos euros por los cristales rotos.
  나는 깨진 유리 대금으로 500유로를 그에게 변상했다.
- Le compensaron con un millón de euros por la pérdida del ojo.
  그는 한쪽 눈을 잃은 보상금으로 백만 유로를 받았다.
- Compensaron las pérdidas con las ganancias.
  그들은 손실을 이익으로 보충했다.
- Él compensa con esfuerzo su falta de talento.
  그는 부족한 재능을 노력으로 보충한다.

competir (con uno) (누구와) 겨루다, 경쟁하다

- No le gusta competir con sus amigos.
  그는 친구들과 경쟁하는 것을 싫어한다.
- Los dos mejores atletas competirán esta noche.
  가장 훌륭한 두 선수가 오늘 밤 겨룰 것이다.
- Nuestra compañía competirá con la empresa más grande.
  우리 회사는 가장 큰 회사와 경쟁 할 것이다.

competir en algo 무엇에서 경쟁하다

- No puedo competir con él en el deporte.
  나는 스포츠에서는 그 사람과 겨룰 수 없다.
- Las modelos compiten en belleza y elegancia.
  모델들은 미와 우아함을(에서) 경쟁한다.
- Estos dos almacenes compiten en calidad y precio.
  이 두 백화점은 품질과 가격으로 경쟁하고 있다.

competir por algo 무엇을 목표로 경쟁하다

- Compiten por dinero.
  그들은 상금을 목표로 경쟁한다.
- Los jóvenes competían por el amor de la muchacha.
  청년들은 그 여자의 사랑을 목표로 경쟁하고 있다.

- José compite con Lola por el primer puesto de la clase.
  호세는 롤라와 학급의 일등을 다투고 있다.

complacer 기쁘게 하다, 즐겁게 하다

- Me complació vuestra visita.
  너희들의 방문이 나를 기쁘게 했다.
- Intentamos complacer al cliente.
  우리는 고객에게 기쁨을 주려고 노력합니다.
- Hace todo por complacer a su amiga.
  그는 여자 친구를 기쁘게 해 주려고 모든 것을 한다.

complacerse con/de algo 무엇에 기뻐하다, 만족하다

- Lola se complace mucho con la noticia.
  롤라는 그 소식에 매우 기뻐한다.
- Me complazco con su obra.
  나는 그의 작품에 만족한다.

complacerse en + inf. …하게 되어 기쁘다, 만족하다

- Nos complacemos en anunciar la boda de nuestro hijo.
  우리 아들의 결혼을 알리게 되어 기쁘다.
- Me complazco en presentarles al señor Ramírez.
  나는 라미레스씨를 소개하게 되어 기쁩니다.
- Nuestra institución se complace en invitarle a la fiesta de aniversario.
  우리 학회는 당신을 창립 파티에 초대하는 것을 기쁘게 생각 합니다.
- Me complazco en comunicarte que has salido bien en el examen.
  네가 시험에 합격한 것을 알리게 되어 기쁘게 생각한다.

complacerse que + subj. …해서 기쁘다, 만족하다

- Nos complace que usted haya venido.
  당신이 와주셔서 우리들은 기쁩니다.
- Le complace que tú hayas ganado la beca.
  네가 장학금을 받게 되어 그는 기뻐한다.

complicar 복잡하게 하다, 곤란하게 하다

- Su presencia complica la cosa.
  그의 출현은 일을 복잡하게 한다.
- Temo que su venida complique el problema.
  그가 오는 것이 문제를 복잡하게 하지 않을까 걱정이다.

complicar en algo 무엇에 말려들게(휩쓸리게) 하다

- Le complicaron en el escándalo.
  그는 스캔들에 휘말렸다.
- No me compliques en tus asuntos.
  나를 너의 일에 끌어들이지 마라.
- No quiero que me compliques en tu enemistad con él.
  나를 너와 그 사람의 적개심에 끌어들이지 말기 바란다.

complicarse 복잡해지다, 뒤얽히다, 악화되다

- A veces la vida se complica demasiado.
  때때로 인생은 너무 꼬인다.
- Se le ha complicado el asunto.
  그 사건은 그에게 복잡해졌다.
- Se me ha complicado la enfermedad.
  내 병은 악화되었다.

componer 작사・작곡하다, 구성하다, 장식하다, 고치다

- Mozart compuso muchas sinfonías bellísimas.
  모짜르트는 아름다운 교향곡을 많이 작곡했다.
- Seis diplomáticos componen el comité.
  6명의 외교관들이 위원회를 구성한다.
- Ella compone un ramillete con diversas flores.
  그녀는 여러 가지 꽃으로 꽃다발을 만든다.
- Está componiendo la casa para la boda.
  그는 결혼식을 위해 집을 장식하고 있다.
- Quiero que me compongan este reloj.
  이 시계를 고쳐 주세요.

C

componerse de algo 무엇으로 구성되다, 화장하다

- El comité se compone de cinco individuos.
  위원회는 5인으로 구성된다.
- El libro se compone de dos partes muy diferentes.
  그 책은 매우 상이한 두 부분으로 구성되어 있다.
- Inés se está componiendo para ir al baile.
  이네스는 무도회에 가려고 화장하고 있는 중이다.

comprar 사다, 구입하다

- Sánchez compró el terreno por cien mil dólares.
  산체스는 그 토지를 10만 달러에 매입했다.
- Hoy compraré todo lo que necesito para la fiesta.
  오늘 나는 파티에 필요한 모든 것을 구입 할 것이다.
- Nuestra compañía ha comprado dos aviones nuevos.
  우리 회사에서 2대의 비행기를 구입했다.

comprar algo a uno 누구에게 사주다, 누구에게서 사다

- Le compraré un regalito a mi hija.
  내 딸에게 선물을 사줄 것이다.
- Le compré a mi nieta una muñeca.
  나는 내 손녀에게 인형을 하나 사 주었다.
- Le compré a un amigo su coche.
  나는 한 친구한테서 자동차를 샀다.
- Voy a comprar unas flores a esta chica para ti.
  이 소녀에게서 꽃을 몇 송이 사서 너에게 사주겠다.

comprender 이해하다, 포함하다

- No comprendo lo que me dices.
  나는 네가 말하는 것을 이해하지 못하겠어.
- Yo comprendo el inglés y el francés.
  나는 영어와 프랑스어를 이해한다.
- Dice que nadie le comprende.
  그는 누구도 자기를 이해하지 못한다고 말한다.

- Esta historia comprende también la época contemporánea.
  이 역사는 현대도 포함하고 있다.
- La finca comprende un coto de caza y un lago artificial.
  그 농장은 사냥금지구역과 인공호수를 포함하고 있다.

comprender que + ind. …라는 점을 알다, 이해하다

- Comprendió que lo habían engañado.
  그는 자신이 속았다는 것을 알았다.
- Comprendo que te vas.
  네가 떠나는 것을 이해한다.
- Comprendo que no puedes venir a mi fiesta.
  네가 파티에 올 수 없다는 것을 이해한다.

comprender que + subj. …한다 해도 이해하다

- Comprendo que te vayas.
  네가 떠난다 해도 이해한다.
- Comprendo que no puedas venir a mi fiesta.
  네가 파티에 올 수 없다 해도 이해하겠다.

comprometer 위태롭게 하다, 손상하다

- Ese escándalo ha comprometido la fama de ese actor.
  그 스캔들은 그 배우의 명성을 위태롭게 했다.
- Sus declaraciones a la policía comprometieron a su amigo.
  그가 경찰에게 진술 한 것은 그의 친구를 위험에 빠지게 했다.
- No tengo ninguna intención de comprometer su honor.
  나는 당신의 명예를 손상할 생각은 조금도 없습니다.

comprometer a + inf. 억지로 …하게 하다

- Me comprometió a quedarme con ellos hasta que tú llegaras.
  네가 도착할 때까지 그는 나를 강제로 그들과 함께 있도록 했다.
- En aquella reunión me han comprometido a guardar silencio.
  그 모임에서 그들은 나에게 침묵하도록 강요했다.

comprometer a que + subj. 억지로 …하게 하다

C

- Te comprometo a que vengas.
  나는 너를 강제로 오게 하겠다.
- Le comprometió a que saliera.
  그를 억지로 나가게 했다.

comprometerse (con uno) (누구와) 약혼하다

- Juan se ha comprometido con Ana.
  후안은 아나와 약혼했어.
- Juan y Ana se han comprometido. Se casarán el próximo año.
  후안과 아나는 약혼했어. 내년에 결혼할 거야.

comprometerse a + inf. …하겠다고 약속하다

- Se comprometieron a llegar temprano.
  그들은 일찍 도착하겠다고 약속했다.
- Se comprometió a llevarme en coche al trabajo los días de lluvia.
  그는 비오는 날에는 나를 차로 직장에 데려다주겠다고 약속했다.
- Se ha comprometido a terminarme el traje para el lunes.
  그는 늦어도 월요일까지에는 내 옷을 완성하겠다고 약속했다.

comunicar 전달하다, 알리다, 연결하다

- Ya le he comunicado mis intenciones.
  나는 이미 나의 의도를 그에게 전했다.
- Espero que nos comunique su decisión tan pronto como sea posible.
  당신의 결정을 우리에게 가급적 빨리 알려주시기를 바랍니다.
- Siempre que te llamo estás comunicando.
  내가 너에게 전화할 때마다 넌 통화중이야.
- Este puente comunica las dos ciudades.
  이 다리는 두 도시를 연결한다.
- Esta carretera comunica la capital con las provincias.
  이 도로는 수도를 지방과 연결한다.
- El dormitorio de los niños comunica con el de los padres.
  어린이들의 침실은 부모의 침실과 통한다.

comunicarse con uno/algo 누구/무엇과 연락하다, 통하다

- Me comuniqué muy a menudo con Anita.
  나는 아니따와 매우 자주 연락했다.
- Nos pudimos comunicar con la ciudad vecina.
  우리는 이웃 도시와 소통할 수 있었다.
- Las dos habitaciones se comunican por una puerta.
  그 두 개의 방은 하나의 문으로 통한다.

concentrar 집중시키다, 집결시키다

- La lente convexa concentra los rayos.
  볼록렌즈는 광선을 한곳으로 모은다.
- La policía concentró a la multitud en el parque.
  경찰은 대중을 공원에 모이게 했다.
- Debes concentrar sus esfuerzos en algo que merezca la pena.
  너는 보람 있는 일에 노력을 집중해야 한다.

concentrarse (en algo) (무엇에) 집중하다, 모이다

- Ella se concentra en los estudios.
  그녀는 공부에 집중하고 있다.
- Nos concentramos en un solo tema.
  우리는 한 주제에만 집중했다.
- Se concentraron para protestar por el nuevo impuesto.
  그들은 신설된 세금에 항의하기 위해 모였다.

concluir 끝내다, 마치다, 끝나다

- Concluye tu plato de sopa.
  너의 수프 접시를 비워라(수프를 다 먹어라).
- Hemos concluido nuestro trabajo.
  우리는 우리 일을 끝냈다.
- Ya ha concluido el plazo de inscripción.
  등록기간이 이미 끝났다.
- ¿A qué hora concluyó la sesión?
  회의는 몇 시에 끝났습니까?

C

concluir con algo 무엇으로 끝내다, 마치다

- El libro concluye con estas palabras.
  그 책은 이런 말로 끝을 맺는다.
- La novela concluye con la muerte de la heroína.
  소설은 여주인공의 죽음으로 끝난다.
- Los obreros concluyeron con la construcción del edificio.
  노동자들은 건물 건축을 마쳤다.
- El profesor concluyó con la explicación de la lección.
  교수는 그 과의 설명으로 마쳤다.

concluir en algo 무엇으로 끝나다

- Mi apellido concluye en la letra 'z'.
  나의 성은 'z'로 끝난다.
- Este libro concluye en el tomo vigésimo.
  이 책은 20권으로 완결된다.
- Las conversaciones concluyeron en un acuerdo.
  대화는 합의로 끝났다.

concluir por + inf. 결국 …하게 되다

- Concluirás por ceder.
  결국 너는 양보하게 될 것이다.
- Ella ha concluido por no ponerme atención.
  그녀는 나에게 관심을 주지 않기로 결론지었다.
- Tanto la quiere que ella concluirá por casarse con él.
  그가 그녀를 너무 사랑해서 그녀는 결국 그와 결혼할 것이다.

concluir que + ind. …라고 결론짓다

- Su teoría concluye que el agua es parte de todos los seres vivos.
  그의 이론은 물이 살아있는 생명체의 일부라고 결론짓는다.
- Concluimos de todo esto que el acusado obró con plena conciencia.
  이것들을 종합하여 우리들은 피고가 완전한 의식에서 행동했다고 결론지었다.
- Se puede concluir que ya no volverá a trabajar conmigo.
  그는 다시 나와 일하지 않을 것이라고 결론지을 수 있다.

concluirse 끝나버리다, 결론이 나오다

- Se me han concluido las vacaciones.
  나의 휴가는 끝나버렸다.
- De aquí se concluye que debemos admitirle.
  이런 점에서 그를 받아들여야 한다는 결론이 나온다.

concurrir (a algo) (무엇에) 모이다, 참가하다

- Muchos jóvenes concurren al estadio de fútbol los domingos.
  일요일마다 많은 젊은이들이 축구장에 모인다.
- Los socios concurren a la sesión del club.
  회원들은 클럽 회의에 참석한다.
- Todos los que concurrieron al baile recibieron un regalo.
  댄스 콩쿠르에 참가한 사람은 모두 선물을 받았다.

concurrir en + inf. …하는 것에 일치하다

- Los estudios concurren en culpar al gobierno.
  조사는 정부에게 책임이 있다는데 의견을 일치했다.
- Los testigos concurren en acusarlo.
  증인들은 그를 고소하는데 의견을 일치했다.

condenar a uno/algo 누구/무엇을 유죄로 판결하다, 비난하다, 폐쇄하다

- ¿Crees que le condenarán?
  너는 그가 유죄판결을 받을 거라고 생각하니?
- El pueblo condenó la actitud del presidente.
  국민들은 대통령의 태도를 비난했다.
- Los periódicos condenan unánimemente la huelga.
  신문은 모두 이구동성으로 그 파업을 비난하고 있다.
- Condenaron las ventanas.
  그들은 창문을 폐쇄하였다.

condenar a algo 무엇을 선고하다

- Le han condenado a diez años del cárcel.
  그는 징역 10년을 선고받았다.

- La condenaron a morir en la horca.
  그녀는 교수형을 선고받았다.
- Él fue condenado a cadena perpetua.
  그는 무기징역을 선고받았다.

conducir 운전하다

- Usted conduce muy bien el coche.
  당신은 자동차 운전을 매우 잘 하시네요.
- Entonces su padre conducía un camión.
  그 무렵 그의 부친은 트럭을 운전하고 있었다.

conducir a algo 무엇으로 통하다

- ¿A dónde conduce este camino?
  이 길은 어디로 통합니까?
- Este camino conduce al parque.
  이 길은 공원으로 통한다.

conducir a algo 무엇으로 안내하다, 인도하다

- Lo conducimos al aeropuerto(colegio).
  우리는 그를 공항(학교)으로 안내했다.
- Conduzca a este señor a la estación.
  이 분을 역까지 안내해 드리세요.
- Esta política conduce a la catástrofe.
  이 정책은 파국으로 이끈다.
- Esta decisión ha de conducir al desastre.
  이 결정은 재앙으로 이끌 것이다.

conducirse 처신하다, 행동하다

- Se conduce con gran corrección.
  그는 예의바르게 행동한다.
- Se condujo en la escuela muy bien.
  그는 학교에서 처신을 매우 잘했다.

- Te condujiste bien como una persona educada.
  너는 교육받은 사람처럼 훌륭하게 행동했다.

confesar (a uno) (누구에게) 고백・자백하다

- Confesó todos sus errores.
  그는 자신의 모든 실수를 고백했다.
- Confesó a la policía.
  그는 경찰에게 자백했다.
- Después de ser interrogado confesó el delito.
  심문당한 뒤 그는 범행을 자백했다.
- Voy a confesar que te he mentido.
  나는 너에게 거짓말을 한 것을 고백할 것이다.

confesarse (a/de) 고백・자백하다, 고해하다

- Se confesó al(ante el) sacerdote.
  그는 신부에게 고해했다.
- Se confesó de sus culpas(pecados).
  그는 자신의 잘못(죄)을 자백했다.

confiar a uno 누구에게 맡기다, 위임・부탁하다

- Le confié todo el dinero.
  나는 그에게 모든 돈을 맡겼다.
- Confié mi hijo a un amigo.
  나는 아들을 친구에게 맡겼다.
- A José le confiaron la administración de sus propiedades.
  그들의 재산관리를 호세에게 부탁했다.

confiar en uno/algo 누구/무엇을 믿다, 신뢰・신용하다

- Confíe usted en mí.
  저를 믿어주십시오.
- Antonio no confía en nadie(nada).
  안또니오는 아무도(아무것도) 믿지 않는다.

• Confío en que él lo hará lo mejor posible.
나는 그가 최선을 다해서 그것을 할 것이라 믿는다.

confiar en que + ind. …라고 확신하다

• Confiaba en que no se retrasaría.
나는 그가 늦지 않을 거라고 확신했다.

• Los habitantes confiaron en que la tempestad terminaría pronto.
주민들은 폭풍은 곧 끝날 것이라고 확신했다.

• El médico confía en que la recuperación será rápida.
의사는 회복이 빠를 것이라고 확신한다.

confiar en que + subj. …이기를 기대하다

• El médico confía en que la recuperación sea rápida.
의사는 회복이 빠르기를 기대한다.

• Confía en que todo sea un rumor.
그는 모든 것이 루머이기를 기대한다.

confiarse de/en uno/algo 누구/무엇을 신뢰・신용하다

• No te confíes de(en) nadie.
너는 아무도 믿지 마라.

• Me confié en sus habilidades.
나는 그의 능력을 믿었다.

• No te confíes de(en) lo que te dicen.
사람들이 너에게 말하는 것을 믿지 마라.

• Se confió de mí y no pienso decepcionarlo.
그는 나를 신뢰했으니 나는 그를 실망시키지 않을 거야.

• Ella se confía demasiado en sí misma.
그녀는 자신을 너무 믿는다.

conformar (con/a algo) (무엇과) 일치・합치시키다

• Debemos conformar nuestros criterios.
우리는 우리의 기준을 일치시켜야 한다.

- Es preciso que conforme su conducta con sus palabras.
  당신은 당신의 행동을 말과 일치시키는 것이 필요하다.
- Usted debe conformar sus gastos a sus ingresos.
  당신은 수입에 지출을 맞추어야 합니다.
- Conformo con usted en esta materia.
  나는 이 점에서는 당신과 같은 의견이다.

conformarse con/a algo 무엇에 만족하다, 일치하다, 따르다

- Yo me conformo con un sueldo razonable.
  나는 합리적인 월급에 만족한다.
- Me conformo con estar a tu lado.
  나는 당신 옆에 있는 것만으로도 만족한다.
- Esta traducción no se conforma con el original.
  이 번역은 원문과 일치하지 않는다.
- Me conformaré a la voluntad de Dios.
  나는 신의 뜻에 따르겠다.

confundir 혼동하다, 당황하게 하다

- Miguel confundió las calles y se perdió.
  미겔은 길이 헷갈려서 길을 잃었다.
- Yo siempre confundo a estos dos cantantes.
  나는 항상 이 두 가수가 헷갈린다.
- Su estrategia confundió a los jugadores.
  그의 작전은 선수들을 당황하게 했다.
- Me confundes con tus lágrimas.
  나는 너의 눈물에 당황한다.

confundir uno/algo con uno/algo 혼동하다, 착각하다

- No confundas la gordura con la hinchazón.
  살찐 것과 부운 것을 착각하지 마라.
- Ellos confundieron su orden con la de otro cliente.
  그들은 당신의 주문을 다른 고객의 주문으로 착각했습니다.

C

- Confundieron las peras con las manzanas.
  그들은 배를 사과로 착각했다.

confundirse 혼동하다, 혼란스럽다, 휩쓸리다

- Me confundí de calle y me perdí.
  나는 길을 혼동하여 길을 잃었다.
- Me confundí cuando te escuché hablar chino.
  네가 중국어로 말하는 것을 들었을 때 나는 혼란스러웠다.
- De pronto se confundió en la muchedumbre.
  순식간에 그는 군중 속으로 휩쓸려 들어갔다.

conocer 알다, 만나다

- ¿Conoces a Susana? -No, no la conozco.
  너는 수사나를 아니? -아니, 난 그녀를 몰라.
- Conozco España y Francia.
  나는 스페인과 프랑스에 가본 적이 있다.
- Mucho gusto en conocerle a usted.
  선생님을 만나게 되어 정말 기쁩니다.
- Entonces José conoció a su futura esposa.
  그때 호세는 미래의 아내를 만났다.

conocer de uno/algo 누구/무엇에 대해 알고 있다

- El profesor conocía de nuestros problemas.
  선생님은 우리들의 문제를 알고 있었다.
- Ella conoce bien de ordenadores.
  그녀는 컴퓨터에 대해 잘 알고 있다.
- Nunca le he hablado, solo la conozco de vista.
  한 번도 그녀와 말을 안 해봤지만, 얼굴은 안다.

conocer por algo 무엇으로 알고 있다

- Lo conocemos por su inmensa fortuna.
  어마어마한 재산으로 그를 알고 있다.

- La conocen por su voz melodiosa.
  그녀는 감미로운 목소리로 유명하다.

conseguir 얻다, 손에 놓다, 입수하다

- Conseguí dos billetes para el concierto.
  나는 그 콘서트의 티켓 두 장을 구했다.
- Todos consiguieron aumentos de sueldo.
  그들 모두가 월급의 인상을 성취했다.
- He conseguido un permiso especial.
  나는 특별한 허가를 얻었다.
- La película consiguió un gran éxito.
  그 영화는 대단한 성공을 거두었다.

conseguir + inf. …할 수 있다

- No consigo entenderlo.
  나는 그것을 이해할 수 없다.
- Al fin consiguió arrancar el clavo.
  결국 그는 못을 뺄 수가 있었다.
- Consiguimos llegar a la cima de la montaña.
  우리는 산의 정상에 도달할 수 있었다.

conseguir que + subj. …하게 할 수 있다

- Vas a conseguir que me enfade.
  너는 나를 화나게 할 거야.
- Al final conseguí que me dejaran pasar.
  결국 나는 그들이 나를 지나가도록 하게 했다.
- Conseguí que me lo prestara.
  나는 그가 나에게 그것을 빌려주도록 했다.

consentir a uno 누구에게 어하다

- Mi madre me consintió demasiado cuando era niño.
  어머니는 내가 어렸을 때 나에게 너무 어하셨다.

- Tú consientes al niño tanto que lo convertirás en un niño mimado.
  너는 아이에게 너무 어하니까 그 애를 응석꾸러기로 만들 것이다.
- Se dice que Antonio consiente demasiado a sus hijos.
  사람들은 안또니오가 자식들에게 너무 어하다고 말한다.

consentir algo 무엇에 동의하다, 허용하다

- Me es muy difícil consentirlo.
  나는 그것에 동의하기 정말 힘들다.
- No se debe consentirlo por nada del mundo.
  무슨 일이 있어도 그것에 동의해서는 안 된다.
- El profesor consiente lo que proponen los estudiantes.
  교수는 학생들이 제안하는 것에 동의한다.

consentir (en) + inf. …하는 것을 동의하다, 허용하다

- Mi padre no me consiente salir por la noche.
  아버지는 내가 밤에 외출하는 것을 허락하지 않는다.
- Juan no consintió en subastar la casa.
  후안은 집을 경매에 부치는 것에 동의하지 않았다.
- El vendedor no consiente en bajar los precios
  그 상인은 가격 인하에 동의하지 않는다.
- No consintió en escribir un artículo sobre el gobierno.
  그는 정부에 대한 기사를 쓰는 것에 동의하지 않았다.

consentir (en) que + subj. …하는 것을 동의하다, 허용하다

- La niña no consiente en que le cambien de vestido.
  그 소녀는 옷을 갈아입기를 거절한다.
- Él consintió en que trabajaramos aquí.
  그는 우리가 이곳에서 일하는 것을 동의했다.
- No te consiento que me hables así.
  나는 네가 나에게 그렇게 말하는 것을 용납하지 않겠다.
- Mi padre consiente que yo haga el viaje.
  아버지는 내가 여행하는 것을 허락하신다.

- No consiento que insultes a mis amigos.
  나는 네가 내 친구들에게 욕하는 것을 용납하지 않겠다.
- No consiento que se burlen de mi hermano.
  내 동생이 웃음거리가 되는 것을 나는 보고 있을 수 없다.

conservar 보존 · 보관하다

- Con esta nevera conserven frescos sus alimentos.
  이 냉장고에 당신의 식품을 신선하게 보관하십시오.
- Este pueblo conserva sus costumbres y tradiciones.
  이 민족은 풍습과 전통을 보존하고 있다.
- Las hojas de periódico conservan bien el frío de los congelados.
  신문지는 냉동식품의 냉기를 잘 보존한다.
- La Biblioteca Nacional conserva varios manuscritos del siglo XV.
  국립도서관은 15세기의 여러 필사본을 보관하고 있다.
- Miguel conserva la costumbre de ducharse con agua fría.
  미겔은 냉수로 샤워하는 습관을 유지하고 있다.

conservarse (자기를 어떤 상태로) 유지하다, 보존되다

- Elena se conserva muy joven.
  엘레나는 젊음을 잘 유지하고 있다.
- El edificio se conserva intacto a pesar de la guerra.
  건물은 전쟁에도 불구하고 원형을 보존하고 있다.

considerar 고려하다, 검토하다. 존경하다, (…라고) 생각하다

- Consideraremos vuestra propuesta.
  우리는 너희들의 제안을 검토해보겠다.
- Bien considerado, el viaje me ha resultado bien a la salud.
  잘 생각해보니 여행은 나의 건강에 (결과가) 좋았다.
- Se le considera mucho en los medios intelectuales.
  그는 지식인 사이에서 매우 존경받고 있다.
- No le considero capaz de eso.
  나는 그 일이 그에게 가능하다고 생각하지 않는다.

C

considerarse (자신을 …으로) 생각하다, 간주되다

- Se considera mal pagado.
  그는 월급이 적다고 생각한다.
- No me considero muy feliz.
  나는 내가 그다지 행복하다고는 생각하지 않는다.
- En España el toreo se considera como un verdadero arte.
  스페인에서 투우는 진정한 예술로 간주된다.

consistir en algo 무엇에 기초・기반을 두다, 무엇으로 구성되다

- Toda su fortuna consiste en la casa que habita.
  그의 전 재산은 살고 있는 집이다.
- La historia consiste en el estudio de los hechos pasados.
  역사는 지난 사건들의 연구에 기반을 둔다.
- La celebración consiste en una cena y un espectáculo.
  기념행사는 만찬과 쇼로 진행된다.

consistir en + inf. …하는 것에 있다, …에 기반을 두다

- El truco consiste en hacerlo rápidamente.
  눈속임은 빨리 하는 것에 있다.
- El secreto de la salud consiste en comer bien.
  건강의 비밀은 잘 먹는 데 있다.
- El juego consiste en encestar el balón.
  그 게임은 공을 바구니에 넣는 것이다.

constar 확실하다, 기록되어있다

- Me consta que ya ha llegado.
  그가 이미 도착했다는 것을 나는 확실히 알고 있다.
- Me consta que José estaba allí en aquella fecha.
  호세가 그날 그곳에 있던 것을 나는 분명히 알고 있다.
- En la lista no consta su nombre.
  명단에 그의 이름이 기재되어 있지 않다.
- En el certificado no consta su edad.
  증명서에는 그의 나이가 기재되어 있지 않다.

constar de algo 무엇으로 구성되다

- El artículo consta de cuatro apartados.
  기사는 네 개의 단락으로 구성되어 있다.
- El mes de mayo consta de treinta y un días.
  5월은 31일로 구성되어있다.
- Esta obra teatral consta de tres actos.
  이 연극은 3막으로 구성되어 있다.
- El examen consta de varias páginas.
  시험은 여러 페이지로 구성되어 있다.

constituir 만들어내다, 형성하다, 구성하다

- Vamos a constituir una sociedad el próximo mes.
  우리는 다음 달에 협회를 만들 것이다.
- El comité lo constituyen diez científicos.
  위원회는 열 명의 과학자로 구성되어 있다.
- La comodidad de sus habitaciones constituye lo mejor de ese hotel.
  객실의 편안함이 그 호텔의 장점이다.

constituirse en/de algo 무엇이 되다, 무엇으로 구성되다

- El comité se constituye de veinte miembros.
  위원회는 20명의 위원으로 구성된다.
- Los dos equipos se constituyeron en uno.
  두 팀은 한 팀으로 합쳐졌다.
- El alcalde de Madrid se ha constituido en ministro de cultura.
  마드리드 시장은 문화부장관이 되었다.

construir 세우다, 건축하다, 제조하다

- Construyen un edificio muy bonito.
  그들은 매우 아름다운 빌딩을 건축하고 있다.
- Ellos construyeron un puente sobre el río.
  그들은 강 위에 다리를 놓았다.
- Construyen camiones en esta fábrica.
  이 공장에서는 트럭을 생산한다.

C

- Construímos una columna con cemento y ladrillos.
  우리는 시멘트와 벽돌로 기둥 하나를 세웠다.
- Construiremos frases con el verbo *hacer*.
  우리는 동사 hacer를 갖고 문장을 만들 것이다.

consultar 상담하다, 진찰 받다, (사전을) 찾다

- Antes de abrir el negocio consultaron a varios expertos.
  그들은 사업을 시작하기 전에 여러 전문가와 상담했다.
- Vaya usted a consultar al médico.
  의사한테 가서 진찰을 받으세요.
- Consultemos el diccionario, así saldremos de duda.
  사전을 찾아보자. 그래야 의문점이 풀릴 것이다.

consultar a/con uno de/sobre algo 무엇에 대하여 누구와 상담하다

- Está consultando con un abogado del asunto.
  그는 그 사건에 대하여 변호사와 상담하고 있다.
- He consultado sobre este tema con el profesor.
  나는 이 주제에 대하여 선생님과 상담하였다.
- Quiero consultar a(con) mis padres sobre el problema.
  나는 부모님과 고민을 상담하고 싶다.

contagiar 전염・감염시키다

- Alberto contagió la gripe a sus compañeros.
  알베르또가 동료들에게 감기를 감염시켰다.
- Aislaron al enfermo porque podía contagiar a los demás.
  다른 사람들에게 전염될 수 있었기 때문에 환자를 격리했다.

contagiarse 전염・감염되다, (나쁜 습관 등이) 물들다

- Me he contagiado de mi hermano.
  나는 형한테서 감염되었다.
- El sarampión se contagia fácilmente.
  홍역은 쉽게 전염된다.

- Me he contagiado con su risa.
  그의 웃음에 나도 말려들어갔다.
- Se le ha contagiado el mal hábito de su amigo.
  친구의 나쁜 버릇이 그에게 물들었다.

contar (acerca de/de) 이야기하다, 세다, 중요하다, 갖고 있다

- Cuéntame acerca de tu matrimonio.
  나에게 너의 결혼 생활에 대해 얘기해줘.
- Ellos contaban el dinero cuando los visité.
  그들은 내가 방문했을 때 돈을 세고 있었다.
- El niño puede contar de uno a cien.
  남자 아이는 1부터 100까지 셀 수 있다.
- Los niños no cuentan.
  어린이는 계산에 포함되지 않는다.
- Le cuento entre mis mejores amigos.
  나는 그를 가장 좋은 친구들 중 하나로 생각한다.
- Esos puntos no cuentan.
  그 점수들은 무효다.
- Tu opinión cuenta más que la de ningún otro.
  너의 의견은 다른 어떤 사람의 의견보다도 더 중요하다.
- Mi casa cuenta con piscina y cancha de tenis.
  나의 집에는 수영장과 테니스 코트가 있다.

contar con uno/algo 누구/무엇에 기대하다, 의지하다

- Cuenta conmigo.
  나를 믿어.
- No puedo contar con nadie.
  나는 어느 누구도 믿을 수 없다.
- Cuento con tu discreción.
  나는 너의 신중함을 기대한다.
- Cuento con su testimonio en el tribunal.
  나는 법정에서 당신의 진술을 기대합니다.

C

contener 포함하다, 억제하다

- La fruta contiene muchas vitaminas.
  과일에는 비타민이 많이 함유되어 있다.
- El primer tomo contiene dos novelas.
  제 1권에는 소설 2편이 들어있다.
- Contuve a duras penas la risa.
  나는 간신히 웃음을 참았다.
- Tenía ganas de llorar, pero contuve las lágrimas.
  나는 울고 싶었지만 눈물을 참았다.

contenerse 자제하다, 억제하다

- José se contuvo para no dar un grito.
  호세는 고함치고 싶은 것을 참았다.
- Tuvo que contenerse para no reír.
  그는 웃지 않으려고 참아야 했다.
- Me contuve para no darle una bofetada a mi hijo.
  나는 아들의 뺨을 때리지 않으려고 꾹 참았다.

contentar a uno (con algo) 누구를 (무엇으로) 만족시키다

- No podemos contentar a todos.
  우리는 모두를 만족시킬 수는 없다.
- Tienes que contentar a Alicia.
  너는 알리시아를 기쁘게 해줘야 한다.
- Lo contentamos con un regalo.
  우리는 선물로 그를 만족시켰다.

contentarse con algo 무엇에 기뻐하다, 만족하다

- Nos contentamos con un regalito.
  우리는 작은 선물에 기뻐했다.
- Se han contentado con mi decisión.
  그들은 내 결정에 만족했다.
- Se contenta con muy poco.
  그는 아주 조금으로도 만족한다.

contestar 대답하다

- No contestan.
  (전화를) 받지 않습니다.
- No puedo contestar esta pregunta.
  나는 이 질문에 답할 수 없다.
- El estudiante no le pudo contestar a la profesora.
  학생은 교수에게 답하지 못했다.
- Ella me ha escrito dos cartas, pero no las he contestado.
  그녀가 나에게 편지 두 통을 썼는데 나는 답장하지 않았다.
- Lola me contestó que no iría.
  롤라는 나에게 가지 않겠다고 대답했다.

continuar 계속하다

- Debo continuar el trabajo.
  나는 그 일을 계속 해야 한다.
- Continuaremos la construcción de la escuela.
  우리는 학교 건축을 계속할 것이다.
- Después de un breve descanso continuó su camino.
  그는 조금 쉰 후 계속 길을 갔다.
- Si le continúa el dolor, vuelva por aquí.
  고통이 지속되면, 다시 여기로 오세요.

continuar + ger. 계속해서 …하다

- Continuaremos estudiando español.
  우리는 계속해서 스페인어를 공부할 것이다.
- Continuó pintando la casa.
  그는 계속 집에 페인트칠을 했다.
- El aumento de consumo continuará subiendo.
  소비의 증가는 계속 상승할 것이다.

continuar con/en algo 무엇을 계속하다, 지속하다

- Ha continuado con la lectura del libro.
  그는 책을 계속 읽었다.

C

- Todavía continúo con este trabajo.
  나는 아직도 이 일을 계속하고 있다.
- Mi padre continúa en Colombia.
  우리 아버지는 계속 콜롬비아에 계신다.
- Continuaremos en huelga hasta que el gobierno ceda.
  우리는 정부가 양보할 때까지 파업을 계속할 것이다.

contraer 수축시키다, 결혼하다, (병에) 걸리다

- El agua fría contrae los poros de la piel.
  차가운 물은 피부의 모공을 수축시킨다.
- Contrajeron matrimonio el año pasado.
  그들은 작년에 결혼했다.
- Su hijo contrajo matrimonio con la hija de José.
  그의 아들은 호세의 딸과 결혼했다.
- Contrajo una grave enfermedad por causa del tabaco.
  그는 담배 때문에 심각한 병에 걸렸다.

contraerse (a/en algo) (무엇에) 전념하다, 수축되다

- Me contraigo a(en) mis estudios.
  나는 공부에 전념하고 있다.
- Se contrajeron los músculos con el frío.
  추위 때문에 근육이 수축되었다.
- La preposición *a* y el artículo *el* se contraen formando *al*.
  전치사 a와 관사 el은 al로 축약된다.

contribuir a algo 무엇에 기부하다, 기여하다

- Contribuiremos a la construcción de la escuela.
  우리는 학교 건축을 위해 기부할 것이다.
- El hierro ha contribuido más que nada a la civilización.
  철은 무엇보다도 문명에 크게 공헌해왔다.
- Todos debemos contribuir a la conservación de la naturaleza.
  우리 모두 자연보존에 협력해야 한다.

contribuir con algo 무엇을 기부・기증하다

- Contribuí con libros para la biblioteca.
  나는 도서관에 책을 기부했다.
- José contribuyó con una pequeña cantidad a las obras de caridad.
  호세는 그 자선사업에 소액의 돈을 기부했다.
- Han contribuido con mano de obra a la construcción de la escuela.
  그들은 학교 건축에 노동력을 기부했다.

convencer a uno 누구를 납득시키다, 누구의 마음에 들다

- No me convence su argumento.
  그의 논리는 나를 납득시키지 못한다.
- Tus palabras no podrán convencerla.
  너의 말들은 그녀를 납득시킬 수 없을 것이다.
- Lo convencí con una oferta excelente.
  나는 뛰어난 제안으로 그를 납득시켰다.
- He convencido a mi hijo para que asista a la asamblea.
  나는 아들이 모임에 참가하도록 납득시켰다.
- No me ha convencido la película.
  그 영화는 내 마음에 들지 않았다.

convencerse de algo 무엇을 납득하다, 깨닫다

- Me convencí de tu deslealtad.
  나는 너의 불성실을 깨달았다.
- Quiero que se convenza de lo que ha pasado.
  나는 그가 어떤 일이 있었는지 납득하기를 바란다.
- Me he convencido ahora de que nadie trataba de engañarme.
  아무도 나를 속이려고 하지 않았다는 것을 이제 알았다.

convenir a uno 누구에게 좋다, 적당하다

- No me conviene el precio.
  그 가격은 내게는 적당하지 않다.
- Ese hombre no te conviene.
  그 남자는 너에게 맞지 않아.

C

- El jueves no me conviene.
  목요일은 나에게는 좋지 않아.
- ¿Qué te conviene a ti, en tren o en avión?
  너에게는 기차나 비행기 중에 어떤 편이 좋니?
- Te conviene hacer lo que te dicen.
  그들이 너에게 말하는 대로 하는 것이 좋을 거야.
- Conviene al enfermo no levantarse de la cama.
  환자는 침대에서 일어나지 않은 것이 좋다.
- Te convendría tomarte unas vacaciones.
  너는 휴가를 내는 것이 좋을 거야.
- No conviene beber alcohol durante el tratamiento.
  치료 중에 술을 마시는 것은 좋지 않다.

convenir en algo 무엇에 합의하다

- No han convenido todavía en el precio de venta.
  그들은 판매가격에 아직 의견을 일치하지 않았다.
- Los profesores convinieron en la expulsión del estudiante.
  선생님들은 그 학생을 퇴학시키는 데 합의했다.
- No creo que hayan convenido en la liberación de los rehenes.
  나는 그들이 인질들의 석방에 합의했다고 생각하지 않는다.

convenir en + inf. …하는 것에 합의하다

- Todos convinimos en trabajar los sábados.
  우리 모두 토요일에 일하는 것에 의견을 일치했다.
- Antonio y yo hemos convenido en comprar un coche.
  안또니오와 나는 자동차를 사기로 결정했다.
- Todos convinimos en compartir los gastos.
  우리 모두 비용을 분담하는 것에 합의했다.

convenir en que + ind. …라는 점에 일치・합의하다

- Convengo contigo en que la fiesta estuvo un poco aburrida.
  파티가 좀 지루했다는 점에 나는 너와 의견이 같다.

- Convinieron en que esperarían un mes.
  그들은 한 달 기다리는 것에 합의했다.
- Todos convinimos en que esa era la mejor solución.
  그것이 최선의 해결책이었다는 것에 우리 모두 의견이 일치했다.

convenir que + subj. …하는 것이 좋다, 적당하다

- Conviene que digas la verdad.
  너는 사실대로 말하는 편이 좋겠다.
- Conviene que los niños tomen mucha leche.
  아이들은 우유를 많이 마시는 것이 좋다.
- No conviene que nos veamos juntos.
  우리가 함께 만나는 것은 좋지 않아.

conversar (con uno) (누구와) 담화하다, 이야기하다

- A mis amigos les gusta conversar.
  내 친구들은 이야기하는 것을 좋아한다.
- Quiero conversar con tu padre.
  나는 너의 아버지와 이야기하고 싶다.
- Deseo que María converse con el abogado.
  나는 마리아가 변호사와 얘기하기를 바란다.

conversar de/sobre uno/algo 누구/무엇에 대하여 이야기하다

- Conversemos del(sobre el) accidente.
  사고에 대해서 얘기합시다.
- Ellos conversaban sobre(de) el cantante famoso.
  그들은 유명한 가수에 대해서 이야기를 하고 있었다.

convertir algo en algo 무엇을 무엇으로 변화시키다, 바꾸다

- Han convertido su garaje en oficina.
  그의 차고는 사무실로 바뀌었다.
- El calor convierte la nieve en agua.
  열은 눈을 물로 변하게 한다.

- El trabajo le convirtió en un hombre intratable.
  직업이 그를 비사교적인 사람으로 만들었다.

convertirse a algo 무엇으로 개종하다

- Javier se convirtió al budismo(judaísmo).
  하비에르는 불교(유대교)로 개종했다.
- Tomás era musulmán y se ha convertido al cristianismo.
  또마스는 회교도였는데 기독교로 개종하였다.

convertirse en uno/algo 누구/무엇으로 바뀌다, 변하다

- Ellos se convirtieron en alcohólicos.
  그들은 알코올중독자가 되었다.
- La brisa se ha convertido en huracán.
  산들바람이 폭풍으로 바뀌었다.
- Se ha convertido en una persona responsable.
  그는 책임감 있는 사람으로 변했다.
- El país se convirtió en un infierno después de la guerra.
  그 나라는 전쟁 후 지옥으로 변했다.

convidar (a algo) (무엇에) 초대하다

- Te convido a una cerveza.
  내가 너에게 맥주 한 잔 사겠다.
- Te convidaré al cine cuando me paguen.
  내가 월급을 받으면 영화관에 초대할 것이다.
- Iremos a la fiesta porque Carmen nos ha convidado.
  까르멘이 초대했기 때문에 우리는 파티에 갈 것이다.

convidar a + inf. …하는 것에 초대하다, …하게 하다

- Te convidaré a ver una película.
  나는 너를 영화 관람에 초대할 것이다.
- Me han convidado a pasar una semana en su chalet.
  나는 그의 별장에서 일주일을 지내도록 초대받았다.

• El calor convida a tomar una siesta.
더위가 낮잠을 자게 한다.

convocar (a algo) (무엇에) 소집하다, 공고하다

• Los médicos han sido convocados urgentemente.
의사들은 긴급하게 소집되었다.

• Convocaremos a una reunión a todos los miembros del club.
우리는 클럽의 모든 회원들을 회의에 소집할 것이다.

• El alcalde convocó a todos los ciudadanos en la plaza mayor.
시장은 전 시민을 대 광장에 소집했다.

• Han convocado el concurso de bellezas.
미인 대회가 공고되었다.

correr 달리다, 흐르다

• No corras tanto por la calle.
거리에서 그렇게 달리지 마라.

• El atleta correrá 50km mañana.
운동선수는 내일 50킬로미터를 달릴 것이다.

• La electricidad corre por los cables.
전기는 전선으로 통한다.

• El río corre al oeste.
강은 서쪽으로 흐른다.

• José ha corrido el mundo entero.
호세는 전 세계를 돌아다녔다.

• Ya no corre esta moneda.
이제 이 화폐는 유통되지 않는다.

• El rumor corría de boca en boca.
소문이 입에서 입으로 퍼졌다.

• Corrían los meses sin que tuviéramos noticias.
우리가 소식을 모른 채 수개월이 지났다.

• Corre la cortina, que me molesta la luz.
빛이 거슬리니 커튼을 닫아라.

cortar 자르다, 베다, 중단시키다

- Cortó un trozo de queso con el cuchillo.
  그는 식칼로 치즈를 한 조각 잘랐다.
- Cortaré el pantalón para ir a la playa.
  나는 해변에 가기 위해 바지를 자를 것이다.
- Corté el papel por la mitad con las tijeras.
  나는 가위로 종이를 반으로 잘랐다.
- No me cortes.
  내 말을 끊지 마라.

cortarse (자신의 몸의 일부를) 자르다, 끊기다

- Me he cortado el dedo.
  나는 손가락을 베었다.
- Me corto las uñas todos los días.
  나는 매일 손톱을 깎는다.
- Ten cuidado, no te cortes con el cuchillo.
  조심해라. 칼에 베지 않게 해라.
- La carretera se ha cortado.
  도로가 끊겼다.

costar 힘이 들다, 비용이 들다

- Me cuesta mucho estudiar.
  공부하는 것이 나에게는 매우 힘이 든다.
- ¿Cuánto me cuesta viajar a Francia?
  제가 프랑스 여행하는데 비용이 얼마나 들까요?
- ¿Cuánto cuesta reparar el coche?
  차를 고치는데 비용이 얼마나 듭니까?

creer 믿다, 생각하다

- Lo creen un cobarde.
  그들은 그가 겁쟁이라고 생각한다.
- Creo que vendrá mañana.
  그가 내일 오리라고 나는 생각한다.

- No creemos que ella venga hoy.
  우리는 그녀가 오늘 올 거라고 생각하지 않는다.
- Muchas personas creen que hay vida en otros planetas.
  많은 사람들은 다른 위성에도 생명체가 있다고 믿는다.

creer (en uno/algo) (누구/무엇을) 믿다

- Creo en ti.
  나는 너를 믿는다.
- Creo en la justicia y en la libertad.
  나는 정의와 자유를 믿는다.
- Creo en mi hijo porque nunca me miente.
  나의 아들은 결코 나에게 거짓말을 하지 않으니까 나는 아들을 믿는다.

creerse 자신을 …로 믿다, …로 생각하다, 다 믿어버리다

- Julia se cree muy guapa.
  훌리아는 자신이 매우 예쁘다고 생각한다.
- Roberto se cree superior a sus compañeros.
  로베르또는 자신이 동료들보다 뛰어나다고 생각한다.
- Ella se cree todo lo que dicen.
  그녀는 사람들이 말하는 것은 모두 믿어 버린다.

cruzar 건너다, 교차하다

- El viejo pudo cruzar la calle.
  노인은 길을 건널 수 있었다.
- Ten cuidado con los coches al cruzar la calle.
  도로를 횡단할 때는 차에 조심해라.
- El puente del ferrocarril cruza la carretera.
  철교는 도로와 교차하고 있다.

cubrir(se) con algo 무엇으로 덮다, 몸을 감싸다

- Se cubrió con una manta.
  그는 모포로 몸을 감쌌다.

- Ella cubrió el maniquí con ropas finísimas.
  그녀는 얇은 옷으로 마네킹을 감쌌다.
- En algunos países las mujeres se cubren la cara con un velo.
  어떤 나라에서는 여자들이 베일로 얼굴을 가린다.

cuidar a uno/algo 누구/무엇을 돌보다, 조심하다, 보호하다

- Tienes que cuidar la salud.
  너는 건강을 돌봐야 한다.
- Ella se dedica a cuidar a niños y ancianos.
  그녀는 아이와 노인을 돌보는 일에 종사한다.
- Te aconsejo que cuides tus pertenencias.
  나는 너의 소유물을 조심하라고 충고한다.
- El portero cuida la fábrica cuando está cerrada.
  경비는 공장이 닫혀있을 때 공장을 관리한다.
- Dejaré en el banco las joyas para que las cuiden.
  나는 보석을 잘 보관하도록 은행에 맡기겠다.

cuidar de uno/algo 누구/무엇을 보살피다, 돌보다

- Cuidaremos de tu familia, no te preocupes.
  우리가 너의 가족을 보살펴줄 테니, 걱정하지 마라.
- Lola cuida mucho de su arreglo personal.
  롤라는 몸치장에 무척 마음을 쓴다.
- Te pido que cuides de la casa en mi ausencia.
  내가 없는 동안 네가 집을 잘 봐주기를 부탁한다.
- Él murió pidiéndome que cuidara de la familia.
  그는 나에게 가족을 부탁한다는 말을 남기고 죽었다.

cuidar de que + subj. …하도록 보살피다, 신경 쓰다

- Cuidaré de que todo vaya bien.
  모든 일이 잘되도록 주의하겠다.
- Cuidaré de que no les falte nada.
  그들에게 부족한 것이 없도록 신경 쓰겠다.

- Cuida de que tu hermano vaya pronto a la cama.
  네 동생이 바로 잠자리에 들도록 보살펴라.

cuidarse 몸조심하다

- Cuídate bien y mucho.
  건강에 주의해라.
- Me cuido mucho, por eso tengo buena salud.
  나는 몸조심을 많이 한다. 그래서 나는 건강하다.
- Tienes que cuidarte. Recuerda que has estado muy enfermo.
  너는 몸조심을 해야 한다. 네가 많이 아팠다는 것을 기억해.

cuidarse de uno/algo 누구/무엇을 조심하다, 신경 쓰다

- Cuídate de tus asuntos.
  너의 일이나 걱정해라.
- Cuídate del frío y del viento.
  추위와 바람을 조심해.
- Ella no se cuida de lo que dicen.
  그녀는 사람들이 하는 말에 신경을 쓰지 않는다.
- Debes cuidarte de Luis, que tiene muy malas intenciones.
  루이스를 조심해. 매우 나쁜 의도를 갖고 있어.
- Me cuidaré de los conductores imprudentes.
  나는 경솔한 운전자들을 조심할 것이다.

cuidarse de + inf. …하는 것에 노력하다, 조심하다

- Se cuidó mucho de no volver por ahí.
  그는 그곳에 돌아가지 않으려고 매우 노력했다.
- Cuídate mucho de obedecerme.
  나에게 복종하도록 노력해라.
- Se cuidó bien de cerrar las ventanas.
  창문을 확실하게 닫았다.
- Se cuida de nadar en aguas profundas.
  그는 깊은 물에서는 조심해서 수영한다.

C

culpar 나무라다, 비난하다

- No quiero culpar a nadie.
  나는 아무도 나무라고 싶지 않다.
- El juez culpó a los ladrones.
  판사는 도둑들에게 유죄를 판결했다.

culpar a uno por/de algo 누구를 무엇 때문에 비난 · 고소하다

- Lo culpan de indolente.
  그들은 그를 게으르다고 나무란다.
- Vamos a culparlo por robo.
  우리는 그를 절도죄로 고소할 것이다.
- La culparon del asesinato.
  그녀를 살인죄로 고소하였다.

culpar a uno/algo por/de algo 무엇을 누구/무엇의 탓으로 돌리다

- Elena culpa al tráfico de sus retrasos.
  엘레나는 자신의 지각을 교통 탓으로 돌린다.
- Me culpó por los daños causados en el accidente.
  그는 사고에서 일어난 피해를 내 탓으로 돌렸다.
- Él siempre me culpa a mí de su fracaso.
  그는 항상 자신의 실패를 내 탓으로 돌린다.

culparse de algo 무엇을 자신의 탓으로 하다, 자책하다

- Me culpo de nuestra derrota.
  우리의 패배는 내 탓이다.
- Se culpa de todas las desgracias que les han ocurrido a sus padres.
  그는 부모에게 일어난 모든 불행이 자신의 탓이라고 생각한다.

cumplir 완수하다, 수행하다, (나이가) 몇 살이 되다

- Ella cumplió su palabra.
  그녀는 자신이 한 말을 이행했다.
- Marisa nunca cumple sus compromisos.
  마리사는 약속을 전혀 지키지 않아.

- Mi abuela cumple hoy cien años.
  나의 할머니는 오늘 100세가 되신다.

cumplir con algo 무엇을 완수하다, 다하다

- Cumple con tus deberes.
  네 의무를 다해라.
- Cumplió con lo que le prometió a Ana.
  그는 아나에게 약속한 것을 지켰다.
- Me voy porque he cumplido con todas las obligaciones.
  모든 의무를 다 완수했기 때문에 나는 간다.
- Te aconsejo que cumplas con todos los requisitos de inmigración.
  나는 너에게 모든 이민자격조건을 충실히 이행할 것을 권한다.

cumplirse 실현하다, 몇 년이 되다, 기한이 되다

- ¡Ojalá se cumplan tus deseos!
  제발 너의 소망이 이루어지기를 바란다.
- Se han cumplido exactamente tus predicciones.
  너의 예언이 그대로 실현됐다.
- Cuando cumpla sesenta años me jubilaré.
  나는 60세가 되면 은퇴할 것이다.
- Hoy se cumplen quinientos años del nacimiento de Cervantes.
  오늘로 세르반테스 탄생 500주년이 된다.
- Hoy se cumple el plazo de presentación de instancias.
  원서 제출 기한이 오늘 끝난다.

curar (con algo) (무엇으로) 치료하다, 고치다

- Esta medicina cura bien la gripe.
  이 약은 감기에 잘 듣는다.
- Te curaré la herida con alcohol.
  너의 상처를 알코올로 치료해주겠다.
- No creo que esa medicina cure.
  나는 그 약이 (병을) 치료할 것이라고 생각하지 않는다.

curarse (con algo) (무엇으로) 치료되다

C

- La herida se curó sola.
  상처가 저절로 나았다.
- Juan se curará pronto.
  후안은 곧 치료 될 것이다.
- Me curaré con plantas medicinales.
  나는 약초로 치료될 것이다.
- Su enfermedad se curó enseguida con el antibiótico.
  그의 병은 항생제로 바로 치료되었다.

curarse de algo 무엇에서 낫다, 치유되다, 완쾌되다

- La niña se ha curado de la gripe.
  여자아이는 감기가 완쾌되었다.
- Me alegro de que te hayas curado de tu dolencia.
  네가 병에서 완쾌되어서 나는 기쁘다.
- Me he curado de la enfermedad que tuve el mes pasado.
  나는 지난달 걸렸던 병에서 완쾌되었다.

D

dar a uno algo 누구에게 무엇을 주다

- Le doy mi coche.
  나는 그에게 내 자동차를 준다.
- Te doy un mes de plazo.
  나는 너에게 1개월의 기간을 주겠다.
- ¿Me das tu [número de] celular(teléfono móvil)?
  너의 휴대전화 번호를 알려주겠니?
- Le he dado en la rodilla una pomada para el dolor.
  나는 그의 무릎에 통증을 가라앉힐 연고를 발라주었다.
- La empresa ha dado trabajo a cincuenta personas.
  그 회사는 50명에게 일자리를 제공했다.
- Le doy toda la razón.
  나는 그가 정말 옳다고 생각한다.
- La batería no da energía.
  배터리는 에너지를 공급하지 않는다.

dar algo 무엇을 생산하다

- El sol da luz y calor.
  태양은 빛과 열을 발산한다.
- El peral ha dado muchas peras.
  배나무에 배가 많이 열렸다.
- La vaca da leche.
  암소는 우유를 생산한다.
- Su primera mujer le dio tres hijos.
  그의 첫 아내는 아들 셋을 낳았다.

dar algo 무엇을 상영・상연하다

- Ayer daban una obra de Calderón.
  어제 깔데론의 작품 공연이 있었어.
- Van a dar una película muy buena.
  매우 좋은 영화가 상영될 것이다.
- ¿Dónde están dando esa película?
  그 영화는 어디서 상영하고 있지?
- ¿Qué dan esta noche en la tele?
  오늘밤 TV에서 무엇을 방송하니?

dar algo 무엇을 실현・실행하다

- Dame un beso(abrazo).
  나에게 키스해줘. (나를 안아줘.)
- Me dio un beso en la mejilla.
  그녀는 나의 볼에 키스했다.
- Ella dio un grito cuando me vio.
  그녀는 나를 보자 소리를 질렀다.
- Esta tarde vamos a dar un paseo.
  오늘 오후에 산책을 할 것이다.
- Jaime va a dar una fiesta de cumpleaños en casa.
  하이메는 집에서 생일파티를 열 것이다.

dar a uno algo 누구에게 무엇의 느낌을 주다

- Me dan ganas de dormir.
  나는 잠자고 싶다.
- Me da vergüenza pensar en lo que hice ayer.
  어제 내가 한 일을 생각하니 부끄럽다.
- Su actitud rastrera me da asco.
  그의 비굴한 행위를 보니 구역질이 난다.

dar a uno algo 누구의 무엇을 망치다

- Me dio la noche con sus ronquidos.
  나는 그의 코골이 때문에 잠을 설쳤다.

- Mis hijos nos dieron la tarde con sus lloros.
  아이들이 울어서 우리는 오후를 잡쳤다.

dar (a uno) algo (누구에게) 무엇을 초래하다

- La comida muy salada da sed.
  매우 짠 음식은 갈증을 초래한다.
- Estos niños dan tanto trabajo.
  이 아이들은 많은 일거리를 만들어낸다.
- El vino le había dado sueño.
  포도주는 그에게 잠이 오게 했다.
- ¿No te da calor esa camisa?
  이 셔츠를 입으면 덥지 않아?
- Me da mucha pena verla tan triste.
  그녀가 슬픈 것을 보니 가슴이 너무 아프다.

dar a uno algo 누구에게 무엇을 표현하다

- ¿Le diste las gracias?
  그에게 고맙다고 말했니?
- No me dio ni los buenos días.
  그는 나에게 인사조차 하지 않았다.
- Dale mis recuerdos a tu madre.
  어머니께 안부 전해드려.
- Me dio su parecer(opinión).
  그는 나에게 자신의 의견을 말했다.

dar (con/en) 치다, 부딪치다

- Me dieron un pelotazo cuando jugaba.
  나는 놀고 있을 때 공에 맞았다.
- El reloj del edificio dio las doce.
  빌딩의 시계가 12시를 쳤다.
- La pelota le dio en la cara.
  그는 공에 얼굴을 부딪쳤다.

- Di con la cabeza contra la pared.
  나는 머리를 벽에 부딪쳤다.

dar 상관있다, 관계있다

- Da lo mismo, ya iremos otro día.
  상관없어. 우리는 다른 날 갈게.
- ¡Qué más da!
  그게 무슨 상관이야! (아무 상관없다.)
- ¿El sábado o el domingo? -Me da igual.
  토요일이나 일요일? -난 상관없어.

dar a algo 무엇으로 향해 있다, 면해 있다

- Mi habitación da al mar.
  내 방은 바다를 향해 있다.
- Mi casa da al norte y es muy fría.
  나의 집은 북향이라 매우 춥다.

dar con uno/algo 누구/무엇을 찾다, 마주치다

- No fuimos capaces de dar con la contraseña.
  우리는 패스워드를 찾을 수 없었다.
- Finalmente dimos con Alfonso en el parque.
  마침내 우리는 공원에서 알폰소를 찾았다.
- Después de mucho estudio dieron con la solución.
  그들은 열심히 연구한 후 해결책을 찾았다.

dar de + inf. …할 것(음식)을 주다

- Los niños suelen dar de comer a los animales callejeros.
  아이들이 길거리 동물들에게 먹을 것을 주곤 한다.
- ¿Cuándo puedo dar de beber a mi bebe?
  아기에게 언제 마실 것을 줄 수 있습니까?
- ¿Qué les das de merendar a tus hijos?
  너는 아이들에게 간식으로 무엇을 주니?

dar en algo 무엇에 맞추다

- La luna le daba en los ojos.
  달빛이 그의 눈에 비췄다.
- El sol de la mañana daba en su ventana.
  아침 햇살은 그의 창문에 비췄다.

dar para algo 무엇에 충분하다

- Ese dinero no me da para nada.
  나에게 이 돈은 충분하지 않다.
- Eso no te da ni para un chicle.
  그것으로 너는 껌 하나조차 살 수 없어.
- Este pollo da para dos comidas.
  이 치킨은 두 끼 식사가 될 것이다.
- Mi sueldo no da para mantener la familia.
  내 급료로는 가족을 부양하기에 충분하지 못하다.

dar que + inf. …할 것을 주다

- Esta situación nos da mucho que hablar.
  이 상황에는 말할 것이 많다.
- El jardín da muchísimo que hacer.
  정원에는 해야 할 일이 매우 많다.
- Lo que dijo me dio que pensar.
  그가 말한 것은 나에게 많은 것을 생각하게 한다.

dar por + adj. …라고 간주하다, 생각하다

- Te doy por libre.
  나는 네가 자유의 몸이라고 생각한다.
- Mi padre lo dio por terminado.
  우리 아버지는 그것을 끝난 것으로 인정하셨다.
- Lo vieron en el suelo y lo dieron por muerto.
  그들은 그가 바닥에 누워있는 것을 보고 죽었다고 생각했다.
- Ese dinero lo puedes dar por perdido.
  너는 그 돈을 잃어버린 것으로 간주해도 된다.

D

darse (일이) 있다, 일어나다

- Se da pocas veces un caso como este.
  이런 경우는 매우 드물다.
- Estos problemas no se dan por aquí.
  이런 문제는 여기서는 발생하지 않는다.

darse a algo 무엇에 열중하다, 전념하다

- Se dio a la bebida.
  그는 술에 맛을 들였다.
- Se ha dado al estudio.
  그들은 공부에 전념했다.
- Ella se ha dado por entero a su familia.
  그녀는 가족에게 완전히 헌신했다.

darse con/contra algo 무엇에 부딪치다

- La moto se dio contra un árbol.
  오토바이가 나무에 부딪쳤다.
- Ella se dio de narices contra la pared.
  그녀는 벽에 코를 부딪쳤다.
- No te vayas a dar con la cabeza contra el techo.
  머리를 천장에 부딪치지 마라.

darse por + adj. 자신을 …하다고 간주하다, 생각하다

- Date por despedido.
  너는 해고되었다고 생각해라.
- Con eso me daría por satisfecha.
  그것으로 나는 행복하다고 생각할 것이다.

deber 지다, 입다, (…의) 덕택이다

- ¿Cuánto te debo? -Me debes cien euros.
  너에게 얼마를 줘야 하지? -너는 나에게 100유로를 빚지고 있다.
- Le debíamos mucho dinero al banco.
  우리는 은행에게 많은 돈을 빚졌다.

- A Luis le debo la vida.
  나는 루이스 덕분에 목숨을 건졌다.

deber + inf. …해야 한다

- Debo lavarme.
  나는 씻어야 한다.
- Debes pagar los impuestos a tiempo.
  너는 제때에 세금을 내야 한다.
- No debes creer nada de lo que dice.
  그가 말하는 것을 전혀 믿지 말아야 한다.
- Los ciudadanos deben obedecer las leyes.
  시민들은 법을 지켜야 한다.

deber de + inf. …일 것이다, …임에 틀림없다

- Debe de estar viajando por Europa.
  그는 유럽을 여행하고 있을 것이다.
- El avión debe de llegar alrededor de las nueve.
  비행기는 9시경에 도착할 것이다.
- Ella debe de haber recibido mi carta ya.
  그녀는 이미 내 편지를 받았음에 틀림없다.
- Si malgasta así el dinero, debe de ser muy rico.
  그런 식으로 돈을 낭비한다면 그는 부자임에 틀림없다.
- No la encuentro en casa. Debe de estar en el parque.
  그녀를 집에서 보지 못했어. 틀림없이 공원에 있을 거야.

deberse a algo 무엇에 의무가 있다, 원인이 있다

- Todos nos debemos a la patria.
  우리 모두는 조국에 몸을 바칠 의무가 있다.
- El gol se debió a un fallo del portero.
  골키퍼의 실수로 골이 되었다.
- Su suspenso se debe a que no estudió mucho.
  그가 낙제한 것은 열심히 공부하지 않았기 때문이다.

D

decidir (algo) (무엇을) 결정하다

- No sé, decide tú.
  나는 모르겠어. 네가 결정해.
- Tú decides.
  그건 너에게 달렸어.
- Todavía no hemos decidido nada.
  우리는 아직 아무 것도 결정하지 못했다.
- Aún no he decidido si asistir o no.
  나는 출석할 지 안할 지 아직 결정하지 못했다.
- El juez decidirá quién tiene razón.
  판사는 어느 쪽 말이 옳은지를 결정할 것이다.
- El penalty en el último minuto decidió el partido.
  종료 직전의 페널티골(킥)이 경기를 결정했다.

decidir + inf. …할 것을 결심하다

- Carlos decidió volver a su pueblo.
  까를로스는 자신의 마을로 돌아갈 결심을 했다.
- Después de mucha discusión decidimos hacerlo.
  장시간의 토론 후에 우리는 그것을 하기로 결심했다.
- Hemos decidido contratarle hasta el año 2015.
  우리는 그를 2015년까지 고용하기로 결심했다.

decidir a uno + inf. 누가 …하도록 결심하게 하다

- Le decidí a comprar el BMW.
  나는 그가 BMW를 사도록 결심하게 했다.
- La situación financiera la decidió a trabajar.
  경제적인 문제 때문에 그녀는 일하기로 결심했다.
- Nosotros le decidimos a viajar a Costa Rica.
  우리는 그가 코스타리카 여행을 결심하게 했다.

decidir que + ind. …라는 결론에 도달하다

- Decidió que el divorcio era lo mejor.
  그는 이혼이 최선이라는 결론에 도달했다.

- Este hombre decide que no tiene nada que perder.
  이 남자는 잃을 것이 없다는 결론에 도달한다.
- Decidí que no volvería a hacer tal cosa.
  나는 그런 일은 두 번 다시 하지 않을 것이라고 결론지었다.
- Uno de los dos decide que desea separarse del otro porque ya no le quiere.
  둘 중 한 사람은 상대방을 사랑하지 않기 때문에 헤어지길 원한다고 결론짓는다.

decidir que + subj. …할 것을 결정하다

- Antonio decidió que nos separáramos.
  안또니오는 우리가 헤어질 것을 결정했다.
- El técnico decide que lo haga nuevamente.
  그 기술자는 그것을 다시 할 것을 결정했다.
- Han decidido que los niños menores de 12 años paguen por ir al fútbol.
  12세 미만의 아이들이 축구장 입장료를 지불할 것을 결정했다.

decidirse a + inf. …할 것을 결심하다

- Me decidí a hablar en público.
  나는 사람들 앞에서 말하기로 결심했다.
- Se decidió a trabajar con Juana.
  그는 후아나와 함께 일하기로 결심했다.
- Por fin se decidió a venir a verme.
  드디어 그는 나를 만나러 오기로 결심했다.
- Sara se decidió por fin a operarse.
  사라는 드디어 수술받기로 결심했다.

decidirse por algo 무엇으로 결정하다

- Se decidió por el vestido negro.
  그는 검은 옷으로 결정했다.
- Ella se decidió por el coche rojo.
  그녀는 빨간 차로 결정했다.
- Me decidí por el piso más caro.
  나는 제일 비싼 아파트로 결정했다.

D

decir 말하다, 표현하다, 명명하다, 의미하다

- ¿Qué le dijiste a Alberto?
  너는 알베르또에게 뭐라고 말했니?
- Yo le digo siempre la verdad.
  나는 그에게 항상 사실을 말한다.
- Por ahora yo no digo nada.
  지금으로서는 나는 아무 말도 하지 않겠다.
- Dígame usted lo que piensa.
  생각하고 계신 것을 나에게 말씀해주십시오.
- Dígame usted dónde está el correo.
  우체국이 어디 있는지 말씀해주세요.
- Andrés me dijo lo de tu hermano.
  안드레스가 너의 형에 대하여 나에게 말했다.
- Harás lo que yo diga.
  너는 내가 말하는 것을 할 것이다.
- ¿Qué dice el periódico de hoy?
  오늘 신문에는 뭐라고 쓰여 있습니까?
- Por aquí le dicen *Juan el Tuerto*.
  이곳에서는 그를 '애꾸눈 후안'이라고 부른다.
- ¿Qué quiere decir esta palabra?
  이 단어는 무엇을 의미합니까?

decir de/sobre uno/algo 누구/무엇에 대하여 말하다

- Su actitud dice mucho de él.
  그의 태도는 그에 대해 많은 것을 말해준다.
- ¿Qué quería decir sobre(de) ese asunto?
  그는 그 문제에 대해서 뭐라고 얘기하려고 했니?
- En su carta no dice nada sobre(de) la situación política.
  그의 편지에는 정치상황에 대해서 아무것도 언급되어 있지 않다.

decir algo por + inf. …하려고 말하다

- Solo lo digo por jugar.
  나는 단지 장난으로 그것을 말하는 것이다.

- Yo sé que lo dice por fastidiarme.
  그가 나를 화나게 하려고 그것을 말한다는 것을 나는 알고 있다.

decir que + ind. …라고 말하다

- Me dijo que se quedaba allí.
  그는 거기 남아 있었다고 나에게 말했다.
- Dijo que no vendría.
  그는 오지 않겠다고 말했다.
- ¿Quién te dijo que yo no vendría?
  내가 오지 않을 것이라고 누가 너에게 말했니?
- Dicen(Se dice) que es el hombre más rico del país.
  사람들은 그가 국내에서 가장 부자라고 말한다.

decir que + subj. …하라고 말하다

- Me dijo que me quedara allí.
  그는 나에게 거기 남아 있으라고 말했다.
- Le dije que no lo hiciera.
  나는 그에게 그것을 하지 말라고 말했다.
- Nos dijo que esperaramos un rato.
  그는 우리에게 조금 기다리라고 말했다.
- Me dice que llame cuando llegue a Seúl.
  그는 나에게 서울에 도착하면 전화하라고 말한다.

decirse 자신에게 (혼자) 말하다, (사람들이) 말하다

- Se dijo que no podía seguir estudiando.
  그는 계속해서 공부할 없다고 마음속으로 말했다.
- Me dije que esta es el mío.
  나는 나 자신에게 '이것은 내 것이야'라고 말했다.
- ¿Cómo se dice esto en español?
  이것은 스페인어로 뭐라고 합니까?
- Se dice que se come bien en este restaurante.
  사람들은 이 레스토랑이 음식 솜씨가 좋다고 말한다.

D

declarar 선언·진술하다, 신고하다

- Declaró que visitaría Francia el próximo mes.
  그는 다음 달에 프랑스를 방문한다고 선언했다.
- El jurado le declaró inocente.
  배심원은 그에게 무죄 판결을 내렸다.
- El padre le ha declarado su heredero.
  부친은 그를 자기의 상속인이라고 선언했다.
- ¿Tiene usted algo que declarar?
  신고하실 것이 있습니까?
- Este año no ha declarado uno de sus pisos.
  그는 금년에 그의 아파트 중에서 한 채를 신고하지 않았다.

declararse (사랑을) 고백하다, (…라고) 진술하다, 발생하다

- Mario se ha declarado a Elena.
  마리오는 엘레나에게 사랑을 고백했다.
- ¿Se te ha declarado tu novio?
  너의 남자 친구가 너에게 사랑을 고백했니?
- Se ha declarado culpable de cinco robos.
  그는 다섯 번 도둑질했다고 진술했다.
- Se declaró un incendio en el bosque.
  숲에서 화재가 발생했다.

dedicar algo a uno/algo 누구/무엇에 바치다, 증정하다, 전념하다

- El poeta dedicó un soneto a la condesa.
  그 시인은 1편의 소네트를 백작부인에게 바쳤다.
- El cantante dedicó la canción a todos los niños.
  그 가수는 그 노래를 모든 어린이들에게 바쳤다.
- ¿Puede usted dedicarme un rato?
  잠깐 시간을 내 주시겠습니까?
- Ella le dedica a su hijo todas las horas del día.
  그녀는 하루 종일 아들에게 전념한다.
- Miguel dedicaba a sus estudios seis horas diarias.
  미겔은 매일 6시간 공부했다.

dedicar algo a + inf. …하는데 무엇을 사용하다

- Dedico los fines de semana a estar con mi familia.
  나는 주말을 가족과 함께 보내는 데 사용한다.
- Todo su tiempo lo dedica a estudiar.
  그는 모든 시간을 공부하는데 사용한다.
- Dedica cinco horas a trabajar en su oficina.
  그는 사무실에서 일하는데 5시간을 쓴다.

dedicarse a algo 무엇에 종사하다, 전념하다

- ¿A qué se dedica usted? -Me dedico a la enseñanza.
  무엇에 종사하십니까? -교육에 종사하고 있습니다.
- Los médicos se dedican a curar enfermedades.
  의사들은 질병 치료에 종사한다.

dedicarse a + inf. …하는 것에 전념하다

- Ahora solo me dedico a escribir.
  나는 지금 책 쓰는 것에만 전념하고 있다.
- Es tiempo de dedicarse a estudiar para los exámenes.
  시험공부에 전념해야 할 시간이다.

defender 지키다, 변호하다, 보호하다

- El abogado defendió al acusado.
  변호사는 피고를 변호했다.
- Los soldados defendieron su país hasta la muerte.
  군인들은 죽을 때까지 나라를 지켰다.
- Los párpados defienden los ojos.
  눈꺼풀은 눈을 보호한다.

defender contra/de algo 무엇로부터 지키다, 보호하다

- La montaña defiende este pueblo del viento norte.
  산이 북풍으로부터 이 마을을 지키고 있다.
- Nadie defendió a la anciana contra el(del) ladrón.
  아무도 도둑으로부터 할머니를 보호해주지 않았다.

- Las vitaminas defienden al cuerpo contra(de) las enfermedades.
  비타민은 질병으로부터 몸을 지킨다.

D

defenderse contra/de algo 무엇로부터 자신을 지키다, 보호하다

- Con un buen abrigo me defiendo contra(de) este frío.
  좋은 외투로 나는 추위로부터 나를 지킨다.
- Yo me defenderé contra aquella agresión.
  나는 저 공격으로부터 몸을 지키겠다.

dejar 방치하다, 버리다, 남기다, 중단하다

- Dejó su bolsa en tu casa.
  그는 가방을 너의 집에 두었다.
- El taxi te va a dejar en la estación del tren.
  택시가 너를 기차역에 내려줄 거야.
- Dejé mi país cuando era muy joven.
  나는 젊었을 때 내 나라를 떠났다.
- Dejó su familia y se fue a América.
  그는 가족을 버리고 미국으로 가버렸다.
- Dejaron a Marta sin dinero.
  그들은 마르따를 돈 한 푼 없이 남겨두었다.
- El ladrón no ha dejado huellas.
  도둑은 흔적을 남기지 않았다.
- ¿Me dejas 500 dólares?
  나에게 500달러를 빌려주겠니?
- Le dejó a su hija el gobierno de su casa.
  그는 딸에게 집의 관리를 맡겼다.
- Dejé lo que tenía a los pobres.
  나는 내가 가진 것을 불쌍한 사람들에게 주었다.
- El negocio dejó pérdidas.
  그 사업은 손실을 남겼다.
- Ha dejado su carrera y se dedica al comercio.
  그는 학업을 중단하고 상업에 종사하고 있다.

• Dejemos esta discusión ahora.
이제 이 토론을 그만 두자.

dejar algo + adj./p.p. …한 상태로 두다

• Dejamos libre el paso a la gente.
우리들은 사람들에게 통로를 개방해 두었다.

• Lola dejó abierta la ventana de la habitación.
롤라는 방의 창문을 열어 놓은 채로 두었다.

• Déjame tranquilo(en paz).
나를 가만히 내버려 둬.

dejar para algo 무엇으로 연기하다, 미루다

• Ya estoy cansado, dejemos esto para después.
내가 피곤하니 이 일은 나중으로 미루자.

• Dejaron la visita para otro día.
그들은 방문을 다른 날로 미루었다.

• Quiero que dejes la cita para mañana.
나는 네가 약속을 내일로 연기하기를 바란다.

• No lo dejes para después, hazlo ahora.
그것을 나중으로 미루지 말고, 지금 해라.

dejar a uno 누구를 괴롭히지 않다, 내버려 두다

• Te he dicho que dejes a tu hermana.
네 여동생을 괴롭히지 말라고 너에게 말했다.

• Deja a mamá, que está descansando.
엄마가 쉬고 있으니 귀찮게 하지 마.

• Déjala, ella no tuvo la culpa.
그녀는 잘못이 없으니 내버려 두세요.

dejar + inf. …하도록 허락하다, 내버려두다

• Déjeme pensar(salir, estar solo) un momento.
잠깐 생각하게(나가게, 혼자 있게) 해주세요.

D

- El café no me deja dormir.
  커피 때문에 잠을 잘 수 없다.
- Quiero salir, pero no me dejan salir.
  나는 나가고 싶은데, 허락을 하지 않는다.
- Mi madre no me deja ir al baile.
  엄마는 내가 무도회에 가는 것을 허락하지 않는다.

dejar de + inf. …하는 것을 중단하다, 그만두다

- No pude dejar de fumar.
  나는 담배를 끊지 못했다.
- No dejó de llover toda la mañana.
  오전 내내 비가 그치지 않았다.
- Dejé de trabajar en ese restaurante.
  나는 그 음식점에서 일하는 것을 그만뒀다.

no dejar de + inf. 반드시 …하다

- No dejes de escribirme.
  꼭 편지해라.
- No dejes de pasar por mi oficina mañana.
  내일 내 사무실에 꼭 들러주게.
- No dejes de llamarme en cuanto llegues.
  도착하면 꼭 전화해.

dejar que uno/algo + subj. 누구/무엇이 …하도록 내버려두다

- Dejó que lo eligiera ella.
  그는 그녀가 그것을 선택하도록 했다.
- Déjame que te ayude.
  내가 너를 돕도록 해줘.
- No dejes que se queme la carne.
  고기가 타게 하지 마.
- Deja que se tranquilice un poco.
  그가 좀 진정되도록 내버려둬.

dejarse algo 무엇을 두고 오다. 가지고 오는 것을 잊다

- Me he dejado la cartera en casa.
  나는 지갑을 집에 두고 왔다.
- Me he dejado el paraguas en el autobús.
  나는 우산을 버스에 두고 내렸다.

dejarse + inf. …하도록 내버려두다

- No te dejes dominar por la pereza.
  너 자신을 게으름에 빠지게 하지 마.
- Se dejó llevar de su entusiasmo.
  그는 흥분에 몸을 맡겼다. (남을 의식하지 않고 흥분했다.)
- Ella se dejó llevar por su hermano.
  그녀는 오빠에게 끌려가는 대로 가만있었다.
- Ella se deja convencer fácilmente.
  그녀는 쉽게 설득된다.

demostrar 드러내다, 보이다, 나타내다

- El estudiante demostró que sabía la lección.
  학생은 그 과를 안다는 것을 증명했다.
- Ella demuestra inteligencia en sus acciones.
  그녀는 자신의 행동에서 지혜를 보여준다.
- El abogado demostró habilidad en los tribunales.
  변호사는 법정에서 능력을 보여줬다.

depender de uno/algo 누구/무엇에 의존하다, 달려 있다

- No depende de mí.
  나에게 달려 있지 않다.
- Depende de lo que hagan los López.
  로뻬스 가족이 하는 것에 달려 있다.
- El turismo depende de la situación política.
  관광은 정치 상황에 달려 있다.
- Nuestro viaje depende de que consigamos reservaciones.
  우리의 여행은 예약을 할 수 있느냐에 달려 있다.

- Él depende de su sueldo porque no tiene otra fuente de recurso.
  그는 다른 자금원이 없기 때문에 월급에 의존한다.

derivar hacia algo 무엇으로 돌리다

- Ese barco derivó hacia las rocas.
  그 배는 바위 쪽으로 돌아갔다.
- La conversación derivó hacia otro temas.
  대화는 다른 주제로 넘어갔다.
- José derivó la conversación hacia otro asunto.
  호세는 대화를 다른 사건 쪽으로 돌렸다.

derivarse de algo 무엇에서 나오다, 유래하다

- ¿De qué lengua se deriva la palabra *pan*?
  '빵'이라는 단어는 어느 언어에서 유래합니까?
- Los productos plásticos se derivan del petróleo.
  플라스틱 제품은 석유에서 나온다.
- De aquello se derivaron felices consecuencias.
  그 일에서 행복한 결과가 나왔다.

desayunar(se) 아침식사를 하다

- ¿A qué hora desayunaste esta mañana?
  너는 오늘 아침 몇 시에 아침식사를 했니?
- Durante el verano desayuno muy temprano.
  여름에는 아침식사를 매우 일찍 한다.
- Esta mañana me he desayunado con frutas.
  오늘 아침에는 나는 과일로 아침식사를 했다.
- Normalmente desayuno café con tostadas.
  보통 나는 커피와 토스트로 아침식사를 한다.

descansar (sobre/en algo) (무엇에) 휴식하다, 의지하다

- Ana descansa a la sombra de un árbol.
  아나는 나무그늘에서 휴식을 취하고 있다.

- Descansó la cabeza en un cojín.
  그는 쿠션에 머리를 기댔다.
- En ella descansa parte del trabajo de la oficina.
  사무실 업무의 일부는 그녀에게 의지한다.
- La economía del país descansa en la explotación de minerales.
  그 나라의 경제는 광물 개발에 의지한다.

descargar (짐 따위를) 내리다, 방전시키다, (태풍 등이) 몰아치다

- Los peones descargaron los sacos del camión.
  인부들은 트럭에서 포대를 내렸다.
- Cuando terminó la cacería, los cazadores descargaron las escopetas.
  사냥이 끝났을 때 사냥꾼들은 엽총의 탄환을 빼냈다.
- El frío y la humedad descargaron la batería del coche.
  추위와 습기는 자동차 배터리를 방전시켰다.
- La tormenta va a descargar de un momento a otro.
  폭풍우가 금방 몰아칠 듯하다.

descargar de algo (책임・부담 등) 무엇에서 면제하다

- Le han descargado de esas obligaciones.
  그는 그러한 의무를 면제 받았다.
- Te descargaré de la deuda.
  네 빚을 탕감해 주겠다.
- Me han descargado de una grave responsabilidad.
  나는 무거운 책임에서 해방되었다.

descender (a algo) (무엇으로) 내려가다

- Descendieron al sótano del edificio.
  그들은 빌딩의 지하실로 내려갔다.
- Los alpinistas descendieron por el lado norte de la montaña.
  등산가는 산의 북쪽 측면으로 내려갔다.
- La temperatura ha descendido desde hace tres días.
  기온은 3일전부터 내려갔다.

D

descender de algo 무엇의 자손이다, 무엇에서 유래하다

- Javier desciende de una familia hidalga.
  하비에르는 귀족 출신이다.
- Felipe desciende de emigrantes españoles.
  펠리뻬는 스페인 이주민의 후손이다.
- Hay muchas palabras en español que descienden del árabe.
  스페인어에는 아랍어에서 유래된 단어가 많다.

descontar 할인하다, 깎아 주다, 공제하다, 인정하다

- Algunas de sus gasolineras descuentan el 8%.
  어떤 주유소는 8%를 할인해준다.
- Descuente de esta cantidad los gastos de viaje.
  이 금액에서 여행경비를 공제해주세요.
- Descontemos la disputa.
  다툼이 있었던 것으로 인정합시다.

describir 그리다, 묘사하다, 서술하다

- El testigo describió al ladrón.
  증인은 도둑을 묘사했다.
- Por favor, descríbale al abogado lo que pasó.
  변호사에게 무슨 일이 일어났는지 서술해주세요.
- El artículo describe la situación económica del país.
  기사는 나라의 경제 상황을 설명한다.

descubrir 폭로하다, 밝혀내다, 발견하다

- El chófer le descubrió a la policía.
  운전사가 경찰에 그를 폭로했다.
- Cristóbal Colón descubrió América en el año 1492.
  콜럼부스는 1492년에 아메리카를 발견했다.
- Las huellas dactilares descubrieron al culpable.
  지문이 범인을 밝혀냈다.
- Han descubierto que no era su hermano de sangre.
  그들은 그가 친형제가 아니라는 것을 알았다.

- Edison descubrió la bombilla.
  에디슨이 전구를 발명했다.

descubrirse 바라보이다, 발견되다, 모자를 벗다

- Desde la colina se descubre toda la ciudad.
  언덕에서 도시 전체가 바라보인다.
- Se han descubierto varias equivocaciones.
  여러 오류가 발견되었다.
- Se descubrió al entrar en la iglesia.
  그는 교회에 들어갈 때 모자를 벗었다.

desear algo 무엇을 원하다, 바라다

- ¿Qué desea usted?
  무엇을 원하십니까? (무엇을 드릴까요?)
- El niño desea una bicicleta.
  그 아이는 자전거를 원한다.
- Le deseamos a Marta buena suerte.
  우리는 마르따에게 행운을 기원한다.
- Le deseamos muchas felicidades en el Año Nuevo.
  새해에 당신의 행복을 기원합니다.

desear + inf. …하고 싶다

- Deseo ser millonario.
  백만장자가 되고 싶다.
- Deseamos comer un buen pastel de manzana.
  우리는 맛있는 애플파이를 먹고 싶다.
- Deseaba viajar este fin de semana.
  그는 이번 주말에 여행가고 싶어 했다.

desear que + subj. …하기를 원하다

- Deseo que vengas a mi casa esta noche.
  나는 오늘밤 네가 우리 집에 오기를 바란다.

D

- ¿Desea que se lo envuelva?
  그것을 포장해드리기를 원하십니까?
- Estoy deseando que llegue el verano.
  나는 여름이 오기를 원하고 있다.
- Estaba deseando que le dijeran que no.
  나는 그들이 그에게 아니라고 말하기를 원하고 있었다.

deshacer 파기하다, 파괴하다, 망가뜨리다

- Deshizo todos los planes de viaje.
  그는 여행의 일정을 파기했다.
- Podemos deshacer el contrato cuando los dos queramos.
  양측이 원하는 경우에 우리는 계약을 파기할 수 있다.
- Lo ha hecho mal y tendrá que deshacerlo.
  그는 그것을 형편없이 만들었으니 그것을 부숴야 할 것이다.
- La chica deshizo el peinado de su hermana.
  여자 아이는 언니의 헤어스타일을 망가뜨렸다.
- Un escuadrón de aviones de combate deshizo a los enemigos.
  전투기 중대가 적을 격파했다.

deshacerse 깨지다, 녹다

- Se han deshecho sus sueños.
  그의 꿈은 깨졌다.
- El vaso se cayó y se deshizo.
  컵이 떨어져서 깨졌다.
- Se ha deshecho la mantequilla.
  버터가 녹았다.
- Deja que se deshaga bien la pastilla en el vaso.
  알약이 컵 속에서 잘 녹도록 해라.

deshacerse de algo 무엇을 처분하다, 없애다

- Me he deshecho de esos documentos.
  나는 그 문서를 처분했다.

- Antes de morir se deshizo de sus propiedades.
  그는 죽기 전에 재산을 처분했다.
- Deshazte de todo lo que no utilices.
  네가 사용하지 않는 것은 다 없애버려라.

deshacerse de uno 누구를 벗어나다, 누구를 죽이다

- Logró deshacerse de sus perseguidores.
  그는 추적자들로부터 벗어났다.
- Nos deshacemos de ellos y nos quedamos solos.
  우리는 그들로부터 해방되어 우리끼리만 남았다.
- Se deshicieron de él en un ajuste de cuentas.
  그들은 원한 관계의 싸움에서 그를 죽였다.

deshacerse en algo 무엇을 철저하게 하다, 아끼지 않다

- Estaba deshecha en llanto.
  그녀는 눈물에 젖어 있었다.
- Ella siempre se deshace en excusas.
  그녀는 항상 변명을 늘어놓는다.
- Se deshace en maldiciones y jura vengarse de los insultos de ella.
  그는 악담을 퍼붓고 그녀에게서 받은 모욕을 복수할 것을 맹세한다.

deshacerse por + inf. …하려고 애태우다

- Se deshacía por acabarlo pronto.
  그는 그것을 빨리 끝내려고 정신이 없었다.
- Se deshacía por darme gusto.
  그는 나를 즐겁게 하려고 애를 썼다.
- Mi novia se deshace por verme.
  나의 여친은 내가 보고 싶어 애태운다.

desistir de algo 무엇을 포기하다, 단념하다

- Ángel ha desistido de todos sus proyectos.
  앙헬은 자신의 모든 계획을 포기했다.

- Finalmente él desistió de su posición intransigente.
  결국 그는 자신의 강경한 입장을 단념했다.

desistir de + inf. 포기・단념하다

- He desistido de convencerla.
  나는 그녀를 설득하는 것을 단념했다.
- Andrés desistió de invertir en acciones.
  안드레스는 주식 투자를 포기했다.
- Desistimos de trabajar con los vecinos.
  우리는 이웃들과 함께 일하는 것을 포기했다.

desnudar a uno 누구의 옷을 벗기다

- El médico le desnudó el torso para examinarlo.
  의사는 검진하기 위해 그의 상반신을 벗겼다.
- La madre desnudó al niño para bañarlo.
  어머니는 목욕시키기 위해 아이의 옷을 벗겼다.
- Lo desnudaron en el juego de cartas.
  그는 카드게임에서 모든 것을 잃었다.

desnudar a uno/algo de algo 누구/무엇에게서 무엇을 제거하다

- El otoño desnuda los árboles de sus hojas.
  가을에는 나무에서 나뭇잎이 없어진다.
- Desnudaron las paredes de cuadros para pintarlas.
  그들은 벽을 칠하기 위하여 벽에서 그림을 떼어냈다.
- La madre desnudó al niño de su vestido.
  어머니가 어린애의 옷을 벗겼다.

desnudarse 옷을 벗다, 벌거벗다

- La modelo se desnudó frente al artista.
  그 모델은 예술가 앞에서 옷을 벗었다.
- El médico me dijo que me desnudara hasta la cintura.
  의사는 나에게 허리까지 옷을 벗으라고 했다.

- En otoño se desnudan los árboles.
  가을에는 나무들이 옷을 벗는다.

desnudarse de algo 무엇을 포기하다, 버리다

- Se desnudó de su falsa modestia.
  그는 거짓된 겸손을 버렸다.
- Ella se va a desnudar de sus bienes.
  그녀는 재산을 포기할 것이다.
- Se desnudó de sus pasiones.
  그는 열정을 버렸다.

despedir 풍기다, 분출하다, 배웅하다

- La flor despedía un olor penetrante.
  꽃은 강한 향기를 풍겼다.
- El volcán despide humo y cenizas.
  화산은 연기와 재를 뿜어내고 있다.
- Ella salió a la puerta a despedirme.
  그녀는 현관까지 나와 나를 배웅했다.
- Fueron al aeropuerto a despedir a Andrés.
  그들은 안드레스를 배웅하러 공항으로 갔다.

despedir a uno (de algo) (무엇에서) 누구를 해고하다, 쫓아내다

- La han despedido sin explicaciones.
  그들은 어떤 해명도 없이 그녀를 해고했다.
- Han despedido al obrero de la fábrica.
  그들은 그 노동자를 공장에서 해고했다.
- El niño hizo mucho ruido y lo despedí de la clase.
  그 아이가 너무 시끄럽게 해서 난 그 애를 교실에서 내쫓았다.

despedirse de algo 무엇을 포기・단념하다

- Si no estudias, despídete de ver la tele.
  네가 공부하지 않으면, TV보는 것을 단념해라.

- Este año con la compra del coche, despídete del regalo.
  금년에는 자동차를 샀으니 선물은 포기해라.
- Como no lo acabes a tiempo, despídete de las vacaciones.
  네가 그것을 제 시간에 마치지 못하면, 휴가를 포기해라.

depedirse de uno 누구와 작별・이별하다

- Me voy a despedir de mis amigos.
  나는 내 친구들에게 작별을 고할 것이다.
- Siempre se despide de su mamá con un beso.
  그는 항상 엄마에게 뽀뽀를 하며 작별을 고한다.
- Se despidió llorando de su familia.
  그는 울면서 가족과 작별을 고했다.
- Es un maleducado. Se marchó despidiéndose a la francesa.
  그는 싸가지가 없어. 아무 인사도 하지 않고 가버렸어.

despertar 잠을 깨우다, 생각나게 하다

- Ya es tarde. Despierta a Antonio.
  벌써 늦었어. 안또니오를 깨워.
- Por favor, despiértame cuando te levantes.
  부탁인데, 네가 일어나면 나를 좀 깨워줘.
- Este olor despierta en mí sensaciones de mi niñez.
  이 냄새는 나에게 어린 시절의 느낌을 일깨워준다.
- Ese anuncio despierta la sed.
  그 광고는 갈증을 불러일으킨다.
- La explosión lo despertó de su profundo sueño.
  폭발은 그를 깊은 잠에서 깨어나게 했다.

despertarse (de algo) (무엇에서) 깨어나다, 눈을 뜨다

- Me desperté a las siete esta mañana.
  나는 오늘 아침 7시에 깨어났다.
- Se despertó del sueño sobresaltado.
  그는 깜짝 놀라 꿈에서 깨어났다.

- Esta mañana me desperté más temprano que de ordinario.
  오늘 나는 여느 때보다 빨리 눈을 떴다.
- Se despertó de sus fantasías muy tarde.
  그는 환상에서 너무 늦게 눈을 떴다.
- Se le despertaron viejos recuerdos.
  오래된 기억이 그에게 떠올랐다.

despojar a uno de algo 누구로부터 무엇을 약탈하다, 빼앗다

- El nuevo gobierno lo ha despojado de sus títulos.
  새 정부는 그에게서 직위를 박탈했다.
- Le despojaron de todo cuanto llevaba.
  그들은 그가 가지고 있던 물건을 모두 빼앗았다.
- La han despojado de todas sus propiedades.
  그녀는 모든 재산을 빼앗겼다.
- Los asaltantes nos han despojado de todos los objetos de valor.
  강도들이 우리에게서 값비싼 물건을 모두 빼앗았다.

despojarse de algo 무엇을 벗다, 버리다, 포기하다

- Se despojó de sus ropas y se metió al agua.
  그는 옷을 벗고 물에 들어갔다.
- Me despojé de mi pesada chaqueta.
  나는 무거운 외투를 벗었다.
- Mario se despojó de los muchos prejuicios.
  마리오는 많은 편견을 버렸다.

desprender (de algo) (무엇에서) 떼어내다, 발산하다

- El golpe desprendió la rueda del coche.
  충돌로 인하여 차에서 바퀴가 떨어져나갔다.
- La humedad desprendió la pintura de las paredes.
  습기 때문에 벽의 페인트가 벗겨졌다.
- La chimenea desprende humo.
  굴뚝에서 연기나 나온다.

desprenderse (de algo) (무엇을) 단념하다, 발산하다, 추측하다

• Él se desprendió de todas sus propiedades.
그는 자신의 모든 재산을 단념했다.

• Se desprendió de sus fortunas en favor de su hermano.
그는 동생을 위하여 자신의 재산을 단념했다.

• Un olor muy agradable se desprende de esa flor.
그 꽃에서 아주 좋은 향기가 나온다.

• De las pruebas se desprende que el asesino es el mayordomo.
증거로부터 살인범이 집사라고 추측된다.

destinar a/para algo 무엇에 충당하다, 예정해두다

• Vamos a destinar este dinero para comprar un coche.
우리는 이 돈을 자동차를 사는 것에 충당할 것이다.

• Destinaré esta habitación a los hijos.
이 방은 아이들 방으로 하겠다.

• Lo han destinado a la embajada en París.
그는 파리 대사관에 임명되었다.

destinarse (a/para) 충당되다, 무엇에 사용되다

• Ya se han destinado los fondos a(para) este proyecto.
이 프로젝트를 위한 자금이 이미 준비되었다.

• Se ha destinado el dinero a(para) la región norte.
북부지방을 위한 자금이 준비되었다.

• Este camión se destina a la recolección de basura.
이 트럭은 쓰레기 수거용이다.

destruir 부수다, 파괴시키다, 찢다

• El incendio destruyó diez casas.
화재로 열 채의 집이 파괴되었다.

• Los manifestantes destruyeron toda la ciudad.
시위자들은 도시 전체를 파괴했다.

• Tengan la bondad de destruir la lista de precios.
가격표는 찢어 버리십시오.

desvelar 잠을 못 자게 하다, 밤을 새우다, 밝히다

- El café me desvela.
  커피 때문에 잠이 오지 않는다.
- Me desvelan los cuidados.
  걱정 때문에 나는 잠이 오지 않는다.
- El ruido del mar me desveló toda la noche.
  나는 바다 소리 때문에 밤새도록 잠을 못 잤다.
- Finalmente desvelaron el secreto.
  결국 비밀은 밝혀졌다.

desvelarse 잠을 못 자다, 철야하다

- Me desvelé anoche.
  어젯밤 나는 잠을 잘 수 없었다.
- Se desveló a causa de sus preocupaciones.
  그는 걱정거리 때문에 잠을 자지 못했다.

desvelarse por uno/algo 누구/무엇에 신경을 쓰다, 노력하다

- Yo me desvelo por ella(mis hijos).
  나는 그녀(자식들)에게 헌신적이다.
- Ella se desvela por la educación de sus hijos.
  그녀는 자식들의 교육 때문에 신경을 쓰고 있다.
- Se desvelan por que no nos falte nada.
  그들은 우리들에게 어떤 부족함도 없게 하려고 노력한다.

desvelarse por + inf. …하기 위해 신경을 쓰다

- Ella se develaba por hacer bien las cosas.
  그녀는 그 일을 잘 하기 위해서 신경을 썼다.
- Se desveló por complacer a su mujer.
  그는 아내를 기쁘게 해 주려고 신경을 썼다.

desviar 빗나가게 하다, 우회시키다

- No desvíes la conversación.
  대화를 다른 데로 돌리지 마라.

- El viento desvió la flecha.
  바람이 화살을 빗나게 했다.
- Han desviado el tránsito a otra calle.
  그들은 통행을 다른 길로 우회시켰다.

desviar(se) de algo 무엇에서 벗어나다, 빗나가다

- Se ha desviado del tema de conversación.
  그는 대화의 주제에서 벗어났다.
- El satélite artificial se desvió de su órbita.
  인공위성이 궤도에서 벗어났다.
- Los últimos incidentes lo han desviado de su objetivo.
  최근의 사건들은 그를 목표에서 벗어나게 했다.

detener a uno/algo 누구/무엇을 체포하다, 정지시키다

- La policía detuvo al protagonista de los ladrones.
  경찰은 도둑의 주범을 체포했다.
- El ejército detuvo su marcha en la frontera.
  군대는 국경에서 행진을 멈추었다.
- Hay que detener el coche ante un semáforo en rojo.
  빨간 신호등 앞에서는 차를 정지시켜야 한다.
- Detuve la lectura de este libro en el capítulo VI.
  나는 그 책 읽는 것을 6장에서 멈추었다.
- Hay que detener el avance de la enfermedad.
  병의 진행을 막아야 한다.

detenerse 멈추다, 중지하다

- El tiempo no se detiene.
  시간은 멈추지 않는다.
- Un auto se detuvo delante de mi casa.
  자동차 한 대가 우리 집 앞에 멈추었다.
- El autobús no se detiene aquí después de las once.
  버스는 11시 이후에는 여기서 멈추지 않는다.

detenerse a + inf. …하려고 멈추다

- Él se ha detenido a contemplar la puesta de sol.
  그는 일몰을 바라보려고 멈추었다.
- Me detuve a comtemplar el paisaje.
  나는 멈추어 서서 경치를 바라보았다
- Se detuvo a considerar qué sería mejor para todos.
  그는 멈추어 서서 모두에게 무엇이 가장 좋을지를 생각했다.

detenerse en algo 무엇에 시간이 많이 걸리다

- No te detengas en este problema.
  이 문제에 시간을 많이 쓰지 마라.
- No te detengas tanto en la introducción.
  서문에 시간을 많이 쓰지 마라.
- Mi mujer se detiene mucho en arreglarse.
  내 아내는 몸치장에 시간이 많이 걸린다.

determinar 정하다, 결정하다, 조사・확인하다

- Determinaron las condiciones del contrato.
  그들은 계약조건을 정했다.
- Ahora vamos a determinar quién va.
  우리는 이제 누가 가야 할지를 결정할 것이다.
- El tribunal determinó la fecha del interrogatorio.
  법원은 심문날짜를 결정했다.
- Van a determinar las causas del accidente.
  그들은 사고의 원인을 조사할 것이다.

determinar + inf. …하기로 결심・결정하다

- He determinado partir el día 10 de abril.
  나는 4월 10일 출발하기로 결정했다.
- El ministro determinó no apoyar la propuesta.
  장관은 그 제안을 지지하지 않기로 결심했다.
- Ella determinó comprar el coche rojo.
  그녀는 빨간 차를 사기로 결정했다.

determinar a uno + inf. …하도록 결심하게 하다

- Sus consejos me determinaron a dimitir.
  그의 충고로 나는 사임하기로 결심했다.
- Esas noticias me determinaron a salir de Corea.
  그 소식을 듣고 나는 한국을 떠나기로 결심했다.

determinarse + inf. …하기로 결심・결정하다

- ¿Ya te has determinado a comprarlo?
  너는 그것을 구입하기로 결정했니?
- Se determinó a estudiar con más empeño.
  그는 더 열심히 공부하겠다고 결심했다.
- Me he determinado a no llegar tarde a clase.
  나는 수업에 지각하지 않겠다고 결심했다.

devolver 되돌려 주다, 반환하다, 토하다

- Lo devolví a la biblioteca.
  나는 도서관에 그것을 반납했다.
- Devuélveme el dinero que te presté.
  내가 너에게 빌려준 돈을 갚아라.
- Si no queda satisfecho le devolvemos su dinero.
  만족하지 않으시면 돈을 돌려드리겠습니다.
- La noticia le devolvió la tranquilidad.
  그 소식으로 그는 평온을 되찾았다.
- La operación le devolvió la vista.
  그는 수술로 시력을 되찾았다.
- El barco se movía mucho y devolví lo que había comido.
  배가 너무 흔들려서 나는 먹은 것을 토했다.

devolverse 되돌아가다, 되돌아오다

- Tras unas largas vacaciones en España se devolvió a Seúl.
  그는 스페인에서 긴 휴가를 보낸 후에 서울로 돌아갔다.
- El avión para Berlín fue alcanzado por un rayo y se devolvió a París.
  베를린 행 비행기는 벼락을 맞아 파리로 돌아갔다.

diferenciar (entre/de) 구별하다

- Puedo diferenciar el puma del jaguar.
  나는 푸마와 재규어를 구별할 수 있다.
- Ella no diferenció un bajo de un tenor.
  그녀는 베이스와 테너를 구별하지 못했다.

diferenciarse 서로 다르다, 차이가 있다

- Nos diferenciamos en muchas cosas.
  우리는 여러 면에서 다르다.
- En este punto nos diferenciamos tú y yo.
  이 점에서 너와 나는 다르다.
- Nos diferenciamos solo por el color de los ojos.
  우리는 단지 눈 색깔로 서로 다르다.
- Estos libros se diferencian en el papel.
  이 책들은 종이에서 차이가 있다.
- Las dos hermanas gemelas no se diferencian en nada.
  두 쌍둥이 자매는 조금도 다른 곳이 없다.

diferir (de algo) (무엇과) 다르다, 연기하다, 미루다

- Conviene que difiramos la reunión por unos días.
  우리들이 그 회의를 며칠 연기하는 것이 좋겠다.
- Madrid difiere en todo de Barcelona.
  마드리드는 모든 점에서 바로셀로나와 다르다.
- Su opinión difiere mucho de la mía.
  그의 의견은 나의 의견과 매우 다르다.

dirigir 지휘하다, 경영하다, 인도하다, 지도하다

- El director dirige la orquesta sinfónica.
  지휘자는 심포니 오케스트라를 지휘한다.
- Él dirige una empresa como director.
  그는 사장으로서 기업을 경영하고 있다.
- El policía nos dirigió por un atajo.
  경찰은 우리를 지름길로 안내했다.

- El profesor Hernando me dirigió la tesis doctoral.
  에르난도 교수가 나의 박사 논문을 지도했다.

dirigir algo a/hacia uno/algo 무엇을 누구/무엇으로 향하다

- Me dirigió una mirada de reproche.
  그는 나를 비난의 시선으로 바라보았다.
- Dirigió sus pasos hacia la esquina.
  그는 모퉁이로 향하여 걸음을 옮겼다.
- Yo dirigí la mirada hacia donde ella estaba.
  나는 그 여자가 있는 쪽을 바라보았다.
- Ella dirigió el coche hacia la salida.
  그녀는 차를 출구 쪽으로 몰았다.

dirigirse a uno/algo 누구/무엇으로 향하다, 편지를 쓰다

- ¿Se dirige usted a mí?
  저에게 말씀하시는 겁니까?
- Después de clase, nos dirigimos a casa.
  수업이 끝난 후에 우리는 집으로 향했다.
- Se dirigió al profesor para solicitar trabajo.
  그는 일자리를 간청하기 위해 선생님께 편지를 썼다.
- Cuando lo vi por la calle se dirigía a la universidad.
  길에서 그를 보았을 때 그는 학교로 가고 있었다.

disculpar a uno/algo 누구/무엇을 용서하다

- Discúlpeme por mi tardanza.
  제가 늦은 것을 용서하십시오.
- Disculpe, no lo volveré a hacer.
  미안합니다. 다시는 그것을 하지 않겠습니다.
- El tribunal disculpó los insultos del fiscal.
  법원은 검사에 대한 모욕을 용서했다.
- Te ha hecho una faena, pero debes disculparlo.
  그는 너에게 비열한 행동을 했지만, 너는 그를 용서해야 한다.

disculpar algo 무엇을 변명하다

- Su inexperiencia no disculpa el fracaso.
  그의 경험 부족이 실패의 변명이 되지 않는다.
- Mi madre siempre disculpa todos mis errores.
  나의 어머니는 항상 나의 실수를 변명해주신다.
- Ella disculpó su mal carácter alegando un dolor de cabeza.
  그녀는 두통을 핑계로 자신의 나쁜 성격을 변명했다.
- El abogado disculpó a su cliente demostrando que no estaba allí.
  변호사는 의뢰인이 그곳에 없었다는 것을 입증하면서 그를 변호했다.

disculparse de/por algo 무엇을 변명하다, 사과하다

- Ella se disculpó de sus errores.
  그녀는 자신의 실수를 변명했다.
- Ella se disculpó por la tardanza del hijo.
  그녀는 아들이 늦은 것을 사과했다.

disculparse por + inf. …한 것을 사과하다

- Se disculpó por no haberme avisado.
  그는 나에게 알리지 않았던 일을 변명했다.
- Ellos se disculparon por haber llegado tarde.
  그들은 늦게 도착한 것을 사과했다.
- Juan se disculpó por haber golpeado al fan del actor.
  후안은 그 배우의 팬을 때린 것을 사과했다.
- Discúlpame por no escribirte más a menudo.
  너에게 편지를 자주 쓰지 못하는 것을 용서해라.

discutir 논쟁・논의하다

- Ellos discuten siempre que se encuentran.
  그들은 항상 만날 때마다 논쟁을 한다.
- No es este el momento de discutir.
  지금은 논쟁할 때가 아닙니다.
- El congreso discute el problema económico.
  국회는 경제 문제를 논의한다.

D

discutir de algo 무엇에 대하여 논쟁・논의하다

- Los muchachos discuten de política.
  젊은이들은 정치에 대해서 논쟁한다.
- Ellos discutieron sobre religión toda la noche.
  그들은 종교에 대하여 밤새껏 논쟁했다.
- Ellos discuten de la situación internacional.
  그들은 국제 정세에 대해 논쟁하고 있다.

discutir con uno 누구에게 따지다, …와 다투다

- No discutas con tu profesor.
  너는 선생님께 따지지 마라.
- Ella discute con el contratista el precio.
  그녀는 도급업자와 가격에 대하여 따진다.
- La mujer discute los problemas diarios con su marido.
  부인은 일상의 문제로 남편과 싸운다.

disfrutar 즐기다, 누리다

- Hemos disfrutado las vacaciones en Mallorca.
  우리는 마요르까에서 휴가를 즐겼다.
- Los niños disfrutaron jugando en la playa.
  아이들은 해변에서 놀면서 즐겼다.
- El piso donde vivimos es de mi amigo, pero lo disfrutamos.
  우리가 살고 있는 아파트는 내 친구 것인데 우리가 사용하고 있다.

disfrutar con/de algo 무엇을 즐기다, 누리다, 소유하다

- Alejandro disfruta con la música rock.
  알레한드로는 락뮤직을 즐긴다.
- ¿Disfrutaste de tus vacaciones?
  너는 휴가를 즐겁게 보냈니?
- Mis padres disfrutan de muy buena salud.
  우리 부모님들은 매우 건강하시다.
- Este actor disfruta de mucha fama.
  이 배우는 매우 유명하다.

disgustar a uno 누구를 불쾌하게 하다

- Me disgusta el sabor de esta fruta.
  나는 이 과일 맛이 좋지 않다.
- Mi suspenso ha disgustado a mis padres.
  내가 낙제한 것이 부모님을 화나게 했다.
- Mi voz le disgustó al director del coro.
  내 목소리가 합창단 지휘자를 언짢게 만들었다.
- Su discurso disgustó a todos los que asistían.
  그의 연설은 참석한 모든 사람들을 불쾌하게 했다.
- Me disgusta tener que decírselo.
  그에게 그것을 말해야 하는 것 때문에 나는 기분이 나쁘다.

disgustar a uno que + subj. …하는 것이 누구를 불쾌하게 하다

- Me disgustó mucho que me mintieras.
  네가 나에게 거짓말을 해서 나는 불쾌했다.
- Me disgusta que ella se haya marchado ya.
  그녀가 벌써 떠났다니 나는 불쾌하다.
- Me disgusta que ella se haya ido sin despedirse.
  그녀가 작별인사도 없이 가버려서 나는 불쾌하다.

disgustarse con uno 누구와 사이가 나빠지다, 누구에게 화가 나다

- Me disgusté con Carmen.
  나는 까르멘과 사이가 나빠졌다.
- Nos disgustamos con todos los empleados de la compañía.
  우리는 회사의 모든 직원들과 사이가 나빠졌다.
- El profesor se ha disgustado conmigo por llegar tarde.
  선생님은 내가 지각해서 나에게 화가 나셨다.

disgustarse de/por algo 무엇 때문에 불쾌하다, 슬프다

- Me disgusté por tu ausencia.
  네가 없어서 나는 슬펐다.
- Se disgustaron por el mal tiempo.
  그들은 나쁜 날씨 때문에 불쾌했다.

- Se disgustaron por su mala conducta.
  그들은 그의 불량스러운 행동에 불쾌했다.
- Ella se disgusta por causas frívolas.
  그녀는 사소한 일에 불쾌해 한다.

disgustarse de/por + inf. …해서 불쾌하다

- Se disgustaron por no ganar el partido.
  그들은 경기를 이기지 못해서 언짢았다.
- Se disgustará de ver que no le hemos esperado.
  우리가 그를 기다리지 않은 것을 알면 그는 기분 나쁠 거야.

disparar (a/contra/en) 발사하다, 쏘다, 상승시키다

- La policía disparó contra los manifestantes.
  경찰은 시위자들에게 발사했다.
- Dispararon 12 cañonazos en honor al presidente.
  그들은 대통령에 경의를 표하여 대포를 12번 발사했다.
- El centro delantero disparó un potente tiro contra el poste del rival.
  센터포워드는 상대편 골대로 강력한 슛을 쐈다.
- El premio ha disparado las ventas de su libro.
  상을 받아서 책의 판매가 급격히 증가했다.

dispensar de algo 무엇을 면제하다

- Lo han dispensado del servicio militar.
  그는 군복무를 면제받았다.
- Me han dispensado de trabajar de pie.
  나는 서서 일하는 것을 면제받았다.
- Te dispenso del examen porque estás enfermo.
  너는 아프니까 시험을 면제해주겠다.

disponer 준비하다, 조치하다, 명령하다

- Tenemos que disponer la comida para el huésped.
  우리는 손님을 위하여 식사를 준비해야 한다.

- El presidente ha dispuesto la movilización general.
  대통령은 총동원 조치를 취했다.
- Disponga usted lo que quiera.
  좋으실 대로 처리하십시오.
- El alcalde ha dispuesto que se suspenda la fiesta.
  시장은 파티를 중지하라고 명령했다.

disponer de algo 쓰다, 사용하다

- Dispón del teléfono cuando necesites.
  전화가 필요하면 사용해.
- Toda su vida han dispuesto de muchas comodidades.
  그들은 한평생 매우 편하게 살았다.
- Dispusieron del dinero como si fuera de ellos.
  그들은 마치 자신들 돈인 것처럼 돈을 썼다.
- Disponga de mi casa como si fuera suya.
  저의 집을 당신 집처럼 사용하세요.

disponerse a/para + inf. …할 준비를 갖추다, …하려고 하다

- Nos disponemos a viajar.
  우리는 여행할 준비를 갖추었다.
- Disponte para marchar en seguida.
  곧 출발 준비를 하십시오.
- Ya todo está dispuesto para comenzar la fiesta.
  파티를 시작할 준비가 다 되었다.
- Se disponen para correr en la maratón de mayo.
  그들은 5월의 마라톤에서 뛰고자 한다.
- Se disponía a salir cuando sonó el teléfono.
  그는 전화벨이 울릴 때 나가려고 했었다.

distinguir 구별・식별하다

- Está muy lejos, no lo distingo bien.
  너무 멀리 있어서, 잘 구별할 수 없어.

- No se puede distinguir a los mellizos.
  일란성 쌍둥이는 구별되지 않는다.
- No puedo distinguir nada en la oscuridad.
  어두워서 나는 아무 것도 구별할 수 없다.
- Los expertos distinguen este tipo de aves por su color.
  전문가들은 색깔로 이런 종류의 새를 구별한다.
- Algunas personas no distinguen los colores porque es daltoniano.
  어떤 사람들은 색맹이라서 색깔을 구별하지 못한다.

distinguir de/entre algo/uno 구별・식별하다

- Puedo distinguir ese coche del otro.
  나는 그 차와 다른 차를 구별할 수 있다.
- Alberto no distingue las peras de las manzanas.
  알베르또는 배와 사과를 구별하지 못한다.
- Es muy difícil distinguir entre Pedro y su hermano.
  뻬드로와 그의 형을 구별하기는 너무 어렵다.
- Son tan iguales que no es fácil distinguir a Pedro de su hermano.
  뻬드로와 그의 형은 너무 똑같아서 구별하기 쉽지 않다.
- Mario no puede distinguir entre lo que está bien y lo que está mal.
  마리오는 잘된 것과 잘못된 것을 구별하지 못한다.

distinguirse de uno/algo 누구/무엇과 구별되다

- Esa casa se distingue de las otras porque es muy vieja.
  이 집은 너무 낡아서 다른 집들과 구별된다.
- Juan se distingue de sus amigos porque es muy estudioso.
  후안은 너무 열심히 공부해서 그의 친구들과 구별된다.

distinguirse por algo 무엇 때문에 우수하다, 빼어나다, 식별되다

- Pedro siempre se distingue por su amor al trabajo.
  뻬드로는 항상 자신의 일에 대한 열정으로 우수하다.
- Ese edificio se distingue por su especial belleza.
  이 빌딩은 특별한 아름다움 때문에 두드러진다.

- Isabel se distinguía entre todas por su belleza.
  이사벨은 모든 여자들 중에서 미모가 출중했다.
- Mi casa se distingue a lo lejos por el color de la fachada.
  나의 집은 정면의 색깔 때문에 멀리서도 잘 보인다.

distraer a uno/algo 누구/무엇을 산만하게 하다, 즐겁게 해주다, 횡령하다

- El ruido de la radio me distrae del estudio.
  나는 라디오 소리에 신경이 쓰여 공부를 할 수 없다.
- Mientras uno le distraía, otro le sacó la cartera del bolsillo.
  한 사람이 그의 주의를 끄는 동안에, 다른 사람이 그의 주머니에서 지갑을 꺼냈다.
- Un rato de paseo me podrá distraer algo.
  잠깐 산책을 하면 기분을 약간 전환할 수 있을 것이다.
- Alicia distrae al niño con los juguetes.
  알리시아는 장난감으로 아이를 즐겁게 해준다.
- Está acusado de distraer las nóminas de los empleados.
  그는 직원의 급여를 횡령해서 기소되었다.

distraerse (con/por algo) (무엇 때문에) 주의가 산만해지다

- Escúchame bien y no te distraigas.
  산만하지 말고 내 말을 잘 들어라.
- Ella se distrajo con el ruido.
  그녀는 소음 때문에 산만해졌다.
- Este niño se distrae fácilmente con cualquier cosa.
  그 어린이는 어떤 일에도 쉽게 주의가 산만해진다.

distraerse (con/en algo) (무엇으로) 기분전환하다, 즐기다

- Me voy al cine para distraerme.
  나는 기분전환하려고 영화 보러 간다.
- Ana se distrae con la lectura.
  아나는 독서로 기분전환을 한다.
- Distráete con algo mientras yo termino esto.
  내가 이것을 마치는 동안 뭔가로 기분전환 좀 해.

• Juan se distrae en la conversación con María.
후안은 마리아와 얘기하는 것을 즐긴다.

disuadir a uno de + inf. 누가 …하는 것을 단념하게 하다

• La situación política me disuadió de hacer el viaje.
정치적 상황 때문에 나는 여행을 단념하게 되었다.

• Finalmente pudieron disuadir a Antonio de despedir al portero.
그들은 결국 안또니오가 수위를 해고하는 것을 단념시킬 수 있었다.

• Vamos a disuadir a Elena de salir de viaje con este tiempo.
우리는 이런 날씨에 엘레나가 여행가는 것을 단념하게 할 것이다.

disuadir a uno de que + subj. 누가 …하는 것을 단념하게 하다

• Le disuadimos de que fuera a España.
우리는 그가 스페인에 가는 것을 단념하게 했다.

• Disuadí a Luis de que fuera a ver esa película tan mala.
나는 루이스가 그렇게 나쁜 영화를 보러 가지 않도록 설득했다.

• Mis padres me disuadieron de que dejara de estudiar.
부모님은 내가 학업을 중단하지 않도록 나를 설득하셨다.

divertir a uno 누구에게 기쁨을 주다, 즐거움을 주다

• El perrito divirtió a los niños.
강아지는 아이들을 기쁘게 했다.

• Esa película me divirtió mucho.
나는 그 영화가 무척 재미있었다.

• Me divirtió ver reñir a dos mujeres.
두 여자가 싸움하는 것을 보면 재미있었다.

divertirse 즐기다

• Se divierten jugando en la playa.
그들은 해변에서 놀면서 즐겁게 지낸다.

• Nos vamos a divertir en la fiesta.
우리는 이 파티에서 즐길 것이다.

- Se ha divertido mucho con sus amigos.
  그는 친구들과 즐겁게 놀았다.
- Por la noche me divierto escuchando la música.
  나는 밤에 음악을 듣고 즐긴다.

dividir (en algo) (무엇으로) 나누다, 분할하다, 분리하다

- Elena dividió el pan en cinco partes iguales.
  엘레나는 빵을 다섯으로 똑같이 나누었다.
- El autor dividió su libro en veinte capítulos.
  저자는 책을 20장으로 나누었다.
- Quince dividido por tres son cinco.
  15 나누기 3은 5가 된다.
- Los Pirineos dividen España de Francia.
  피레네산맥은 스페인과 프랑스를 분리한다.
- Divide el sándwich por la mitad y repártelo con tu hermano.
  샌드위치를 반으로 잘라서 그것을 네 동생에게 나눠주어라.
- Las diferentes opiniones dividieron a los miembros del jurado.
  각각 다른 의견들이 배심원들을 분열시켰다.

dividirse en algo 무엇으로 나누어지다, 분리되다

- Este libro se divide en doce capítulos.
  이 책은 12장으로 나누어진다.
- Nos dividimos en dos grupos.
  우리는 두 그룹으로 분리되었다.
- Su obra se divide en cuatro períodos.
  그의 작품은 네 시대로 나누어진다.

divorciar a uno/algo 누구를 이혼시키다, 무엇을 갈라놓다

- El juez divorció a la pareja.
  판사는 부부를 이혼시켰다.
- Divorcia esas dos ideas en tu mente.
  너의 머릿속에서 그 두 생각들을 떨쳐버려라.

D

divorciarse (de uno/algo) (누구/무엇과) 이혼하다, 인연을 끊다

- Me divorcié después de veinte años de matrimonio.
  나는 결혼한 지 20년 만에 이혼했다.
- Él se divorció de su esposa el mes pasado.
  그는 지난달에 그의 부인과 이혼했다.
- Hace ya mucho tiempo que él se divorció del fútbol.
  그가 축구와 인연을 끊은 지 오래 되었다.
- En ocasiones las ideas se divorcian de los actos.
  경우에 따라서 이념과 행동은 일치하지 않는다.

doblar 돌아가다, 구부리다, 두 배로 늘리다

- En la segunda calle dobla a la izquierda.
  두 번째 거리에서 좌회전해라.
- Es tan fuerte que dobla la barra de hierro con las manos.
  그는 힘이 너무 강해서 쇠막대를 손으로 구부린다.
- Dobló el papel en dos para ponerlo en el bolsillo.
  그는 종이를 주머니에 놓기 위해 반으로 접었다.
- José le dobla la edad.
  호세의 나이는 그의 두 배다.
- Javier ha doblado su sueldo en un año.
  하비에르는 1년에 월급을 두 배로 늘렸다.

doblarse 구부리다, 꺾이다

- Se me dobló el paraguas por el viento.
  내 우산이 바람에 꺾였다.
- Me doblé la rodilla y me duele mucho.
  나는 무릎이 꺾여서 너무 아프다.
- Él se dobló para recoger el libro del suelo.
  그는 바닥에서 책을 주우려고 몸을 구부렸다.
- Las ramas se doblaron con el peso de la nieve.
  눈의 무게로 나뭇가지가 구부러졌다.
- Tuve que doblarme ante sus argumentos.
  나는 그의 논쟁 앞에서 굴복해야 했다.

doler 아프다, 슬프다, 괴롭다

- No puedo estudiar porque me duele la cabeza.
  나는 머리가 아파서 공부할 수가 없다.
- A Juan le duelen las muelas.
  후안은 어금니가 아프다.
- Me duele mucho cuando me ponen una inyección.
  나는 주사를 맞을 때 심하게 아프다.
- Me duele la bancarrota de tu negocio.
  나는 네 사업의 도산이 슬프다.
- Me duele tener que decirle eso.
  그에게 그 말을 해야 하는 것이 괴롭다.
- Me duele haberte hablado tan duramente.
  너에게 그렇게 심하게 말한 것이 유감스럽다.

dolerse de algo 무엇을 후회하다, 호소하다, 동정하다, 불쾌하다

- Inés se duele de no haber ido con los demás.
  이네스는 다른 사람들과 함께 가지 않은 것을 후회한다.
- Ella se duele de que no haya podido visitarte.
  그녀는 너를 방문할 수 없었던 것을 후회한다.
- Los criminales se dolieron de sus pecados.
  범인들은 자신들에 죄를 후회했다.
- Se dolió del exceso de trabajo ante su jefe.
  그는 사장에게 과다한 업무를 호소했다.
- Me duelo de sus angustias y trabajos.
  나는 그의 고민과 노고에 동정한다.
- Fueron tan mal tratados que todavía se duelen del trato recibido.
  그들은 매우 나쁘게 취급받아 아직도 받은 대우에 불쾌하게 생각한다.
- Se duele de todas las desgracias de su vida.
  그는 인생의 모든 불행을 한탄하고 있다.

dominar 지배하다, 억제하다, 마스터하다, 우월하다, 내려다보다

- Esta compañía domina la industria automovilística.
  이 회사가 자동차 업계를 지배하고 있다.

D

- La policía dominó la situación en todo momento.
  경찰은 항상 상황을 통제한다.
- Antonio está dominado por su mujer.
  안또니오는 마누라에게 꽉 잡혀있다.
- No domino el tema.
  나는 그 주제에 대해 잘 모른다.
- Ella domina perfectamente el inglés y el español.
  그녀는 영어와 서반아어를 완벽하게 구사한다.
- Desde lo alto de la torre Eiffel se domina todo el centro de París.
  에펠탑의 가장 높은 곳에서는 파리 시내 전체가 내려다보인다.

dominarse 자신을 억제하다, 자제하다, 참다

- No pudo dominarme.
  나는 억제할 수 없었다.
- Se dominó para no tener nervios en el examen.
  그는 시험에서 흥분하지 않으려고 자신을 억제했다.
- Siempre sabe dominarse y nunca pierde los estribos.
  그는 항상 감정을 억제할 줄 알아서 결코 흥분하지 않는다.

dormir 잠자다, 성관계를 맺다

- ¿Cuántas horas duermes al día?
  너는 하루에 몇 시간 자니?
- Dormimos muy bien en esta cama.
  우리는 이 침대에서 아주 잘 잔다.
- Duerme ocho horas los domingos.
  그는 일요일에는 8시간 잔다.
- Duermen juntos desde hace mucho tiempo.
  그들은 오래전부터 성관계를 맺어왔다.

dormirse 잠들다, 졸다, (손, 발 등이) 저리다, 방심하다

- Se durmió mirando televisión.
  그는 텔레비전을 보면서 잠들었다.

- Me dormí en la clase de historia.
  나는 역사 수업시간에 졸았다.
- Se me han dormido las manos.
  나는 양손이 저렸다.
- No te duermas o perderás la oportunidad.
  방심하지 마라. 안 그러면 기회를 놓칠 거야.

dotar con/de algo 무엇을 주다, 기부하다, 무엇을 설비하다

- Este año han dotado nuestra universidad con cien mil euros.
  그들은 금년에 우리 대학에 10만 유로를 기부했다.
- Hemos dotado la cocina con los mejores electrodomésticos.
  우리는 부엌에 가장 좋은 가전제품을 설치했다.
- El coche está dotado de un sistema antirrobo más moderno.
  그 차는 최첨단 도난방지 장치가 설치되어 있다.
- Javier está dotado de una especial habilidad para las matemáticas.
  하비에르는 수학에 특별한 재능이 있다.

dudar 의심하다, 믿지 못하다, 망설이다

- Lo dudo.
  나는 그것을 믿지 못하겠다.
- Él dijo que vendría a las doce, pero lo dudo.
  그가 12시에 온다고 했지만 나는 믿지 못하겠어.
- Que mañana hará mucho frío nadie lo duda.
  내일 날씨가 매우 춥다는 것은 아무도 의심하지 않는다.
- Dudaron antes de entrar.
  그들은 들어가기 전에 망설였다.

dudar que + subj. …하는 것을 의심하다

- Dudo que haya dicho la verdad; Lo dudo.
  그가 사실을 말했다는 것이 나는 의심스러워. 난 믿을 수가 없어.
- Dudo que Juan llegue a tiempo.
  후안이 제시간에 도착할지 나는 의심스럽다.

- Dudo mucho que el alcalde pueda convencer a todos.
  나는 시장이 모든 사람을 설득할 수 있을지 심하게 의심스럽다.

D

dudar de uno/algo 누구/무엇을 의심하다

- El pueblo duda del presidente.
  국민들은 대통령을 의심한다.
- Él duda de la veracidad de esa información.
  그는 그 정보의 진실성을 의심한다.
- Si dudas de mí, es mejor que no sigamos hablando.
  네가 나를 의심한다면, 우리는 계속 얘기하지 않는 게 좋겠다.

dudar de que + subj. …하는 것을 의심하다

- Dudo de que haya dicho la verdad; Dudo de ello.
  그가 사실을 말했을지 나는 의심스러워. 난 믿을 수가 없어.
- Dudo de que venga(vaya) la semana que viene.
  나는 그가 다음 주에 온다(간다)는 것이 의심스럽다.
- Dudamos de que ella pueda marcharse sola.
  우리는 그녀가 혼자 떠날 수 있다는 것을 믿지 못하겠다.
- Dudo de que mañana cumplan su promesa.
  그들이 내일 약속을 지킬지 나는 의심스럽다.

dudar en +inf. …하는 것을 주저하다, 망설이다

- Dudan en comer esa fruta.
  그들은 그 과일을 먹는 것을 주저한다.
- Dudamos en ir a su casa a visitarlo.
  우리는 그를 방문하러 그의 집에 가는 것을 주저했다.
- Si necesitas algo, no dudes en llamarme.
  필요한 것이 있으면 망설이지 말고 나에게 전화해라.

dudar entre + inf. …하는 것을 주저하다, 망설이다

- Dudo entre ir a la playa o a la montaña en vacaciones.
  방학 때 해변에 가야 할지 산에 가야 할지 모르겠어.

• Dudan entre comprar un piso o invertir el dinero en el negocio.
그들은 아파트를 사야 할지 사업에 투자해야 할지 망설이고 있다.

dudar si + ind. …인지 아닌지 확신이 없다, 모르다

• Dudo si compro el coche o no.
나는 그 차를 살까 말까 망설이고 있다.

• Dudo si he apagado el gas.
내가 가스를 껐는지 모르겠다.

• La quiero mucho, pero dudo si va a ser mi mujer.
나는 그녀를 매우 사랑하지만, 내 아내가 될지 나는 모르겠어.

E

echar algo 무엇을 뿌리다, 던지다, 피우다, 돋아나다

- Échame la pelota.
  공을 나에게 던져라.
- No me eches agua porque me mojas.
  내가 젖으니까 물을 뿌리지마.
- El niño echa los dientes.
  아이에게 이가 돋아난다.
- El naranjo del jardín echó flores.
  정원에 있는 오렌지 나무는 꽃을 피웠다.

echar a algo 무엇에 던지다, 버리다

- Lo echaron al agua.
  그를 물에 던졌다.
- ¿Quién ha echado carbón a la estufa?
  누가 숯을 난로에 집어넣었니?
- Echaremos a la basura todo lo que sobre.
  우리는 남는 것 모두 쓰레기통에 버릴 것이다.

echar a uno 누구의 (나이, 값 등을) 짐작하다

- ¿Cuántos años me echas? (¿Qué edad me pones?)
  너는 내가 몇 살이라고 생각하니?
- A la señorita le echamos 20 años.
  우리는 그 아가씨가 20살이라고 짐작했다.

echar a + inf. (갑자기) …하기 시작하다

- Se echó a llorar.
  그녀는 갑자기 울기 시작했다.

- Al oír el disparo los pájaros echaron a volar.
  총소리를 들었을 때 새들은 날아가기 시작했다.
- Echamos a andar para subir a la cima de la montaña.
  우리는 산 정상에 오르기 위하여 걷기 시작했다.

echar de algo 무엇에서 내쫓다, 해고하다

- A mi hijo lo echaron del club(cine).
  내 아들은 클럽(극장)에서 쫓겨났다.
- ¿Por qué te han echado del hotel?
  너는 왜 호텔에서 해고당했니?
- Han echado a Silvia del trabajo por fin de contrato.
  그들은 계약만료로 인하여 실비아를 해고했다.

echar en algo 무엇에 붓다, 놓다

- Él echó leche en la taza.
  그는 잔에 우유를 부었다.
- Échame más vino en el vaso, por favor.
  내 잔에 포도주를 더 부어줘.
- Eché las cartas al buzón de correos.
  나는 우체통에 편지를 넣었다.
- Échele la manta en las piernas que tendrá frío.
  추울 테니 그의 다리에 담요를 덮어주세요.

echarse a + inf. …하려고 드러눕다

- Me eché a descansar sobre las tres.
  나는 3시쯤 쉬려고 드러누웠다.
- Se ha echado a descansar en la arena.
  그는 쉬려고 모래밭에 누웠다.

echarse en algo 무엇에 드러눕다, 몸을 던지다

- Me eché en la cama unos minutos.
  나는 침대에 몇 분간 누웠다.

- Ella se echó en brazos de su padre.
  그녀는 그녀의 아버지 팔에 안겼다.
- Tan cansado estaba que se echó en la cama con ropa y zapatos.
  그는 너무 피곤해서 옷과 신발을 입은 채 침대에 쓰러졌다.

ejercer 행하다, 수행하다, 영위하다

- Es médico, pero ya no ejerce.
  그는 의사인데, 지금은 일하지 않아.
- Ejerce tu derecho. Vota por González.
  너의 권리를 행사해. 곤살레스에게 투표해.
- Ha ejercido ese cargo por mucho tiempo.
  그는 오랫동안 그 일을 해 왔다.

ejercer de uno/algo 누구/무엇으로서 일하다

- Ahora Alicia ejerce de enfermera.
  지금 알리시아는 간호사로 일하고 있다.
- Susana ejerce de psiquiatra en un hospital.
  수사나는 한 병원에서 정신과 의사로 일하고 있다.

elegir 고르다, 선택하다, 선출하다

- Elija el color que le guste.
  당신이 좋아하는 색을 고르세요.
- Puedes elegir entre ir o quedarte.
  너는 갈 것인지 남을 것인지 선택해도 좋다.
- Él fue elegido presidente del Estado.
  그는 대통령으로 선출되었다.
- Le eligieron presidente del Estado.
  그를 대통령으로 선출했다.

elegir a uno de/para algo 누구를 무엇으로 선출하다

- ¿A quién han elegido de(para) alcalde?
  그들은 누구를 시장으로 선출했습니까?

- Han elegido a Javier para alcalde.
  그들은 하비에르를 시장으로 선출했다.
- No te elegirán de(para) director este año.
  금년에 너를 감독으로 뽑지는 않을 것이다.
- Elegiremos de(para) presidente a una persona capaz.
  우리는 대통령으로 유능한 사람을 선택할 것이다.

E

elegir entre unos/algo 누구/무엇 중에서 선택하다 · 고르다

- Eligieron a Eva entre muchas candidatas.
  많은 후보자 중에서 에바를 선택했다.
- Elija usted entre estos dos perfumes franceses.
  이 두 개의 프랑스 향수 중에서 선택하세요.

elegir por algo 무엇 때문에 선택하다 · 고르다

- Nos eligieron por nuestra habilidad.
  우리의 능력을 보고 우리를 선택하였다.
- Lo han elegido por su dedicación al trabajo.
  일에 대한 열정 때문에 그를 뽑았다.
- No elegiremos por la figura, sino por la inteligencia.
  우리는 모습이 아니라 지혜를 보고 선택할 것이다.

elevar 올리다, 높게 하다, 세우다

- La máquina eleva los materiales para la construcción.
  그 기계가 건축 재료를 들어올린다.
- Los niños elevan la cometa muy alto en el parque.
  아이들은 공원에서 연을 매우 높게 올린다.
- Aquí van a elevar un monumento a los héroes nacionales.
  이곳에 국민 영웅들을 기리기 위하여 기념비를 세울 것이다.

elevar a uno/algo 누구/무엇을 올리다, 승진시키다

- Elevó los brazos al cielo.
  그는 양팔을 하늘로 올렸다.

• Lo elevaron a presidente del congreso.
그를 의회 의장으로 승진시켰다.

• Lo elevaron a juez de la Corte Suprema.
그를 대법원의 판사로 승진시켰다.

elevarse 오르다, 높아지다

• El avión se elevó y se perdió de vista.
비행기는 올라갔고 시야에서 사라졌다.

• El volcán más alto se eleva a 4.000 metros.
제일 높은 화산은 4,000미터까지 솟아있다.

• En el jardín hay un pino que se eleva hasta el tercer piso.
정원에는 3층 높이에 이르는 소나무가 있다.

elevarse a algo 무엇으로 올라가다

• El avión va elevándose a gran altura.
비행기는 굉장히 높게 오르고 있다.

• El globo se elevó a una altura sorprendente.
풍선은 놀라울 정도로 높이 올라갔다.

• El importe de esta factura se eleva a un millón de dólares.
이 청구서의 총액은 백만 달러에 이르고 있다.

embarcar (배・항공기 등에) 싣다, 끌어들이다

• Tienes que embarcar todas tus pertenencias.
네가 갖고 있는 모든 것들을 배에 실어야 한다.

• Embarcamos la mercancía hacia Argentina.
우리는 배에 물건을 실어 아르헨티나로 보냈다.

• Su jefe lo ha embarcado en una aventura muy peligrosa.
그의 상관은 그를 매우 위험한 모험에 끌어들였다.

embarcarse 탑승・승선하다

• Ella se embarcó para África.
그녀는 아프리카를 향하여 탑승했다.

- Se embarcaron en el tren para Barcelona.
  그들은 바로셀로나 행 기차에 탔다.
- Me embarqué en este puerto para México.
  그는 이 항구에서 배에 타고 멕시코로 향했다.

embarcarse de uno 누구의 자격으로 탑승・승선하다

- Los dos se han embarcado de tripulante.
  그 두 사람은 승무원으로 탑승하였다.
- No creo que se haya embarcado de grumete.
  나는 그가 수습선원으로 승선했다고 생각하지 않는다.

emborrachar 취하게 하다, 잠들게 하다

- Un par de cervezas le emborrachan.
  그는 맥주 두 병에 취했다.
- Han emborrachado al muchacho con cerveza.
  그들은 그 소년에게 맥주를 먹여서 취하게 했다.
- Su lento hablar me emborrachaba.
  그가 말을 느리게 해서 나는 졸렸다.
- Renunciaré a escalar montañas porque la altura me emborracha.
  나는 높은 곳에 가면 어지럽기 때문에 산에 올라가는 것을 포기하겠다.

emborracharse (con/de algo) (무엇에) 취하다

- Se tomó dos copitas y se emborrachó.
  그는 술 두 잔을 마시고 취해버렸다.
- En la fiesta de Juan todos se emborracharon con(de) whisky.
  후안의 파티에서 모두 위스키에 취했다.
- Me emborraché con el humo del tabaco.
  나는 담배 연기로 머리가 어지럽다.

embriagar 취하게 하다, 도취하게 하다

- Este vino embriaga muy rápidamente.
  이 술은 취기가 빨리 돈다.

- Esa música nos embriagaba.
  그 음악은 우리를 황홀하게 만들었다.
- Pasó esos días embriagado de amor.
  그는 그 날들을 사랑에 빠져서 지냈다.
- La noticia me embriagó de alegría.
  그 소식은 나를 흥분에 빠지게 했다.

embriagarse (con algo) (무엇에) 취하다, 도취하다

- Como no está acostumbrado a beber, se embriagó en la fiesta.
  그는 음주에 익숙하지 않아서 파티에서 취해버렸다.
- Mi madre se embriagó con la cerveza.
  어머니는 맥주를 마시고 취하셨다.
- Se embriagó ante tan bello espectáculo.
  그는 아름다운 장관 앞에서 넋을 잃었다.

empapar 적시다, 스며들게 하다

- La lluvia empapó los vestidos.
  비에 옷이 흠뻑 젖었다.
- Ella empapó el algodón en alcohol.
  그녀는 솜을 알코올에 적셨다.
- Empape un trapo y limpie la mesa.
  걸레를 적셔서 테이블을 닦아주세요.
- La lluvia me empapó mientras esperaba el autobús.
  버스를 기다리는 동안 나는 비에 흠뻑 젖었다.

empaparse de algo 무엇에 잠기다, 스며들다, 흠뻑 젖다

- El pan se empapa en el vino.
  빵을 포도주에 적신다.
- La tierra se empapa de agua.
  땅이 물에 젖는다.
- Me he empapado en el camino.
  나는 길에서 흠뻑 젖었다.

- Mi primo se ha empapado de marxismo.
  나의 사촌은 마르크스주의에 푹 빠졌다.

empeñar 저당・전당 잡다, 약속・맹세하다

- Tuve que empeñar la casa por la necesidad económica.
  나는 경제적인 필요에 의해 집을 저당 잡혀야만 했다.
- Empeñé mi palabra. Así creyeron que terminaría la obra.
  나는 약속했다. 그래서 그들은 내가 그 일을 끝낼 것이라고 믿었다.

empeñar en algo 무엇에 저당 잡다

- Empeñé el coche en 5.000 euros.
  나는 자동차를 5,000유로에 저당 잡혔다.
- Alberto va a empeñar los muebles en 3.000 euros.
  알베르또는 가구들을 3,000유로에 저당 잡힐 것이다.

empeñarse en + inf. …할 것을 고집하다, 노력하다

- El niño se empeñó en ir al zoo.
  아이는 동물원에 가자고 고집을 부렸다.
- Si te empeñas en seguir tocando esa música, yo me voy.
  네가 그 음악을 계속 연주하길 고집하면 난 가겠다.
- Domingo se ha empeñado en bajar de peso y lo está logrando.
  도밍고는 체중을 줄이려고 노력하였고 그것을 해내고 있다.
- Me he empeñado en ser el mejor estudiante de toda la escuela.
  나는 전교에서 가장 우수한 학생이 되려고 노력했다.

empeñarse en que + subj. …하라고 고집하다

- ¿Por qué te empeñas en que me ponga el abrigo?
  너는 왜 나에게 외투를 입으라고 우겨대니?
- Me empeñé en que ella viniera a mi casa.
  나는 그녀가 우리 집에 오도록 고집을 부렸다.
- Mi madre se empeñó en que yo estudiara medicina.
  어머니는 나에게 의학을 공부하라고 고집하셨다.

empezar 시작하다, 시작되다

- El partido empezó a las cinco.
  경기는 5시에 시작되었다.
- Empezaremos el curso en octubre.
  우리는 그 과정을 10월에 시작할 것이다.
- ¿A qué hora empieza la conferencia?
  강연회는 몇 시에 시작하니?
- La próxima semana empezaremos los seminarios.
  우리는 다음 주에 세미나를 시작할 것이다.
- Emilio empezó de actor de doblaje y ahora es una estrella.
  에밀리오는 더빙배우로 시작했는데 지금은 스타가 되었다.

empezar a + inf. …하기 시작하다

- Empieza a llover(nevar).
  비(눈)가 오기 시작했다.
- Empezamos a comer antes de su llegada.
  그가 오기 전에 우리는 식사하기 시작했다.
- Empezaron a correr antes de oír el disparo de salida.
  출발 신호가 울리기 전에 그들은 뛰기 시작했다.
- En el momento en que llegó Ana todos empezaron a comer.
  아나가 도착했을 때 모두 식사하기 시작했다.

empezar con algo 무엇으로 시작하다, 시작되다

- El problema empezó con sus celos.
  문제는 그들의 질투에서 시작되었다.
- El dolor empezó con unas ligeras molestias.
  통증은 가벼운 불쾌감에서 시작되었다.
- La ceremonia empezará con un himno.
  그 의식은 국가연주로 시작할 것이다.
- Empezamos la comida con una ensalada.
  우리들은 샐러드로 식사를 시작했다.
- La reunión empezó con la presentación del nuevo presidente.
  회의는 신임회장의 소개로 시작되었다.

E

empezar por algo 무엇으로 시작하다, 시작되다

- Empezaremos por lo más elemental.
  우리는 가장 기본적인 것부터 시작하겠습니다.
- Empezamos la gira por Latinoamérica.
  우리는 여행을 라틴아메리카부터 시작했다.
- Este año empezaremos por la literatura del siglo XVI.
  금년에 우리는 16세기 문학으로 시작하겠습니다.

empezar por + inf. …하는 것부터 시작하다, 시작되다

- Empezaré por abrir todas las ventanas.
  먼저 모든 창문을 열겠습니다.
- Nuestra amistad empezó por reñir.
  우리들의 우정은 싸움에서 시작되었다.
- Empieza por bañarte y cambiarte, luego nos hablaremos.
  먼저 목욕을 하고 옷을 갈아입어. 그 후에 얘기하자.

empujar a uno/algo 누구/무엇을 밀다

- Empuja más la puerta.
  문을 좀 더 밀어라.
- No me empuje.
  나를 밀지 마세요.
- Las manifestantes y los policías se empujaron violentamente.
  시위자들과 경찰은 서로 격렬하게 밀어댔다.
- Nos quedamos sin gasolina y tuvimos que empujar el coche.
  휘발유가 떨어져서 우리는 차를 밀어야만 했다.

empujar a/hacia algo 무슨 방향으로 밀다

- La gente nos empujó hacia la salida.
  사람들이 우리를 출구 쪽으로 밀었다.
- Nos empujaron a(hacia) un rincón muy reducido.
  그들은 우리를 좁은 구석으로 밀어 넣었다.
- Empujemos los muebles hacia la pared.
  가구를 벽 쪽으로 밀자.

• Empuje la silla hacia el rincón muy reducido.
의자를 매우 좁은 구석으로 밀어 놓으세요.

empujar a + inf. 부득이 …하게 하다, 압력을 가하다

• Le empujé a comprar el coche.
나는 그가 자동차를 구입하도록 강요했다.

• Su familia la empujaba a seguir trabajando.
그녀는 가족 때문에 계속 일해야 했다.

• La situación financiera le ha empujado a robar.
그는 재정상태 때문에 도둑질을 했다.

• Su honestidad le empuja a obrar así.
그의 정직이 그를 그렇게 행동하도록 한다.

empujar a que + subj. 부득이 …하게 하다, 압력을 가하다

• Le empujé a que comprara el coche.
나는 그가 자동차를 구입하도록 강요했다.

• Le empujé a que volviera a su país.
나는 그를 조국으로 돌아가게 했다.

• Ella me empujó a que estudiara en la universidad.
그녀는 나에게 대학에서 공부하도록 압력을 가했다.

enamorar a uno 누구를 사랑에 빠지게 하다

• Ha enamorado a la hija de su profesor.
그는 선생님의 딸을 사랑에 빠지게 했다.

• Juan enamora a todas las chicas que conoce.
후안은 자기가 아는 모든 여자들을 사랑에 빠지게 한다.

enamorarse de uno 누구에게 반하다, 누구와 사랑에 빠지다

• Ana se ha enamorado de un profesor.
아나는 한 교수와 사랑에 빠졌다.

• Me enamoré de Susana cuando tenía 20 años.
나는 20살 때 수사나와 사랑에 빠졌다.

- Felipe se enamoró perdidamente de Elena.
  펠리뻬는 엘레나에게 홀딱 빠졌다.

encargar 주문하다, 맡기다, 부탁하다

- Encargaremos una pizza.
  우리는 피자를 주문하겠다.
- Te encargo la casa. Cuídamela.
  너에게 내 집을 맡길게. 집 좀 돌봐줘.
- Hice todo según me encargaste.
  나는 네가 부탁한 대로 모두 다 했다.
- Ella encargó a su hija la limpieza de la casa.
  그녀는 딸에게 집안 청소를 맡겼다.
- Le encargaremos tres kilos de café de Colombia.
  당신에게 콜롬비아산 커피 3킬로를 부탁하겠습니다.

encargar que + subj. …하도록 부탁하다, 지시하다

- Ella me encargó que le entregue estos documentos.
  그녀는 이 서류를 그에게 전해주라고 부탁했다.
- Mi padre me ha encargado que le dé a usted las gracias.
  제 아버지께서 당신에게 감사를 표하라고 말씀하셨습니다.
- Su madre le encargó que cuidara de sus hermanos.
  그의 어머니는 그에게 형제들을 돌봐달라고 부탁하셨다.

encargarse de algo 무엇을 담당하다, 맡다

- Él se encarga de este asunto.
  그 분이 이 사건을 담당합니다.
- Se encargó de una sucursal.
  그는 지점장이 되었다.
- Encárgate de las compras del mercado.
  너는 시장에서 물건 사오는 일을 맡아라.
- No te preocupes, me encargo de tu hijo.
  너는 걱정하지 마라. 내가 네 아들을 떠맡겠다.

- Me encargaré de todos los gastos de viaje que necesites.
  너에게 필요한 모든 여행비용을 내가 부담하겠다.

encargarse de + inf. …하는 것을 담당하다, 책임지다

- Se va a encargar de hacer la reserva.
  예약하는 것은 그가 맡아서 할 거야.
- Me encargo de recibir a los turistas.
  나는 관광객을 맞이하는 일을 한다.
- El presidente se encargará de arreglar la situación.
  대통령이 상황을 책임지고 해결할 것이다.

encender 켜다, 타오르게 하다

- Cuando acabó la película, encendieron las luces.
  영화가 끝나자 불이 켜졌다.
- Encendimos el horno y comenzamos a preparar la cena.
  우리는 오븐을 켜고 저녁 준비를 시작했다.
- El amor enciende pasiones incontrolables.
  사랑은 통제할 수 없는 열정을 불러일으킨다.

encenderse (불이) 켜지다, 얼굴을 붉히다, 화가 나다

- Se enciende la luz automáticamente cuando anochece.
  어두워지면 자동적으로 불이 켜진다.
- Cuando Alicia escuchó el piropo, se le encendió la cara.
  달콤한 말을 들었을 때 알리시아는 얼굴을 붉혔다.
- Se encendió de vergüenza en cuanto se dio cuenta de su error.
  그는 자신의 실수를 알자마자 부끄러워 얼굴을 붉혔다.
- Al escuchar el insulto, se encendió tanto que me golpeó en la cara.
  그는 모욕하는 말을 듣자마자 너무 화가 나서 내 얼굴을 쳤다.

encerrar 감금하다, 포함하다, 깊이 보관하다

- La policía nos encerró durante diez días.
  경찰이 우리를 10일 동안 감금하였다.

- La cerca encierra un jardín muy bonito.
  담장 안에 매우 아름다운 정원이 있다.
- Ella siempre encierra las joyas en el cajón.
  그녀는 항상 서랍에 보석을 잘 보관한다.
- Esas palabras encierran un profundo significado.
  그 말들은 심오한 의미를 내포하고 있다.

encerrarse en algo 무엇에 들어박히다, 무엇을 점령하다

- Luis se encerró en su habitación durante un mes.
  루이스는 그의 방에 한 달 동안 처박혀 있었다.
- Enciérrese en su habitación y no salga hasta que le avise.
  당신 방에 들어가서 문을 잠그고 내가 알려줄 때까지 나오지 마세요.
- Los obreros se encerraron en la fábrica para pedir un aumento de sueldo.
  노동자들은 월급 인상을 요구하기 위하여 공장을 점령하였다.

encontrar a uno/algo 누구/무엇을 찾다, 발견하다

- Encontró las llaves por casualidad.
  그는 우연히 열쇠를 찾았다.
- No puedo encontrarla en ninguna parte.
  어디에서도 그녀를 찾을 수 없었다.
- No puedo encontrar el libro que me diste.
  네가 나에게 준 책을 찾을 수가 없어.
- No encontré entradas para el teatro.
  연극 티켓을 구하지 못했어.
- Encontrarás serias dificultades financieras.
  너는 심각한 재정난에 직면하게 될 거야.

encontrar a uno/algo + adj./adv. 누구/무엇이 …하다고 생각하다

- Te encuentro muy cambiado.
  나는 네가 많이 변했다고 생각한다.
- Yo no la encuentro tan guapa.
  그녀가 그리 예쁜 것 같지는 않다.

- Encontré la puerta cerrada.
  나는 문이 닫혀 있는 것을 알았다.
- Lo encuentro de mal gusto.
  나는 그것이 저속하다고 생각한다.
- ¡Qué bien te encuentro!
  너 완전 좋아 보인다!

encontrar que + ind. …라고 생각하다, 간주하다

- Encuentro que esa película no es buena.
  나는 그 영화가 좋지 않다고 생각한다.
- Encuentro que esto no es justo.
  나는 이것이 공평하지 않다고 생각한다.
- Yo encuentro que tiene una cara super exótica.
  나는 그가 매우 이국적인 용모를 지녔다고 생각한다.

encontrarse 만나다

- Dentro de una hora nos encontramos en el café de siempre.
  한 시간 내에 항상 만나던 카페에서 만나자.
- Quedamos en encontrarnos a las seis en la estación.
  우리는 6시에 역에서 만나기로 정했다.
- Nos encontramos en la Plaza Mayor.
  우리는 마요르 광장에서 만났다.
- En este café se encuentran los mejores poetas.
  가장 훌륭한 시인들이 이 카페에 모인다.

encontrarse (en algo) (무엇에) 있다

- La tienda se encuentra en la plaza.
  가게는 광장에 있다.
- En estos momentos me encuentro en el avión.
  지금 이 순간 나는 비행기 안에 있다.
- ¿Dónde te encuentras ahora? -Me encuentro lejos del pueblo.
  너는 지금 어디에 있니? -나는 마을에서 멀리 있어.

E

encontrarse + adj./adv. …상태이다

- Hoy ella se encuentra indispuesta.
  오늘 그녀는 컨디션이 좋지 않다.
- Se encuentra detenido en la comisaría.
  그는 경찰서에 구금되어 있다.
- ¿Cómo te encuentras ahora? -Me encuentro mejor que antes.
  지금은 어떠니? -전보다 좋아졌어.

encontrarse con uno/algo 누구/무엇과 마주치다, 만나다

- Marta se encontró con Andrés en la calle.
  마르따는 거리에서 안드레스와 마주쳤다.
- Ayer me encontré con un compañero en el autobús.
  어제 나는 버스에서 우연히 동료를 만났다.
- Nos hemos encontrado con varios problemas.
  우리는 여러 문제에 직면했다.

encontrarse con que + ind. …라는 것을 알아차리다, 깨닫다

- Me encontré con que todos se habían ido.
  나는 모두가 떠났다는 것을 알았다.
- Al volver me encontré con que mi mujer había desaparecido.
  돌아와서야 나는 아내가 사라진 것을 알아차렸다.
- Cuando llegué, me encontré con que estaba yo sola.
  내가 도착했을 때, 나는 내가 혼자라는 사실을 깨달았다.

enfadar a uno 누구를 화나게 하다

- La acción del niño enfadó mucho a sus padres.
  아이의 행동은 그의 부모를 무척 화나게 하였다.
- No me enfades porque no sé como puedo reaccionar.
  내가 어떻게 반응할지 모르니까, 나를 화나게 하지 마.

enfadarse (con uno) (누구에게) 화를 내다

- Yo casi nunca me he enfadado.
  나는 거의 화를 낸 적이 없다.

- Mi esposa se enfadó cuando escuchó mentiras.
  내 아내는 거짓말을 듣고는 화를 냈다.
- No te enfades conmigo, que no tengo nada que ver con eso.
  나에게 화내지 마. 나는 그것과 전혀 상관이 없어.
- La profesora se enfada con los estudiantes todos los días.
  선생님은 매일 학생들에게 화를 낸다.

enfadarse por algo 무엇 때문에 화를 내다

- No me enfadaré por pequeñeces.
  나는 사소한 일로 화 내지 않을 것이다.
- Espero que no te enfades por mi decisión.
  나의 결정 때문에 네가 화내지 않았으면 좋겠어.
- Se enfadó por los insultos que le proferiste.
  네가 그에게 지껄인 욕설 때문에 그는 화가 났다.

enfatizar 강조하다

- Voy a enfatizar este capítulo.
  나는 이 챕터를 강조할 것이다.
- Por favor, no enfatice los conceptos confusos.
  헷갈리는 개념을 강조하지 마세요.

enfermar 병에 걸리다, 병에 걸리게 하다, 화나게 하다

- Su padre ha enfermado de tanto trabajar.
  그의 아버지는 너무 열심히 일해서 병에 걸렸다.
- El viejo enfermó y murió una semana después.
  그 노인은 병에 걸렸고 일주일 후에 죽었다.
- El agua enfermó a la población.
  물이 주민들을 병에 걸리게 했다.
- Este calor me va a enfermar.
  이 더위가 나를 병에 걸리게 할 것이다.
- Me enferma su obstinación.
  그의 고집이 나를 화나게 한다.

- Su forma de hablar enferma a todos sus amigos.
  그의 말하는 방식이 친구들을 화나게 했다.

enfermar(se) de algo 무엇을 앓다, 무엇에 걸리다

- (Se) enfermó de calenturas.
  그는 열병에 걸렸다.
- (Se) enfermaron de tuberculosis.
  그들은 결핵에 걸렸다.
- Después del viaje, todos (nos) enfermamos de gripe.
  여행 이후, 우리 모두가 감기가 걸렸다.

enfrentar 맞서다, 대항하다, 대면시키다

- Hay que enfrentar la vida valerosamente.
  인생에 용감하게 맞서야 한다.
- Enfrenta toda situación adversa que se te presente.
  너에게 생기는 모든 불리한 상황에 맞서라.
- La policía enfrentó al criminal y su víctima.
  경찰은 범인과 피해자를 대질시켰다.

enfrentarse (con algo) (무엇에) 맞서다, 대항하다, 직면하다

- Esta noche se enfrentarán dos equipos de fútbol.
  오늘 밤 두 축구팀이 맞붙게 될 것이다.
- Al quinto día de marcha se enfrentaron con la mayor dificultad.
  행군 5일째에 그들은 최대의 곤란에 직면했다.
- Se ha enfrentado con su madre porque no le dejaba salir de noche.
  엄마가 밤에 외출하지 못하게 해서 그는 엄마에게 대들었다.

enfriar 차게 하다, 식히다, 정열 따위가 식다

- No te olvides de enfriar bien la cerveza.
  맥주를 차게 하는 것을 잊지 마라.
- En verano hay que enfriar agua en el frigorífico.
  여름에는 물을 냉장고에서 차갑게 해야 한다.

- Tienes que enfriar la sopa ligeramente antes de comerla.
  너는 수프를 먹기 전에 약간 식혀야 한다.
- Su intervención enfrió nuestra relación.
  그의 간섭으로 우리들의 사이는 서먹서먹해졌다.

enfriarse 식다, 차가워지다, 냉담해지다

- Tómeselo antes de que se enfríe.
  식기 전에 드세요.
- Con el viento me he enfriado.
  바람이 불어서 나는 몸이 차가워졌다.
- Los dos se han enfriado, ya no son tan amigos.
  두 사람은 냉담해져서, 이제는 그렇게 친한 사이가 아니다.
- Las relaciones entre los dos se han enfriado.
  두 사람의 관계가 냉담해졌다.

engañar 속이다, 사기 치다

- El vendedor de coches engañó a sus clientes.
  자동차 판매자가 고객들을 속였다.
- Se le engaña fácilmente.
  그는 잘 속는다. (사람들은 그를 쉽게 속인다.)
- No engañes a nadie, mucho menos a tus amigos.
  아무도 속이지 마라. 특히 네 친구들을 속이지 마라.
- Susana engaña a su marido con un joven.
  수사나는 남편 몰래 젊은 남자와 바람피우고 있다.

engañarse 잘못하다, 실수하다, 자신을 속이다

- Te has engañado, no es tan favorable la situación.
  네가 잘못 알고 있어. 상황은 그렇게 낙관적이 아니야.
- Me engañé creyendo que venías por la tarde.
  나는 네가 오후에 오리라고 잘못 생각했다.
- Nadie puede engañarse a sí mismo.
  아무도 자신을 속일 수 없다.

- No te engañes a ti mismo. Ya no te quiero.
  너 자신을 속이지 마. 나는 이제 널 사랑하지 않아.

engañarse con/por algo 무엇에 속다

- Se engañó con falsas esperanzas.
  그는 거짓 희망에 속았다.
- Quiero que no te engañes con(por) las apariencias.
  나는 네가 외모에 속지 않기를 바란다.
- Nosotros los humanos nos engañamos con(por) el dinero.
  우리 인간들은 돈 때문에 자주 속는다.

enlazar 연결하다, (열차 따위가) 연결・접속하다

- Enlazaré el cojín a la silla para que no se caiga.
  쿠션이 떨어지지 않게 의자에 묶으려 한다.
- Los mecánicos enlazan las distintas piezas de la máquina.
  기사들은 기계의 여러 가지 부품을 연결한다.
- Al llegar a Atocha, el tren enlaza con un autobús que va a tu barrio.
  이 기차가 아또차역에 도착하면 네 동네로 가는 버스와 연결된다.
- El niño inteligente enlaza una idea con otra con gran rapidez.
  똑똑한 그 아이는 한 개념을 다른 개념에 매우 빠르게 연결하여 생각한다.

enmendar 수정・교정하다

- Quiero que usted enmiende esta copia.
  이 사본을 수정하여 주시기 바랍니다.
- A su edad es imposible que enmiende el defecto del alcohol.
  그의 나이에 나쁜 술버릇을 고치기는 불가능하다.

enmendarse 생각・행위를 고치다

- Por más que su padre le corrige, el niño no se enmienda nada.
  아무리 부친이 고치려 해도, 그 애는 도무지 생각을 고치지 않는다.
- Como no te enmiendes, no podrás tener éxito jamás.
  네가 생각을 고치지 않으면 넌 결코 성공할 수 없을 것이다.

enojar 화나게 하다 (enfadar)

- No enojes a tu padre.
  네 아버지를 화나게 하지 마라.
- Su mala actitud me enoja.
  그의 나쁜 태도가 나를 화나게 한다.
- Me enoja que los estudiantes lleguen tarde.
  학생들이 지각하는 것은 나를 화나게 한다.

enojarse (con uno) (누구에게) 화를 내다

- Te daré un regalo si no te enojas.
  네가 화내지 않으면 너에게 선물을 하나 줄게.
- Mis hijos se enojan si no salimos los domingos.
  우리 아이들은 일요일마다 놀러가지 않으면 화를 낸다.
- Me enojaré con vosotros si no recogéis la basura.
  쓰레기를 줍지 않으면 너희들에게 화를 내겠다.
- El entrenador siempre se enoja con los jugadores.
  코치는 항상 선수들에게 화를 낸다.

enojarse por algo 무엇 때문에 화를 내다

- Nos enojamos por el servicio del restaurante.
  레스토랑 서비스 때문에 우리는 화가 났다.
- No me gusta la gente que se enoja por todo.
  나는 매사에 화를 내는 사람들이 싫다.
- Carlos se enojó por lo que dijo la gente de él.
  까를로스는 사람들이 그에 대하여 한 말 때문에 화가 났다.
- Mi padre se enojó conmigo por las notas.
  나의 아버지는 성적 때문에 나에게 화를 내셨다.

enseñar 가르치다, 보여주다

- Te voy a enseñar mi coche.
  너에게 내 차를 보여줄게.
- Me enseñó la cicatriz que le quedó de la operación.
  그는 나에게 수술 때문에 생긴 흉터를 보여주었다.

- El próximo año enseñaré inglés en una escuela pública.
  내년에 나는 공립학교에서 영어를 가르칠 것이다.

enseñar a + inf. …하는 법을 가르쳐주다

- Te enseñaremos a jugar a las cartas.
  우리가 너에게 카드놀이를 가르쳐줄게.
- La escuela me enseñó a ser una persona responsable.
  학교는 내가 책임감 있는 사람이 되도록 가르쳐주었다.
- Te enseñaré a tocar la guitarra este verano.
  이번 여름에 내가 너에게 기타 치는 법을 가르쳐줄게.

entender a uno/algo 이해하다, 알다

- ¿Me entiendes? -Sí, te entiendo.
  나를(내 말을) 이해하겠니? -응, 너를(네 말을) 이해해.
- Me has entendido mal.
  너는 나를 오해했어.
- No entiendo nada. Repítelo otra vez.
  전혀 이해하지 못하겠어. 다시 말해줘.
- No hemos entendido algunos capítulos de este libro.
  우리는 이 책의 몇몇 챕터를 이해하지 못했다.

entender de algo 무엇에 지식이 있다, 잘 알다

- Lo contrataré porque entiende de fontanería.
  그가 수도시설에 대하여 잘 알기 때문에 그를 고용하려 한다.
- Recurro a usted porque no entiendo nada de leyes.
  제가 법에 대해서 아무것도 모르기 때문에, 당신께 도움을 구합니다.
- Mi padre entiende de matemáticas y me ayuda a hacer los deberes.
  아버지는 수학을 잘 아시기 때문에 내가 숙제하는 것을 도와주신다.

entender que + ind. …라고 판단・생각하다, 알다

- Yo entiendo que sería mejor hacerlo.
  나는 그것을 하는 것이 더 좋겠다고 생각한다.

- Entiendo que la solución es cerrar el negocio.
  나는 해결책은 사업을 그만두는 것이라고 판단한다.
- Entendemos que no debiste hacerlo.
  우리는 네가 그것을 하지 말았어야 했다고 생각한다.
- Entiendo que el problema se puede solucionar con un poco de calma.
  그 문제는 약간의 냉정으로 해결될 수 있다고 나는 생각한다.

entender que + subj. …하더라도 이해하다

- Entiendo que tengas que irte.
  네가 떠나야 한다 해도 나는 이해한다.
- Ahora entiendo que quieras irte de la empresa.
  네가 회사를 그만둔다 해도 나는 이제 이해한다.
- Entiendo que lo hagas, pero no perjudiques a otros para ello.
  네가 그것을 한다 해도 이해해. 그러나 그것 때문에 남에게 폐를 끼치지 마라.
- No entiendo que la gente más fea que yo tenga pareja.
  나보다 못생긴 사람이 짝이 있다는 것을 이해할 수 없다.

entenderse 서로 이해하다, 자신을 알다

- Mis hijos se entienden muy bien.
  나의 자식들은 서로의 마음을 아주 잘 이해한다.
- Hablando se entiende la gente.
  사람들은 대화하면서 서로 이해할 수 있다.
- Yo me conozco muy bien, por eso me entiendo.
  나는 나 자신을 잘 알기 때문에 나 자신을 이해한다.
- Déjame, yo me entiendo.
  나를 내버려둬. 나는 나 자신을 알고 있으니.

entenderse con uno 누구와 (생각 등이) 일치하다, 잘 지내다

- Ellos van a entenderse con su jefe.
  그들은 그들의 상사와 합의를 할 것이다.
- Es mejor que usted se entienda con mi mujer.
  당신은 나의 아내와 합의를 하는 것이 나을 것이다.

- Ellos se entienden muy bien con el director.
  그들은 사장과 마음이 아주 잘 맞는다.
- Pepe se entiende con Anita hace dos años.
  뻬뻬와 아니따는 2년 전부터 연인관계이다.

enterar 알리다, 보고하다

- Estaba enterada de lo ocurrido.
  그녀는 사건을 알고 있었다.
- Debemos enterar a la policía del robo.
  우리들은 도난을 경찰에 알려야 한다.
- El gerente me enteró de la situación de la compañía.
  경영자는 나에게 회사의 상황을 알려 주었다.
- No quise enterar a tu padre de lo ocurrido.
  나는 사건을 네 부친에게 알리고 싶지 않았다.

enterarse de/en algo 무엇을 알다

- Me enteré de lo que pasó ayer.
  나는 어제 일어난 일을 알게 되었다.
- Acabo de enterarme de que Jorge llegó ayer.
  호르헤가 어제 도착했다는 것을 막 알게 되었다.
- No me enteré del asunto hasta que me lo contaron.
  나는 남들이 말해 줄 때까지는 그 일을 알지 못했다.
- Entérate de cuándo sale el tren.
  기차가 언제 떠나는지 알아보세요.

entrar 들어가다, 시작되다

- ¿Se puede entrar?
  들어가도 괜찮습니까?
- Por favor, entre y tome asiento.
  들어와서 앉아주세요.
- La señora entró acompañada de su hija.
  부인은 그녀의 딸과 함께 들어왔다.

- Ha entrado a la cafetería con su mujer.
  그는 아내와 함께 카페테리아에 들어갔다.
- Ya ha entrado la estación de lluvias.
  벌써 우기가 시작되었다.

entrar a uno/algo 누구/무엇을 안에 넣다

- Entra al bebé en el coche.
  아기를 차에 태워.
- Entra el coche en el garaje.
  차를 차고에 넣어.
- No me entran las teorías.
  나는 이론들이 이해되지 않아.
- Esta lección no me entra.
  나는 이 과가 이해되지 않아.

entrar en algo 무엇에 들어가다, 입학하다, 포함되다

- Entraron en la escuela.
  그들은 학교에 들어갔다(입학했다).
- Carlos ha entrado en el hospital.
  까를로스는 입원했다.
- Javier ha entrado en los cuarenta.
  하비에르는 40대가 되었다.
- Juan ha entrado en la adolescencia.
  후안은 청소년이 되었다.
- Me alegro de que hayas entrado en el club.
  네가 클럽에 들어가서 나는 기쁘다.
- El desayuno no entra en el precio del hotel.
  아침식사는 숙박료에 포함되지 않는다.
- Los zapatos no me entran, son muy pequeños.
  구두가 내 발에 들어가지 않습니다. 매우 작습니다.
- Este armario no entra en la habitación, es muy grande.
  이 옷장은 방에 들어가지 않습니다. 매우 큽니다.

E

entregar 양도하다, 건네주다

- ¿Quieres entregarle esta carta?
  그에게 이 편지를 전해주겠니?
- Nos entregaron la llave del piso.
  아파트의 열쇠를 우리에게 주었다.
- No puedo entregarte el documento sin autorización.
  허가 없이는 나는 너에게 서류를 줄 수 없다.

entregarse a uno/algo 누구/무엇에 몸을 맡기다, 몰두하다

- Él se entregó a estudiar.
  그는 공부에 몰두하였다.
- Roberto se entregó a la medicina.
  로베르또는 의학에 몰두했다.
- El ratero se ha entregado a la policía.
  소매치기는 경찰서에 수감되었다.
- Ricardo se entregó a la bebida y las mujeres.
  리까르도는 주색에 빠졌다.
- Pedro es un hombre que se entrega a los amigos.
  뻬드로는 친구들에게 헌신하는 사람이다.
- Se entregaron al estudio durante el verano.
  그들은 여름 동안 학문에 몰두했다.

entretener 즐겁게 하다, 지연시키다, 주의를 끌다

- Tiene habilidad para entretener a los niños.
  그녀에게는 어린이를 즐겁게 하는 재능이 있다.
- Mi hermano las entretuvo, mientras yo compraba unos refrescos.
  내가 음료수를 사는 동안 내 동생은 그녀들을 즐겁게 해주었다.
- Hemos llegado tarde porque el profesor nos entretuvo.
  선생님이 우리를 잡아서 늦게 도착했다.

entretenerse (con algo) (무엇으로) 즐기다, 향락하다

- Yo me entretengo viendo televisión.
  나는 텔레비전을 보며 즐거워한다.

- Los niños se entretienen con las historias del abuelo.
  아이들은 할아버지의 이야기에 즐거워한다.
- El chico se entretiene con su bola de fútbol.
  그 소년은 축구공을 갖고 재미있게 논다.

entrevistar (a uno) (누구를) 인터뷰하다, 회견하다

- El periodista va a entrevistar esta tarde.
  신문기자가 오늘 오후에 인터뷰를 할 것이다.
- Van a entrevistar al actor después de recibir su premio.
  그 배우가 상을 받은 후에 인터뷰할 것이다.
- El reportero ha entrevistado a un ciudadano.
  보도기자가 시민 한명을 취재했다.
- Me entrevistó el director de personal.
  인사부장이 나를 인터뷰했다.

entrevistarse con uno 누구와 인터뷰하다, 회담하다

- Me entrevistaré con el presidente.
  나는 대통령과 인터뷰할 것이다.
- Cecilia se entrevistará con el profesor de su hijo.
  쎄실리아는 아이의 선생님과 면담할 것이다.
- Hoy se entrevistan los ministros de Exteriores europeos.
  오늘 유럽 외무장관들이 회담할 것이다.

enviar a uno/algo 누구/무엇을 보내다

- Hoy enviaremos la mercadería.
  오늘 우리는 상품을 보낼 것이다.
- Han enviado a Juan al supermercado.
  그들은 후안을 슈퍼마켓에 보냈다.
- Te envío mil besos y abrazos.
  무한한 키스와 포옹을 너에게 보낸다.
- La policía lo envió a los tribunales.
  경찰은 그를 법정으로 보냈다.

- Ojalá que pueda enviarte a una buena universidad.
  너를 좋은 대학교에 보낼 수 있으면 좋겠다.

enviar a uno de algo 무엇의 자격으로 누구를 보내다, 파견하다

- Le enviaron de cónsul a un país oriental.
  그를 동양의 한 나라에 영사로 파견했다.
- Me enviaron de reportero para que entrevistara al presidente.
  대통령을 취재하도록 나를 기자로 보냈다.
- ¿A quién enviaron de embajadora? -Enviaron de embajadora a Lola.
  누구를 대사로 보냈니? -롤라를 대사로 보냈어.

envolver 싸다, 포장하다

- Por favor, envuelva los juguetes.
  장난감을 포장해주세요.
- El vendedor envolvió las corbatas y me las dio.
  상인은 넥타이를 포장해서 나에게 주었다.
- Envolvieron todo porque se van a mudar de casa.
  그들은 이사하기 때문에 모든 것을 포장했다.

envolver a uno en algo 누구를 무엇에 끌어들이다

- Envolvieron a Antonio en negocios.
  그들은 안또니오를 사업에 끌어들였다.
- Ella envuelve a su amigo en la contienda.
  그녀는 친구를 싸움에 끌어들인다.
- Han envuelto también en el proceso al hijo del acusado.
  피고의 아들도 소송에 휘말렸다.

envolver con/en algo 무엇으로 싸다, 포장하다

- Después del baño le envolvió con una toalla.
  목욕 후에 그를 타월로 감쌌다.
- La niña envolvió sus juguetes en un periódico.
  소녀는 장난감을 신문지에 쌌다.

- Envolvimos el libro con(en) papel de regalo.
  우리는 책을 포장지로 쌌다.

envolverse con/en algo 무엇으로 몸을 감싸다, 휘말리다

- Se vio envuelto en un negocio ilegal.
  그는 불법 사업에 휘말렸다.
- Ellas se envolvieron en un asunto que las perjudicó.
  그녀들은 자신들에게 상처를 준 일에 휘말렸다.
- Tenía tanto frío que tuvo que envolverse con(en) una manta.
  그는 너무 추워서 모포로 몸을 감싸야 했다.

equivocar algo (con algo) 무엇을 (무엇과) 착각하다, 잘못 알다

- Discúlpeme, equivoqué las palabras.
  용서하세요. 제가 말을 잘못 알아들었어요.
- Yo equivoqué mi paraguas con otro.
  나는 내 우산과 다른 사람 우산을 착각했다.
- Equivocamos la L con la R en el alfabeto español.
  우리는 스페인어 알파벳에서 L과 R을 착각했다.

equivocarse 착각하다

- Perdón, me equivoqué.
  죄송합니다. 제가 착각했습니다.
- Te has equivocado, yo no lo hice.
  네가 착각한 거야. 나는 그 일을 하지 않았어.
- Nos equivocamos con el camino al pueblo.
  우리는 마을로 가는 길을 착각했다.

equivocarse de uno/algo 누구/무엇을 착각하다

- Me equivoqué de tren(autobús).
  나는 기차(버스)를 잘못 탔다.
- Creo que te has equivocado de persona.
  네가 사람을 착각한 것 같다.

- Te equivocaste de día. La cita es para mañana.
  네가 날짜를 착각했어. 약속은 내일이야.
- Ayer me equivoqué de dirección al tomar el metro.
  나는 어제 지하철을 탈 때 방향을 착각했다.

equivocarse en algo 무엇에서 실수하다, 착각하다

- Se equivocaba en la ortografía.
  그는 철자법에서 실수를 했다.
- El camarero del restaurante se equivocó en la cuenta.
  레스토랑 웨이터가 계산서에서 실수를 했다.
- Es posible que Alberto se haya equivocado en sus palabras.
  알베르또가 말실수를 했을 수도 있다.

escapar (con algo/uno) (누구/무엇을 가지고) 도망가다, 탈출하다

- La madre escapó con el niño.
  어머니는 아이와 함께 도망갔다.
- Los ladrones escaparon con el dinero.
  도둑들은 돈을 갖고 도망갔다.
- El prisionero que escapó el lunes, fue capturado el martes.
  월요일에 탈옥한 죄수는 화요일에 붙잡혔다.

escapar de algo 무엇으로부터 도망가다, 탈출하다

- Ha escapado un elefante del zoológico.
  동물원에서 코끼리 한 마리가 탈출했다.
- Los perros guardianes escaparon de la jaula.
  경비견들이 우리에서 빠져나갔다.

escaparse 탈출하다, 새어 나오다

- El perro se escapó.
  개가 달아났다.
- Se me escapó el tren.
  나는 기차를 놓쳤다.

- El gas se escapa por aquí.
  가스가 여기서 샌다.
- Se me ha escapado una palabrota.
  나에게서 거친 말이 튀어나왔다.
- La niña se escapará durante la noche.
  그 소녀는 밤에 도망칠 것이다.
- Es posible que se escape gas de estas rocas.
  이 바위에서 가스가 새어 나올 수도 있다.

escaparse de uno/algo 누구/무엇으로부터 도망치다, 달아나다

- Ellos se escaparán de la ciudad.
  그들은 그 도시에서 도망칠 것이다.
- Los pájaros se escaparon (volando) de la jaula.
  새들이 새장에서 날아갔다.
- Las ideas se me escaparon del cerebro.
  아이디어들이 내 머리에서 사라져버렸다.

escoger 고르다, 선택하다

- Escoge el reloj que más te guste.
  네가 제일 좋아하는 시계를 골라라.
- Escoja cualquiera que quiera usted.
  마음에 드는 것은 아무거나 고르세요.
- Quiero que escojas el camino que seguirás en tu vida.
  나는 네가 너의 인생에서 갈 길을 선택하기를 바란다.

escoger de algo 무엇에서 고르다

- Escoge unas manzanas del cesto.
  바구니에서 사과 몇 개 골라라.
- Escoge de estas frutas la que te guste.
  이 과일 중에서 마음에 드는 걸 골라라.
- Escoga usted lo que quiera de la lista de platos.
  메뉴에서 좋아하시는 것을 고르세요.

escoger entre algo 무엇 중에서 고르다, 선택하다

- Escoja entre ir conmigo o quedarte en casa.
  집에 있을지 나와 함께 갈지 선택하세요.
- Es muy difícil escoger entre tantos libros.
  그렇게 많은 책 중에서 선택하는 것은 매우 어렵다.
- Tienes que escoger entre cinco universidades del oeste.
  너는 서부에 있는 5개 대학 중에서 선택해야 한다.

esconder 숨기다, 감추다

- ¿Dónde escondiste mi libro?
  너는 내 책을 어디에 숨겼니?
- Esa sonrisa esconde mala intención.
  그 미소는 악의를 감추고 있다.
- Hay que esconder el dinero en una caja de fuerte.
  돈을 금고에 숨겨야 한다.

esconderse 숨다

- Se escondió detrás de la puerta.
  그는 문 뒤에 숨었다.
- Me escondí para que no me vieran.
  나는 사람들이 나를 보지 못하도록 숨었다.

escribir (편지를) 쓰다, 저술하다

- ¿Cómo se escribe tu nombre?
  네 이름은 어떻게 쓰니?
- Cuando tú escribes, no entiendo nada.
  네가 글씨를 쓰면, 나는 전혀 못 알아보겠어.
- ¿Quién te escribió? -Mi mujer me escribió.
  누가 너에게 편지를 썼니? -내 아내가 나에게 썼어.
- Miguel de Cervantes escribió *El Quijote*.
  미겔 데 세르반테스가 「돈키호테」를 썼다.

- Este bolígrafo no escribe bien.
  이 볼펜은 잘 써지지 않는다.

escribir de/sobre uno/algo 누구/무엇에 대하여 쓰다

- Javier ha escrito muchos libros de(sobre) historia.
  하비에르는 역사에 대한 책을 많이 썼다.
- ¿Qué han escrito de(sobre) nuestro país?
  그들은 우리나라에 대해서 뭐라고 썼니?
- Este año han escrito mucho del autor.
  금년에 그 작가에 대하여 많은 글을 썼다.

escribirse 서로 편지를 쓰다

- Elena y yo nos escribimos a menudo.
  엘레나와 나는 서로 편지를 자주 쓴다.
- Ellos se escriben en español todos los días.
  그들은 매일 스페인어로 편지를 주고받는다.
- Los buenos amigos no dejan de escribirse.
  좋은 친구들은 서로 편지하는 것을 중지하지 않는다.

escuchar algo 무엇을 듣다

- Escuchen ese ruido extraño.
  이상한 소리를 들어보세요.
- No quiere escuchar razones.
  그는 이유를 듣고 싶어 하지 않는다.
- Escucha en silencio el consejo de tu papá.
  조용히 아빠의 충고를 들어라.
- Quiero que escuches con atención la música.
  나는 네가 음악을 집중해서 들었으면 좋겠어.
- A mi me gusta escuchar las noticias antes de dormir.
  나는 자기 전에 뉴스 듣는 것을 좋아한다.

escuchar a uno 누구의 말을 듣다

- Escúchame, por favor.
  제발 내 말 좀 들어봐.

- Mañana iremos a escuchar a una cantante famosa.
  내일 우리는 유명한 가수의 노래를 들으러 갈 것이다.
- Yo escuché a los congresistas discutir de economía.
  나는 국회의원들이 경제에 대하여 토론하는 것을 들었다.

esforzar 노력하다, 힘을 돋우다

- No te conviene esforzar la vista.
  눈을 무리하게 사용하는 것은 너에게 좋지 않다.
- No esfuerces tu vista, leyendo a oscuras.
  어두운 곳에서 독서하면서 눈을 무리하지 마라.
- Ella esforzó los músculos y ahora le duelen.
  그녀는 근육을 너무 써서 이제는 근육이 아프다.

esforzarse en/por algo 무엇에 노력하다, 힘을 기울이다

- Joaquín se ha esforzado mucho en su negocio.
  호아낀은 사업에 많은 노력을 기울였다.
- Deseo que te esfuerces en(por) tus estudios.
  네가 학업에 노력을 기울였으면 좋겠다.
- Ella se esforzó tanto en(por) su trabajo que el jefe la premió.
  그녀가 너무 열심히 일했기 때문에 사장은 그녀에게 상을 주었다.

esforzarse en/para/por + inf. …하려고 노력하다

- Me esforcé para no dormirme en clase.
  나는 수업 중에 졸지 않으려고 노력했다.
- Voy a esforzarme en(por) bajar algunos kilos.
  나는 체중을 좀 줄이기 위해서 노력하겠다.
- Nos esforzaremos en(por) terminar este trabajo.
  우리는 이 일을 끝내기 위해서 노력할 것이다.
- Ana se esfuerza en(por) obtener las mejores notas en la escuela.
  아나는 학교에서 제일 좋은 성적을 받으려고 노력한다.

espantar a uno 누구를 놀라게 하다

- La situación las espantó.
  그 상황은 그녀들을 놀라게 하였다.

- El relámpago espantó al caballo.
  번개가 쳐서 말이 놀랐다.
- Las noticias espantaron todo el mundo.
  그 뉴스는 모든 사람을 놀라게 했다.

espantar algo 무엇을 쫓아내다, 몰아내다

- Se tomó un café para espantar el sueño.
  그는 잠을 쫓기 위하여 커피를 마셨다.
- No podía espantar el miedo que sentía.
  그는 자신이 느꼈던 두려움을 떨쳐낼 수 없었다.
- Se concentró en su trabajo para espantar los recuerdos de su esposa.
  그는 아내의 기억을 떨쳐내려고 일에 집중했다.

espantarse 놀라다

- Ella no se espanta fácilmente.
  그녀는 쉽게 놀라지 않는다.
- Voy a decirte el precio, pero no te espantes.
  가격을 말해 줄 테니, 놀라지 마라.
- Se espantó al verla tan delgada.
  그는 그녀가 그렇게 마른 것을 보고 놀랐다.

espantarse con/por uno/algo 누구/무엇에 놀라다

- Se espanta por muy poca cosa.
  그는 매우 사소한 일에 놀란다.
- No creo que ella se espante con ese monstruo.
  나는 그녀가 그 괴물에 놀랄 것이라 생각하지 않아.
- Los niños se espantaron con el cuento que el viejo les contó.
  아이들은 노인이 해준 이야기에 놀랐다.

esperar 기다리다, 기대하다

- Espero que sí.
  나는 그러기를 바란다.

E

- Espera un momento.
  잠깐만 기다려.
- Una buena noticia te espera.
  좋은 소식이 너를 기다리고 있어.
- Alicia está esperando su llegada.
  알리시아는 그가 오기를 기다리고 있다.
- Espera, ¿no ves que estoy ocupado?
  기다려. 내가 바쁜 것이 보이지 않아?
- Siento mucho haberte hecho esperar tanto tiempo.
  오래 기다리게 해서 미안해.
- Te espero a las ocho donde siempre.
  항상 만나던 곳에서 8시에 기다릴게.
- Te esperé dos horas y no llegaste.
  2시간동안 너를 기다렸지만 너는 오지 않았어.
- Quien espera mucho desespera más.
  기대가 크면 실망도 크다.
- Ella no esperaba menos de ti.
  그녀는 너에게 아무 것도 기대하지 않았다.
- De ella no puedes esperar ayuda.
  그녀에게 도움을 기대하지 마라.
- Esperamos el taxi. ¿Lo espera también?
  우리는 택시를 기다립니다. 당신도 택시를 기다리나요?
- ¿Qué estás esperando para decírselo?
  그에게 그것을 말해. 뭘 기다리는 거니?
- Eso espero. (Espero que sí.)
  그러기를 바란다.

esperar en uno/algo 누구/무엇에 기대를 걸다, 희망을 두다

- Esperamos en ti.
  우리는 너를 믿는다. (너에게 기대를 걸고 있다.)
- Espero en mi capacidad para salir bien en el examen.
  나는 시험에 합격하기 위하여 나의 능력에 기대를 건다.

- Espero en Dios que se puedan resolver los problemas.
  나는 그들이 문제들을 해결할 수 있도록 신에게 기대를 건다.

esperar + inf. …하기를 기대하다

- Julia espera ganar la lotería.
  훌리아는 복권에 당첨되기를 기대한다.
- Esperamos ganar en el partido de fútbol.
  우리는 축구경기에서 승리하기를 기대한다.
- Esperamos comer puntualmente esta noche.
  우리는 오늘밤에 제 때에 식사하기를 기대한다.
- Espero no haberme olvidado de nada.
  나는 내가 아무것도 잊어버리지 않았기를 바란다.

esperar que + ind. …할 것이라 예상・기대하다

- Esperaba que todos los alumnos vendrían.
  나는 모든 학생들이 올 것이라 기대했다.
- Esperaba que asistirías al bautizo.
  나는 네가 세례식에 참석할 것이라고 예상(생각)했었다.
- Esperaba que obtendrías buenas calificaciones.
  나는 네가 좋은 성적을 받을 거라고 기대했었다.

esperar a que + subj. …하기를 기다리다

- Estaba esperando a que salieran.
  나는 그들이 나가기를 기다리고 있었다.
- Aquí espero a que usted vuelva.
  여기서 나는 당신이 돌아오기를 기다리고 있다.
- Esperaré a que mi mujer salga y después iré a tomar café.
  나는 아내가 나갈 때까지 기다렸다가 커피 마시러 나갈 것이다.

esperar que + subj. …하기를 바라다, 희망하다

- Espero que vuelvas pronto.
  나는 네가 곧 돌아오기를 희망한다.

- ¿Esperabas que te felicitara?
  내가 너를 축하해주기를 바라고 있었니?
- Espero que el avión llegue a tiempo.
  나는 비행기가 제 시간에 도착하기를 바란다.
- Espero que tú tengas éxito en el examen de ingreso.
  나는 네가 입학시험에 합격하기를 바란다.

esperarse 기다리다, 기대하다, 예상하다

- Se esperaron una hora.
  그들은 한 시간 동안 기다렸다.
- No me esperaba eso de él.
  나는 그에게서 그것을 기대하지 않았어.
- La comida no fue tan buena como se esperaba.
  음식은 기대했던 것만큼 좋지 않았다.
- Como se esperaba, el gobierno aumentó los impuestos.
  예상했듯이, 정부는 세금을 올렸다.

establecer 설립하다, 건설하다, 제정하다, 수립하다

- Han establecido una nueva sucursal en la plaza.
  그들은 광장에 새 지점을 개설했다.
- Los fenicios establecieron varias colonias.
  페니키아 사람은 여러 식민지를 건설했다.
- Las leyes establecen que todo ciudadano sea libre.
  법률은 모든 시민이 자유라고 정해 있다.
- Corea estableció relaciones diplomáticas con la Argentina.
  한국은 아르헨티나와 외교 관계를 수립했다.
- Estableció un récord con 10 segundos en la carrera de cien metros lisos.
  그는 백 미터 경주에서 10초의 기록을 세웠다.

establecerse (de algo) (무엇으로) 개업하다, 정착하다

- Se estableció de dentista en Madrid y gana mucho dinero.
  그는 마드리드에서 치과의사로 개업하여 돈을 많이 벌고 있다.

- Ese comerciante se ha establecido en Madrid.
  그 상인은 마드리드에 정착했다.
- Después de varios años viajando se estableció en París.
  그는 수년간 여행한 후에 파리에 정착하였다.

estar …상태이다

- Susana está triste.
  수사나는 슬퍼하고 있다.
- El famoso cantante está muy enfermo.
  그 유명한 가수는 매우 아프다.
- ¿Cómo has estado? -He estado bien.
  어떻게 지냈니? -잘 지냈어.
- Ellos están vivos.
  그들은 살아 있다.
- La sopa está fría.
  수프가 차갑다.
- El cielo estaba nublado.
  하늘에 구름이 끼어 있었다.
- Ahora Miguel está sin trabajo.
  지금 미겔은 실업 중이다.
- Te está grande(pequeña). La 46 te está mejor.
  너에게는 커(작아). 46사이즈가 더 잘 맞아.

estar …에 있다, …에 머무르다

- Mi casa está cerca de la escuela.
  나의 집은 학교 근처에 있다.
- Abre, que Luis está a la puerta.
  문을 열어. 루이스가 현관에 있어.
- Mi madre está en casa hasta las cinco.
  어머니는 5시까지 집에 계십니다.
- ¿Dónde estábamos la clase pasada?
  지난 수업에 어디까지 했지요?

• ¿Cuánto tiempo estarás en Londres?
  런던에 얼마나 머무를 거니?

estar + ger. …하는 중이다

• Está lloviendo a cántaros.
  비가 억수같이 내리고 있다.
• Estaba corriendo para la escuela.
  나는 학교로 뛰어가고 있었다.
• Cállate, el niño está durmiendo.
  아이는 잠을 자고 있으니 조용히 해.
• Los atletas están hablando con el entrenador.
  운동선수들이 코치와 이야기하고 있다.

estar + p.p. …한 상태이다

• Ella está sentada a mi lado.
  그 여자는 내 옆에 앉아 있다.
• Este asiento está ocupado.
  이 좌석은 주인이 있습니다.
• El regalo está envuelto en papel.
  선물은 종이로 포장되어 있다.
• Todas las ventanas estaban cerradas.
  모든 창문이 닫혀 있었다.

estar a/en algo 가격이 얼마이다

• ¿A cómo está el cambio de euro?
  유로화의 환율은 얼마나 됩니까?
• ¿A cuánto está el kilo de cebollas?
  양파 1킬로에 얼마입니까?
• Esta mañana los mangos estaban a 50 pesos cada uno.
  오늘 아침 시장에서 망고 하나의 가격이 50페소였다.
• El precio de los pisos por esta zona está en diez millones de euros.
  이 지역 아파트 시세는 천만 유로이다.

estar a algo 거리가 얼마이다, 기온이 몇 도이다

- ¿A qué distancia estamos de la estación?
  이곳은 역에서 얼마나 떨어져 있습니까?
- Mi pueblo está a dos horas de aquí.
  나의 마을은 여기서 2시간 거리에 있다.
- La escuela está a diez kilómetros de su casa.
  학교는 그의 집에서 10킬로미터 거리에 있다.
- En Madrid estamos a cuarenta grados.
  마드리드의 기온은 40도입니다.

estar a algo 무슨 요일이다, 며칠이다

- Ya estamos a lunes.
  벌써 월요일이다.
- Ya estamos a últimos de año.
  이제 연말이군요.
- ¿A cuántos estamos hoy? (¿A qué día estamos?)
  오늘은 며칠입니까?
- Estamos a 30 de diciembre de 2012.
  오늘은 2012년 12월 30일입니다.

estar en algo 몇 월이다, 무슨 계절이다

- Aquí estamos en primavera.
  이곳은 지금 봄이다.
- ¿En qué mes estamos?
  지금 몇 월이지?
- Por fin, estamos en junio y comienzan las vacaciones.
  드디어 6월이고 방학이 시작된다.

estar con uno/algo 누구/무엇에 일치・동의하다

- Estoy con María.
  나는 마리아에게 동의한다.
- Antes estábamos con el comunismo.
  전에 우리는 공산주의를 찬성했었다.

E

- Estoy contigo en este asunto.
  나는 이 문제에 있어서는 너에게 동의한다.

estar con uno 누구와 살다, 일하다, 관계를 맺다

- A pesar de sus treinta años, todavía está con sus padres.
  그는 30세인데도 불구하고 아직 부모와 살고 있다.
- Aquí estamos con los trabajadores.
  우리는 여기서 노동자들과 일하고 있다.
- Desde hace dos años estoy con Clara.
  나는 2년 전부터 끌라라와 관계를 맺고 있다.

estar de algo 무엇하는 중이다

- Él no vive aquí, solo está de visita.
  그는 여기 사는 것이 아니라, 그저 방문 중이다.
- En la oficina no hay nadie, todos están de vacaciones.
  모두 휴가 중이라 사무실에는 아무도 없다.
- No vamos a quedarnos aquí, solo estamos de paso.
  여기 계속 있으려는 것이 아니라, 단지 지나가는 길이다.

estar de algo 무엇으로 (임시로) 일하다, 행동하다

- Sandra está de periodista.
  산드라는 신문기자로 일하고 있다.
- El estudiante estuvo de camarero.
  그 학생은 웨이터로 일하고 있었다.
- Yo soy profesor, pero hoy estoy de director de la escuela.
  저는 교사지만 오늘은 (임시) 교장입니다.
- Está de repartidor de pizzas a domicilio.
  그는 피자 배달부로 일하고 있다.

estar en algo 무엇에 기초・기반을 두다, 원인・동기이다

- En el trabajo gustoso está la felicidad.
  행복은 즐거운 일을 하는데 있다.

- Ser abogado no está en hablar bien.
  변호사가 되는 것이 말을 잘하기 때문은 아니다.
- El fallo está en la calidad de ingredientes.
  실패는 성분의 품질에 있다.
- El principal problema está en Jesús que no quiere participar.
  주된 문제는 참석하기 싫어하는 헤수스에게 있다.

estar en algo 무엇을 믿다, 이해하다

- Estoy en lo que usted dice.
  당신이 말씀하신 것을 저는 이해합니다.
- Estoy en lo que tú dices, pero no comparto tu opinión.
  네가 말하는 것은 이해하지만, 네 의견에 찬성하지는 않아.

estar en que + ind. …하는 것을 믿다, 이해하다

- Estoy en que vendrá Julia.
  나는 훌리아가 올 것이라고 믿는다.
- Estoy en que te van a conceder la beca.
  나는 네가 장학금을 받을 것이라고 믿는다.

estar en que + ind. …하는데 있다 [3인칭]

- El problema está en que nieva todos los días.
  문제는 매일 눈이 오는 데 있다.
- El problema está en que no trabajas con interés.
  문제는 네가 관심을 갖고 일하지 않는 데 있다.
- La cuestión está en que los griegos no tienen dinero.
  문제는 그리스인들이 돈이 없다는 점에 있다.
- El error está en que les damos casi siempre las mismas comidas.
  잘못은 그들에게 항상 같은 음식을 준다는 데 있다.

estar en que + subj. …할지에 있다 [3인칭]

- La solución está en que vosotros lo hagáis juntos.
  해결책은 너희들이 그 일을 함께 할 것인지에 달려있다.

- El riesgo está en que Alemania rompa las relaciones diplomáticas.
  위험은 독일이 외교 관계를 끊을지도 모른다는 점에 있다.
- La clave está en que la sociedad recupere las ganas de luchar.
  문제의 해결은 협회가 투쟁할 의욕을 회복하느냐에 있다.

estar para + inf. 막 …하려 하다

- Esta fruta está para comer.
  이 과일은 먹을 때가 되었다.
- Estábamos para separarnos.
  우리는 헤어지려 하고 있었다.
- Mira qué oscuridad, está para llover.
  어두워 진 것 좀 봐. 비가 올 것 같아.

estar para algo 무엇을 할 상태이다

- No estamos para fiestas.
  우리는 파티를 할 상태가 아니다.
- No estamos para bromas.
  우리는 농담할 기분이 아니다.
- Yo ya no estoy para esos trotes.
  나는 이제 그런 귀찮은 일을 할 상태가 아니다.

estar por + inf. 막 …하려 하다

- Está por llover.
  비가 오려고 한다.
- Ella está por vender su carro.
  그녀는 이제 막 차를 팔려고 한다.
- Estaba por declararse la guerra.
  전쟁이 선포되려고 했었다.

estar por + inf. 아직 …하고 있지 않다

- La casa está por pintarse.
  집은 아직 페인트칠을 하지 않고 있다.

- La ley está por aprobarse.
  법이 아직 승인되지 않고 있다.
- Este problema está por decidir.
  그 문제는 아직 결정되지 않았다.
- Hoy estoy por salir de casa porque llueve.
  비가 오고 있어서 오늘 나는 아직 외출하지 못하고 있다.

estar por uno/algo 누구/무엇을 좋아하다, 지지하다

- Estoy por el color negro.
  나는 검은 색을 좋아한다.
- Estoy por las comidas japonesas.
  나는 일본 음식을 좋아한다.
- Luis está por el proyecto.
  루이스는 그 계획을 지지한다.
- Miguel está por el partido demócrata.
  미겔은 민주당을 지지한다.
- Estoy por Julio y le apoyaré hasta el final.
  나는 훌리오 편이고, 그를 끝까지 지지할 것이다.

estar que + ind. …하는 상태에 있다

- Pedro está que rabia. (Pedro está rabioso.)
  뻬드로는 화가 나 있다.
- Juan estaba que daba pena. (Juan estaba triste.)
  후안은 슬퍼하고 있었다.
- Anita está que trina.
  아니따는 조바심을 내고 있다.
- Está que no puede con su alma.
  그는 진이 다 빠졌다.
- El agua está que pela.
  물은 델 정도로 매우 뜨겁다.
- He comido cinco bocadillos. Estoy que reviento.
  나는 샌드위치를 다섯 개나 먹었어. 배불러 죽겠어.

estar sin + inf. …하지 않고 있다

- Mi tierra todavía está sin venderse.
  나의 땅은 아직 팔리지 않고 있다.
- El coche estaba sin arreglarse.
  차는 고쳐지지 않고 있었다.

estarse (어떤 상태에) 있다 [강조]

- ¡Estate quieto!
  움직이지 마!
- Ella se está muriendo en su habitación.
  그녀는 자신의 방에서 죽어가고 있다.
- Se estuvo aquí toda la tarde.
  그는 오후 내내 여기 있었다.
- Se estuvo callada dos horas.
  그녀는 두 시간 동안 입을 다물고 있었다.

estimar (a) uno/algo 누구/무엇을 존중하다, 소중히 여기다, 판단하다

- Estimo la vida.
  나는 삶을 존중한다.
- Le estimo como amigo, pero no como médico.
  나는 그를 친구로서 존경하지만 의사로서는 존경하지 않는다.
- Guillermo estimaba a su familia.
  기예르모는 자신의 가족을 소중히 여겼다.
- Ella me estimaba a mí, no a ti.
  그녀는 네가 아니라 나를 소중히 여겼다.
- Estiman necesario subir los precios.
  그들은 가격을 올리는 것이 필요하다고 생각한다.
- No estimo necesario que vayas tú.
  나는 네가 갈 필요가 있다고는 생각하지 않는다.
- Estimamos mucho su colaboración.
  우리는 귀하의 협력에 매우 감사하고 있습니다.
- Rafael estima tanto a Isabel que quiere casarse con ella.
  라파엘은 이사벨을 너무 사랑해서 그녀와 결혼하기를 원한다.

estimar en algo 무엇으로 평가하다, 견적하다

- Han estimado los daños en 35.000 dólares.
  그들은 피해를 35,000달러로 평가했다.
- Los peritos han estimado este cuadro en medio millón de euros.
  전문가들은 이 그림을 50만 유로로 평가했다.

estimarse 예상되다, 자중하다, 자존심을 가지다

- Se estimaba que los precios subirían de nuevo.
  가격이 다시 오를 것이라고 예상하였다.
- Si se estimara no propondría este plan.
  그가 자중한다면 이런 계획을 제안하지 않을 것이다.
- Nadie que se estime haría algo así.
  자존심이 있는 사람은 아무도 그런 일을 하지 않을 것이다.

estrechar 좁히다, 폭을 줄이다, 긴밀하게 하다

- Le estreché la mano.
  나는 그와 악수했다.
- Antonio estrechó a su novia entre los brazos.
  안또니오는 양팔로 애인을 끌어안았다.
- Estrecharon la calle principal.
  그들은 큰 길을 좁혔다.
- La modista me ha estrechado el vestido pues me venía ancho.
  드레스가 나에게 컸기 때문에 디자이너가 드레스를 줄여주었다.
- La desgracia estrechó más a la familia.
  불행은 가족을 더욱 뭉치게 했다.
- Se decidió estrechar las relaciones existentes entre los dos países.
  기존의 양국 관계를 긴밀하게 하기로 결정했다.

estrecharse (서로) 좁히다, 친해지다, 제휴하다

- Si os estrecháis un poco, podré sentarme con vosotros.
  너희들이 좀 좁히면 내가 너희들과 함께 앉을 수 있을 거야.
- Se estrechan más los vínculos amistosos que unen dos países.
  양국을 이어주는 유대가 더 긴밀해진다.

E

estrecharse (en algo) (무엇의) 비용을 줄이다

- Me estreché en los gastos del hogar.
  나는 생활비를 줄였다.
- Siempre me estrecho a fines del año.
  나는 항상 연말에 지출을 줄인다.
- Nos hemos estrechado mucho este mes.
  우리는 이 달에 많이 긴축했다.

estrenar 처음으로 쓰다 · 입다, 개막 · 개봉하다

- Hoy estrenaré este traje que me han regalado.
  나는 오늘 선물로 받은 이 옷을 처음으로 입을 것이다.
- Hoy estreno zapatos, ¡espero que no acaben con mis pies!
  오늘 처음 이 구두를 신는데, 내 발이 아프지 않았으면 좋겠다.
- La compañía de teatro estrenó una comedia musical ayer.
  극단은 어제 뮤지컬코미디를 개막했다.
- Hoy estrenan en Madrid su nueva película.
  오늘 마드리드에서 그의 새 영화가 개봉된다.

estrenarse 개막 · 개봉되다, 데뷔하다

- ¿Cuándo se estrena esta película en Corea?
  이 영화는 한국에서 언제 개봉됩니까?
- El actor se estrenó con esta obra.
  그 배우는 이 작품으로 데뷔했다.
- Hoy me he estrenado como cantante.
  오늘 나는 가수로 데뷔했다.
- Rafael se estrenó como abogado.
  라파엘은 변호사로 첫발을 내딛었다.

estudiar 공부하다, 연구하다

- He estudiado ocho horas en la biblioteca.
  나는 도서관에서 8시간 공부했다.
- Ellos estudian inglés y español.
  그들은 영어와 스페인어를 공부한다.

- Estamos estudiando para el examen.
  우리는 시험공부를 하고 있다.
- Su propuesta es interesante, la estudiaré.
  당신의 제안은 흥미롭군요. 그것을 검토해보겠습니다.

estudiar para (ser) algo 무엇이 되기 위하여 공부하다

- Jorge estudió para (ser) dentista.
  호르헤는 치과의사가 되기 위해 공부했다.
- ¿Cuántos años se estudia para (ser) abogado?
  변호사가 되려면 몇 년이나 공부합니까?

estudiar para + inf. …하기 위하여 공부하다

- Lola estudia para ganar mucho dinero.
  롤라는 돈을 많이 벌기 위하여 공부한다.
- Estudia para llegar a ser una buena abogada.
  그녀는 훌륭한 변호사가 되기 위하여 공부하고 있다.

examinar 조사・검사하다, 진찰하다

- Examinaré detenidamente tu proposición.
  나는 너의 제안을 상세히 조사해 보겠다.
- Ella examinó una a una todas las solicitudes presentadas.
  그녀는 제출된 신청서를 모두 하나하나 검토하였다.
- La policía examinó el lugar donde se cometió el robo.
  경찰은 도난사건이 발생한 장소를 조사했다.
- Fui al hospital a que me examinara el médico.
  나는 의사의 진찰을 받기 위해 병원에 갔다.

examinar (de algo) (무슨) 시험을 실시하다

- En el colegio examinarán a final de curso.
  학교에서 학기말에 시험을 실시할 것이다.
- Mañana el profesor nos examinará de matemáticas.
  선생님은 내일 우리에게 수학시험을 실시할 것이다.

- Van a examinar a los estudiantes de español.
  학생들에게 스페인어 시험을 실시할 것이다.

examinarse de algo 무슨 시험을 보다

- El miércoles me examino de historia de España.
  나는 수요일에 스페인 역사 시험을 본다.
- Me pongo nervioso cuando me examino de matemáticas.
  나는 수학시험을 보게 되면 예민해진다.
- Mañana me examino del práctico del carnet de conducir.
  나는 내일 운전면허 실기시험을 볼 것이다.

excitar 자극하다, 흥분시키다, 선동하다

- El ruido me excita los nervios.
  소음은 나의 신경을 자극한다.
- El café me excitó y no podía dormir.
  커피가 나를 자극해서 나는 잠을 잘 수가 없었다.
- No excites al niño porque lo voy a acostar.
  지금 아이를 재울 거니까 아이를 자극하지 마.
- Su riqueza excitó la envidia de sus compañeros.
  그의 부는 동료들의 시샘을 불러일으켰다.
- El ejercicio excita la circulación de la sangre.
  운동은 혈액 순환을 촉진한다.
- El estado anárquico excitó a los militares a la rebelión.
  무정부 상태가 군인들을 반란으로 몰아댔다.
- El movimiento excitó los sensores y sonó la alarma.
  동작이 센서를 자극해서 알람이 울렸다.

excitarse 흥분하다

- No te excites tanto, conserva la calma.
  너무 흥분하지 말고 진정해.
- Se excitó demasiado viendo el partido.
  그는 경기를 보면서 너무 흥분했다.

- La niña se excitó con los medicamentos y empezó a llorar.
  소녀는 약 때문에 흥분하여 울기 시작했다.

excluir de algo 무엇에서 배제・제외하다

- Lo hemos excluido del viaje.
  우리는 여행에서 그를 제외하였다.
- Excluyeron dos líneas del texto.
  그들은 텍스트에서 두 줄을 제외했다.
- El entrenador me excluyó del equipo.
  코치는 나를 팀에서 제외하였다.

excusar a uno 누구를 용서하다

- Ella me excusó.
  그녀는 나를 용서했다.
- Excúsame, no te había oído.
  미안해. 네 말을 듣지 못했어.

excusar a uno de algo 누구에게 무엇을 면제하다

- Te excuso hoy de la limpieza.
  오늘은 너에게 청소를 면제해 주겠다.
- Lo excusaron del servicio militar.
  그는 군복무를 면제받았다.
- Te excuso de ir a la compra porque estás muy cansado.
  네가 피곤하니까 물건 사러가는 것을 면제해주겠어.

excusarse de/por algo 무엇을 사과하다

- Se excusó por su tardanza.
  그는 자신이 늦은 것을 사과했다.
- Se han excusado de su comportamiento.
  그들은 자신의 행동에 대해서 사과하였다.
- Nos excusamos de nuestras malas acciones.
  우리는 우리의 나쁜 행동에 대하여 사과하였다.

E

excusarse de/por + inf. …한 것에 대해 사과하다

- Me excuso de haber llegado tarde.
  나는 늦게 도착한 것을 사과한다.
- Se excusó de haberlo hecho.
  그는 그 일을 한 것에 대하여 용서를 구하였다.
- Se excusó con su profesor por llegar tarde a la clase.
  그는 수업에 지각한 것에 대해 선생님께 용서를 구했다.
- Me excusé por haberle golpeado.
  나는 그를 때린 것에 대해 사과했다.

exigir 요구・요청하다

- Le exigí el pago de la deuda.
  나는 그에게 빚을 갚으라고 요청했다.
- El pobre joven exigió protección.
  불쌍한 청년은 보호를 요청했다.
- Esta operación exige mucho cuidado.
  이 수술은 많은 주의를 요한다.

exigir que + subj. …하라고 요구・요청하다

- Me exige que le pague por adelantado.
  그는 나에게 선불로 지불해 달라고 요구한다.
- Le exigí que me comprara una bicicleta.
  나는 그에게 자전거를 사달라고 요구했다.
- Exigió que las tropas invasoras se retiraran.
  그는 침략군이 철수해 줄 것을 요청했다.

existir 존재하다, 지속하다

- Yo pienso, luego existo.
  나는 생각한다. 고로 존재한다.
- Dicen algunos científicos que en el espacio existen otros seres vivos.
  어떤 과학자들은 우주에 다른 생명체가 존재한다고 말한다.
- Esta ley existe desde hace diez siglos.
  이 법률은 10세기 전부터 존재하고 있다.

explicar 설명・해명하다, 가르치다

- Si no lo entiendes, te lo explico otra vez.
  네가 그것을 이해하지 못한다면 그것을 다시 설명해주겠다.
- El profesor nos explica cómo funciona el motor.
  교수는 그 모터가 어떻게 작동하는지를 우리에게 설명한다.
- Todo lo que usted explica está en este libro.
  당신이 설명한 모든 것은 이 책에 나와 있다.
- Explica literatura en la universidad.
  그는 대학에서 문학을 가르친다.

explicarse 납득이 가다, 마음을 털어 놓다

- ¡Ahora me lo explico!
  이제 알겠다!
- No me explico por qué estás enojado conmigo.
  네가 왜 나한테 화를 내고 있는지 난 이해하지 못하겠다.
- Todavía no me explico por qué me han suspendido.
  내가 왜 낙제했는지 아직 나는 납득이 가지 않는다.
- Aún es pequeño y no se explica bien.
  그는 아직 어려서 자신을 생각을 이해시키지 못한다.
- Explícate mejor, que no consigo entenderte.
  너를 이해하지 못하겠으니 네 생각을 잘 설명해봐.

exponer 표명하다, 전시・출품하다

- La editorial expuso nuevos libros.
  출판사는 새 책들을 출간하였다.
- Exponga usted su idea con más claridad.
  당신의 생각을 더 명확하게 표명해주세요.
- No tuve oportunidad de exponer mi punto de vista.
  나는 견해를 표명할 기회가 없었다.
- El pintor ha expuesto sus cuadros en la galería de arte.
  화가는 화랑에 자신의 그림들을 전시했다.
- No debes exponer esto al sol.
  이것을 햇볕에 쬐어서는 안 된다.

E

exponerse a algo 무엇에 노출하다

- Me expuse al ridículo.
  나는 야유를 받았다.
- Nos expusimos al peligro.
  우리는 위험에 노출되었다.
- No es bueno exponerse tantas horas al sol.
  너무 오래 햇볕을 쬐는 것은 좋지 않다.

exponerse a + inf. …할 위험에 노출되다

- Con su actitud se expone a sufrir un castigo.
  그의 태도로 그는 벌 받을 가능성이 있다.
- Tú te expones a perder el oído con esa música.
  너는 그 음악을 들으면 청력을 잃을 수 있다.
- Haciendo eso te expones a perder todos tus bienes.
  그런 일을 하면 너는 전 재산을 잃게 될 수 있다.
- Si conduces demasiado rápido, te expones a tener un accidente.
  네가 과속하면 사고를 당할 수 있어.

expresar 표현하다

- Su sonrisa expresaba satisfacción.
  그녀의 미소는 만족을 표현하고 있었다.
- Expresó una opinión muy interesante.
  그는 아주 흥미로운 의견을 말하였다.
- Creo que no ha expresado su opinión.
  나는 그가 의견을 표현하지 않았다고 생각한다.
- A veces es necesario expresar los sentimientos.
  때때로 감정을 표현하는 것이 필요하다.
- El cuadro expresa claramente el temor a la soledad.
  그 그림은 고독에 대한 두려움을 명확하게 표현한다.

expresarse (자신의 생각・감정을) 표현하다

- A veces no me expreso bien.
  가끔 나는 생각을 잘 표현하지 못한다.

- Ella no sabe expresarse bien.
  그녀는 자신의 감정을 잘 표현할 줄 모른다.
- Se expresaba en un inglés correctísimo.
  그는 매우 정확한 영어로 표현하곤 했다.

expulsar (de algo) (무엇으로 부터) 추방하다, 쫓아내다

- Lo expulsaron del colegio.
  그는 퇴학당했다.
- Es lamentable que la expulsen de este país.
  그녀를 이 나라에서 추방하다니 유감스럽다.
- Le han expulsado porque no pagaba el alquiler.
  그는 집세를 내지 않아서 쫓겨났다.
- Expulsaron del cine el borracho porque molestaba a la gente.
  술 취한 사람이 사람들을 귀찮게 했기 때문에 극장에서 쫓겨났다.

extender 펼치다, 늘리다, 넓히다, 발행하다

- La señora extendió el abanico.
  그 부인이 부채를 펼쳤다.
- Extendieron un mapa sobre la mesa.
  그들은 탁자 위에 지도를 펼쳤다.
- Extendieron su dominación hasta la India.
  그들의 지배를 인도까지 넓혔다.
- El Ayuntamiento extiende el carnet de identidad.
  시청이 주민등록증을 발행한다.

extenderse 퍼지다, 번지다, 유포되다, 드러눕다

- La cordillera se extiende de este a oeste.
  산맥은 동쪽에서 서쪽으로 펼쳐져 있다.
- El gas tóxico se extendió rápidamente.
  독가스는 급속하게 퍼졌다.
- El rumor se extendió rápidamente.
  소문은 급속히 퍼졌다.

E

- Se extendió en el sofá a descansar.
  그는 쉬려고 소파에 드러누웠다.

extenderse por algo 무엇에 퍼지다, 펼쳐지다

- Los artículos se extienden por cinco páginas.
  기사가 다섯 페이지에 걸쳐 실려 있다.
- Las noticias se extendieron por todo el país.
  그 소식은 나라 전체에 퍼졌다.
- Sus fincas se extienden por cuatro kilómetros.
  그의 농장은 4킬로미터에 걸쳐 펼쳐져 있다.
- La epidemia se extendió por todo el pueblo.
  전염병이 온 마을에 퍼졌다.

extrañar a uno/algo 누구/무엇을 그리워하다

- Extraño a mi novia.
  나는 애인이 그립다.
- Extrañaba su ciudad.
  그는 그가 살던 도시를 그리워했다.
- Te extrañé mucho cuando estuve en España.
  내가 마드리드에 있을 때 네가 매우 그리웠어.

extrañar algo 무엇에 익숙하지 않다

- No pude dormir porque extrañaba mi almohada.
  나는 베개가 익숙하지 않아 잠을 잘 수 없었다.
- He extrañado la cama y el colchón.
  나는 침대와 매트리스가 익숙하지 않았다.
- Es normal que la primera noche en un sitio nuevo extrañes la cama.
  새로운 장소에서 첫날밤에 네가 침대에 익숙하지 않은 것은 정상이다.

extrañar a uno 누구를 의아하게 하다

- Eso no me extraña.
  나는 별로 놀랍지 않아.

- ¡Me extraña mucho!
  참 이상하군!
- Nos extraña verte aquí.
  우리가 여기서 너를 보다니 놀랍군.

extrañar a uno que + subj. …하는 것이 누구를 놀라게 하다 [3인칭]

- Me extraña que no lo sepas.
  네가 그것을 모르다니 이상하다.
- Me extraña que él sea culpable.
  그가 유죄라니 놀랍다.
- Me extraña que no haya venido todavía.
  그가 아직 오지 않았다니 이상하다.
- No me extraña que diga eso.
  그가 그런 말을 한다 해도 나는 이상하지 않다.
- Me extraña que ellos sean abogados.
  그들이 변호사라니 나는 놀랍다.

extrañarse de que + subj. …하다니 놀랍다, 이상하다

- Él se extraña de que el niño haya crecido tanto.
  그는 그 아이가 그렇게 많이 자란 것을 이상하게 여긴다.
- Me extraño de que haya nevado en verano.
  여름에 눈이 오다니 이상하다.
- Nos extrañamos de que tú no quieras ir con nosotros.
  네가 우리와 함께 가기 싫어하다니 우리는 이상하다.
- Me extraño de que no lo creas.
  네가 그것을 믿지 않다니 나는 이상하다.
- Se extrañó de que le suspendieran.
  그는 낙제당한 것이 이상했다.
- Se extrañó de que no le hubieran avisado.
  그들이 그에게 알리지 않아서 그는 놀랐다.

F

fabricar 만들다, 생산하다

- Fabrican automóviles en esta fábrica.
  이 공장에서는 자동차를 제조하고 있다.
- En esta empresa fabrican muebles de oficina.
  이 기업에서는 사무용 가구를 생산한다.
- La compañía fabrica un nuevo producto cada año.
  회사는 매년 신제품을 생산한다.
- Las golondrinas han fabricado un nido en el alero.
  제비는 처마에 둥지를 틀었다.

faltar uno/algo 누구/무엇이 없다, 부족하다

- Aquí faltan dos cucharas.
  여기 수저가 두 개 모자란다.
- En esta revista faltan seis páginas.
  이 잡지에 여섯 페이지가 없다.
- En su familia falta la madre.
  그의 가정에는 어머니가 (돌아가셔서) 안 계신다.
- Faltan dos estudiantes en la escuela.
  학교에 학생 2명이 없다.

faltar a uno algo 누구에게 무엇이 없다, 부족하다, 필요하다

- Me falta el libro que me prestaste.
  네가 빌려준 책이 보이지 않아.
- Me falta tiempo para dormir.
  나에게 잠잘 시간이 부족하다(필요하다).
- ¿A Carlos le falta dinero? -No, no le falta dinero.
  까를로스는 돈이 필요하니? -아니, 그는 돈이 필요하지 않아.

- Devolví el libro a la librería porque le faltaban unas hojas.
  책에 몇 장이 없어서 서점에 책을 반품했다.
- Le falta alguien que la aconseje.
  그녀에게 충고해줄 누군가가 필요하다.

faltar a algo 무엇에 빠지다, 결석하다, 어기다

- Mi amigo faltó a clase cuatro días.
  내 친구는 4일 동안 수업에 빠졌다.
- Te aconsejo que no faltes a la reunión.
  나는 너에게 모임에 빠지지 말라고 충고한다.
- Quiero que no faltes a la fiesta de esta noche.
  오늘밤 파티에 네가 빠지지 않기를 바란다.
- Faltaste a tu palabra.
  너는 약속을 어겼다.
- Sara ha faltado al trabajo y a su cita con el abogado.
  사라는 직장에 오지 않았고 변호사와의 약속도 지키지 않았다.

faltar de algo 무엇에 없다, 부재중이다

- Ha faltado de su casa dos días.
  그는 2일 동안 집에 없었다.
- Falta de su casa desde hace quince días.
  그는 15일전부터 그의 집에 없다.
- Falta dinero de la caja.
  상자에서 돈이 없어졌어.

faltar en algo 무엇에 없다, 부족하다

- El café no puede faltar en el desayuno.
  아침식사에서 커피를 빼놓을 수 없다.
- Ha tratado de no faltar en lo moral.
  그는 도덕적인 면에서 부족하지 않으려고 노력했다.
- Fue amonestado porque faltó en su ética.
  그는 윤리적인 면에서 부족했기 때문에 충고를 받았다.

faltar algo para algo 어디까지는 무엇이 부족하다

- Falta mucho para Navidad.
  크리스마스까지는 아직 멀었다.
- Falta poco para las diez.
  거의 10시가 다 되었다.
- Faltan tres días para las vacaciones.
  방학까지는 3일이 남았다.

faltar algo para + inf. …하기에 무엇이 부족하다

- Me faltó poco para caer.
  나는 하마터면 넘어질 뻔 했다.
- Le faltó poco para ahogarse.
  그는 하마터면 익사할 뻔 했다.
- Me falta un millón de euros para comprar el edificio.
  그 건물을 구입하려면 100만 유로가 부족하다.
- Nos faltan 20 kilómetros para llegar a Madrid.
  우리가 마드리드에 도착하려면 20킬로미터 남았다.
- Me faltan palabras para expresarle mi agradecimiento.
  나의 고마운 마음을 표현할 말을 찾지 못하겠다.

faltar algo para que + subj. …하기에 무엇이 부족하다

- Faltan cinco minutos para que empiece.
  시작하려면 5분 남았다.
- ¿Falta mucho para que llegue ella?
  그녀가 도착하려면 아직 멀었는지요?
- Poco faltó para que él me pegara.
  그는 거의 나를 칠 뻔 했다.
- Faltó poco para que ganaran.
  그들이 거의 이길 뻔했다.

faltar por + inf. …할 필요가 있다

- Falta por pintar el frente de la casa.
  집의 정면을 페인트칠할 필요가 있다.

- Nos faltaba por estudiar la gramática.
  우리는 문법을 공부하는 것이 필요했다.

fatigar a uno 누구를 피곤하게 하다, 괴롭히다

- Nos fatiga el ruido de los aviones.
  비행기 소음이 우리를 괴롭힌다.
- Me fatiga nadar a larga distancia.
  장거리를 수영하는 것은 나를 힘들게 한다.
- Me fatigas con tus preguntas.
  너는 질문으로 나를 괴롭힌다.
- El estudio fatigó a los alumnos.
  공부가 학생들을 피곤하게 했다.

fatigarse de/por + inf. …하는 것에 지치다, 피곤하다

- Se fatigaron de trabajar al aire libre.
  그들은 야외에서 일하는 것에 지쳤다.
- Es probable que se haya fatigado de estudiar.
  그는 공부하는 것에 지쳤을 것이다.
- Mi madre se fatiga por andar media hora.
  어머니는 30분 동안 걸어서 지치셨다.

felicitar a uno por algo 누구를 무엇 때문에 축하하다

- Le felicité por sus buenas notas.
  나는 그가 좋은 성적을 받아서 축하해 주었다.
- Luis felicitó a Ana por su cumpleaños.
  루이스는 아나의 생일을 축하해주었다.
- Te felicito sinceramente por tu ingreso a la universidad.
  너의 대학입학을 진심으로 축하한다.

fiar 외상으로 팔다, 믿고 맡기다

- Yo vendo al contado, no fío.
  나는 현찰로 판매하지, 외상은 하지 않는다.

- Le fiaron las bebidas.
  그는 외상으로 음료수를 샀다.
- Cuando salieron de viaje, mis vecinos me fiaron su perro.
  나의 이웃들은 여행을 떠날 때, 그들의 개를 나에게 믿고 맡겼다.
- Te voy a fiar mi problema, por favor, guárdalo como un secreto.
  너를 믿고 내 문제를 털어놓을 테니, 부탁인데, 비밀로 해줘.

fiarse de uno/algo 누구/무엇을 믿다, 신뢰하다

- No me fío de ti.
  나는 너를 믿지 않아.
- No me fío de lo que dice.
  나는 그가 말하는 것을 믿지 않는다.
- No hay que fiarse de algunas noticias periodísticas.
  일부 신문 기사는 믿으면 안 된다.
- Puedes darle el dinero a Juan, pues yo me fío de él.
  너는 후안에게 돈을 줘도 돼. 내가 그를 보증해.
- ¿Te fías de Alberto? -No, no me fío de él. No me fío de nadie.
  너는 알베르또를 믿니? -아니, 나는 그를 믿지 않아. 나는 아무도 믿지 않아.
- No me fío de que cumpla su promesa.
  나는 그가 약속을 지킬 것이라고 믿지 않는다.

fijar (en algo) (무엇에) 고정하다, 정하다

- Fija tu móvil en vibrador.
  핸드폰을 진동으로 해.
- Vamos a fijar la fecha de la boda.
  우리는 결혼식 날짜를 잡을 것이다.
- Fijaremos el precio la semana que viene.
  우리는 다음 주에 가격을 정할 것이다.
- Fija la vista en este punto y escúchame.
  이 점에 시선을 고정하고 내 말을 들어.
- Fijó la mirada en los ojos de la chica.
  그는 소녀의 눈에 시선을 고정했다.

- Fijamos el televisor en la mesa para que no se caiga.
  우리는 TV가 넘어가지 않도록 테이블에 고정했다.

fijarse en algo 무엇에 고정되다, 무엇에 주의를 기울이다

- La bala se fijó en la pared.
  총알이 벽에 박혔다.
- No me había fijado en su pelo.
  나는 그의 머리카락에 관심을 두지 않았다.
- Fíjate en los detalles de la pintura.
  그림의 세세한 부분을 주의해서 봐라.
- El intenso dolor se le ha fijado en la espalda.
  심한 고통이 그의 등에서 느껴졌다.

fingir 짐짓 꾸미다, 척하다

- Fingieron alegría cuando llegaron sus amigos.
  친구들이 도착했을 때 그들은 기쁜 척했다.
- Fingió un gran dolor de cabeza para no ir al colegio.
  그는 학교에 가지 않으려고 머리가 매우 아픈 척했다.
- Yo fingí que no lo sabía.
  나는 그것을 모른 척했다.

fingir + inf. …하는 것처럼 꾸미다

- El niño fingió estar estudiando.
  어린이는 공부하는 시늉을 했다.
- Mi amigo fingía ser millonario.
  내 친구는 백만장자인 것처럼 행동했었다.
- Yo fingí dormir cuando mi mujer entró en la habitación.
  나의 아내가 방으로 들어왔을 때, 나는 잠자는 척했다.
- Aunque la llamé, fingió no oír.
  내가 그녀를 불렀지만, 그녀는 못 들은 척했다.
- Como no quería salir, fingió estar enfermo.
  그는 나가고 싶지 않았기 때문에, 아픈 척했다.

fingirse …인 척하다

- Se fingió amigo.
  그는 친구인 척했다.
- La mujer se fingía abogada.
  여자는 변호사인 척 했다.
- Se fingió enfermo para no trabajar.
  그는 일을 하지 않으려고 아픈 척했다.

firmar 서명하다, 조인하다

- Haga usted el favor de firmar este recibo.
  이 영수증에 서명해 주십시오.
- No se debe firmar nunca un escrito sin leerlo.
  서류를 읽지 않고 절대로 서명해서는 안 된다.
- Los dos firmaron el contrato ante un abogado.
  두 사람은 변호사가 보는 앞에서 계약서에 서명했다.
- El contrato se ha firmado entre Rafael y Pepe.
  라파엘과 뻬뻬 사이의 계약이 성립되었다.
- Se ha firmado un acuerdo sobre el precio.
  가격에 대한 합의가 성립되었다.
- Los dos países firmaron un tratado de alianza.
  양국은 동맹 조약에 서명했다.

formar 만들다, 형성하다, 구성하다

- Ella formó parte del coro.
  그녀는 합창단의 멤버가 되었다.
- Todos los niños formaron un círculo.
  모든 아이들은 원을 만들었다.
- Formaremos una tertulia diferente.
  우리는 다른 동아리를 만들 것이다.
- Han formado entre varios amigos una compañía.
  그들은 몇 사람의 친구들로 회사를 설립했다.
- Esta escuela ha formado muchos hombres útiles.
  이 학교는 많은 유용한 인물들을 육성해 왔다.

F

formarse 성장하다, 형태가 이루어지다

- Se formó con el ejemplo de su padre.
  그는 아버지를 본보기로 하여 성장했다.
- Mi hija se formó en una magnífica universidad.
  나의 딸은 훌륭한 대학에서 교육받았다(졸업했다).
- Al atardecer se formaron nubes sobre el mar.
  해질녘에 바다 위에 구름이 형성되었다.

forzar a uno/algo 누구를 폭행하다, 무엇을 강제로 열다

- Fue juzgado y condenado porque forzó a una mujer.
  여자를 폭행했기 때문에 재판을 받고 형을 선고받았다.
- El ladrón forzó la puerta.
  도둑은 강제로 문을 열었다.
- Los ladrones forzaron la casa.
  도둑들은 그 집에 강제로 들어갔다.

forzar a uno a + inf. 누구를 강제로 …하게 하다

- Mi madre me fuerza a comer carne.
  어머니는 나에게 강제로 고기를 먹게 하신다.
- La autoridad le forzó a salir del pueblo.
  당국은 그를 강제로 마을에서 나가게 했다.
- Nadie puede forzarme a hacer lo que no quiero.
  어느 누구도 내가 하기 싫은 일을 나에게 강요할 수 없다.

fumar 담배피우다

- ¿Se permite fumar?
  담배를 피어도 됩니까?
- Ha dejado de fumar, pero va a volver a fumar.
  그는 담배를 끊었지만, 다시 담배를 피우게 될 것이다.
- Antes yo bebía y fumaba mucho.
  전에 나는 술과 담배를 많이 했었다.
- Usted fuma como una chimenea.
  당신은 마치 굴뚝처럼 담배를 많이 피우십니다.

fumarse 담배피우다, 쉬다, 다 써버리다

- Juan se fuma un paquete de cigarrillos diariamente.
  후안은 매일 담배 한 갑씩 피운다.
- Hoy se fumó la clase.
  오늘 그는 학교를 쉬었다.
- Se fumó la paga del mes.
  그는 월급을 다 써 버렸다.

funcionar 작동하다, 잘 나가다

- Mi ordenador no funciona.
  내 컴퓨터가 고장 났다.
- No sé por qué el coche no funciona.
  자동차가 왜 작동하지 않는지 모르겠다.
- Nuestra relación funciona porque nos respetamos.
  우리는 서로 존중하기 때문에 우리 관계는 좋다.
- Los planes funcionaron como esperábamos.
  계획은 우리가 예상했던 대로 진행되었다.

fundar 세우다, 수립하다

- El gobierno fundará un nuevo banco.
  정부는 새 은행을 설립할 것이다.
- La junta directiva decidió fundar un asilo para ancianos.
  이사회는 노인을 위한 요양원을 세우기로 결정했다.
- Los españoles fundaron la ciudad de Lima.
  스페인사람이 리마시를 건설했다.

fundarse en algo 무엇에 의거하다, 근거를 두다

- ¿En qué te fundas para decir esto?
  너는 무슨 근거로 이런 말을 하는 거야?
- La decisión del juez se fundó en la evidencia.
  판사의 결정은 증거에 의한 것이었다.
- Creía que tus palabras se fundaron en la verdad.
  나는 너의 말이 진실에서 나온 것이라고 믿었었다.

• Me fundo en esto para decírselo.
제가 당신께 그것을 말씀드리는 것은 이것에 의해서입니다.

fundir 녹이다, 합치다

• Han fundido sus compañías en una.
그들은 회사들을 하나로 합병하였다.

• Ella y yo fundimos nuestros ahorros para comprar un piso.
그녀와 나는 아파트를 사기 위하여 저금을 합쳤다.

• El platero funde la plata en un crisol muy pequeño.
은세공사는 은을 아주 작은 도가니에 녹인다.

fundirse 녹다, 융합되다, 합체되다

• Con el sol, la nieve se funde.
햇빛을 받아 눈이 녹는다.

• El motor del coche se fundió al recalentarse.
자동차 엔진이 과열되면서 녹아버렸다.

• Se fundieron los dos negocios en uno.
두 사업이 하나로 합병되었다.

G

ganar 이기다, 벌다, 향상되다

- ¿Quién ganó? -Yo gané dos a cero.
  누가 이겼어? -내가 2대 0으로 이겼어.
- Le gané a Alberto por tres puntos.
  내가 알베르또를 3점차로 이겼어.
- Nuestro equipo ganó el partido de fútbol.
  우리 팀이 축구 경기에서 이겼다.
- Yo quiero trabajar y ganar.
  나는 일을 해서 돈을 벌고 싶다.
- Ganó fama y fortuna.
  그는 명예와 부를 얻었다.
- Luis gana quinientos euros por día haciendo traducciones.
  루이스는 번역을 해서 하루에 500유로 번다.
- Los soldados ganaron el castillo del enemigo.
  군사들은 적군의 성을 점령했다.
- Ganaron el pico del Everest tras un duro ascenso.
  그들은 힘든 오르막 후에 에베레스트 정상에 올랐다.
- Ganas mucho cuando sonríes.
  너는 웃을 때 더 예뻐.

ganar a uno en algo 무엇에서 누구보다 뛰어나다

- Le ganas en estatura.
  네가 그보다 키가 더 크다.
- Él me gana en todo.
  그는 모든 면에서 나보다 뛰어나다.
- Enrique me gana en dibujo(matemáticas).
  엔리께는 그림(수학)에서 나보다 뛰어나다.

ganar con algo 무엇 때문에 향상되다, 좋아지다

- El salón ha ganado mucho con estos cambios.
  이 변화로 거실이 좋아졌다.
- Ha ganado mucho con el nuevo peinado.
  그녀는 새 헤어스타일로 훨씬 좋아졌다.
- Con ese corte de pelo ganas mucho, pareces más joven.
  머리를 잘라서 훨씬 좋아졌어. 더 젊어 보여.
- Ganó mucho con su estancia en Moscú.
  그는 모스크바에 있었기 때문에 많은 것을 얻었다.

ganarse …을 벌다, 받다

- Se gana la vida enseñando piano.
  그녀는 피아노를 가르쳐서 생활비를 벌고 있다.
- Se ganó el premio por trabajar mucho.
  그는 열심히 일해서 상을 받았다.
- Por sus acciones se ganó el odio de todos.
  그의 행동 때문에 모두의 미움을 샀다.

gastar (en uno/algo) (누구/무엇에 돈・시간 등을) 쓰다

- Gasté mucho dinero en libros.
  나는 책 사는데 돈을 많이 썼다.
- He gastado en Susana mucho dinero.
  나는 수사나에게 많은 돈을 썼다.
- Gastó en comer y nada más.
  그는 먹을 것 말고는 아무것에도 돈을 쓰지 않았다.
- En mi casa gastamos mucha agua.
  우리 집에서는 물을 많이 사용한다.

gastar algo 무엇을 사용하다, 입다

- Gasto el 44.
  나는 44사이즈를 입습니다.
- Yolanda gasta mucho champú.
  욜란다는 샴푸를 많이 사용한다.

- ¿Qué marca de cigarrillos gastas?
  어떤 담배를 피우니?
- En invierno gasta botas y abrigo.
  그는 겨울에 부츠와 외투를 사용한다.

gastarse 닳아 없어지다, 소모되다

- Los neumáticos se gastan muy deprisa.
  타이어가 아주 빨리 닳는다.
- Las suelas de los zapatos se gastan con el tiempo.
  구두 밑창은 시간이 지나면서 닳아 없어진다.

gobernar 통치·지배하다, 조종하다

- El presidente debe gobernar este país con justicia.
  대통령은 이 나라를 공정하게 통치해야 한다.
- A Alex le gobierna su mujer.
  알렉스는 마누라에게 꼼짝 못한다.
- El capitán gobernó la nave durante la tormenta.
  폭풍우 동안에 선장이 배를 조종했다.

gobernarse 처신하다, 스스로 다스리다

- Isabel no sabe gobernarse.
  이사벨은 자신을 다스릴 줄 모른다.
- Gobiérnate por lo que veas hacer a los otros.
  다른 사람이 하는 것을 보고, 네 나름대로 처신해라.

gozar 즐기다, 기뻐하다

- Gocé mucho durante las vacaciones.
  나는 휴가를 즐겁게 보냈다.
- Los niños gozan jugando en el jardín.
  아이들은 정원에서 놀며 즐거워한다.
- Aquí podemos gozar una temperatura deliciosa.
  여기서 우리는 쾌적한 기온을 즐길 수 있다.

G

gozar de algo 무엇을 가지고 있다, 향유하다, 즐기다

- Ella goza de buena salud.
  그녀는 건강하다.
- Gozamos mucho de la visita de mi hermano.
  우리는 내 동생의 방문을 반겼다.
- Los españoles saben gozar de la vida.
  스페인 사람들은 인생을 즐길 줄 안다.
- Javier goza de una buena posición social y económica.
  하비에르는 좋은(높은) 사회적 경제적 지위를 누리고 있다.

guardar 보관하다, 돌보다, 지키다

- Ella guarda las joyas en la caja fuerte.
  그녀는 보석을 금고에 보관한다.
- Los padres guardan a sus hijos.
  부모는 자식들을 보호한다.
- El pastor guarda los rebaños.
  목자는 목축 떼를 돌본다.
- El perro guarda la casa contra los ladrones.
  개는 도둑으로부터 집을 지킨다.
- Cuando llegues a la clase, guárdame un sitio a tu lado.
  너 수업에 들어가면, 네 옆에 내 자리를 맡아줘.
- De esto guardó silencio hasta su muerte.
  이 일에 대하여 그는 죽을 때까지 침묵을 지켰다.
- Siempre le he guardado mucho respeto.
  나는 줄곧 그에게 깊은 존경심을 품어 왔다.

guardarse de algo 무엇으로부터 자신을 보호하다

- Guardaos de los carteristas que hay en los autobuses.
  너희들은 버스에 있는 소매치기를 조심해라.
- En este bosque hay que guardarse de las fieras.
  이 숲에서는 맹수들로부터 자신을 보호해야 한다.
- Guárdese usted de tales cosas frívolas.
  그런 천박한 일은 그만 두시오.

guardarse de + inf. …하는 것을 피하다, …하지 않다

- Me guardo de ir a tal parte.
  그런 곳에는 차마 갈 수가 없다.
- Guárdate de conducir con niebla, es muy peligroso.
  안개 속에서 운전하지 마라. 매우 위험해.
- Guárdate de decirle nada sobre este asunto.
  이 사건에 대해서 그에게 아무것도 말하지 않도록 해.

guiar 인도・안내하다, 지도하다, 운전하다

- Un policía nos guió hasta el museo.
  경찰관이 우리를 박물관까지 안내해주었다.
- Debemos guiar a los alumnos hacia el logro de su autonomía.
  우리는 학생들이 자립할 수 있도록 지도해야 한다.
- Fernando guía el automóvil con maestría.
  페르난도는 자동차를 능숙하게 운전한다.

guiarse de/por algo 무엇을 지침으로 하다, 따르다

- Se guía por sus instintos.
  그는 본능에 따른다.
- Me guiaré por su consejo.
  당신의 충고를 따르겠습니다.
- Me guiaré por el ejemplo de mi antecesor.
  나는 전임자를 본보기로 하겠다.

gustar 맛보다, 경험하다, 좋아하다

- En la pastelería gustamos varios tipos de pasteles.
  우리는 제과점에서 다양한 종류의 케이크를 맛보았다.
- Los turistas gustaron un buen vino.
  관광객들은 좋은 포도주를 맛보았다.
- He gustado la sopa y estaba buena.
  나는 수프의 맛을 보았는데 맛이 좋았다.
- De viaje, gustó distintos ambientes.
  여행 도중에 그는 다양한 환경을 경험했다.

• ¿Te gusto? -Sí, me gustas.
너는 내가 좋으니? -그래, 좋아.

• ¿Gustan tomar algo?
뭔가를 드시렵니까?

gustar 마음에 들다, 좋아하다 [3인칭]

• A mi madre no le gusta el viaje.
내 어머니는 여행을 싫어한다.

• Me gusta la música clásica.
나는 고전 음악을 좋아한다.

• Me gustan las películas de acción.
나는 액션영화를 좋아한다.

• ¿Te gusta? -No, en absoluto.
마음에 드니? -아니, 전혀.

gustar + inf. …하는 것을 좋아하다

• Me gusta cantar y bailar.
나는 노래하고 춤추는 것을 좋아한다.

• A mi madre le gusta cocinar.
나의 어머니는 요리하는 것을 좋아한다.

• A mí me gusta muchísimo viajar.
나는 여행하는 것을 매우 좋아한다.

• Nos gusta dar un paseo después de comer.
우리는 식사 후에 산책하는 것을 좋아한다.

• Me gusta ser actor. (Soy actor y me gusta mi profesión.)
나는 배우라서 좋다.

gustaría + inf. …하기를 원하다

• Me gustaría salir esta noche.
나는 오늘밤 외출했으면 좋겠다.

• Me gustaría pasar las vacaciones en España.
나는 스페인에서 휴가를 보내기를 원한다.

- Me gustaría ser actor. (No soy actor pero tengo ese sueño.)
  나는 배우가 되고 싶다.

gustar de + inf. …하는 것을 좋아하다

- Ana gusta de conversar con la gente.
  아나는 사람과 이야기하는 것을 좋아한다.
- Gustaba de salir por las noches.
  그는 밤에 나가는 것을 좋아했다.
- Andrés gusta de hacer bromas por teléfono.
  안드레스는 전화로 농담하는 것을 좋아한다.

gustar que + subj. …하는 것을 좋아하다

- Me gusta que ella se ponga la minifalda.
  나는 그녀가 미니스커트를 입는 것을 좋아한다.
- No me gusta que él me llame en cualquier momento.
  나는 그가 아무 때나 나에게 전화하는 것을 좋아하지 않는다.
- Nos gusta mucho que nos traigas flores.
  우리는 네가 우리에게 꽃을 가져오는 것을 매우 좋아한다.

H

haber (무인칭형태: hay, hubo, había) …이 있다

- Hay muchas flores en el jardín.
  정원에 꽃이 많이 있다.
- Entre tu casa y la mía hay mucha distancia.
  너의 집과 우리 집은 매우 떨어져 있다.
- Hubo un accidente en la esquina.
  코너에서 사고가 있었다.
- Habrá una fiesta este fin de semana.
  이번 주말에 파티가 있을 것이다.

haber de + inf. …할 것이다, …해야 한다

- Hemos de salir mañana temprano.
  우리는 내일 일찍 출발해야 한다.
- Ha de ser muy rico porque se viste muy bien.
  옷을 잘 입는 것을 보니 그는 매우 부자일 거야.
- ¿Qué hora es? -Han de ser las seis.
  몇 시 입니까? -6시가 되었을 거야.
- No tengo dinero. ¿Qué he de hacer?
  나는 돈이 없어. 나는 어떻게 해야 하지?

haber que + inf. …해야 한다 [무인칭]

- Hay que estudiar para saber.
  알기 위해서는 공부해야 한다.
- Había que estudiar mucho para aprobar el curso.
  과정을 통과하기 위하여 공부를 많이 해야 했다.
- Habrá que limpiar la casa.
  집을 청소해야 할 것이다.

habitar en algo 어디에 살다, 거주하다 [자동사]

- Habita en Madrid.
  그는 마드리드에 살고 있다.
- En aquella casa habitan ahora unos forasteros.
  저 집에는 지금은 몇 명의 외국인이 살고 있다.
- Habita en una vieja casa de las afueras del pueblo.
  그는 마을 외곽의 낡은 집에 살고 있다.

habitar algo 어디에 살다, 거주하다 [타동사]

- Mi familia habita una casa de tres plantas.
  내 가족은 3층 집에 살고 있다.
- ¿Qué clase de seres habitan esa zona?
  그 지역에는 어떤 생물이 서식하고 있는가?
- Unas tres mil personas habitan esa región.
  약 3천명이 그 지역에 살고 있다.

hablar 말하다

- ¿Hablas francés? -No lo hablo.
  프랑스어를 할 줄 아니? -아니, 할 줄 몰라.
- Ella hablaba un español elegante.
  그녀는 스페인어를 우아하게 구사했었다.
- Marta y Manolo no se hablan porque están enfadados.
  마르따와 마놀로는 화가 나서 서로 말하지 않는다.
- Los mudos hablan por señas.
  언어장애인들은 몸짓으로 대화한다.

hablar con uno 누구와 말하다

- Hemos hablado con María esta noche.
  우리는 오늘 밤 마리아와 대화하였다.
- Manolo habla con Margarita por teléfono.
  마놀로는 마르가리따와 전화통화를 한다.
- Quisiera hablar con el Sr. López por teléfono.
  로뻬스씨와 통화 좀 했으면 합니다.

hablar de uno/algo 누구/무엇에 대하여 말하다

- Hablé de mis amigas.
  나는 내 친구들에 대해서 말했다.
- He oído mucho hablar de usted.
  당신에 대해 말씀 많이 들었습니다.
- En la reunión hablamos de varios asuntos.
  모임에서 우리는 다양한 사건에 대해 말했다.

hacer 하다, 만들다, 시키다

- Las abejas hacen la miel.
  벌은 꿀을 만든다.
- El atleta hace deporte todos los días.
  운동선수는 매일 운동을 한다.
- Mi hermana hará la cena esta vez.
  이번에 내 여동생이 저녁식사를 준비할 것이다.
- Yo hice lo que me pediste.
  나는 네가 부탁한 것을 했다.
- La madre le hizo un peinado muy bonito a María.
  어머니는 마리아에게 아주 예쁜 머리를 해주었다.
- La mamá hará que los chicos se acuesten temprano.
  엄마는 아이들이 일찍 자도록 할 것이다.
- ¿Ustedes abrieron las ventanas? -No, no lo hicimos.
  당신들은 창문을 열었습니까? -아니오, 그러지 않았습니다.

hacer a uno + inf. 누구를 …하게 시키다 [사역]

- Te hice venir.
  내가 너를 오게 했어.
- Yo la haré feliz.
  나는 그녀를 행복하게 해주겠다.
- Me haces reír(llorar) mucho.
  너는 나를 많이 웃게(울게) 해준다.
- Siento mucho haberte hecho esperar.
  기다리게 해서 정말 미안해.

hacer (날씨가) …하다

- Hace calor(frío).
  날씨가 덥다(춥다).
- Hace fresco.
  날씨가 선선하다.
- Hace (mucho) viento.
  바람이 (많이) 분다.
- Mañana hará buen tiempo.
  내일은 날씨가 좋을 거야.
- Hoy hace buen día(tiempo).
  오늘 날씨가 좋다.

hacer [시간] que… …한지 [시간] 되었다

- Hace 3 años que estudio español.
  내가 스페인어를 배운지 3년이 되었다.
- Hace dos años que se fue.
  그가 떠난 지 2년이 되었다.
- Hace [mucho] tiempo que yo vivo en este piso.
  내가 오래전부터 이 아파트에서 살고 있다.

hacer de uno 누구인 척하다, 누구의 역할을 하다

- Hace de profesor aunque no lo es.
  그는 선생님도 아니면서 선생님인 척한다.
- Siempre hace de tonto en todas las fiestas.
  그는 파티 때마다 항상 바보처럼 행동한다.
- Mi tía hizo de madre cuando murió mi madre.
  나의 어머니가 돌아가셨을 때 나의 이모가 어머니 역할을 했다.

hacerse …이 되다

- Se hicieron ricos.
  그들은 부자가 되었다
- María se ha hecho una mujer, ya no es una niña.
  마리아는 숙녀가 되었다. 이제는 어린애가 아니다.

- Felipe se hizo abogado después de que salió del colegio.
  펠리뻬는 학교를 졸업한 후 변호사가 되었다.

hacerse a algo 무엇에 길들다, 익숙해지다

- No me hago a vivir sola.
  나는 혼자 사는 것에 익숙하지 않다.
- Se hizo a la vida del campo.
  그는 전원생활에 익숙해졌다.
- Me costó mucho hacerme a la idea del filósofo.
  그 철학자의 생각에 익숙해지기에 매우 힘들었다.

hallar 발견하다, 찾아내다

- Hallaron a sus amigos en el parque.
  그들은 공원에서 친구들을 발견하였다.
- Hallé un libro muy raro en la biblioteca.
  나는 도서관에서 매우 진귀한 책을 발견했다.
- Los científicos intentan hallar un medicamento contra el cáncer.
  과학자들은 암 치료제를 개발하려고 노력한다.

hallarse (en) (어떤 상태・장소에) 있다

- El médico se halla ocupado.
  의사는 바쁘다.
- Se hallará en París la semana que viene.
  그는 다음 주에는 파리에 있을 것이다.
- Me hallo completamente desorientado.
  나는 완전히 방향(길)을 잃은 상태이다.
- Nos hallamos en igual situación que antes.
  우리들은 이전과 같은 상황에 처했다.
- Ayer en el parque se hallaban más de 5.000 personas.
  어제 공원에는 5,000명 넘게 있었다.
- México se halla al sur de Norteamérica.
  멕시코는 북아메리카의 남쪽에 있다.

hallarse con uno/algo 누구/무엇과 마주치다, 당면하다

- Nunca nos hallamos con esa gente.
  절대로 우리는 그 사람들과 만나지 않는다.
- Te hallarás con un problema muy serio.
  너는 매우 심각한 문제에 당면하게 될 거야.
- Ella se halló con un obstáculo.
  그녀는 장애에 부딪혔다.

hartar (con algo) (무엇에) 신물 나게 하다, 지치게 하다

- Él la harta con sus quejas.
  그녀는 그의 불평에 신물이 났다.
- El calor en esta ciudad lo hartó y se fue.
  그는 이 도시의 더위에 지쳐 떠났다.
- Mi madre me harta de pasteles.
  어머니는 나에게 케이크를 지겹게 먹인다.

hartarse de algo 무엇에 싫증나다, 싫어지다

- Ella se hartó de su novio.
  그녀는 애인에게 싫증이 났다.
- Me harté de tanta fruta.
  나는 과일을 지겹도록 많이 먹었다.
- En el banquete de bodas nos hartamos de comida.
  결혼식 피로연에서 우리는 음식을 지겹도록 먹었다.

hartarse de + inf. …하는 것에 싫증이 나다

- Me harté de hablar con ella.
  나는 그녀와 얘기하는데 싫증이 났다.
- Se hartaron de comer y beber tanto.
  그들은 너무 많이 먹고 마시는 것에 싫증이 났다.
- Este fin de semana me harté de dormir.
  이번 주말에 나는 지겹도록 잠을 잤다.
- Me harto de oír sus mismas historias.
  나는 그의 똑같은 이야기를 듣는 것이 지긋지긋하다.

helar(se) 얼게 하다, 얼다

- Este frío ha helado el agua.
  이 추위가 물을 얼게 했다.
- Se helaron los lagos y los estanques.
  호수와 저수지가 얼었다.
- El agua se está helando en la calle.
  물이 길에서 얼고 있다.
- Se me heló el corazón cuando la vi.
  내가 그녀를 봤을 때 내 심장이 얼어붙었다.
- ¡Estoy helado!
  나는 얼어 죽겠어!

heredar de uno 누구로부터 물려받다

- Heredaron la inteligencia de sus padres.
  그들은 부모로부터 지혜를 물려받았다.
- Ella heredará de sus padres mucha riqueza.
  그녀는 부모부터 많은 부를 물려받을 것이다.
- Lola heredó de su madre el sentimiento de piedad.
  롤라는 어머니로부터 자비심을 물려받았다.

herir 상처를 입히다, 아프게 하다

- Ese ruido me hiere los oídos.
  그 소음이 내 귀를 아프게 한다.
- El león hirió al domador con sus garras.
  사자는 날카로운 발톱이 있는 발로 조련사에게 상처를 입혔다.
- Sus palabras hirieron al mejor amigo.
  그의 말이 가장 친한 친구에게 상처를 주었다.

hervir 끓다, 끓이다, (가슴이) 끓어오르다

- Añade la sal cuando rompa a hervir.
  끓기 시작하면 소금을 넣어라.
- El agua hierve a 100 grados centígrados.
  물은 섭씨 100도에서 끓는다.

- Los enfermeros hierven los instrumentos para desinfectarlos.
  간호사들은 기구를 소독하기 위해 물에 끓인다.
- Hiervo en deseos de volver a verla.
  나는 그녀가 다시 보고 싶어 미치겠다.

hervir de uno/algo 누구/무엇 때문에 (가슴이) 끓어오르다, 무엇으로 들끓다

- Hervía de rabia.
  그는 화가 나서 속이 끓어올랐다.
- Le hirvió el corazón de ira.
  그의 가슴은 화가 나서 부글부글 끓어올랐다.
- El parque de atracciones hierve de gente.
  놀이공원은 사람들로 들끓는다.

hinchar 부풀게 하다, 과장하다, 화나게 하다

- Raúl ha hinchado las ruedas de su bicicleta.
  라울은 자전거 바퀴에 바람을 넣었다.
- Han hinchado los datos de audiencia.
  그들은 시청률의 자료를 과장했다.
- Los periodistas hincharon las causas del accidente.
  기자들은 사고의 원인을 과장했다.
- Me hincha su actitud.
  그의 태도는 나를 화나게 한다.

hincharse 부풀어 오르다, 불어나다

- Con el gas, el globo se hinchó rápidamente.
  가스를 넣으면 풍선을 빨리 부풀어 오른다.
- Se le ha hinchado la muñeca.
  그는 손목이 부어올랐다.
- Jugando al fútbol, me caí y se me hinchó la rodilla.
  축구를 하다가 나는 넘어졌는데 무릎이 부어올랐다.
- El arroyo se hinchó con las lluvias.
  비가 와서 개울물이 불어났다.

hincharse a/de algo 무엇을 너무 먹다・마시다

- En Nochebuena nos hinchamos a marisco.
  크리스마스이브에 우리는 해산물을 잔뜩 먹었다.
- Nos hinchamos de langostinos.
  우리들은 가재요리를 잔뜩 먹었다.

hincharse a + inf. 너무 많이 …하다

- Se hinchó a reír.
  그는 너무 웃었다.
- Este fin de semana se hinchó a dormir.
  금주에 그는 너무 많이 잤다.
- Nos hinchamos a ver películas de piratas.
  우리는 해적 영화를 너무 많이 봤다.
- Se está hinchando a ganar dinero.
  그는 돈을 많이 벌고 있다.

honrar 존경하다, 영광스럽게 하다

- Debemos honrar a nuestros padres.
  우리는 부모님을 존경해야 한다.
- Usted nos ha honrado con su visita.
  당신의 방문은 우리에게 영광이었습니다.

honrarse de + inf. …하는 것을 영광으로 알다

- Nos honramos de conocerle.
  우리가 당신을 만나게 되어 영광입니다.
- Me honro de haber trabajado con él.
  나는 그와 함께 일한 것을 영광스럽게 생각한다.
- Nuestra escuela se honra de tener un profesor tan famoso.
  우리 학교가 그렇게 유명한 교수를 모시게 되어 영광이다.

huir de uno/algo 누구/무엇으로부터 피하다, 도망치다

- Huyeron de la prisión.
  그들은 감옥에서 도망쳤다.

- Ese estudiante huye de mí.
  그 학생은 나를 피한다.
- Los ladrones pudieron huir de la policía.
  도둑들은 경찰들에게서 도망칠 수 있었다.

hundir 침몰시키다, 가라앉히다, 붕괴시키다

- El submarino hundió el acorazado.
  잠수함이 장갑함을 침몰시켰다.
- El nadador hundío la cabeza en el agua.
  수영선수는 머리를 물속으로 넣었다.
- Los altos precios hundieron el negocio.
  높은 물가가 사업을 붕괴시켰다.

hundirse 가라앉다, 붕괴되다, 침체되다

- El barco chocó contra la mina y se hundió.
  배는 기뢰에 부딪혀 가라앉았다.
- La economía del países europeos se hundió.
  유럽 국가들의 경제는 붕괴되었다.
- Ella se hundía en sus pensamientos.
  그녀는 생각에 잠기곤 했다.

I

ignorar 무시하다, 모르다

- Ignoró mis consejos.
  그는 나의 충고를 무시했다.
- Muchas personas ignoran la ley.
  많은 사람들은 법을 무시한다.
- José es muy mal educado, y deberías ignorarlo.
  호세는 아주 싸가지가 없으니, 그냥 무시하는 게 좋아.
- El conductor ignoró la advertencia del policía y tuvo un accidente.
  그 운전자는 경찰의 경고를 무시해서 사고를 당했다.
- Ignora las razones del descontento de los empleados.
  그는 직원들의 불만족의 이유를 모른다.
- Ignoro a qué hora llega.
  나는 그가 몇 시에 도착하는지 모른다.
- Ignoro lo que dijo, porque yo no estaba allí.
  나는 그곳에 없었기 때문에, 그가 말한 것을 모른다.

ignorar si + ind. …인지 모르다

- Ignoro si vendrá hoy o mañana.
  나는 그가 오늘 올지 내일 올지 모르겠다.
- Ignoro si ella vino hoy o si estuvo ausente.
  나는 오늘 그녀가 왔는지 결석했는지 모른다.

ignorar que + ind. …을 모르다

- Ignoraba que se había cambiado de casa.
  나는 그가 이사한 것을 모르고 있었다.
- Ignoran que ella está afectada por una de estas enfermedades.
  그들은 그녀가 이 질병 중의 하나에 감염되었다는 것을 모른다.

imaginar(se) 상상하다, 생각하다

- Ni me lo puedo imaginar.
  나는 그것을 상상조차 할 수 없다.
- No te lo podrás ni imaginar.
  너는 그것을 상상조차 할 수 없을 거야.
- Imaginaba un mundo sin odios ni guerras.
  나는 미움도 전쟁도 없는 세상을 상상했었다.
- El problema es mucho más complejo de lo que te imaginas.
  문제는 네가 생각하는 것보다 훨씬 더 복잡하다.

imaginar(se) + ind. …을 상상하다, 생각하다

- Imaginemos que él está aquí ahora.
  그가 지금 이곳에 있다고 상상합시다.
- Imagino que vendrá a la fiesta del pueblo.
  나는 그가 마을 축제에 올 것이라고 생각한다.
- Me imaginaba que hacía más calor aquí.
  나는 이곳이 더 덥다고 생각했었다.
- Yo imaginaba que habría mucha gente, pero no tanta.
  나는 사람들이 많을 것이라고 생각했지만, 그렇게 많지는 않았다.

impedir algo (a uno) (누구에게) 무엇을 막다, 방해하다

- El accidente impidió el tránsito de vehículos.
  사고는 차량의 통행을 방해했다.
- La policía impedía el paso a los peatones.
  경찰은 행인들의 통로를 막았다.
- El ruido me impide el sueño.
  소음이 나의 잠을 방해한다.

impedir a uno + inf. 누가 …하는 것을 막다, 방해하다

- Me impidieron salir.
  그들은 내가 출발하는 것을 방해했다.
- Mi situación me impidió viajar.
  나는 상황 때문에 여행을 못한다.

- El dolor en la pierna le impide correr rápidamente.
  그는 다리가 아파서 빨리 뛰지 못한다.

impedir (a uno) que + subj. (누가) …하는 것을 막다

- Impidió que maltrataran al perro.
  그는 사람들이 개를 학대하는 것을 막았다.
- La cortina impide que pase la luz.
  커튼은 빛이 들어오는 것을 막는다.
- Me impidió que entrara en el edificio.
  그는 내가 건물에 들어가는 것을 막았다.

imponer 강요·강제하다, 부과하다, 명명하다, 가르치다

- La madre impone silencio a los niños.
  어머니는 아이들에게 조용히 하라고 하신다.
- El juez impuso silencio en el tribunal.
  판사는 법정에 정숙을 명했다.
- Él impone su opinión a los otros.
  그는 다른 사람들에게 자기의 의견을 강요한다.
- El profesor me ha impuesto un castigo muy pesado.
  선생님은 나에게 매우 무거운 벌을 주셨다.
- Por ir a gran velocidad me han impuesto una multa.
  나는 과속으로 달려서 벌금을 물었다.
- Le impusieron el nombre de Alberto.
  그들은 그에게 알베르또라는 이름을 붙였다.
- Hay que imponerle en las costumbres de nuestro país.
  그에게 우리나라의 풍습을 가르쳐야 한다.

imponerse 우세하다, 압도하다

- Finalmente se impondrá la paz.
  결국 평화가 이길 것이다.
- El tenista español se impuso en la final.
  결승전에서 스페인 테니스 선수가 이겼다.

- Este verano se impondrá la minifalda.
  금년 여름에는 미니스커트가 유행할 것이다.
- Se impondrá el sentido común.
  상식이 이길 것이다.
- El profesor no se impone a sus alumnos y todos le toman el pelo.
  선생님은 학생들을 압도하지 못해서 모두가 그를 놀린다.

imponerse + inf. …해야 하다

- Se impone salir lo más pronto posible.
  가능한 한 빨리 떠나야 한다.
- Ante la sequía se impone ahorrar agua.
  가뭄이 오기 전에 물을 저장해야 한다.

importar (de algo) (무엇으로부터) 수입하다

- España importa algunos productos que no existen en el país.
  스페인은 그 나라에 없는 일부 상품을 수입한다.
- Estamos importando grandes cantidades de azúcar de Cuba.
  우리는 대량의 설탕을 쿠바에서 수입하고 있다.
- El árbol de Navidad es una costumbre importada.
  크리스마스트리는 외국으로부터 들어온 풍습이다.

importar (a uno) (누구에게) 관계가 있다, 중요하다 [3인칭]

- ¿Le importa que entre?
  들어가도 되겠습니까?
- No me importa lo que tú hagas.
  네가 무엇을 하든지 나는 상관없다.
- No te metas en lo que no te importa.
  너와 관계없는 일에 참견하지 마라.
- Importa que guardes tu palabla.
  네가 약속을 지키는 것이 중요하다.
- Al médico lo que le importa es curar al enfermo.
  의사에게 중요한 것은 환자를 치료하는 것이다.

incendiar 방화하다, 불을 지르다, 태워 없애다

- Las bombas incendiaron muchos edificios.
  폭탄이 많은 건물을 불태워버렸다.
- Han incendiado el bosque(edificio, coche).
  그들은 숲(건물, 차)에 불을 질렀다.

incendiarse 불이 나다, 불에 타다

- Ayer se incendió la escuela.
  어제 학교가 불에 탔다.
- Aquí se incendian los bosques a menudo.
  여기에서는 숲에 화재가 자주 발생한다.

inclinar 기울이다, 구부리다

- El viento inclina los árboles.
  바람이 나무를 휘게 한다.
- Al entrar inclinó la cabeza.
  그는 들어가면서 머리를 숙였다.
- Ella inclina una botella para verter su contenido.
  그녀는 병에 든 것을 따르려고 병을 기울였다.

inclinar a uno + inf. 누구를 …하게 하다

- Tu argumento le inclinó a apoyarnos.
  너의 주장이 그로 하여금 우리를 지지하게 했다.
- Sus palabras me inclinaron a aceptarlo.
  그의 말을 듣고 나는 그것을 받아들이게 되었다.

inclinarse 기울어지다, 숙이다

- El cuadro se ha inclinado.
  그림이 기울어졌다.
- Mario se inclinó para desatarse los cordones de los zapatos.
  마리오는 구두끈을 풀기 위하여 몸을 숙였다.
- Los vasallos se inclinaron ante el rey.
  신하들은 왕 앞에서 머리를 숙였다.

inclinarse a + inf. …하고 싶어지다, …하는 경향이 있다

- Yo me inclino a creerlo.
  나는 그를 믿고 싶어진다.
- Me inclino a pensar que tenías razón.
  나는 네가 옳았다고 생각하고 싶다.
- Me inclino a creer su versión.
  나는 그의 설명을 믿는 경향이 있다.
- Ella se inclina a creer fácilmente en todo lo que le dicen.
  그녀는 다른 사람들이 말하는 모든 것을 쉽게 믿는 경향이 있다.

incluir (en algo) 무엇에 넣다, 포함하다, 셈에 넣다

- La profesora me incluyó en la lista.
  선생님은 나를 명단에 포함하셨다.
- Incluye ropa de invierno en su maleta por si hace frío.
  그는 추울 것을 대비하여 가방에 겨울옷을 넣는다.
- ¿Está incluido todo en ese precio?
  그 가격에 모든 것이 포함되어있습니까?
- Este pago incluye todo lo que te debo.
  지금 지불하는 돈에 내가 너에게 빚진 모든 것이 포함되어 있다.

incurrir en algo (죄 · 과오 등) 무엇을 범하다, 저지르다

- Incurrió en una grave equivocación.
  그는 중대한 실수를 저질렀다.
- De nuevo ha incurrido en una culpa grave.
  그는 또다시 큰 잘못을 저질렀다.
- El profesor incurrió en el error cuando habló de sus compañeros.
  그 교수는 동료에 대하여 말할 때 실수를 저질렀다.
- El delincuente fue encarcelado por incurrir en un delito grave.
  그 범인은 중범죄를 저질러서 수감되었다.

incurrir en algo (증오 · 분오 · 멸시 등) 무엇을 받다, 당하다

- Incurrió en la burla de todos.
  그는 모든 사람으로부터 야유를 받았다.

• Han incurrido en el enojo del jefe.
그들은 상사의 노여움을 샀다.

• Ha incurrido en un castigo por su error.
그는 자신의 잘못 때문에 벌 받는 처지가 되었다.

indignar a uno 누구를 화나게 하다

• Su conducta me indignó mucho.
그의 행동은 나를 매우 화나게 했다.

• La política del gobierno indignó al pueblo.
정부의 정책은 주민을 화나게 했다.

indignarse (con uno) (누구에게) 화를 내다

• Me indigné con Felipe.
나는 펠리뻬에게 화를 냈다.

• Se indignó con nuestra conducta.
그는 우리 행동에 화를 냈다.

indignarse por algo 무엇 때문에 화내다

• No te indignes por una cosa tan frívola.
그 따위 사소한 일에 성내지 마라.

• Nos indignamos por ese comentario.
우리는 그 비평에 화가 났다.

• Ella se indignó por el poco dinero que yo gané.
그녀는 내가 돈을 적게 벌었다고 화를 냈다.

infectar 오염・전염시키다

• Los residuos de esta fábrica han infectado el río.
이 공장의 폐기물이 강을 오염시켰다.

• Los mosquitos infectaron a la población de la ciudad.
모기들은 도시의 주민들을 전염시켰다.

• El virus ha infectado todo el disco duro.
바이러스가 하드디스크 전체를 감염시켰다.

infectarse (de algo) (무엇에) 감염되다

- La mujer se infectó de SIDA.
  그 여자는 에이즈에 감염되었다.
- No se limpió la herida y se le ha infectado.
  그는 상처를 소독하지 않아 감염되었다.
- Seguramente se infectó con alimentos contaminados.
  확실히 그는 오염된 음식물을 통하여 감염되었다.

influir en/sobre algo 무엇에 영향을 주다

- La calidad del café influye en el sabor.
  커피의 품질이 맛에 영향을 준다.
- El clima influye en el carácter de los pueblos.
  기후는 주민의 성격에 영향을 준다.
- La alimentación influye en la salud de las personas.
  영양섭취는 사람들의 건강에 영향을 미친다.
- Los profesores influyen mucho en la educación de los estudiantes.
  학생 교육에는 선생님의 영향이 크다.

influir a/en uno 누구에게 영향을 주다

- Influyó al jefe para que empleara a su hija en la empresa.
  그는 회사에서 자기 딸을 채용하도록 사장에게 압력을 가했다.
- Influyó en su padre para que dejará salir a su hermano.
  그녀는 오빠에게 외출을 허락하도록 아버지 마음을 움직였다.
- No influyas a Andrés en su decisión.
  안드레스가 결정하는데 영향을 주지 마라.

informar de/sobre algo 무엇에 대하여 알리다, 보고하다

- Los científicos informaron de su proyecto.
  과학자들은 자신의 계획을 보고했다.
- Yo le informo del progreso de mis estudios.
  나는 그에게 내 연구의 진행상황을 알려준다.
- Los periódicos informan de cuanto sucede en el mundo.
  신문은 세계에서 일어난 모든 일을 알려준다.

informarse de/sobre algo 무엇에 대하여 알다, 조사하다

- Infórmate de lo que pasó ayer.
  어제 발생한 일을 조사해라.
- Aquí vengo para informarme de lo sucedido.
  나는 사건을 조사하기 위해 여기 왔다.
- Me he informado del asunto leyendo el periódico.
  나는 신문을 읽고 그 일을 알았다.
- Quiero informarme sobre los resultados de la votación.
  나는 투표결과를 알고 싶다.

ingresar a/en algo 무엇에 입학 · 입원 · 가입하다, 입금하다

- Ingresó en la universidad en 2011.
  그는 2011년에 대학에 입학하였다.
- Ingresó en el hospital la semana pasada.
  그는 지난주에 입원했다.
- Ingresamos en la compañía juntos.
  우리는 함께 입사했다.
- Han ingresado un millón de dólares en mi cuenta.
  나의 계좌에 100만 달러가 입금되었다.

insistir (en/sobre algo) (무엇에) 고집 · 집착하다

- Si insiste, lo obligarán a firmar.
  그가 고집을 부리면 강제로 서명하게 할 것이다.
- Él insistió sobre ese punto.
  그는 그 점을 계속 고집하였다.
- Ella insistía sobre su esperanza vanamente.
  그녀는 쓸데없이 자신의 희망에 집착하고 있었다.
- A pesar de sus críticas, yo insistí en mi postura.
  그들의 비평에도 불구하고 나는 나의 입장에 집착했다.

insistir en + inf. …하겠다고 고집하다, 우기다

- Él insiste en marcharse ahora.
  그는 지금 떠나겠다고 고집한다.

- Ella insiste en visitar a su amigo.
  그녀는 친구를 방문하겠다고 고집한다.

insistir en que + ind. …라고 주장・생각하다

- Insisto en que Juan es el que lo hizo.
  그 일을 한 사람이 후안이라고 나는 생각한다.
- Insisto en que no han hecho nada.
  나는 그들이 아무것도 하지 않았다고 주장한다.
- Mis amigos insistieron en que yo solo tenía la culpa.
  내 친구들은 나에게만 잘못이 있다고 주장했다.

insistir en que + subj. …라고 고집하다, 우기다

- Él insiste en que ellos se vayan.
  그는 그들에게 떠나라고 우겼다.
- Susana insistió en que fuéramos a verla.
  수사나는 우리에게 자신을 보러 오라고 고집을 부렸다.
- Mi madre insiste en que yo guarde cama dos días más.
  어머니는 나에게 이틀 더 누워있으라고 고집하신다.

inspirar a uno (algo) 누구에게 (무엇을) 불러일으키다, 영감을 주다

- El amor de la patria inspiró al pintor.
  조국에 대한 사랑은 그 화가에게 영감을 주었다.
- La conducta de la chica le inspiró celos.
  그 소녀의 행동은 그에게 질투심을 불러일으켰다.
- Este paisaje inspiró al poeta para componer aquel poema.
  이 풍경이 그 시인에게 그 시를 쓰도록 영감을 주었다.

inspirarse en algo 무엇에서 영감을 받다, 암시를 받다

- La novela se inspiraba en el primer amor del autor.
  소설은 작가의 첫사랑을 통해 영감을 얻은 것이다.
- Me inspiré en una obra de Cervantes para escribir un artículo.
  나는 기사를 쓰기 위하여 세르반테스의 작품에서 영감을 받았다.

- Se inspiraba en el canto de los pájaros para componer sus melodías.
  그는 음악을 작곡하기 위하여 새 소리에서 영감을 받곤 했다.

instruir (en/sobre algo) (무엇을) 알게 하다, 가르치다

- Instrúyame usted lo ocurrido.
  그 사건을 저에게 알려주세요.
- El profesor le instruye en francés a Juan.
  선생님은 후안에게 프랑스어를 가르친다.
- Le instruí en el manejo de la máquina.
  나는 그에게 기계 다루는 법을 가르쳤다.
- Te vamos a instruir sobre la historia de esta región.
  우리는 너에게 이 지역의 역사에 대하여 가르쳐줄 것이다.

instruirse en/sobre algo 배우다, 지식을 얻다

- Nos instruimos en la música.
  우리는 음악을 통해 가르침을 받는다.
- Me instruyo mucho en mi adversidad.
  나는 나의 불운에서 많은 것을 배우고 있다.
- Se instruye mucho en la lectura de los libros.
  사람은 책을 읽으면서 많은 것을 배운다.

intentar 꾀하다, 시도하다

- No intentes nada.
  아무것도 시도하지 마라.
- ¿Qué intentas con ese cuchillo?
  그 칼로 무엇을 하려고 하니?
- Intentaron un aterrizaje de emergencia.
  그들은 비상착륙을 시도했다.

intentar + inf. …할 작정이다, …하려고 생각하다

- Intentaré llegar a tiempo.
  나는 제 시간에 도착하도록 하겠다.

- Intentó dar una respuesta, pero no tuvo éxito.
  그는 대답하려 했지만, 성공하지 못했다.
- Yo intentaba hablarle al profesor después del colegio.
  나는 방과 후에 선생님께 말하려 했다.
- Esta tarde intentaré ir a tu casa si tengo un rato libre.
  오늘 오후 잠시 시간이 있으면 네 집에 가도록 하겠다.

intentar que + subj. …하도록 시도하다

- ¿Has intentado que te lo arreglen?
  너에게 그것을 수리해주도록 시도했니?
- Intentaremos que regrese hoy mismo.
  우리는 오늘 당장 그를 돌아오도록 하겠다.

interesar a uno 누구의 관심을 끌다, 흥미를 갖게 하다

- No me interesa ella.
  나는 그녀에게 관심이 없다.
- No me interesa la política.
  나는 정치에 관심이 없다.
- Me interesa mucho el negocio.
  나는 그 거래에 관심이 크다.
- Esta ley interesa mucho a los ciudadanos.
  이 법률이 시민들의 관심을 끌었다.

interesarse en/por uno/algo 누구/무엇에 관심・흥미를 갖다

- Nadie se interesa por mí.
  아무도 나에게 관심을 갖지 않는다.
- Se interesa en(por) tu salud.
  그는 너의 건강에 관심을 갖고 있다.
- El niño se interesa en(por) juguetes y en nada más.
  아이는 장난감밖에 좋아하는 것이 없다.
- Parece que ella se ha interesado en él.
  그녀가 그에게 관심이 있었던 것 같다.

interesarse en/por + inf. …하기를 원하다

- Ellos se interesan en(por) conocerla.
  그들은 그녀를 만나고 싶어 한다.
- Se interesa en(por) comerciar con nosotros.
  그는 우리와 거래하기를 원한다.
- Nos interesamos en(por) comprar un coche deportivo.
  우리는 스포츠카를 구입하고 싶다.

interferir algo 무엇을 방해하다

- No quiero que nadie interfiera mi trabajo.
  나는 어느 누구도 나의 일을 방해하는 것을 원하지 않는다.
- En la junta él suele interferir el curso de la discusión.
  그는 회의에서 토론의 진행을 방해하는 습관이 있다.
- Un radioaficionado interfirió la retransmisión del concierto.
  아마추어무선가가 콘서트 중계방송을 방해했다.

interferir en algo 무엇에 간섭・참견하다

- No pretendo interferir en tus asuntos.
  나는 너의 일에 참견하지 않으려고 노력한다.
- Ella interfirió en el proceso de publicación.
  그녀는 출판 과정에 간섭했다.
- No interfieras en mi trabajo. ¡Ocúpate de tus asuntos!
  나의 일에 참견하지 마라. 너의 일에 신경 써라.
- No me gusta interferir en las decisiones de los demás.
  나는 다른 사람들의 결정에 참견하는 것을 좋아하지 않는다.

interferirse en algo 무엇에 간섭・참견하다

- Él se interfirió en mis asuntos personales.
  그는 나의 사적인 문제에 간여하였다.
- No te interfieras en lo que yo hago.
  내가 하는 일에 간섭하지 마라.
- Le pedí que no se interfiriera en mis planes.
  나는 그에게 내 계획에 참견하지 말라고 부탁했다.

internar a uno en algo 누구를 무엇(병원 · 수용소 등)에 수용하다

- Ayer internaron a Carlos en un manicomio.
  그들은 어제 까를로스를 정신병원에 수용했다.
- Han internado al abuelo en una residencia de ancianos.
  그들은 할아버지를 양로원에 수용했다.
- Internarán en un reformatorio a delincuentes juveniles.
  그들은 청소년 범죄자들을 소년원에 수용할 것이다.

internarse en algo 무엇에 깊이 들어가다

- Los exploradores se internaron en la selva.
  탐험가들은 밀림 깊숙이 들어갔다.
- Se internó en el bosque por la mañana.
  그는 아침에 숲속으로 들어갔다.
- Se internó en el coleccionismo de libros religiosos.
  그는 종교서적 수집에 깊이 빠졌다.

intervenir en algo 무엇에 간섭하다, 참여하다

- Finalmente la policía intervino en la pelea.
  결국 경찰이 싸움에 간섭하였다.
- Rusia intervino en el conflicto chino-japonés.
  러시아는 중일 분쟁에 간섭했다.
- Quiere intervenir en este negocio.
  그는 이 사업에 참여하기를 원한다.

intervenir por uno 누구를 위하여 간섭하다

- El profesor intervino por el alumno.
  교수는 학생을 위하여 간섭했다.
- La iglesia intervino por el acusado.
  교회는 피고를 위하여 간섭했다.

introducir (en) 안내하다, 들여 넣다, 소개하다

- El científico introdujo una nueva perspectiva.
  과학자는 새로운 견해를 소개했다.

- La secretaria me introdujo en el despacho del director.
  비서는 나를 사장실로 안내하였다.
- El domador introdujo la cabeza en la boca del león.
  조련사는 사자 입에 머리를 넣었다.
- Introdujo esa nueva industria en el país.
  그는 국내에 그 새로운 산업을 도입했다.

introducirse en algo 무엇에 들어가다, 끼어들다

- Ella se introdujo en la cocina.
  그녀는 부엌으로 들어갔다.
- Un ladrón se introdujo en casa.
  도둑이 집에 침입했다.
- Se han introducido en la casa por el balcón.
  그들은 발코니를 통해 집에 들어갔다.

invitar a uno (a) 누구를 초대하다

- Te invito yo.
  내가 (돈을) 내겠다. (내가 너를 초대한다.)
- Él invitó a Marta a la fiesta de cumpleaños.
  그는 마르따를 생일파티에 초대하였다.

invitar a + inf. …하는데 초대하다, …하라고 권유하다

- Los García me invitaron a cenar.
  가르시아 씨 가족이 나를 저녁 식사에 초대하였다.
- Ella me invitó a escribir un artículo en la revista.
  그녀는 나에게 잡지에 기사를 쓰라고 권유하였다.
- Una señorita me invitó a sentarme a su lado.
  한 아가씨가 나에게 옆에 앉으라고 권했다.

ir (a/de/hacia) (…로) 가다, (…상태로) 되다, 어울리다

- Voy al mercado.
  나는 시장에 갈 거야.

- El tren va hacia Sevilla.
  기차는 세비야로 향하여 간다.
- El camino va de aquí a la escuela.
  길은 여기서 학교까지 이어진다.
- Él va en metro al trabajo.
  그는 지하철을 타고 직장에 간다.
- ¿Cómo va la salud?
  건강은 어떠니?
- No le va bien (al estudiante) en alemán.
  그는(그 학생은) 독일어를 잘하지 못한다.
- Esta minifalda te va muy bien.
  이 미니스커트는 너에게 매우 잘 어울린다.

ir a + inf. …하려고 하다, …할 예정이다

- Ahora vamos a comer.
  이제 우리는 식사할 거야.
- Voy a ver a Julia.
  나는 훌리아를 만날 거야.

ir con uno/algo 누구/무엇과 함께 가다, 무엇과 어울리다

- Vamos con Ana a la ciudad.
  우리는 아나와 함께 도시로 갈 것이다.
- Fueron con miedo al examen.
  그들은 두려워하면서 시험을 보러갔다.
- El azul va bien con el rojo.
  파란색은 빨간색과 잘 어울린다.

ir contra uno/algo 누구/무엇에 반대 · 대항하다, 맞서다

- Su opinión va contra mis ideas.
  그의 의견은 나의 생각과는 반대이다.
- La gente fue contra el dictador.
  사람들은 독재자에 대항했다.

ir de algo 무엇 하러 가다, 무엇의 자격으로 가다

- Todos los domingos voy de compras(pesca).
  나는 일요일마다 쇼핑(낚시)하러 간다.
- Voy de guía(profesor).
  나는 가이드(선생님) 자격으로 간다.

ir en algo 무엇을 타고 가다

- Voy a la escuela en metro.
  나는 지하철을 타고 학교에 간다.
- Fui y vine en avión.
  나는 비행기로 왕복했다.

ir para + inf. …하러 가다

- Vamos para ver lo que ocurrió.
  우리는 무슨 일이 있는지 보러 간다.
- Voy para cenar con mis abuelos.
  나는 조부모님과 함께 저녁식사를 하러 간다.

ir a por uno 누구를 데리러 가다

- Ha ido a por su hijo.
  그는 아들을 데리러 갔다.
- Fueron por el médico para que la auxiliara.
  그녀를 살리기 위해 그들은 의사를 데리러 갔다.

ir (a) por algo 무엇을 가지러 가다

- Voy (a) por pan.
  나는 빵을 가지러 갈 것이다.
- Estoy terminando de comer, ya voy (a) por el postre.
  나는 식사를 거의 끝냈어. 내가 후식을 가지러 갈게.

irse 떠나다, 가버리다

- Me voy de aquí a las cinco en punto.
  나는 5시 정각에 이곳을 떠날 거야.

- Ahora tenemos que irnos. Es hora de irnos.
  우리는 지금 떠나야 해. 우리가 떠날 시간이야.
- Su cumpleaños se me fue de la memoria.
  나는 그의 생일을 잊어버렸다.

irse por algo 무엇을 통하여 가다

- Ellos se fueron por ese camino.
  그들은 그 길로 갔다.
- Por esta calle se va a mi casa.
  이 길로 가면 내 집에 갈 수 있다.
- ¿Por dónde se va a tu casa?
  너의 집은 어디로 가니?

J

jugar (con) 경기하다, 놀다

- Nuestro equipo no juega hoy.
  우리 팀은 오늘 경기하지 않는다.
- Juan juega en un equipo de fútbol.
  후안은 축구팀에서 활동한다.
- Jorge juega con María en el parque.
  호르헤는 마리아와 함께 공원에서 놀고 있다.

jugar(se) 도박을 하다, 내기하다

- Él jugó y perdió.
  그는 도박을 해서 (돈을) 잃었다.
- Le juego 10 boletos al caballo.
  나는 저 말의 마권 10장을 샀다.
- Me juego la vida cada vez que cruzo este río.
  나는 이 강을 건널 때마다 목숨을 건다.

jugar a algo 무엇의 경기를 하다

- ¿A qué vamos a jugar?
  우리 무엇을 하고 놀까?
- No juego al tenis.
  나는 테니스를 치지 않는다.
- Carlos juega a la lotería.
  까를로스는 복권을 산다.
- ¿Te gusta jugar al fútbol?
  너는 축구하는 것을 좋아하니?
- Jugamos a las cartas para matar el tiempo.
  우리는 시간을 보내기 위하여 카드놀이를 했다.

jugar bien con algo 무엇과 어울리다, 맞다

- Este mueble no juega bien con el decorado.
  이 가구는 장식과 어울리지 않는다.
- Estos zapatos jugarán muy bien con esa falda.
  이 구두는 그 스커트와 매우 잘 어울릴 것이다.

jugar con uno/algo 누구/무엇을 갖고 장난치다, 놀리다

- No juegues con fuego.
  불장난 하지 마라.
- No juegues conmigo porque te podría ir mal.
  나를 놀리지 마라. 그러다가 큰코다친다.

jugarse (생명 · 재산 등을) 걸다

- Voy a jugarme la vida en este negocio.
  나는 이 일에 목숨을 걸 작정이다.
- No debes correr tanto con el coche porque te juegas la vida.
  목숨이 걸린 일이니, 자동차로 과속하지 말아야 한다.

juntar 붙이다, 모으다

- Junté las sillas a la mesa.
  나는 의자들을 테이블에 붙였다.
- Juntaron a los niños en el parque.
  아이들을 공원에 모이게 했다.
- Juntaremos aquí todas las botellas vacías.
  우리는 모든 빈병을 여기에 모을 것이다.

juntar a/con algo 무엇과 합치다, 연결하다

- Junta tu cama a la mía.
  너의 침대와 나의 침대를 붙여라.
- Junta el cable al enchufe.
  코드를 콘센트에 연결해라.
- Juntó los dos cordones eléctricos.
  그는 두 개의 전기코드를 연결했다.

• Junta tu dinero con el de tu hermano.
너의 돈과 네 동생의 돈을 합쳐라.

juntarse (con uno) (누구와 함께) 모이다, 동거하다

• Nos juntaremos en tu casa.
우리는 너의 집에 모일 것이다.

• Mis colegas se juntaron en el aula.
나의 동료들이 교실에 모였다.

• Me junté con ellos en el aeropuerto para despedirme.
나는 작별인사를 하기 위해 그들과 역에서 만났다.

• Se juntaron antes de casarse.
그들은 결혼하기 전에 동거했다.

jurar (por) 맹세하다

• Lo juro.
나는 맹세해.

• El testigo juró en falso.
증인은 거짓으로 맹세했다.

• Le juro a usted que no miento.
당신에게 거짓말하지 않는다고 맹세하겠습니다.

• Pedro juró que no había cometido el crimen.
뻬드로는 죄를 짓지 않았다고 맹세했다.

• Yo juro por mi madre que he dicho la verdad.
나의 어머니를 두고 맹세하는데 나는 진실을 말했어.

juzgar 판단하다

• Hay que juzgar las cosas con calma.
매사를 냉정하게 판단해야 한다.

• Juzgaré solamente lo que tú dijiste.
나는 오직 네가 말한 것을 판단하겠다.

• No juzgamos oportuno operar al enfermo.
우리는 환자를 수술하는 것이 적당하다고 판단하지 않는다.

- Lo juzgó necesario .
  그는 그것이 필요하다고 판단했다.
- Te había juzgado mal.
  내가 너를 잘못 판단했었어.

juzgar (a uno) de algo (누구를) 무엇으로 판단하다

- Lo juzgué de borracho.
  나는 그가 술에 취했다고 판단하였다.
- No me juzgues de mala gente.
  나를 나쁜 사람으로 판단하지 마라.

juzgar (a uno) por algo 무엇을 보고 (누구를) 판단하다

- Te juzgo por lo que hablas.
  나는 네가 말하는 것에 따라 너를 판단한다.
- Juzgan por su apariencia que es rica.
  사람들은 그의 외모를 보고 그가 부자라고 판단한다.
- No juzgues a los demás solo por su apariencia.
  외모만 보고 사람들을 평가하지 마라.

L

lamentar 유감으로 생각하다

- Lamento que tú no puedas ir.
  네가 갈 수 없어서 유감스럽다.
- Lamentamos lo que pasó en la clase.
  우리는 수업에서 일어난 일에 대해서 유감스럽게 생각한다.
- Lamento mucho la muerte de su padre.
  그의 아버지의 죽음에 매우 유감스럽게 생각한다.

lamentarse de/por algo 무엇을 슬퍼하다, 한탄하다

- Yo nunca me lamento de nada.
  나는 무엇에도 한탄하지 않는다.
- Se está lamentando de la vida.
  삶에 대해서 한탄하고 있다.
- Mi padre se lamenta de que ya no puede trabajar.
  아버지는 더 일할 수 없게 되어 한탄하신다.

lanzar 던지다, 발사하다

- Lanzaron el libro.
  그들은 책을 던졌다.
- Esta arma lanza proyectiles atómicos.
  이 무기는 원자탄을 발사한다.
- Me lanzaron comentarios hirientes.
  그들은 나에게 상처를 주는 말을 했다.

lanzarse a algo 무엇으로 몸을 던지다, 뛰어들다

- Pedro se lanzó al mar.
  빼드로는 바다로 뛰어들었다.

- El mono se lanzó a otro árbol.
  원숭이는 다른 나무로 뛰었다.

lanzarse contra/sobre uno/algo 누구/무엇으로 덮치다, 침투하다

- Las tropas se lanzaron contra(sobre) el enemigo.
  군대들은 적을 향해 침투했다.
- Los huelguistas se lanzaron contra(sobre) el edificio.
  파업자들은 건물을 향하여 돌진했다.

lanzarse de algo 무엇에서 몸을 던지다, 뛰어 내리다

- Los paracaidistas se lanzaron del avión.
  낙하산병들은 비행기에서 뛰어내렸다.
- Los jóvenes se lanzaron de la plataforma.
  청년들이 승강장에서 뛰어내렸다.

lastimar 상처를 입히다, 다치게 하다

- Le lastimé la cabeza.
  나는 그의 머리를 다치게 하였다.
- Los zapatos le han lastimado el pie al niño.
  구두는 아이의 발에 상처를 입혔다
- No lastimes sus sentimientos.
  그녀의 감정을 상하게 하지마라.

lastimarse (con/contra/en) 다치다, 상처를 입다

- Se lastimaron los brazos.
  그들은 팔을 다쳤다.
- Se lastimó la rodilla al caer.
  그는 넘어지면서 무릎을 다쳤다.
- Me lastimé con una sierra.
  나는 톱에 다쳤다.
- Se ha lastimado en la escalera.
  그는 계단에서 다쳤다.

lavar algo 씻다, 닦다

- Después de comer, lavé los platos.
  식사를 한 후에 나는 접시를 닦았다.
- Lavan el coche todos los domingos.
  그들은 매주 일요일 차를 닦는다.
- Quisiera que me lavasen estas ropas.
  이 옷을 빨아 주었으면 하는데요.
- Hay que lavarlo en seco.
  그것은 드라이클리닝을 해야 한다.
- Comenzó una campaña de publicidad para lavar su mala imagen.
  그는 나쁜 이미지를 씻어내기 위하여 광고 캠페인을 시작했다.

lavarse (자신을) 씻다, 닦다

- Juan se lava la cara con agua caliente.
  후안은 따뜻한 물로 얼굴을 씻는다.
- Lávate las manos con agua y jabón antes de comer.
  식사 전에 물과 비누로 손을 씻어라.

leer 읽다, 독서하다, 추측하다

- Leyó la carta repetidas veces.
  그녀는 그 편지를 몇 번이고 읽었다.
- No he leído este libro todavía.
  나는 아직 이 책을 읽지 않았다.
- Actualmente la gente no lee mucho.
  요즘에는 사람들이 책을 많이 읽지 않는다.
- Leí en sus ojos lo que pensaba.
  그가 생각하는 것을 나는 그의 눈빛을 보고 알았다.

levantar 들다, 들어 올리다

- No puedo levantar esta caja. Es muy pesada.
  이 상자를 들 수가 없어. 너무 무거워.
- Si quiere permiso, levante la mano.
  허락을 받고 싶으면, 손을 들으세요.

- Levanta al niño del suelo que se ha caído.
  넘어진 아이를 바닥에서 일으켜라.
- En un año levantaron el edificio.
  그 건물을 1년 만에 지었다.

levantarse 일어나다, 봉기하다

- ¿A qué hora te levantas? -Me levanto a las seis.
  너는 몇 시에 일어나니? -나는 6시에 일어나.
- Se levantó de la silla.
  그는 의자에서 일어났다.
- Los soldados se levantaron contra el tirano.
  군인들은 독재자에 대하여 봉기했다.
- El avión se levantó en el aire.
  비행기는 공중으로 올라갔다.

liberar a uno de uno/algo 누구를 (무엇으로부터) 해방시키다, 면제해주다

- Liberé a mi amigo de la cárcel.
  나는 내 친구를 감옥에서 나오게 해주었다.
- El gobierno lo liberó del impuesto.
  정부는 그에게 세금을 면제해주었다.
- Los esclavos se han liberado de sus amos.
  노예들은 그들의 주인으로부터 해방되었다.

librar a uno/algo (de algo) 누구/무엇을 (무엇에서) 구하다

- Lo libraron del impuesto.
  그들은 그의 과세를 면제해주었다.
- El flotador libró al niño de ahogarse.
  튜브가 그 아이를 익사에서 구했다.
- Esto me libró de un castigo.
  이것 때문에 나는 벌을 면했다.
- Los frenos lo libraron de un serio accidente.
  브레이크가 그를 매우 큰 사고에서 벗어나게 해주었다.

librar de + inf. …하는 것으로부터 면제하다, 구출하다

- Me libraron de pagar ese impuesto.
  나는 세금납부를 면제받았다.
- Te libramos de trabajar hoy.
  우리는 오늘 일에서 너를 해방시켜 주겠다.
- Me libraron de morir asfixiado por gas tóxico.
  그들이 독가스에 의한 질식사에서 나를 구해주었다.

librarse de + uno/algo 누구/무엇으로부터 해방되다, 벗어나다

- Por fin me libré de él.
  드디어 나는 그로부터 해방되었다.
- Se ha librado del servicio militar.
  그는 군복무를 면제받았다.
- Me libré de toda responsabilidad.
  나는 모든 책임으로부터 벗어났다.

ligar (a/con/por) 묶다, 연결하다, 연합・제휴하다, 합금하다

- Ligaron las manos del preso a su espalda.
  죄수의 손을 뒤로 묶었다.
- Estamos ligados por contrato a su compañía.
  우리는 계약을 통해 그의 회사와 연합되어있다.
- Ellos ligan plata con cobre.
  그들은 은과 구리를 합금한다.
- Juan intenta ligar con ella.
  후안은 그녀에게 작업을 걸려고 한다.

ligarse 연합・동맹・결합하다

- Los dos se ligaron en amistad.
  두 사람은 우정으로 결합했다.
- Se ligaron contra el peligro común.
  그들은 공동의 위험에 대처하여 연합했다.
- Alicia y yo nos vamos a ligar en matrimonio.
  알리시아와 나는 결혼하여 하나가 될 것이다.

limitar 제한하다

- Voy a limitar el gasto a mil euros.
  나는 비용을 1,000유로로 제한할 것이다.
- Es necesario limitar el número de candidatos.
  후보자의 수를 제한할 필요가 있다.
- Los políticos quieren limitar el poder del presidente.
  정치가들은 대통령의 권력을 제한하기를 원한다.

limitar a uno a +inf. 누구에게 (…하는 것으로) 제한하다

- Lo han limitado a jugar en el parque.
  그에게 공원에서만 노는 것으로 제한하였다.
- El profesor me limitó a escribir sobre la historia de España.
  교수님은 나에게 스페인 역사에 대해서만 쓰라고 제한하셨다.

limitar con algo 무엇과 경계를 접하다

- España limita con Francia.
  스페인과 프랑스과 국경을 접하고 있다.
- México limita al norte con los Estados Unidos.
  멕시코는 북쪽으로 미국과 국경을 접하고 있다.

limitarse a algo 무엇으로 제한하다

- La clase se limita a 20 alumnos.
  학급의 학생 수는 20명으로 제한되어있다.
- Me limito en el gasto mensual a 2.000 euros.
  나는 비용을 매달 2,000유로로 제한하고 있다.

limitarse a + inf. …하기만 하다

- Nos limitamos a hacer lo necesario.
  우리는 필요한 것만 하겠다.
- Me limitaré a comer solo vegetales.
  나는 채소만 먹겠다.
- Me limité a cumplir sus órdenes escritas.
  나는 오직 그의 서면으로 된 명령만 수행하기로 했다.

limpiar 청소하다, 닦다, 훔치다

- Tengo que limpiar mi habitación.
  나는 방을 청소해야 한다.
- La madre limpia la cara al niño.
  어머니는 아이의 얼굴을 닦아주었다.
- Ella limpió el parabrisas del automóvil.
  그녀는 자동차의 와이퍼를 닦았다.
- Le tuve que limpiar las narices.
  나는 그의 코를 닦아주어야 했다.
- La lluvia limpió el aire.
  비가 와서 공기가 깨끗해졌다.
- Tengo que limpiar el texto antes de entregarlo.
  나는 텍스트를 넘겨주기 전에 오류를 없애야 한다.
- Le limpiaron la cartera en el autobús.
  그는 버스에서 지갑을 도난당했다.

limpiarse (con algo) (무엇으로) 자신을 닦다

- Se limpió la nariz con un pañuelo.
  그는 손수건으로 코를 닦았다.
- El atleta se limpió el sudor de la frente.
  운동선수는 이마의 땀을 닦았다.
- Ella siempre se limpia la cara con una toalla.
  그녀는 항상 수건으로 얼굴을 닦는다.

lindar con algo 무엇과 경계를 접하다, 가깝다, 근사하다

- Francia linda con España al sur.
  프랑스는 남쪽으로 스페인과 국경을 접하고 있다.
- Su casa linda con la nuestra.
  그의 집은 우리의 집과 경계를 접하고 있다.
- Lo que tú dices linda con el ridículo.
  네가 말한 것은 비웃음에 가깝다.
- Mi opinión linda con la tuya.
  나의 의견은 너의 의견과 유사하다.

llamar 부르다, 전화하다, 소집하다, 노크하다

- En el colegio le llamamos jefe.
  학교에서 우리는 그를 대장이라고 부른다.
- Llamamos a los niños a la mesa.
  우리는 아이들을 식탁으로 불렀다.
- Nos llamó a comer.
  그는 식사하라고 우리를 불렀다.
- El juez lo llamó a declarar.
  판사는 그를 진술하도록 소환했다.
- Le llamé a las diez pero no estaba en casa.
  내가 10시에 그에게 전화했는데 그는 집에 없었다.
- ¿Quieres llamarme un taxi?
  택시 한 대 불러 주겠니?
- Como Luis estaba enfermo, llamamos al médico.
  루이스가 아파서 우리는 의사를 불렀다.
- Abre porque han llamado a la puerta.
  사람들이 노크를 했으니 문을 열어라.
- Llamó la atención de todos.
  그는 모두의 이목을 끌었다.

llamarse 이름이 …이다

- ¿Cómo te llamas? -Me llamo Elena.
  너는 이름이 뭐지? -내 이름은 엘레나야.
- Este señor se llama Luis Pérez Ramírez.
  이분의 성함은 루이스 뻬레스 라미레스입니다.

llegar a algo 무엇에 도착・도달하다

- Llegué a casa a eso de las ocho.
  나는 8시경에 집에 도착했다.
- Cuando llegue a Madrid iré a tu casa.
  내가 마드리드에 도착하면 너의 집에 갈게.
- Llegó tarde a la clase.
  그는 수업에 지각했다.

• Después de discutir, llegamos a la conclusión.
토론한 후에 우리는 결론에 도달했다.

llegar (a) (…에) 닿다, 도달하다, 충분해지다

• Esta chaqueta me llega a las piernas.
이 재킷은 내 다리에 닿는다.

• No llego hasta donde está la caja.
나는 상자가 있는 곳까지 팔이 닿지 않는다.

• Los gastos llegaron a más de mil dólares.
비용은 천 달러 이상에 달했다.

• El camino no llega al pueblo.
이 도로는 마을까지 도달하지 않는다.

llegar a + inf. …하게 되다

• Si llegas a saberlo, avísame.
그것을 알게 되면, 나에게 알려줘.

• No llegamos a hacerlo a tiempo.
우리는 그것을 제 시간에 하지 못하게 되었다.

• Llegué a creer que eran de Japón.
드디어 나는 그들이 일본사람이라는 것을 믿게 되었다.

llegar a ser algo 무엇이 되다

• Laura llegará a ser famosa.
라우라는 유명해질 것이다.

• Va a llegar a ser un magnífico abogado.
그는 훌륭한 변호사가 될 것이다.

• Este país llegará a ser eficiente en cuanto a tecnología.
이 나라는 기술 분야에서 유능하게 될 것이다.

llenar 가득 채우다, 기재하다, 충족하다

• Los jóvenes llenaban las calles de la ciudad.
젊은이들은 도시의 거리를 가득 채웠다.

- Mi viaje por Europa llenó mi mayor deseo.
  나는 유럽 여행으로 나의 최대 욕망을 채웠다.
- Salimos después de que llenamos el formulario.
  우리는 그 신청서를 작성한 후에 나갔다.
- El contrato requiere que se llenen estas condiciones.
  계약은 이런 조건을 충족하는 것을 필요로 한다.

llenar de algo 무엇으로 가득 채우다

- Llenó la habitación de juguetes.
  그는 방을 장난감으로 가득 채웠다.
- Llenó la botella de vino.
  그는 병에 포도주를 가득 넣었다.
- Debo llenar el tanque de combustible.
  나는 탱크를 연료로 가득 채워야 한다.

llenarse 무엇으로 가득해지다, 무엇 투성이다

- La plaza se llenaba de jóvenes.
  광장은 젊은이들로 가득 차 있었다.
- Su habitación se llena de humo.
  그의 방은 연기로 가득 차 있다.
- Me lleno la camisa de barro.
  내 셔츠는 진흙투성이다.
- En verano estas playas se llenan de turistas.
  여름에 이 해변에는 관광객이 너무 많다.

llevar 가지고 있다(가다), 입고 있다, 운반하다

- ¿Cuánto dinero llevas contigo?
  너는 돈을 얼마나 갖고 있니?
- Será mejor llevar paraguas por si llueve.
  비가 올지도 모르니 우산을 가지고 가는 편이 좋겠다.
- El libro lleva el siguiente título.
  책은 다음과 같은 제목을 달고 있다.

- Eduardo lleva la chaqueta blanca.
  에두아르도는 흰 재킷을 입고 있다.
- Llevó a la fiesta un vestido muy elegante.
  그는 파티에 매우 우아한 옷을 입고 갔다.
- ¿Qué lleva el tren? -Lleva pasajeros.
  기차는 무엇을 운반하지? -여객을 운송한다.
- Lleva tú el coche que tengo sueño.
  내가 졸리니 네가 운전해.
- Los policías llevaban cascos de acero.
  경관들은 강철제 헬멧을 쓰고 있었다.

llevar (시간을) 보내다, 생활하다

- Llevamos un par de semanas en Moscú.
  우리는 모스크바에 온지 2주일이 되었다.
- Lleva un mes en cama.
  그가 병상에 누운 지 벌써 1개월 되었다.
- Llevo tres horas esperándote.
  너를 기다린 지 3시간 되었어.
- ¿Cuánto tiempo llevas en este pueblo? -Llevo 3 años.
  너는 이 마을에 온지 얼마나 되었니? -3년 되었어.
- El avión lleva más de dos horas de atraso.
  비행기가 두 시간 이상 지연되고 있다.

llevar a uno 누구를 데리고 가다, 안내하다

- ¿Quién llevará a Jorge a casa? -Yo lo llevaré
  누가 호르헤를 집으로 데려가지? -내가 데려갈게.
- Taxi, lléveme a la estación.
  택시, 역으로 가주세요.
- El alcohol la ha llevado a la ruina.
  알코올은 그녀를 파멸로 이끌었다.
- ¿A dónde nos lleva este camino? -A la ciudad.
  이 길은 어디로 통하지? -이 길은 도시로 통한다.

• ¿A dónde nos lleva este autobús? -A Madrid.
이 버스는 어디로 가지? -이 버스는 마드리드로 간다.

llevar a uno 누구보다 우위에 있다, 나이가 많다

• Mario le lleva a su hermano 3 años.
마리오는 그의 동생보다 세살 많다.

• ¿Cuántos centímetros me llevas? -Te llevo 5.
너는 나보다 몇 센티 더 크니? -내가 너보다 5센티 더 커.

• Él me lleva un kilómetro de ventaja.
그는 나보다 1킬로미터 앞서 있다.

llevar a uno a + inf. 누구를 …하게 하다 · 데려가다

• Mi madre nos llevó a comer a un restaurante.
나의 어머니는 우리가 식사를 하도록 음식점으로 데려갔다.

• Su propuesta me llevó a creer que es posible viajar por Europa.
그의 제안으로 나는 유럽여행이 가능하다고 믿게 되었다.

llevar(se) a cabo algo 무엇을 해내다, 완수하다

• Es muy difícil llevar a cabo esta obra.
이 공사를 완성하기는 매우 어렵다.

• Se llevó a cabo su misión con éxito.
그들의 임무는 성공적으로 완수되었다.

llevarse a uno/algo 무엇을 가져가다, 누구를 데리고 가다

• Puedes llevarte cualquiera de estos libros.
이 책 중 아무 것이나 가져가도 좋다.

• ¿Quién se ha llevado mi coche?
누가 내 차를 가져갔습니까?

• El viento se llevó mi sombrero.
바람에 내 모자가 벗겨졌다.

• Se llevaron todo lo que teníamos.
그들은 우리가 갖고 있던 모든 것을 다 가져갔다.

• ¿Dónde está Julio? -Su amigo se lo llevó al parque.
훌리오는 어디 있지? -그의 친구가 공원에 데리고 갔어.

llorar 울다, 눈물을 흘리다

• Lloran al cortar cebollas.
그들은 양파를 자를 때 눈물이 난다.

• Lloró desesperadamente.
그는 절망적으로 울었다.

• Lloraba cuando veía las telenovelas.
그는 TV드라마를 보면서 울고 있었다.

• El que no llora, no mama.
울지 않는 아이에게는 젖을 주지 않는다.

• Todo el país lloró su muerte.
온 나라가 그의 죽음을 애도했다.

llorar de algo 무엇 때문에 울다

• Al oír la noticia lloró de gozo.
그는 그 소식을 듣고 기뻐서 울었다.

• Lloré de pena cuando supe que ella había muerto.
그녀가 죽었다는 것을 알게 되자 나는 괴로워서 울었다.

llorar por uno/algo 무엇 때문에 울다

• Ella lloró por la muerte de su marido.
그녀는 남편의 죽음 때문에 울었다.

• No llores por mí, Argentina.
아르헨티나여, 나를 위해 울지 마라.

• Todos lloraron por la pérdida de tan buen amigo.
모두들 그토록 좋은 친구를 잃은 것을 슬퍼했다.

llover 비가 오다

• Llueve todos los días en esta zona.
이 지역에는 매일 비가 온다.

• Está lloviendo a cántaros.
비가 억수같이 쏟아진다.

• Llovían las balas sobre nosotros.
우리 머리 위로 총알이 비처럼 쏟아졌다.

lograr 얻다, 성취하다, 달성하다

• El atleta logró sus metas.
그 운동선수는 목표를 이루었다.

• Mi equipo logró tres puntos.
우리 팀은 3점을 획득했다.

• Hemos logrado lo que nos propusimos.
우리가 계획한 것을 모두 이루었다.

lograr + inf. …하는 것을 이루다, 해내다

• No logré convencerle.
나는 그를 설득하지 못했다.

• Logramos aprender español.
우리는 스페인어 배우는 것을 해냈다.

• No lograban explicarse cómo había sido el accidente.
그들은 그 사고가 어떻게 일어났는지 설명하지 못했다.

lucir 빛나다, 두드러져 보이다, 뛰어나다

• Las joyas lucían en sus dedos.
그녀의 손가락에서 보석이 빛나고 있었다.

• Ella lucía hermosa esa mañana de abril.
4월 그날 아침에 그녀는 참 예뻤다.

• En las noches claras las estrellas lucen mucho.
맑은 밤에는 별들이 매우 반짝인다.

lucirse en algo 무엇에서 뛰어나다, 빛나다

• Este estudiante se ha lucido en sus estudios.
이 학생은 공부에서 뛰어났다.

- El jugador se lució en el partido del domingo.
  그 선수는 일요일 경기에서 실력을 발휘했다.

luchar 싸우다, 투쟁하다

- Quien lucha es un luchador.
  싸우는 사람은 투사이다.
- Los dos hombres lucharon largo rato.
  두 사나이는 오래 싸웠다.

luchar con/contra uno/algo 누구/무엇에 대항하여 싸우다

- El tigre lucha contra el león.
  호랑이는 사자와 싸운다.
- Mi país luchó contra el tuyo.
  내 나라는 너의 나라에 대항하여 싸웠다.
- Yo debí luchar contra mis emociones.
  나는 나의 감정과 싸워야 했다.

luchar por algo 무엇을 위하여 싸우다

- Lucharon por la libertad.
  그들은 자유를 위하여 싸웠다.
- Vamos a luchar por la patria.
  우리는 조국을 위하여 싸울 것이다.
- Luchamos contra la contaminación y por el medio ambiente.
  우리는 환경오염에 대항하고 환경을 위하여 싸운다.

luchar por + inf. …하기 위하여 싸우다 · 노력하다

- Luis y Juan luchan por conseguir la victoria.
  루이스와 후안은 승리를 쟁취하기 위하여 싸운다.
- Ellos luchan por construir una patria mejor.
  그들은 더 좋은 조국을 건설하기 위하여 투쟁한다.
- Luchemos por preservar el medio ambiente.
  환경을 보호하기 위하여 투쟁합시다.

M

maldecir (de) uno/algo 누구/무엇을 저주・악담하다

- Juan maldijo su mala suerte.
  후안은 자기의 불운을 저주했다.
- La mujer maldijo a su marido.
  그 여자는 남편에게 욕했다.
- Ella maldice de sus amigos.
  그녀는 친구들을 저주한다.

manar (액체 등이) 나오다, 흐르다

- La mano mana sangre.
  손에서 피가 흐른다.
- La herida manaba pus.
  상처에서 고름이 흘러나왔다.

manar de algo 무엇에서 흐르다, 나오다

- La sangre mana de la mano.
  피가 손에서 흐른다.
- Mana sangre de la herida.
  상처에서 피가 나온다.

mandar 명령하다, 보내다

- A mí nadie me manda.
  아무도 나에게 명령하지 않는다.
- El general mandó un ejército a la guerra.
  장군은 군사를 전쟁에 내보냈다.
- Laura mandó una carta a su padre.
  라우라는 아버지께 편지를 보냈다.

• Me mandaron las revistas por correo.
 나에게 잡지들을 우편으로 보내주었다.

mandar a uno por algo (누구를) 무엇을 찾으러 보내다

• La mandé por el pan.
 나는 빵을 사오라고 그녀를 보냈다.

• Ella mandó a Sergio por los refrescos.
 그녀는 세르히오에게 음료수를 가져오라고 시켰다.

• Ellos la mandaron por una pizza.
 그들은 그녀에게 피자를 가져오라고 보냈다.

mandar a uno + inf. 누구에게 …하라고 명령하다

• El médico le mandó descansar.
 의사는 그에게 쉬라고 지시했다.

• Mandé venir al médico.
 나는 의사에게 오라고 명령했다.

• Ella me mandó limpiar la habitación.
 그녀는 나에게 방을 치우라고 명령했다.

• El rey mandó edificar esta catedral a los arquitectos.
 왕은 건축가들에게 이 대성당을 건축하라고 명령했다.

mandar (a uno) que + subj. (누구에게) …하라고 명령하다

• Mandó que todos se marcharan temprano.
 그는 모두에게 일찍 떠나라고 명령했다.

• Mandó que sirvieran la comida.
 그는 식사를 제공하라고 명령했다.

• Manda a Pepe que venga con los archivos.
 그는 뻬뻬에게 파일을 가져오라고 명령한다.

manejar 운전하다, 다루다, 취급하다, 사용하다

• Mi padre me enseñó a manejar el ordenador.
 아버지는 나에게 컴퓨터 다루는 것을 가르쳐주셨다.

- José maneja el auto muy bien.
  호세는 자동차 운전이 매우 능숙하다.
- Mi compañero maneja este camión.
  나의 동료가 이 트럭을 운전한다.
- Debes manejar la máquina cuidadosamente.
  너는 기계를 조심해서 다루어야 한다.
- Elena no maneja su dinero prudentemente.
  엘레나는 돈을 신중하게 다루지 않는다.
- Maneje con cuidado el asunto.
  그 사건을 조심해서 처리하세요.

manejarse 취급하다, 처신하다

- Manéjese con cuidado.
  주의해서 취급하세요.
- Me manejo bien en las situaciones difíciles.
  나는 어려운 상황에서 처신을 잘 한다.
- Él se maneja muy bien en su nuevo puesto.
  그는 새로운 직위에서 잘 하고 있다.

manifestar 나타내다, 표현・표명하다

- No quiero manifestar mi opinión.
  나는 나의 의견을 표명하고 싶지 않다.
- Con este regalo me manifestó su cariño.
  그는 이 선물로 나에게 애정을 표현했다.
- Susana manifestó su interés por el chico.
  수사나는 그 소년에 대한 관심을 표현했다.
- El periodista manifestó que subiría el costo de la vida.
  기자는 생활비가 증가할 것이라고 보도했다.

manifestarse 나타나다, 시위하다

- Sus intenciones se manifestaron claramente.
  그의 의도는 분명히 나타났다.

- La enfermedad se manifiesta con fiebre.
  그 질병은 열이 나는 증상을 보인다.
- Los obreros se manifestaron en contra del gobierno.
  노동자들은 정부에 대항하여 시위를 했다.

mantener 유지・부양하다, 주장하다

- José no pudo mantener su compromiso.
  호세는 약속을 계속 지킬 수가 없었다.
- La mamá mantuvo la comida caliente.
  어머니는 음식을 따뜻하게 유지했다.
- La obligación de la policía es mantener el orden.
  경찰의 의무는 질서를 유지하는 것이다.
- Desde que murió su padre, mantiene a toda su familia.
  그는 아버지가 돌아가셨을 때부터 온가족을 부양하고 있다.
- Mantengo la opinión de que fumar es malo.
  나는 흡연이 나쁘다는 의견을 주장한다.
- Mantengo que esa teoría está equivocada.
  나는 이 이론이 잘못되었다고 주장한다.

mantenerse (con algo) (무엇으로) 유지하고 있다

- Se mantiene con poca comida.
  적은 양의 음식으로 유지하고 있다.
- Mi amigo se mantiene con su trabajo.
  나의 친구는 직업으로 생계를 유지하고 있다.

mantenerse en algo 무엇을 유지하다

- Me mantengo en una posición neutral.
  나는 중립적인 입장을 유지하고 있다.
- Quiere mantenerse en su puesto.
  그는 그의 직책을 유지하기를 원한다.
- La torre de control se mantiene en contacto con los aviones.
  관제탑은 비행기와 교신을 유지한다.

marcar 표시하다, 가리키다, 점수를 내다

- Este acontecimiento marcó el comienzo de la revolución.
  이 사건은 혁명의 시작을 표시했다.
- Mi reloj marca las tres.
  내 시계는 3시를 가리키고 있다.
- El termómetro marcó veinte grados bajo(sobre) cero.
  온도계는 영하(영상) 20도를 가리켰다.
- Nuestro equipo de fútbol marcó tres goles.
  우리 축구팀은 세 골을 넣었다.
- El nadador ha marcado 13 minutos 52 segundos.
  그 수영 선수는 13분 52초를 기록했다.

marchar 떠나다, 작동하다, 행진하다

- Los negocios han marchado perfectamente.
  거래는 순조롭게 진행되었다.
- Las cosas no marchan bien.
  일들이 잘 진행되지 않는다.
- Esta máquina marcha bien(mal).
  이 기계는 잘 작동한다(작동하지 않는다).
- Los soldados marcharon en el desfile.
  병사들은 줄을 지어 행진했다.

marcharse 떠나가다, 가버리다

- Se marchó de su país y nunca volvió.
  그는 자신의 조국을 떠나서 영원히 돌아오지 않았다.
- Este hotel no es bueno; vamos a marcharnos a otro hotel.
  이 호텔은 좋지 않으니, 다른 호텔로 가자.
- ¿Te marchas ahora? -Sí, tengo que marcharme en seguida.
  지금 떠나려고? -네, 저는 바로 떠나야 합니다.

matar 죽이다, 괴롭히다, 끄다, 없애다

- El huracán ha matado a más de veinte personas.
  태풍으로 20명 이상이 죽었다.

• ¿Quién mató a esa chica?
누가 그 소녀를 죽였지?

• El dolor de cabeza me está matando.
나는 두통 때문에 죽겠어.

• Me mata tener que estudiar tanto.
열심히 공부해야 한다는 것이 나에게는 죽을 맛이다.

• Estos zapatos me están matando.
이 구두 때문에 (발이) 아프다.

• Comieron un bocadillo para matar el hambre.
그들은 허기를 달래려고 샌드위치를 먹었다.

• Yo mataba el tiempo viendo la televisión.
나는 텔레비전을 보면서 시간을 보내고 있었다.

matarse 죽다, 자살하다

• Se mató en un accidente automovilístico.
그는 자동차 사고에서 죽었다.

• Se mató tirándose por la ventana.
그는 창문으로 뛰어내려 자살했다.

• Ella se mató de un tiro.
그녀는 총을 쏘아 자살했다.

• No creo que Laura se haya matado.
나는 라우라가 자살했다고는 생각하지 않는다.

matarse a/por + inf. …하는데 열중하다 · 신경 쓰다

• Se mata a leer. (Se mata leyendo.)
그는 독서하는데 열중하고 있다.

• Me maté a estudiar. (Me maté estudiando.)
나는 정말 열심히 공부했다.

• Mi mujer se ha matado toda la vida por ganar dinero.
나의 아내는 평생 돈을 버는데 열중했다.

• Se mató por alcanzar la presidencia y perdió las elecciones.
그는 대통령이 되려고 전념했지만 선거에서 패배했다.

M

matricular (en algo) (무엇에) 등록하다, 등록시키다

- Voy a matricular el coche nuevo.
  나는 새 차를 등록하려고 한다.
- Le matricularon en la facultad de Derecho.
  그들은 그를 법대에 등록시켰다.
- Antonio matriculó a su hijo en un curso de natación.
  안또니오는 아들을 수영 강습에 등록시켰다.

matricularse (en algo) (무엇에) 등록하다

- Me he matriculado en un doctorado.
  나는 박사과정에 등록했다.
- ¿En qué escuela te has matriculado?
  어느 학교에 등록했니?
- No he podido matricularme en la Escuela de Idiomas.
  나는 어학원에 등록할 수 없었다.

mediar (en/entre algo) (무엇에/무엇 사이에) 중재・개입하다

- Mi abogado va a mediar en un asunto muy difícil.
  나의 변호사는 매우 어려운 사건을 중재할 것이다.
- Alfonso medió en una transacción económica.
  알폰소는 경제협정에서 중재역할을 해냈다.
- No quiero mediar en el asunto de otro.
  나는 다른 사람의 일에 끼어들고 싶지 않다.
- Felipe medió entre dos rivales muy peligrosos.
  펠리뻬는 매우 위험한 두 경쟁자 사이에 개입했다.

medir (길이・높이・폭 등이) …이다, 재다, 계량하다

- ¿Cuánto mides (de estatura)? -Mido 175 centímetros de alto.
  너는 키가 몇이니? -나는 키가 175센티야.
- ¿Cuánto mides de cintura? -Mido 75 centímetros de cintura.
  너는 허리사이즈가 어떻게 되니? -나는 허리가 75센티야.
- Mi habitación mide 420 cms. de largo y 350 cms. de ancho.
  내 방은 길이가 420센티이고 폭은 350센티입니다.

- Medí el terreno que van a comprar.
  나는 그들이 사려고 하는 땅을 측량하였다.

mejorar 개량・개선하다, (날씨가) 좋아지다

- La medicina lo mejoró inmediatamente.
  약을 먹자 그는 바로 좋아졌다.
- Espero que tú mejores pronto.
  나는 네가 빨리 쾌유하기를 바란다.
- Está mejorando el sistema poco a poco.
  그들은 시스템을 조금씩 개선하고 있다.
- El gobierno prometió mejorar la situación de los pensionistas.
  정부는 연금자들의 상황을 개선하겠다고 약속했다.
- Dicen que el tiempo mejorará el fin de semana.
  주말에는 날씨가 좋아질 거라고 한다.

mejorar de algo 무엇이 좋아지다・나아지다

M

- Ella ha mejorado de salud.
  그녀는 건강이 좋아졌다.
- Él ha mejorado de las heridas.
  그는 부상에서 회복되었다.
- Todos hemos mejorado de situación económica.
  우리 모두 경제상황이 좋아졌다.

mejorarse (병세・상황・날씨 등이) 좋아지다

- Si no se mejora, habrá que operarlo.
  그의 병세가 좋아지지 않으면 수술해야 할 겁니다.
- A la tarde se mejorará el tiempo.
  오후에는 날씨가 좋아질 거야.
- Mi hija se ha mejorado notablemente.
  내 딸은 눈에 띄게 좋아졌다.
- La situación económica se mejoraba rápidamente.
  경제상황은 급속도로 나아지고 있었다.

mencionar 언급하다, 서술하다

- El profesor no mencionó sus nombres.
  선생님은 그들의 이름을 언급하지 않았다.
- La policía no mencionó a los autores del crimen.
  경찰은 그 범죄의 범인들을 언급하지 않았다.
- En las interrogaciones, mencionó un incendio que hubo en la ciudad.
  심문 중에 그는 도시에서 발생한 화재를 언급했다.

mentir 거짓말을 하다

- No me mientas.
  나에게 거짓말하지 마.
- Ana mintió contra su voluntad.
  아나는 본의 아니게 거짓말을 했다.
- El niño mintió a todo el mundo.
  그 아이는 모든 사람들에게 거짓말을 했다.
- Nunca se cree al que mintió una vez.
  사람들은 거짓말을 한 사람을 결코 믿지 않는다.
- Las esperanzas mienten.
  희망은 깨지기 마련이다. (희망은 거짓말을 한다.)

merecer …할·받을 만하다, 가치가 있다

- El lugar merece una visita.
  그 장소는 가볼 만하다.
- Esta obra merece un premio.
  이 작품은 상을 받을 만하다.
- Estos dos jóvenes merecen nuestra confianza.
  이 두 청년은 우리들의 신뢰를 받을 가치가 있다.
- Esto no merece cien dólares.
  이것은 100달러의 가치가 없다.

merecer + inf. …할 자격이 있다, …할 만하다

- Este asunto merece ser publicado.
  이 사건은 언론에 공개될 만하다.

- Mi hija mereció ganar el premio.
  나의 딸은 상을 받을 자격이 있었다.
- El Real Madrid merece ser campeón.
  레알마드리드팀은 챔피언이 될 자격이 있다.

meter a uno en algo 누구를 무엇에 들여보내다

- Ella metió a su hijo en el ejército.
  그녀는 아들을 군대에 보냈다.
- Miguel me metió en una situación difícil.
  미겔은 나를 아주 어려운 상황에 처하게 했다.
- Metieron al joven en la cárcel.
  그 청년은 수감되었다.

meter algo (en) 무엇을 넣다

- Metí la fruta en la nevera.
  나는 과일을 냉장고에 넣었다.
- Mi tío metió las monedas en mi bolsillo.
  숙부는 동전을 내 주머니에 넣었다.
- Espera un momento. Voy a meter el coche en el garaje.
  잠시만 기다려. 자동차를 차고에 넣을게.

meterse a algo 무엇이 되다

- Mi hijo se metió a médico hace tres años.
  나의 아들은 3년 전에 의사가 되었다.
- Ricardo y Antonio se han metido a cantantes.
  리까르도와 안또니오는 가수가 되었다.
- Al terminar la carrera se metió a camarero.
  그는 학업을 마치고 웨이터로 취직했다.

meterse con uno 누구와 싸우다, 싸움을 걸다

- No quise meterme contigo.
  나는 너와 싸우고 싶지 않았다.

- Pepe se metió con un boxeador.
  뻬뻬는 복싱선수에게 싸움을 걸었다.
- No me gusta tu amigo porque siempre se mete conmigo.
  네 친구는 항상 나에게 싸움을 걸어서 나는 네 친구가 싫다.

meterse en algo 무엇에 들어가다, 참견・개입하다

- Se metieron en el restaurante.
  그들은 레스토랑에 들어갔다.
- Después de apagar la luz me metí en cama.
  불을 끈 후 나는 침대로 들어갔다.
- Él se ha metido en dificultades(peligros).
  그는 어려움(위험)에 휘말렸어.
- Ellos se metieron en un buen negocio.
  두 형제는 아주 좋은 사업에 뛰어들었다.
- No te metas en lo que no te importa.
  너와 관계없는 일에 참견하지 마.

mezclar(se) (con algo) (무엇과) 섞다, 섞이다

- Ella mezcló azúcar, huevos y harina para hacer un pastel.
  그녀는 케이크를 만들기 위하여 설탕, 계란, 밀가루를 섞었다.
- No debes mezclar el vino con el agua.
  너는 포도주와 물을 섞어서는 안 된다.
- El agua no se mezcla con el aceite.
  물은 기름과 섞이지 않는다.

mezclarse en algo 무엇에 개입하다, 참견하다

- Le gusta mezclarse en los asuntos ajenos.
  그는 남의 일에 참견하는 것을 좋아한다.
- No me he mezclado en negocios sucios.
  나는 불공정 거래에는 개입하지 않았다.
- Usted se mezcla demasiado en lo que no le importa.
  당신은 상관없는 일에 참견을 잘 하시는군요.

mirar 바라보다, 쳐다보다

- Mira por dónde caminas.
  네가 걸어가는 곳을 바라봐라.
- Mira si el cartero ha llegado.
  우편배달부가 왔는지 한번 봐.
- Miraba distraída por la ventana.
  그는 멍하니 창문 밖을 바라보고 있었다.

mirar a uno 누구를 바라보다

- ¿A quién mirabas? -Miraba a la señorita.
  누구를 보고 있었어? -그 아가씨를 보고 있었어.
- Le miré a los ojos.
  나는 그의 눈을 쳐다보았다.
- No me mires así.
  나를 그런 식으로 바라보지 마.
- Miraba pasar a la gente.
  그는 사람들이 지나가는 것을 보고 있었다.

mirar (a) algo 무엇을 바라보다, 어디로 행해 있다

- Miraba las estrellas.
  그는 별을 보고 있었다.
- ¿Miraste la foto? -Sí, la miré.
  너는 사진을 봤니? -응, (그것을) 봤어.
- Miré el reloj y eran las seis.
  시계를 보니 6시였습니다.
- Miramos con preocupación a Europa.
  우리는 걱정스럽게 유럽을 지켜보고 있습니다.
- Quisiera una habitación que mire al mar.
  저는 바다로 향한 방을 원합니다.

mirar por uno 누구를 보살피다, 돌보다

- Mira por los pobres.
  불쌍한 사람들을 돌봐 주어라.

- Jaime mira mucho por sus amigos.
  하이메는 친구들을 잘 보살핀다.
- Estoy mirando por mi abuelo porque está muy viejo.
  할아버지가 너무 연로하셔서 제가 보살펴드리고 있습니다.

mirarse 자신을 보다, 서로 보다

- Me miro en el espejo.
  나는 거울을 본다.
- Los dos se miraban uno a otro.
  두 사람은 서로 마주 보고 있었다.

mirarse en uno 누구를 본받다, 비추어보다

- Mírate en tu hermano.
  너의 형을 본받아라.
- Mirémonos en la gente honrada.
  정직한 사람들을 본받도록 하자.
- Se miraba en los jóvenes que le rodeaban.
  그는 주변에 있는 청년들을 본받았다.

molestar 괴롭히다, 귀찮게 하다

- El olor le molestó mucho.
  나는 냄새가 매우 괴로웠다.
- Siento mucho haberle molestado.
  폐를 끼쳐서 죄송합니다.
- A mí me molesta hacerlo.
  나는 그것을 하는 것이 괴로웠다.

molestarse con uno/algo 누구/무엇에 화내다, 짜증내다

- Me molesté con el ruido que hacían.
  그들의 소음에 나는 짜증이 났다.
- Se molestó conmigo porque no lo invité.
  그는 자기를 초대하지 않았다고 나에게 화를 냈다.

molestarse en + inf. 번거롭게 …하다

- No se moleste en hacer mi trabajo.
  번거롭게 제 일까지 하실 필요는 없습니다.
- Por mí no se moleste usted en venir.
  나 때문에 일부러 오지 마시오.
- No te molestes en llamarlos. Ya se fueron.
  번거롭게 그들에게 전화할 필요 없어. 그들은 이미 갔어.

montar (a/en) 타다, 설치하다, 총계가 …에 달하다

- Lola monta a caballo muy bien.
  롤라는 말을 잘 탄다.
- Monto en mi bicicleta para ir a la escuela.
  나는 학교에 가기 위하여 자전거를 타고 간다.
- Ya han montado la máquina. Póngala a funcionar.
  이미 기계를 설치했습니다. 작동시켜보세요.
- El joyero ha montado la perla en el anillo.
  보석상은 반지에 진주를 박았다.
- Con el dinero que tenía ahorrado montó una fábrica de juguetes.
  그는 저축해두었던 돈으로 장난감 공장을 세웠다.
- Las pérdidas montaron a más de veinte mil euros.
  손실은 총계가 2만유로 이상이 되었다.

morder 씹다, 물다

- Mordí la carne.
  나는 고기를 (한 입) 물었다.
- El león lo mordió.
  사자가 그를 물었다.
- El perro que ladra no muerde.
  짖는 개는 물지 않는다.

morir(se) 죽다

- ¿Quién se murió? -El señor López (se) murió.
  누가 죽었지? -로뻬스씨가 사망했어.

- Mi sobrino (se) murió joven.
  나의 조카는 젊어서 사망했다.
- Mi amigo (se) murió ahogado en el mar.
  나의 친구는 바다에서 익사했다.
- César murió asesinado.
  시저는 살해되었다.
- Se le murió la mujer.
  그는 아내와 사별하였다.
- Se me murió la perra.
  나의 개가 죽었다.

morir(se) de algo 무엇으로 죽다

- Ella se murió de vejez.
  그녀는 노령으로 사망했다.
- Me muero de hambre ahora.
  배고파 죽을 지경이다.
- Mi novia (se) moría de celos.
  나의 애인은 질투가 나서 죽을 지경이었다.
- Su padre se murió de un paro cardiaco.
  그의 아버지는 심장마비로 죽었다.

morirse por uno/algo 누구/무엇이 좋아 죽을 지경이다

- Me muero por la comida italiana.
  나는 이탈리아 음식을 매우 좋아한다
- Eva se muere por mí.
  에바는 미칠 정도로 나를 좋아한다.

morirse por + inf. …하고 싶어 죽을 지경이다

- Se muere por bailar con él.
  그녀는 그와 춤을 추고 싶어 미칠 지경이다.
- Me muero por verte otra vez.
  네가 다시 보고 싶어 죽을 지경이다.

• Los chicos se morían por viajar por España.
그 소년들은 스페인을 여행하고 싶어 미칠 지경이었다.

mostrar 보여주다, 내색하다, 과시하다

• ¿Hace el favor de mostrarme su carnet de conducir?
당신의 운전면허증을 보여 주시겠습니까?

• Javier mostró mucha paciencia durante el curso.
하비에르는 그 과정 동안 많은 인내심을 보여주었다.

• Muéstrame en qué me he equivocado.
내가 무엇을 잘못했는지 알려줘.

• Su pecho no muestra ningún síntoma.
당신의 가슴은 어떠한 증상도 보이지 않는다.

• El científico muestra en público sus hazañas.
그 과학자는 군중에게 자신의 공로를 과시했다.

• Mostró su decepción por nuestra derrota.
우리의 패배 때문에 그는 실망감을 나타냈다.

mostrarse 모습을 보이다, 나타나다

• Se mostró con su nuevo novio.
그녀는 새 애인과 함께 나타났다.

• El alcalde se mostró a la muchedumbre.
시장이 군중 앞에 모습을 나타냈다.

• Juan siempre se ha mostrado ante el público tal como es.
후안은 군중에게 항상 자신의 본래 모습을 보여주었다.

mostrarse + adj. …한 상태로 보이다, 행동하다

• Me muestro muy agradecido con ella.
나는 그녀에게 항상 고마움을 표시한다.

• Se mostró muy atento con nosotros.
그는 우리에게 매우 친절했다.

• Hoy se muestra muy contento.
오늘 그는 매우 행복해 보인다.

motivar 동기를 주다, 자극하다

- ¿Qué te motivó a hacerlo?
  무엇이 너를 그렇게 하도록 했니?
- Su muerte motivó la persecución de los judíos.
  그의 죽음이 유태인 박해의 동기가 되었다.
- El premio que recibió le motivó para seguir estudiando.
  그가 받은 상은 그가 계속 공부하기 위한 동기가 되었다.
- Me motivó con su argumento, por eso acepté su propuesta.
  그의 주장에 내 마음이 움직여서 그의 제안을 받아들였다.

mover 움직이다, 위치를 옮기다

- Estoy enfermo y no me puedo mover.
  나는 아파서 움직일 수가 없다.
- Juan no puede mover el brazo porque se le ha roto.
  후안은 팔이 부러져서 팔을 움직일 수 없다.
- Movieron la cama hacia atrás(adelante).
  그들은 침대를 뒤로(앞으로) 옮겼다.
- Lo único que le mueve es el dinero.
  그의 마음을 움직이는 유일한 것은 돈이다.

mover a uno a + inf. 누구를 …하게 하다

- No sabemos qué le movió a hacerlo.
  우리는 그가 무엇 때문에 그것을 했는지 모른다.
- No pude mover al chico a hacerlo.
  나는 그 아이가 그것을 하게끔 만들지 못했어.
- Sus críticas me movieron a hacer algo.
  그의 비판은 나에게 무언가를 하게 만들었다.

moverse (스스로) 움직이다, 떠나다, 서둘다

- No se mueva. (No te muevas.)
  움직이지 마세요. (움직이지 마.)
- No te muevas ni un paso.
  한 발짝도 움직이지 마라.

- No te muevas cuando tome la fotografía.
  내가 사진 찍을 때 움직이지 마.
- José no se ha movido de su asiento.
  호세는 자기 자리에서 움직이지 않았다.
- La tierra se mueve alrededor del sol.
  지구는 태양 주변에서 움직인다.
- El paciente se mueve con mucha dificultad.
  그 환자는 거동이 매우 불편하다.
- Se me mueven dos muelas.
  어금니 두 개가 흔들린다.
- ¿Nos movemos o nos quedamos un poco más?
  우리 갈까? 아니면 좀 더 머무를까?
- Muévete si quieres llegar a tiempo para coger el tren.
  제 시간에 도착해서 기차를 타려면 서둘러라.

mudar 바꾸다, 교체하다, 옮기다

- ¿Cuándo va a mudar las sábanas?
  침대시트를 언제 교체할 겁니까?
- Los años le han mudado el carácter.
  세월이 그의 성격을 바꾸었다.
- Le mudaron de oficina.
  그는 전근되었다.

mudar de algo 무엇을 바꾸다

- Los pájaros mudan de pluma.
  새들이 털갈이를 한다.
- Al niño le mudan de ropa varias veces al día.
  아이의 옷을 하루에 몇 번이나 갈아입힌다.
- José ha mudado de casa últimamente.
  호세는 최근 집을 옮겼다.
- Mi hijo tiene once años y está mudando de voz.
  내 아들은 11세인데 변성기를 겪고 있다.

- Mudó de color cuando le dieron la noticia.
  그에게 소식을 전했을 때 그의 안색이 변했다.
- El ministro ha mudado de parecer.
  그 장관은 의견을 바꾸었다.

mudarse de algo (스스로) 무엇을 바꾸다, 갈다

- Me mudé de camisa(pantalones).
  나는 셔츠(바지)를 갈아입었어.
- Ella se ha mudado de idea.
  그녀는 생각을 바꿨다.
- Nos mudaremos de casa la semana que viene.
  우리들은 다음 주에 이사할 거야.

N

nacer (en) (…에서) 태어나다, 생기다

- Mi hija nació el 31 de diciembre.
  내 딸은 12월 31일에 태어났다.
- Mi padre nació en los Estados Unidos.
  나의 아버지는 미국에서 태어나셨다.
- Vamos a tener una gran fiesta cuando nazca mi niña.
  내 딸이 태어나면 아주 큰 파티를 열 것이다.
- Entre Juan y yo ha nacido un fuerte odio.
  후안과 나 사이에 아주 큰 증오가 생겼다.
- Cuando me dijo eso, nació una sospecha en mí.
  그가 나에게 그것을 말했을 때, 나에게 의심이 생겼다.

nacer de uno/algo 누구/무엇에서 태어나다, 생겨나다

- Alicia nació de madre soltera.
  알리시아는 미혼모에게서 태어났다.
- Este problema nació de un malentendido.
  오해로 인해 이 문제가 생겨났다.
- Nada puede nacer de nada.
  무에서 유는 나오지 않는다.

nadar 수영하다, 헤엄치다

- El niño está nadando en la piscina.
  아이는 수영장에서 수영하고 있다.
- ¿Sabe usted nadar?
  당신은 수영할 수 있습니까?
- Este chico nada muy bien de espalda.
  이 소년은 배영을 아주 잘한다.

• El aceite nada en el agua.
기름은 물에 뜬다.

navegar 항해하다, 비행하다

• El avión navegaba rumbo a Buenos Aires.
비행기는 부에노스아이레스를 향하여 비행하고 있었다.

• El barco navega a una velocidad muy alta.
배는 매우 빠른 속도로 항해한다.

• El capitán ha navegado por los siete mares.
선장은 7대양을 항해했다.

necesitar a uno/algo 누구/무엇을 필요로 하다

• Te necesito.
나는 네가 필요해.

• Necesito dinero(trabajo).
나는 돈(일자리)이 필요해.

• Necesitaba un poco de café.
나는 커피가 좀 필요했어.

• Por lo menos necesito una semana.
적어도 나는 1주일이 필요하다.

• Si me necesitas, llámame. Mi teléfono es 753-6734.
만일 내가 필요하면 전화해. 내 전화번호는 753-6734번이야.

• Se necesita secretaria bilingüe.
2개 국어를 구사하는 비서가 필요합니다.

necesitar + inf. …할 필요가 있다

• Necesitaba hablar con el abogado.
변호사와 상의할 필요가 있었다.

• Necesito hacerlo mañana.
나는 내일 그 일을 해야 해.

• Necesito comprar un ordenador.
나는 컴퓨터 한 대를 사야해.

necesitar que + subj. …하는 것이 필요하다

- ¿Necesitas que te ayude yo?
  내가 너를 도와주는 것이 필요해?
- Necesito que me deis vuestra opinion.
  나는 너희들이 나에게 의견을 주는 것이 필요하다.
- Necesita que alguien le eche una mano.
  그는 누군가가 자신을 도와주는 것이 필요하다.

negar 부정하다, 거부하다

- Los ateos niegan la existencia de Dios.
  무신론자는 신의 존재를 부정한다.
- El acusado negó haber cometido el crimen.
  피의자는 범행을 부인했다.
- El actor le negó la mano a su adversario.
  그 영화배우는 상대방의 악수를 받아주지 않았다.
- Como no podía hablar, negó con la cabeza.
  그는 말을 할 수가 없었기 때문에, 머리를 흔들며 아니라고 표현했다.

negarse a + inf. …하는 것을 부정하다, 거부하다

- Me niego a hablar con esta mujer.
  나는 이 여자와 말하는 것을 거부한다.
- ¿Por qué te niegas a cantar en público?
  왜 너는 사람들 앞에서 노래하기를 거부하니?
- La madre se niega a dejar salir de noche a su hija.
  어머니는 딸이 밤에 외출하는 것을 허락하지 않는다.

nevar 눈이 오다

- En Madrid no nieva.
  마드리드에는 눈이 오지 않는다.
- Hoy no nieva. ¿Nevó ayer?
  오늘은 눈이 오지 않네. 어제는 눈이 왔니?
- Aquí nieva mucho en invierno.
  이곳은 겨울에 눈이 많이 온다.

O

obedecer 복종 · 순종하다, 지키다

- Los ciudadanos deben obedecer las leyes.
  시민들은 법을 지켜야 한다.
- Estos jóvenes no les obedecen a sus padres.
  이 청년들은 부모에게 순종하지 않는다.
- Hay que obedecer a los superiores.
  윗분들의 말씀에 순종해야 한다.

obedecer a algo 무엇에 의하다, 기인하다

- La obesidad obedece a una mala alimentación.
  비만은 잘못된 영양섭취에서 온다.
- Es obvio que esta huelga obedece a motivos políticos.
  이 파업이 정치적 동기에 기인한다는 것은 분명하다.
- Mi visita obedece al deseo de saludarle.
  나의 방문은 당신에게 인사드리기 위해서입니다.

obligar a uno 누구에게 강요하다, 의무를 지우다

- Su opinión no me obliga nada.
  그의 의견은 나에게 아무 것도 강요하지 않는다.
- La ley nueva obliga solamente a los mayores de dieciocho.
  새로 개정된 법은 오직 18살 이상의 사람들에게만 적용된다.

obligar a + inf. …하도록 강요하다, 부득이 …하다

- El calor nos obligó a salir del edificio.
  더위 때문에 우리는 건물에서 나왔다.
- El guardia le obligó a desalojar el museo.
  경비원은 그에게 박물관을 떠나라고 강요했다.

- A José le obligaron a firmarlo.
  호세에게 강제로 서명하게 했다.
- El contrato me obligó a vender mi casa.
  나는 계약 때문에 어쩔 수 없이 집을 팔아야 했다.

obligarse a + inf. …하는 의무를 지다, …해야 하다

- Se obligó a dejar de fumar.
  그는 담배를 끊어야 했다.
- Me obligo a sacar las mejores notas.
  나는 가장 좋은 성적을 받아야 한다.
- La profesión me obliga a viajar mucho.
  나는 직업 때문에 부득이 여행을 많이 한다.
- Yo me obligo a indemnizarle si le causo algún perjuicio.
  내가 그에게 어떠한 손해를 입히면 나는 그에게 배상할 의무를 진다.

obligar a que + subj. 억지로 …하게 하다, 강요하다

- Oblígale a que entre.
  억지로라도 그를 들어오게 해라.
- Me va a obligar a que me marche.
  그는 나를 억지로 떠나게 하려 한다.
- Yo le obligué a que se casara contigo.
  나는 그에게 너와 결혼하라고 강요했다.
- Me obliga a que trabaje en esa compañía.
  그는 나에게 그 회사에서 일하라고 강요한다.

observar 주시하다, 관찰하다, 준수하다

- Los astrónomos observaron las estrellas.
  천문학자들은 별을 관찰했다.
- José estuvo observando lo que pasaba en la plaza.
  호세는 광장에서 일어난 일을 지켜보고 있었다.
- Gloria no observa ninguna de las señales de tráfico.
  글로리아는 교통신호를 전혀 지키지 않는다.

obtener 얻어내다, 손에 넣다, 획득하다

- Esta película obtendrá gran éxito.
  이 영화는 대성공을 거둘 것입니다.
- Has obtenido el permiso y ahora puedes viajar.
  너는 허락을 받았으니 여행을 해도 된다.
- ¿Dónde obtuviste el permiso de conducción? -Lo obtuve en esa oficina.
  어디서 운전면허증을 받았니? -저 사무실에서 받았어.
- Obtuve el doctorado en el 2011.
  나는 2011년에 박사학위를 취득했다.
- Ella ha obtenido una beca para estudiar en Harvard.
  그녀는 하버드대학에서 공부하기 위하여 장학금을 받았다.

ocultar a uno/algo 누구/무엇을 감추다, 숨기다

- Ocultaron al prisionero.
  그들은 죄수를 숨겨주었다.
- Lola oculta su edad con maquillaje.
  롤라는 자신의 나이를 화장으로 감춘다.
- Cuando entré, ocultó la carta debajo de un libro.
  내가 들어갔을 때, 그녀는 그 편지를 책 밑에 감추었다.

ocultarse 숨다

- José se ocultó detrás de unos arbustos.
  호세는 수풀 뒤에 숨었다.
- ¿Dónde se ha ocultado mi hermanita?
  내 여동생이 어디로 숨었지?
- Se ocultaron de la policía en aquel edificio.
  그들은 경찰을 피해 저 건물에 숨었다.

ocupar 점령・차지하다, 거주하다, 고용하다

- Esta mesa ocupa mucho sitio.
  이 테이블은 자리를 많이 차지한다.
- Vamos a ocupar aquella mesa.
  저 탁자에 앉자(차지하자).

- ¿Quién ocupa la habitación 604?
  604호실에 누가 있지?
- Nuestro país ha sido ocupado por el enemigo.
  우리나라는 적들에 의해 점령당했다.
- La nueva fábrica ocupará a muchos jóvenes en paro.
  새 공장은 실업중인 많은 청년들을 고용할 것이다.

ocuparse con algo 무엇을 담당하다

- Ella se ocupa con su jardín.
  그녀는 정원을 가꾼다.
- Nos ocupamos con muchos negocios.
  우리는 많은 비즈니스를 담당하고 있다.

ocuparse de uno 누구를 돌보다, 신경 쓰다

- Tengo que ocuparme de mi amiga.
  나는 여친에게 신경을 써야 한다.
- ¿Quién se ocupa de los niños?
  누가 아이들을 돌보아줄까?
- Me ocuparé de tu madre enferma.
  내가 편찮으신 네 어머니를 돌보아드릴게.

ocuparse de algo 무엇을 담당하다, 책임지다

- Me ocuparé de este proyecto.
  내가 이 프로젝트를 맡을게.
- ¿De qué se ocupan estos hombres?
  이 사람들은 무슨 일을 담당하지?
- Juan, ocúpate de lo tuyo.
  후안, 네 일이나 책임지고 잘해.
- En el capítulo posterior nos ocupamos del subjuntivo.
  다음 챕터에서 우리는 접속법을 다룰 것이다.
- Me ocupo de una tienda en Madrid.
  나는 마드리드에서 가게 하나를 운영하고 있다.

ocuparse de/en + inf. …하는 것을 담당하다

- La policía se ocupa de cuidar el orden público.
  경찰은 공공질서를 유지하는 일을 담당한다.
- Yo me ocupé de hacer la reservación.
  예약하는 일은 내가 맡았다.
- Ella se ocupa en guardar los libros.
  그녀는 책을 보관하는 일을 담당한다.
- Nadie se ocupa en abrir las ventanas.
  아무도 창문 여는 일을 하지 않는다.

ocurrir 일어나다, 생기다, 발생하다

- ¿Qué ocurre? -Nada.
  무슨 일입니까? -아무 것도 아닙니다.
- ¿Dónde ocurrió el accidente? -Ocurrió en la esquina.
  어디서 사고가 일어났죠? -그 모퉁이에서 발생했습니다.
- El accidente ocurrió a las seis de la tarde.
  사고는 오후 6시에 일어났습니다.
- ¡Ha ocurrido un milagro!
  기적이 일어났습니다!

ocurrirse a uno algo 누구에게 무엇이 생각나다, 떠오르다

- Se me ha ocurrido una buena idea.
  나에게 좋은 생각이 떠올랐어.
- Se me ocurrió llamarla.
  나는 그녀에게 전화하고 싶어졌다.
- Se me ocurrió comer en el restaurante.
  그 레스토랑에서 식사를 해야겠다는 생각이 떠올랐다.

ofrecer 제공하다, 제안하다, 권하다

- Les ofrecimos un cigarrillo.
  우리는 그들에게 담배를 권했다.
- En la fiesta me ofrecieron un ramo de flores.
  파티에서 나는 꽃다발을 받았다.

- Me ofrecieron un nuevo empleo.
  나는 새로운 일자리를 제공받았다.
- ¿Cuánto ofreció él por el coche? -Ofreció veinte mil euros.
  그는 차 값으로 얼마를 제시했니? -2만 유로를 제시했어.
- El enemigo ha ofrecido poca resistencia.
  적군은 거의 저항하지 않았다.
- La fuente iluminada ofrece un cuadro fantástico.
  조명이 켜진 분수는 아름다운 광경을 보여준다.

ofrecerse a/para + inf. …하기 위해 자청하다

- Se ofreció a ayudar en todo.
  그는 모든 일을 돕겠다고 나섰다.
- Ella se ofreció a acompañarme.
  그녀는 나를 따라가겠다고 나섰다.
- Se ha ofrecido a llevarla a la playa.
  그가 그녀를 해변에 데려다 주겠다고 나섰다.
- El joven se ofreció a servir de guía.
  그 청년은 가이드로 봉사하겠다고 자청했다.

oír 듣다

- ¿Me oyes? -Sí, te oigo bien.
  내 말 들리니? -그래, 잘 들려.
- Oigo a Susana cantar.
  나는 수사나가 노래하는 것을 듣고 있다.
- Oí una voz de mujer a mi espalda.
  나는 뒤쪽에서 여인의 목소리를 들었다.
- ¿No la oye usted cantar?
  그녀가 노래하는 것이 들리지 않습니까?

oír hablar de uno/algo 누구/무엇에 대해 말하는 것을 듣다

- He oído mucho hablar de usted.
  당신에 대해 얘기하는 것을 많이 들었습니다.

- No habíamos oído hablar del accidente hasta ayer.
  어제까지만 해도 사고에 대해서 아무 얘기도 듣지 못했다.
- Dice que no ha oído hablar de nuestro país.
  그는 우리나라에 대하여 들어본 적이 없다고 합니다.

oler 냄새가 나다, 냄새를 맡다, 남의 뒤를 캐다

- Ella(La rosa) huele bien.
  그녀(장미)는 향기가 좋다.
- Qué bien huele.
  냄새 좋은데.
- Huelo una rosa.
  나는 장미의 향을 맡아본다.
- La policía ha olido lo que estaban tramando.
  경찰은 그들이 꾸미고 있는 것의 낌새를 느꼈다.
- Ellos siempre están oliendo lo que hago.
  그들은 언제나 내가 하는 일을 냄새 맡고 다닌다.

oler a algo 무엇의 냄새가 나다, 티가 나다

- Este perfume huele a rosas.
  이 향수는 장미향이 난다.
- Ella olía siempre a tabaco porque fumaba mucho.
  그녀는 담배를 많이 피웠기 때문에 항상 담배냄새가 났다.
- Ese informe huele a mentira.
  그 보고서는 거짓 티가 난다.
- Este hombre olía a policía.
  이 남자는 어쩐지 경찰 티가 났다.

olvidar a uno/algo 누구/무엇을 잊다, 두고 오다

- No me olvides para siempre.
  영원히 나를 잊지 마라.
- Ya ha olvidado a su exmarido.
  그녀는 이미 전남편을 잊었다.

- He olvidado su nombre.
  당신의 이름을 잊어버렸습니다.
- Olvidé el paraguas en la cafetería.
  나는 우산을 카페에 두고 나왔다.
- Tienes que olvidar el pasado.
  너는 과거를 잊어야 한다.

olvidar + inf. …하는 것을 잊다

- Olvidé traer el libro.
  나는 책을 갖고 오는 것을 잊었다.
- Olvidé cerrar el gas.
  나는 가스를 잠그는 것을 잊었다.
- Olvidó llamar a su madre.
  그는 어머니께 전화하는 것을 잊었다.

olvidarse a uno 누구에게서 잊히다 [3인칭]

- Se me ha olvidado su nombre.
  나는 그의 이름을 잊어버렸다.
- Se me olvidó el asunto más importante.
  나는 가장 중요한 용건을 잊었다.
- Se me ha olvidado el paraguas en el aula.
  나는 교실에 우산을 두고 왔다.

olvidarse de uno/algo 누구/무엇을 잊다, 저버리다

- Olvídate de lo ocurrido.
  일어난 일을 잊어라.
- Me he olvidado de su cumpleaños.
  나는 그의 생일을 잊었다.
- No me olvidaré de ti, aunque estés lejos.
  비록 네가 멀리 있더라도 나는 너를 잊지 않을 거야.
- Me olvidé el pasaporte en casa y tuve que volver.
  나는 여권을 집에 두고 와서 되돌아가야 했다.

• Se olvidó de su familia y se marchó.
그는 가족을 버리고 떠나버렸다.

olvidarse de + inf. …하는 것을 잊다

• No te olvides de tomar las medicinas.
약 챙겨 먹는 것을 잊지 마라.

• Me olvidé de decírselo a ella.
나는 그녀에게 그것을 말하는 것을 잊었다

• Me olvidé de mencionar el lugar de la cita.
나는 약속 장소를 말하는 것을 잊었다.

opinar (en/sobre algo) (무엇에 대하여) 생각하다, 의견을 가지다

• No quiso opinar sobre este asunto.
그는 이일에 대하여 의견을 말하려 하지 않았다.

• ¿Qué opina usted sobre su conducta?
그의 행동에 대하여 당신은 어떻게 생각하십니까?

• Opino que eres todavía demasiado joven.
너는 아직 너무 젊다고 나는 생각한다.

oponer (방해물을) 놓다, 저지하다, 반대하다

• Vamos a oponer la barrera al viento.
우리는 바람을 막으려고 울타리를 세울 것이다.

• Los campesinos opusieron un dique a las aguas.
농부들은 물을 막으려고 둑을 설치했다.

• Los españoles los opusieron tenaz resistencia.
스페인 사람은 그들에 대하여 완강한 대항을 했다.

oponerse 반대・대립하다

• Las dos fuerzas se opusieron.
두 세력은 서로 대립했다.

• Yo no me opongo, si quieres.
네가 원한다면 나는 반대하지 않겠다.

• Algunos de los miembros del comité se oponen.
일부 위원이 반대하고 있다.

oponerse a uno/algo 누구/무엇에 반대하다

• Mi opinión se opone a la tuya.
내 의견은 네 의견과 정반대다.

• Se oponen al candidato.
그들은 그 후보자에 반대한다.

• Ellos se oponen a la boda de su hija.
그들은 딸의 결혼을 반대한다.

oponerse a + inf. …하는 것을 반대·거부하다

• Me opongo a pensar así.
나는 그렇게 생각하는 것에 반대한다.

• Me opongo a cooperar con ellos.
나는 그들과 협력하기를 거부한다.

• Se opusieron a votar en las elecciones.
그들은 선거에서 투표하기를 거부했다.

oprimir 억압하다, 누르다, 죄어 매다

• Ella siempre oprimía a los débiles.
그녀는 항상 약자를 억압하곤 했다.

• El régimen militar oprimió a los ciudadanos.
군사정권은 시민들을 억압했다.

• La máquina se apaga cuando oprimes este botón.
네가 이 버튼을 누르면 기계가 정지할 거야.

• Este cinturón me oprime demasiado.
이 벨트는 나에게 너무 조인다.

optar entre algo 무엇 중에서 선택하다

• Tuve que optar entre la vida y la muerte.
나는 삶과 죽음, 둘 중에 하나를 선택해야 했다.

- Me dice que tengo que optar entre dos cursos.
  그는 나에게 두 과정 중 하나를 선택해야 한다고 말한다.
- Puedes optar entre estos dos empleos.
  너는 이 두 가지 일자리 중에 선택할 수 있다.

optar por algo 무엇을 선택·선호하다

- Optaron por una medida conciliadora.
  그들은 회유책을 쓰기로 했다.
- Juan y yo optamos por el mismo empleo.
  후안과 나는 똑같은 직업을 선택했다.
- Optó por el camino más corto para ir a casa.
  그는 집에 가려고 지름길을 선택했다.

optar por + inf. …하기로 하다, 선택하다

- Siempre optaba por callar.
  그는 항상 침묵을 선택했었다.
- Opté por quedarme en casa.
  나는 집에 남아있는 것을 선택했다.
- Ricardo optó por visitar a sus padres.
  리까르도는 부모님을 찾아뵙기로 했다.

ordenar 명령하다, 정리하다

- El ejército de México ordenó la liberación de tres prisioneros.
  멕시코군은 포로 3명의 석방을 명령했다.
- El médico me ordenó reposo completos.
  의사는 나에게 절대 안정을 명했다.
- Ordené los libros por orden alfabético de autores.
  나는 책을 저자의 알파벳 순서로 정리했다.
- El profesor ha ordenado a los niños en filas.
  선생님은 아이들을 줄로 정렬했다.
- Ordena tus cajones.
  너의 서랍을 정리해라.

ordenar a uno + inf. 누구에게 …하라고 명령하다・말하다

- El médico me ordenó dejar de fumar.
  의사는 나에게 금연하라고 말했다.
- Me ordenó salir inmediatamente de aquí.
  그는 나에게 여기서 즉시 나가라고 명령했다.
- El general ordenó a los soldados vigilar el campamento.
  장군은 병사들에게 야영부대를 지키라고 명령했다.

ordenar a uno que + subj. 누구에게 …하라고 명령하다・말하다

- Le ordené que volviera a su casa.
  나는 그에게 집으로 돌아가라고 명령했다.
- El médico me ordenó que dejara de fumar.
  의사는 나에게 금연하라고 말했다.
- Me ordenó que guardara silencio.
  그는 나에게 침묵을 지키라고 말했다.

orientar (hacia algo) (어디로) 방향을 정하다, 길을 가리켜주다

O

- Oriente la antena hacia el este.
  안테나를 동쪽으로 향하게 해라.
- Han orientado sus pasos hacia el este.
  그들은 발길을 동쪽으로 정했다.
- Vamos a orientar la casa hacia el sur.
  우리는 남향으로 집을 지을 것이다.
- Debes orientar al público a la salida.
  너는 관객을 출구로 유도해야 한다.
- La orienté para que llegara a tu casa.
  그녀가 너의 집으로 가게끔 가르쳐주었다.

orientarse (a/hacia algo) (어디로) 방향을 정하다

- Aquí no puedo orientarme.
  여기서 나는 방향을 잡을 수 없다.
- Nos orientamos hacia el sol.
  우리는 태양이 있는 쪽으로 향하고 있다.

- Las plantas se orientan hacia la luz.
  식물은 빛을 향한다.
- Ella no se orienta bien en esta ciudad.
  그녀는 이 도시에서 길을 잘 찾지 못한다.
- Mi hijo se orientó hacia las ciencias.
  나의 아들은 과학 분야로 진로를 정했다.

P

padecer (고통을) 겪다, 당하다, 견디다

- El niño padecía fuertes dolores de cabeza.
  그 아이는 심한 두통을 겪었다.
- Padecimos mucho durante la infancia.
  우리는 어린 시절에 고통을 많이 겪었다.
- La ciudad ha padecido dos bombardeos.
  그 도시는 폭격을 두 번 받았다.

padecer de algo 무슨 병을 앓다, 어디가 아프다

- Padece del corazón.
  그는 심장이 좋지 않다.
- Padece del hígado.
  그는 간장염을 앓고 있다.
- Mi madre padece de la espalda, tiene fuertes dolores.
  어머니는 등이 좋지 않아 많이 아프십니다.

pagar (돈을) 내다, 지불하다

- Sus padres le pagan los estudios.
  그의 부모님들은 그에게 학비를 내주신다.
- La casa cuesta mucho. No la puedo pagar.
  집값이 아주 비싸다. 나는 지불 할 수가 없다.
- ¿Cuánto pagas de alquiler?
  너는 임대료를 얼마나 내니?
- Me pagarás muy caro.
  너는 나에게 비싼 대가를 치룰 거야.
- Tendrás que pagar tu crimen.
  너는 죗값을 치르게 될 거야.

• Pagó muy caro sus errores.
그는 실수의 대가를 톡톡히 치렀다.

• ¡Que Dios se lo pague!
신의 가호가 따르기를!

pagar (con algo) (무엇으로) 갚다, 보답하다

• Pagaron con tarjeta de crédito.
그들은 신용카드로 지불했다.

• No sé cómo pagarte este favor.
이 은혜를 어떻게 갚아야 할지 모르겠습니다.

• Pagó sus culpas con su vida.
그는 자신의 목숨으로 속죄했다.

• Paga con ingratitud el cariño que le tienen.
그는 자신이 받은 친절을 원수로 갚는다.

• Te pagaré el favor con un beso.
너의 호의를 키스로 보답할게.

pagar por algo 무엇의 값으로 지불하다

• Pagamos 100.000 dólares por el coche.
우리는 자동차에 100,000달러를 지불했다.

• Pagué 100 euros por los libros.
나는 책값으로 100 유로를 지불했다.

• Ellos pagaron por su crimen con la vida.
그들은 그 죄의 대가를 목숨으로 지불했다.

parar (en/a algo) (어디에서) 멈추다, 끝나다, 머무르다

• Ha parado la lluvia(la nieve).
비(눈)가 멈추었다.

• Pare usted en frente de aquel banco.
저 은행 앞에서 멈춰주세요.

• Este tren para en todas las estaciones.
이 기차는 모든 역에서 정차한다.

- Este tren para en Málaga.
  이 기차는 말라가에서 정차한다.
- Cuando se pone a hablar no hay quien lo pare.
  그가 말하기 시작하면 그를 멈추게 할 사람이 없다.
- Este camino va a parar al bosque.
  이 길은 숲에서 끝난다.
- El ruido no paró en toda la noche.
  소음은 밤새 멈추지 않았다.
- Pararé en casa de mi abuelo.
  나는 할아버지 댁에서 머무르겠다.

parar de + inf. …하는 것을 멈추다

- Yo no podía parar de reír(se).
  나는 웃음을 멈출 수 없었다.
- El niño no paró de llorar.
  아이는 울음을 멈추지 않았다.
- Como ha parado de llover, cierra el paraguas.
  비가 그쳤으니 우산을 접어라.

parar en algo 무엇으로 끝나다, 마무리 되다

- La victoria vino a parar en su mano.
  승리는 그의 손으로 돌아갔다.
- Todo esto va a parar en un desastre.
  이 모든 것이 재앙으로 끝날 것이다.
- Los ladrones van a parar en la cárcel.
  도둑들은 결국 감옥에 들어가게 될 거야.
- ¿En qué irá a parar todo esto?
  이 모든 일의 최후는 어떻게 될까요?

pararse 멈추다, 정지하다

- El reloj se paró.
  시계가 멈추었다.

- Se me paró el reloj.
  내 시계가 멈추었다.
- Me paré en casa de mi amigo.
  나는 내 친구 집에서 멈췄다.
- Nos paramos en la página 120.
  우리는 120페이지에서 멈췄다.

parecer …인 것 같다, …처럼 보이다

- Juan parece bastante joven.
  후안은 매우 젊어 보인다.
- Parece mayor de lo que es.
  그는 실제보다 나이가 더 들어 보인다.
- Con esa ropa pareces un mendigo.
  그 옷을 입으니 너 거지같아.
- La casa parece vacía.
  그 집은 비어있는 것 같다.
- Pareces cansado, ¿te encuentras bien?
  너는 피곤해 보이는데, 괜찮아?

parecer a uno 누가 생각하다

- ¿Qué te parece? -Me parece que sí.
  너는 어떻게 생각해? -나도 그렇게 생각해.
- ¿Qué le parece esta película?
  당신은 이 영화를 어떻게 생각하십니까?
- ¿Qué te parece si tomamos una copa?
  우리 한잔 하는 거 어때?

parecer + inf. …하는 것으로 보이다

- Parece ser muy inteligente.
  그는 매우 영리해 보인다.
- Parece tener la edad que tiene.
  그는 실제 나이로 보이지 않는다.

parecer que + ind. …인 것 같다

- Parece que va a llover.
  비가 올 것 같다.
- Parece que gana mucho.
  그가 돈을 많이 버는 것 같다.
- Me parece que no has hecho bien.
  나는 네가 잘하지 않았다고 생각한다.
- Me pareció que no era necesario.
  나는 그것이 필요하지 않다고 생각했다.
- Me parece que he suspendido el examen.
  나는 시험에 떨어진 것 같아.

no parecer que + subj. …인 것 같지 않다

- No parece que llueva hoy.
  오늘 비가 올 것 같지 않다.
- No parece que gane mucho.
  그가 돈을 많이 버는 것 같지는 않다.
- No parece que mucha gente odie a Juan.
  많은 사람이 후안을 증오하는 것 같지는 않다.

parecer bien/mal que + subj. …하는 것은 좋다고/나쁘다고 생각하다

- Me parece mal que vaya sola.
  그녀 혼자 가는 것은 좋지 않다고 생각한다.
- Me parece bien que lo hagas.
  네가 그것을 하는 것은 좋은 것 같다.
- Me parece mal que no vengas.
  네가 안 온다니 그건 잘못된 것 같다.
- Me parece bien que te diviertas, pero me parece mal que no estudies.
  네가 즐기는 것은 좋지만, 공부하지 않는 것은 좋지 않다고 생각한다.

parecer adj./sust. que + subj. …하는 것은 형용사/명사 같다

- Me parece raro que ella se haya casado con Felipe.
  그녀가 펠리뻬와 결혼했다니 나는 이상하다.

- Me parece estupendo que os quedéis.
  너희들이 남는다니 놀랍다.
- Parece mentira que estemos ya en Seúl.
  우리가 벌써 서울에 와 있다니 거짓말 같다.
- Parece increíble que hayan sobrevivido.
  그들이 생존했다니 믿을 수가 없다.
- Parece mentira que el testigo haya declarado la verdad.
  증인이 진실을 밝혔다니 거짓말 같다.

parecerse (a uno/algo) (누구/무엇을) 닮다, 비슷하다

- Estos dos hermanos se parecen mucho.
  이 두 형제는 서로 매우 닮았다.
- Se parecen mucho como dos gotas de agua.
  그들은 서로 빼놓은 듯이 닮았다.
- Te pareces mucho a tu madre, y yo me parezco a mi papá.
  너는 너의 어머니를 꼭 닮았고, 나는 나의 아빠를 닮았다.

partir (en algo) (무엇으로) 나누다, 쪼개다, 분배하다

- Partí la manzana en dos.
  나는 사과를 둘로 쪼갰다.
- Partió los dulces entre los niños.
  그녀는 어린이들에게 과자를 나누어 주었다.
- Párteme un trozo de pan, por favor.
  빵 한 조각을 나에게 잘라줘.

partir (para algo) (어디로 향하여) 떠나다, 출발하다

- Vamos a partir cuando amanezca.
  우리는 날이 새면 출발할 겁니다.
- Ayer partieron para Francia.
  어제 그들은 프랑스로 향해 출발했다.
- El tren ya había partido cuando llegué a la estación.
  내가 역에 도착했을 때, 기차는 벌써 떠나버렸다.

partirse (스스로) 쪼개지다, 갈라지다

- Se me ha partido un diente.
  나는 이가 하나 부러졌다.
- Me partí la cabeza jugando al fútbol.
  나는 축구를 하다가 머리가 깨졌다.
- Al partirse el hielo cayeron al agua.
  얼음이 깨어져서 그들은 물에 빠졌다.
- Durante el terremoto el edificio se partió por la mitad.
  지진이 진행되는 동안 건물은 반으로 갈라졌다.

pasar (…이) 일어나다, 통과하다, 지나가다, 상영하다

- ¿Qué le pasa a la niña? -Nada en particular.
  여자아이에게 무슨 일이야? -별 일 없습니다.
- ¿Qué te pasó en el ojo?
  네 눈이 왜 그래?
- Pase por aquí.
  이쪽으로 들어오세요(들어가세요).
- El túnel pasa la montaña.
  터널은 산을 통과하고 있다.
- Ana no pasó el examen.
  아나는 시험에 합격하지 못했다.
- Eso pasará pronto.
  그런 것은 곧 지나가버릴 거야.
- Ya han pasado tres años desde que se marchó.
  그가 떠난 지 벌써 3년이 지났다.
- Por ti no pasan los años.
  너는 변함없이 젊어 보인다.
- Menos mal que el invierno ya ha pasado.
  겨울이 벌써 끝나서 다행이다.
- No dejes pasar esta oportunidad.
  이 기회를 놓치지 마라.
- En este cine solo pasan películas de acción.
  이 영화관은 오직 액션영화만 상영한다.

pasar algo 무엇을 겪다

- Pasé mucho miedo(frío).
  나는 매우 무서웠다(추웠다).
- Pasamos sed y calor.
  우리는 갈증이 나고 더웠다.

pasar algo 무엇을 넘겨주다

- ¿Quiere usted pasarme la sal, por favor?
  소금을 건네주시겠어요?
- El defensa pasó la pelota al delantero.
  수비수는 공을 공격수에게 넘겨주었다.

pasar a uno/algo 누구에게 가다, 어디로 가다

- Pasamos a la sala de espera.
  우리들은 대기실로 들어갔다.
- Pasaron de México a los Estados Unidos.
  그들은 멕시코에서 미국으로 이동했다.
- Antonio pasó a decirle algo al profesor.
  안또니오는 뭔가를 말하러 선생님에게 갔다.

pasar con/sin algo 무엇으로(무엇 없이) 지내다, 견디다

- Su familia pasa con 500 euros.
  그의 가족은 500유로로 견딘다.
- Puedo pasar con pocas provisiones.
  나는 작은 식량으로도 견딜 수 있다.
- Puedo pasar sin coche.
  나는 차 없이 지낼 수 있다.

pasar de algo 무엇을 넘기다, 초과하다

- No pases de los 70km/h.
  시속 70km를 초과하지 마라.
- La candidata no puede pasar de 50 años.
  여성 후보는 50세를 넘기면 안 된다.

- El grupo pasa de diez niños.
  그 그룹은 어린이 10명을 초과한다.
- Está muy grave, no creo que pase de hoy.
  그는 매우 위독해서, 오늘을 넘기지 못할 것 같아.

pasar de uno/algo 누구/무엇을 무시하다, 무관심하다

- Pasa de lo que digan.
  그들이 말하는 것은 무시해.
- Siempre pasa de sus compañeros.
  그는 항상 동료들에게 무관심하다.
- Paso de ir al cine.
  나는 영화 보러 가는 것에 관심 없어.

pasar por uno/algo 누구/무엇을 지나가다, 들르다

- El río pasa por la ciudad.
  강은 도시를 지나간다.
- ¿Pasa el autobús por su casa?
  버스가 당신 집 앞으로 지나가나요?
- Es un vuelo directo, no pasa por Miami.
  직항이라서 마이애미를 경유하지 않아.
- Mañana paso por ti a las ocho.
  내일 8시에 너를 데리러 올게.
- Paso por tu oficina a las tres de la tarde.
  오후 세 시에 네 사무실에 들르겠다.
- Me pasó una idea por la cabeza.
  어떤 아이디어가 내 머릿속을 스쳐 지나갔어.
- Esta camiseta no me pasa por la cabeza.
  이 티셔츠 내 머리가 들어가지 않는다.

pasar por + adj./sust. …인 척 하다, …로 보이다

- Él pasó por tonto en la reunión.
  그는 모임에서 바보인 척 했다.

- Pasa por tonto, pero no lo es.
  그는 바보로 보이지만, 바보가 아니다.
- Ella habla japonés tan bien que pasa por japonesa.
  그녀는 일본어를 너무 잘해서 일본 사람처럼 보인다.

pasarse 지나가다, 썩다, 상하다

- El año se ha pasado muy rápido.
  금년은 매우 빨리 지나갔다.
- Sus clases se me pasan volando.
  그의 수업이 매우 빠르게 지나갔어.
- Esta leche se ha pasado.
  이 우유는 상했어.
- Esta carne de vaca se está pasando.
  이 쇠고기는 썩고 있다.

pasarse 지나쳐가다, 과하다

- Nos pasamos, el banco está más arriba.
  우리가 지나쳤어. 은행은 위에 있어.
- Nos pasamos de estación.
  우리는 기차역을 지나쳐버렸다.
- Esta vez te has pasado.
  이번에는 네가 도를 지나쳤어.

pasarse 끝나다, 사라지다

- Ya se me pasó el dolor.
  이제 고통은 사라졌다.
- ¿Se te ha pasado el dolor de cabeza?
  너의 두통이 사라졌니?
- Espera a que se le pase el enojo.
  그의 화가 풀릴 때까지 기다려라.
- Descansará hasta que se le pase la fiebre.
  그는 열이 내릴 때까지 쉴 것이다.

pasarse (자신을) 문지르다, 빗질하다

- Ella se pasó la mano por la frente.
  그녀는 손으로 이마를 문질렀다.
- El hombre se pasó la mano por el pelo.
  그 남자는 손으로 머리를 넘겼다.

pasarse a uno algo 누구에게서 무엇이 지나가다, 잊히다

- Se me pasó la hora de medicina.
  약 먹을 시간이 지나가버렸다.
- Se me pasó el turno sin darme cuenta.
  나도 모르게 내 차례가 지나가버렸다.
- Se me pasó la oportunidad.
  나는 기회를 놓쳤다.
- Espera a que se le pase el enojo.
  그 사람의 화가 가라앉기를 기다려라.
- Se me pasó su cumpleaños.
  나는 그의 생일을 잊었다.
- Lo siento, se me pasó llamarte por teléfono.
  미안해. 내가 너에게 전화하는 것을 잊었어.

pasarse de + adj. 너무 …하다, 과도하다

- Julia se pasa de buena(tonta).
  훌리아는 너무 착하다(멍청하다).
- Carlos se pasa de cortés.
  까를로스는 너무 정중하다.

pasear por algo 어디를 산책하다, 돌아다니다

- Vamos a pasear por el parque.
  우리는 공원을 산책할 것이다.
- Paseamos por toda España en coche.
  우리는 차를 타고 스페인 전체를 돌았다.
- Pasamos la tarde paseando por el pueblo.
  우리는 마을을 돌아다니면서 오후를 보냈다.

pasear a uno 누구를 산책시키다, 데리고 나가다

- El padre pasea a sus hijos en el parque.
  아버지는 공원에서 아이들을 산책시킨다.
- Voy a pasear a mi perro para que haga ejercicio.
  나는 나의 개가 운동하도록 산책시킬 것이다.

pasearse (en/por algo) (어디에서) 산책하다, 돌아다니다

- El perrito se pasea por todas partes.
  강아지가 사방으로 돌아다닌다.
- El enfermo se paseaba por la habitación.
  환자는 방에서 걸어 다녔다.
- Todos los domingos nos paseamos en la costa.
  우리는 일요일마다 해변을 산책한다.
- Miles de ideas se paseaban por su cabeza.
  수많은 생각이 그의 머릿속을 지나갔다.

pedir 요구하다, 부탁하다, 주문하다

- Ella le pidió a su padre dinero.
  그녀는 아버지에게 용돈을 요구했다.
- Le pedí que nos ayudara.
  나는 그에게 우리들을 도와달라고 부탁했다.
- Vamos a pedir cerveza(vino).
  우리는 맥주(와인)를 주문하겠다.
- Sin pedir permiso, el estudiante salió del aula.
  그 학생은 허락을 받지도 않고 교실에서 나가버렸다.

pedir a uno algo 누구에게 무엇을 요구하다, 부탁하다

- Le pedí a Alejandro un favor.
  나는 알레한드로에게 부탁했다.
- Desearía pedirle a usted un favor.
  당신에게 부탁이 하나 있는데요.
- Los niños me pidieron más pastel.
  아이들이 나에게 케이크를 더 달라고 요구했다.

pedir a uno que + subj. 누구에게 …하라고 요구하다, 부탁하다

- Ella me pidió que la ayudara.
  그녀는 나에게 자신을 도와달라고 부탁했다.
- Pídele que lo haga ahora.
  그에게 지금 그것을 하라고 요구해라.
- Te pido que vengas a mi casa.
  자네가 우리 집에 와주기를 부탁하네.
- Me pidió que le enseñara.
  그는 자신을 가르쳐 달라고 나에게 부탁했다.
- Me han pedido que les explique más despacio el tema.
  그들은 나에게 주제를 더 천천히 설명해달라고 요구했다.

pegar 때리다

- Ella le pegó a su compañero.
  그녀는 동료를 때렸다.
- Aquel hombre me pegó en la cara.
  저 남자가 내 얼굴을 때렸다.
- El profesor nunca ha pegado a los niños.
  그 교사는 결코 어린이를 때린 적이 없다.

pegar (en algo) (무엇에) 붙이다, 붙다

- Pegue usted este papel en la pared.
  이 종이를 벽에 붙이세요.
- La chica me pegó un botón a la camisa.
  그 소녀가 내 셔츠에 단추를 달아주었다.
- La bala pegó en el blanco.
  총알은 목표지점에 꽂혔다.
- Pegaron fuego a la casa.
  그들은 집에 불을 붙였다.
- El armario pega con la pared.
  옷장은 벽에 딱 붙어 있다.
- Las nubes de insectos no me dejaron pegar los ojos.
  구름처럼 몰려드는 곤충 때문에 나는 눈을 붙일 수가 없었다.

pegar 꼭 들어맞다, 어울리다

- Esa corbata pega bien con la chaqueta.
  그 넥타이는 재킷과 잘 어울린다.
- Estas expresiones no pegan.
  이런 표현은 꼭 들어맞지 않는다.
- No pega el color negro con el verde.
  검은색은 녹색과 어울리지 않는다.

pegar contra algo 무엇에 부딪치다

- Ella pegó contra la puerta.
  그녀는 문에 부딪쳤다.
- El coche pegó contra un poste.
  자동차가 전봇대에 부딪쳤다.

pegar(se) 감염시키다(되다), 물들게 하다

- Ella me pegó la gripe.
  그녀는 나에게 감기를 옮겼다.
- Se me pegó la influenza.
  나는 유행성 감기에 걸렸다.
- Ellos me pegaron esta costumbre.
  그들이 나를 이런 습관에 물들게 했다.

pegarse a algo/uno 누구/무엇에 달라붙다

- El chicle se pegó al vestido.
  껌이 옷에 달라붙었다.
- Este vestido se pega al cuerpo.
  이 옷은 몸에 착 달라붙는다.
- Se ha pegado la venda a la herida.
  붕대가 상처에 착 달라붙었다.
- Ella se me pegó durante toda la fiesta.
  그녀는 파티 내내 나에게 달라붙어 있었다.
- El acento del este se me ha pegado.
  나에게는 동부 억양이 버릇이 되어버렸다.

pegarse con uno 누구와 싸우다, 언쟁하다

- Me pegué con ese hombre.
  나는 그 남자와 싸웠다.
- Una vez me pegué con esa chica.
  나는 그 여자애와 한번 싸웠다.

peinar 머리를 빗다, 빗겨주다, 수사하다

- La madre peinó a la hija.
  어머니는 딸의 머리를 빗겨 주었다.
- La policía peinó el barrio buscando a los atracadores.
  경찰은 강도를 찾아 그 지역을 샅샅이 뒤졌다.

peinarse (con algo) (무엇으로) 머리를 빗다

- Me peino con un cepillo.
  나는 빗으로 머리를 빗는다.
- Mi mujer se peina muchas veces.
  나의 아내는 머리를 자주 빗는다.
- Tú estarás mucho mejor si te peinas.
  네가 머리를 빗으면 훨씬 나아지겠다.
- Me gustaría peinarme a la última moda.
  최신 유행으로 머리를 하고 싶다.

pelar (무엇의 털・껍질을) 자르다, 뽑다, 벗기다

- Quiero que me pelen [el cabello] corto.
  나는 머리를 짧게 깎고 싶다.
- Cuesta mucho trabajo pelar los pollos.
  닭의 털을 뽑는 일은 힘이 든다.
- No puedo pelar la manzana bien.
  나는 사과 껍질을 잘 벗길 수가 없다.

pensar 생각하다

- ¿Qué piensa usted de él?
  당신은 그를 어떻게 생각합니까?

- Pienso que llegará pronto.
  나는 그가 곧 도착하리라고 생각한다.
- Pensó que era hora de acostarse.
  그는 잠을 잘 시간이라고 생각했다.
- Ella es mucho más guapa de lo que pensaba yo.
  그녀는 내가 생각했던 것보다 훨씬 더 예쁘다.

pensar en uno/algo 누구/무엇을 생각하다

- No pensaba en nada.
  나는 아무것도 생각하지 않고 있었다.
- Siempre he pensado en ti.
  나는 언제나 너를 생각해 왔다.
- La mamá siempre piensa en sus hijos.
  어머니는 항상 자식들을 생각하신다.

pensar + inf. …하려고 생각하다

- Pienso salir esta tarde.
  나는 오늘 오후에 외출할 생각이다.
- ¿A quién piensa votar?
  당신은 누구에게 투표할거요?
- Pienso quedarme aquí una semana más.
  나는 이곳에 1주일 더 있을 예정이야.
- ¿Qué piensas hacer este fin de semana?
  너는 이번 주말에 무엇을 할 생각이니?

percatarse de algo 무엇을 깨닫다, 알아차리다

- Me percaté de que querían engañarme.
  나는 그들이 나를 속이려 했다는 것을 알아챘다.
- Ayer nos percatamos de la situación financiera de Europa.
  우리는 어제 유럽의 금융 상태를 감지했다.
- Se percató de su error y lo corrigió antes de entregar el documento.
  그는 오류를 알아채고 서류를 건네주기 전에 오류를 수정했다.

perder 잃다, 놓치다, 패하다

- Perdí mucho dinero jugando en el casino.
  카지노에서 게임을 해서 돈을 많이 잃었어요.
- Perdí la maleta en la estación del tren.
  나는 기차역에서 가방을 잃어버렸다.
- Has perdido una gran oportunidad de hablar con ella.
  너는 그녀와 말할 수 있는 아주 좋은 기회를 잃었다.
- Perdimos el tren por un minuto.
  우리는 1분 차이로 기차를 놓쳤다.
- Juan ha perdido la salud.
  후안은 건강을 잃었다.
- Perdió todos sus bienes.
  그는 모든 재산을 잃었다.
- Temo que los niños se pierdan en el bosque.
  어린애들이 숲속에서 길을 잃을까봐 나는 걱정하고 있다.
- No pierdas el tiempo viendo la televisión.
  TV를 보면서 시간을 낭비하지 마라.
- Perdió a su padre cuando era pequeño.
  그는 어렸을 때 부친을 여의었다.
- La sequía ha perdido la cosecha.
  가뭄으로 수확이 엉망이 되었다.
- Este vestido lo he lavado mucho y ha perdido el color.
  내가 이 옷을 많이 세탁해서 색깔이 바랬다.
- Temo que perdamos la eliminatoria.
  나는 우리가 예선전에서 패할까봐 걱정이다.

perderse 길을 잃다, 상하다, 사라지다

- Si no llueve, se perderá la mitad de la cosecha.
  비가 오지 않는다면 수확물의 절반을 잃게 될 것이다.
- Los niños se perdieron en el parque.
  아이들은 공원에서 길을 잃어버렸다.
- En verano la comida se pierde pronto.
  여름에는 음식이 빨리 상한다.

- Con el granizo se ha perdido mucha fruta.
  우박 때문에 많은 과일이 상했다.
- El barco se perdió en el horizonte y ya no lo veíamos.
  배는 수평선에서 사라져 보이지 않았다.

perdonar 용서하다, (의무 등을) 면제하다

- Perdone.
  실례합니다. (모르는 사람에게 말을 걸 때)
- Te perdono.
  나는 너를 용서하겠다.
- Perdóneme usted.
  죄송합니다. (용서해 주십시오.)
- Perdone ¿cómo ha dicho?
  미안합니다. 뭐라고 말씀하셨죠?
- Perdone ¿me puede decir dónde está la estación?
  실례합니다. 역이 어디 있는지 말씀해주시겠습니까?
- La próxima vez no te perdono.
  다음에는 너를 용서하지 않겠다.
- Le perdoné la falta.
  나는 그의 잘못을 용서해주었다.
- Haga el favor de perdonar mi tardanza.
  제가 늦은 것을 용서하십시오.
- Perdona, pero no puedo ir contigo.
  미안하지만, 나는 너와 함께 갈 수 없어.
- El abuelo le perdonó a su nieto el error.
  할아버지는 손자의 실수를 용서해주었다.
- Perdóneme usted por haberle molestado.
  제가 폐를 끼쳤습니다. 용서하십시오.
- Me perdonó una deuda.
  그는 나의 부채를 탕감해주었다.
- Le perdonaron los últimos dos años de cárcel.
  그는 형기를 2년 감형 받았다.

perjudicar (a algo) (무엇을) 해치다, 폐를 끼치다

- El abuso del alcohol perjudica la salud.
  알코올음료의 남용은 건강을 해친다.
- El tabaco perjudica gravemente a la salud.
  담배는 건강을 매우 해롭게 한다.
- No tengo ninguna intención de perjudicarte.
  너에게 폐를 끼칠 생각은 조금도 없다.

permanecer 체재하다, (어떤 상태로) 있다

- ¿Cuánto tiempo permanecerá usted en esta ciudad?
  이 도시에서 얼마동안 머무실 겁니까?
- Permaneceremos tres semanas en Málaga.
  우리는 말라가에서 3주 동안 머무를 예정이다.
- Ella permanecía inmóvil en el mismo lugar por largo tiempo.
  그녀는 같은 장소에서 오랫동안 꼼짝하지 않고 있었다.
- Sonó el despertador, pero Elena permaneció dormida.
  자명종이 울렸지만, 엘레나는 잠에서 깨지 않았다.

permitir 허락・허가하다

- El médico de cabecera le permitió el vino.
  주치의는 그에게 포도주를 허락했다.
- Permítame que le explique lo que sucedió.
  무슨 일이 있었는지 제가 말씀드리겠습니다.
- La fortuna le permite tantos viajes.
  재산이 있어서 그는 여행을 많이 할 수 있다.

permitir + inf. …하는 것을 허락・허가하다

- Permítame presentarme.
  제 자신을 소개하겠습니다.
- El médico no me permite fumar.
  의사는 나에게 흡연을 허락하지 않는다.
- ¿Me permite usted hacerle una pregunta?
  질문해도 되겠습니까?

- Te permito salir.
  나는 너의 외출을 허락한다.
- Yo no le permití ir al concierto.
  나는 그가 콘서트에 가는 것을 허락하지 않았다.

permitir que + subj. …하는 것을 허락・허가하다

- Te permito que salgas.
  나는 너의 외출을 허락한다.
- No te permito que me hables así.
  나는 네가 나에게 그런 식으로 말하는 것을 허락하지 않겠다.
- ¿Me permites que te haga una pregunta?
  내가 너에게 질문을 해도 되겠니?
- Permítame que le presente al Sr. López.
  로뻬스씨를 소개해드리겠습니다.

persistir (en algo) (무엇을) 고집하다, 지속되다

- La lluvia persiste en el norte.
  북부지방에서는 비가 계속 내리고 있다.
- Todavía persiste la gravedad.
  그는 아직 위독한 상태에 있다.
- Persiste en la idea de negarlo.
  그는 그것을 부정할 생각을 고집하고 있다.

persistir en + inf. …하는 것을 고집하다

- Ella persiste en quedarse en su habitación.
  그녀는 자기 방에 있겠다고 고집을 부렸다.
- Ella persistió en creer que su marido volvería.
  그녀는 남편이 돌아올 것이라는 생각을 버리지 않았다.

persuadir a uno de algo 누구에게 무엇을 설득하다

- He intentado persuadirlo de la inutilidad de su protesta.
  나는 그에게 항의가 소용없다는 점을 설득하려 했다.

- Persuadí a mis compañeros de la importancia de la renovación técnica.
  나는 동료들에게 기술혁신의 중요성을 설득했다.

persuadir a uno de que + ind. 누구에게 …라고 설득하다

- Le he persuadido de que lo mejor es esperar.
  기다리는 것이 가장 좋은 방법이라고 나는 그를 설득했다.
- La persuadió de que debía salir un tiempo de México.
  나는 그녀가 한동안 멕시코를 떠나야 한다고 설득했다.
- Lo persuadí de que su habitación sería mucho más cómoda.
  나는 그에게 그의 방이 훨씬 더 편안할 거라고 설득했다.

persuadir a uno de/para que + subj. 누구에게 …하라고 설득하다

- Le persuadí para que regresara.
  나는 그에게 돌아오라고 설득했다.
- Me persuadió para que me fuera con ella.
  그는 나에게 그녀와 함께 가라고 설득했다.
- Intentaré persuadir a Laura para que cambie de opinión.
  라우라가 의견을 바꾸도록 내가 설득하겠다.
- La policía persuadió a los manifestantes de que se disolvieran.
  경찰은 시위자들에게 해산하라고 설득했다.

persuadirse de algo 무엇을 확신하다, 믿다

- Se persuadió de mi inocencia.
  그는 나의 무죄를 확신했다.
- Me persuadí de que desconfiaban de mi fidelidad.
  나는 그들이 나의 충성심을 의심한다는 것을 확신했다.

persuadirse de que + ind. …라는 점을 확신하다, 믿다

- Me he persuadido de tu bondad.
  나는 너의 착한 마음을 확신했다.
- Me he persuadido de que es mejor esperar.
  나는 기다리는 것이 더 좋다고 확신했다.

- No se persuade de que debe controlar su temperamento.
  그는 감정을 컨트롤해야 한다는 점을 믿지 않는다.

pertenecer a uno/algo 누구/무엇에 속해있다, 소속하다

- Esta casa no me pertenece a mí.
  이 집은 내 것이 아니다.
- Este terreno pertenece al Estado.
  이 땅은 국유지이다.
- El presidente pertenece al partido republicano.
  대통령은 공화당 소속이다.
- Esta hacienda pertenece a mi padre.
  이 농장은 우리 아버지 것이다.

pesar 무게를 달다, 무겁다, 무게가 …이다

- ¿Quiere usted pesar esta caja?
  이 상자의 무게를 달아 주시겠어요?
- ¡Cómo pesa esta piedra!
  이 돌은 어찌나 무거운지.
- El platino pesa más que el oro.
  백금은 금보다 더 무겁다.
- Esta maleta pesa 25 kilos.
  이 여행 가방은 무게가 25킬로그램이다.
- ¿Cuánto pesa usted? -Peso setenta y cinco kilos.
  몸무게가 얼마나 됩니까? -75킬로그램입니다.

picar (en) (동물 등이) 물다, 간지럽게 하다, 자극하다, (잘게) 썰다.

- Me picó una abeja.
  나는 벌에 쏘였다.
- El pájaro me picó en un dedo.
  그 새가 내 손가락을 쪼았다.
- Los mosquitos me picaron (en la cara).
  모기가 나를(나의 얼굴을) 물었다.

- Sus palabras me picaron la curiosidad.
  그의 말은 내 호기심을 자극했다.
- El cocinero pica la carne.
  요리사가 고기를 잘게 썬다.
- Hay comida que pica mucho.
  매우 매운 요리가 있다.
- Me pica la espalda. Me pican las piernas.
  나는 등이 간지럽다. 나는 다리가 간지럽다.

picarse 화내다, 상하다, (술이) 쉬다

- Se picó con ella por una burla que le hizo.
  그녀가 그를 놀려서 그는 그녀에게 화를 냈다.
- Se picó cuando le dijimos que no cantaba bien.
  우리가 그에게 노래를 잘하지 못한다고 놀리자 그는 화를 냈다.
- El vino empieza a picarse.
  포도주가 쉬기 시작했다.

pintar 칠하다, 그리다, (과실 따위가) 물들다

- Pintó las paredes de blanco.
  그는 벽을 흰색으로 칠했다.
- Laura pintó un cuadro muy bonito.
  라우라는 아주 아름다운 그림을 그렸다.
- Me gusta pintar el mar.
  나는 바다를 그리는 것을 좋아한다.
- Pinta muy bien las vidas populares.
  그는 서민 생활을 잘 묘사한다.
- A fines de julio ya pintan las uvas.
  7월 하순에는 포도가 물든다(익는다).

pintarse (과실 따위가) 물들다, 화장하다, 칠하다

- Las manzanas se pintan.
  사과들이 물들어 익는다.

- Mi novia se pinta demasiado.
  내 여자 친구는 화장을 진하게 한다.
- Me voy a pintar las uñas.
  나는 손톱에 매니큐어를 칠할 것이다.

pisar 밟다, 짓밟다

- Me pisaste el pie.
  네가 내 발을 밟았어.
- El conductor pisó el freno.
  운전자는 브레이크를 밟았다.
- Lola pisó la cucaracha.
  롤라는 바퀴벌레를 밟았다.
- Pisó la tierra de su pueblo después de mucho tiempo.
  오랜만에 그는 고향 땅을 밟았다.
- Ella no se deja pisar por nadie.
  그녀는 어느 누구에게도 무시당하지 않으려 한다.

placer 기쁘게 하다, 즐겁게 하다 [주로 3인칭 단수 사용]

- Me place comer contigo.
  너와 함께 식사하게 되어 기쁘다.
- Haz lo que te plazca.
  네가 좋아하는 것을 해라.
- Me place verte saludable.
  네가 건강한 것을 보니 기쁘다.
- Me place escuchar la música.
  나는 음악 듣기를 좋아한다.
- Me place mucho que te acuerdes de mí.
  네가 나를 기억하고 있으니 무척 기쁘다

planear 계획하다

- No planeamos hablar con el profesor.
  우리는 선생님과 얘기할 계획이 없다.

• Tenemos planeado hacer una excursión.
  우리는 소풍갈 계획을 세워두었다.

• Las cosas no suelen salir tal como se han planeado.
  일은 계획했던 대로 되지 않기 일쑤이다.

plantar a uno/algo (나무 등을) 심다, 설치하다, 바람맞히다

• Plantamos un arbolito en el jardín.
  우리는 정원에 작은 나무 한 그루를 심었다.

• Plantamos aquí la tienda de campaña.
  우리들은 여기에 야영 텐트를 친다.

• José plantó a su novia.
  호세는 여자 친구를 바람맞혔다.

plantarse 우뚝 서다, 움직이지 않다

• Se plantó en medio de la calle.
  그는 길 한가운데에서 우뚝 섰다.

• Me planté en la puerta y no me moví durante horas.
  나는 문 앞에서 서서 몇 시간동안 움직이지 않았다.

poblar (con/de algo) (무엇을) 거주시키다, 거주하다

• Pobló el lago de peces.
  그는 호수에 물고기를 방류했다.

• Pobló el monte de pinos.
  그는 산에 소나무를 심었다.

• Gentes venidas de otras tierras poblaron esta región.
  다른 지방에서 온 사람들이 이 지역에 정착했다.

• Especies variadas de peces pueblan el fondo del mar.
  여러 종류의 물고기가 바다 속에 살고 있다.

poblarse de algo 무엇이 가득하다, 증가하다, 불어나다

• El suelo se pobló de hojas.
  바닥은 낙엽으로 가득했다.

- La frente se le pobló de arrugas.
  그의 이마에는 주름이 가득했다.
- Por las noches, el cielo se poblaba de estrellas.
  밤에는 하늘이 별로 가득했다.
- La nueva urbanización se pobló de gente.
  새 주택단지에 인구가 증가했다.
- Los vertederos se poblaron de ratas rápidamente.
  하수구에 쥐가 급격히 불어났다.

poder 할 수 있다, 능력이 있다

- ¿Se puede (entrar)?
  (들어가도) 되겠습니까?
- El trabajo es muy difícil. ¿Puedes?
  이 일은 아주 어려워. 네가 할 수 있겠니?
- Los que pueden se hospedan en hoteles de lujo.
  능력이 있는 사람들은 고급 호텔에 투숙한다.

poder + inf. …할 수 있다, …해도 되다

- Podré ir a las seis.
  나는 6시에는 갈 수 있을 것이다.
- No puede pagar(trabajar).
  그는 지불할(일할) 수 없다.
- Como estoy ocupado, no puedo salir hoy.
  나는 바빠서 오늘은 외출할 수 없다.
- ¿Se puede usar este teléfono?
  이 전화 좀 사용해도 괜찮겠습니까?
- Puedes venir a cualquier hora.
  너는 아무 때나 와도 좋다.

poder con algo 무엇을 할 수 있다, 이기다

- El perro no pudo con el gato.
  개는 고양이를 이길 수 없었다.

- Yo solo puedo con el negocio.
  나 혼자서 이 사업을 할 수 있다.
- No puedo con la carga.
  나는 이 책임(짐)을 견뎌 낼 수가 없다.
- No pude con las matemáticas.
  나는 수학을 못했다.

poder que + subj. …일 수도 있다, …할 가능성이 있다 [3인칭 단수]

- Puede que esté en casa.
  그는 집에 있을지도 모른다.
- Está muy nublado, puede que llueva.
  날씨가 매우 흐렸으니, 비가 올 거야.
- Puede que ella venga a mi casa.
  그녀가 우리 집에 올지도 몰라.

poner 놓다, 넣다, 켜다, 쓰다, 설치하다

- Ponga usted aquí ese equipaje.
  그 짐을 여기에 놓아 주세요.
- Mi madre pone la mesa a las 6.
  어머니는 6시에 상을 차리신다.
- Puse 500 dólares en su cuenta.
  나는 그의 계좌에 500달러를 넣었다.
- ¿Le pone azúcar al café?
  커피에 설탕을 넣으십니까?
- La enfermera me puso la inyección.
  간호사가 나에게 주사를 놓았다.
- En el cine ponen(dan) una buena película.
  극장에서 좋은 영화를 상영한다.
- Esta gallina ya no pone (huevos).
  이 암탉은 이제는 알을 낳지 않는다.
- Pon la radio, quiero escuchar las noticias.
  나는 뉴스를 듣고 싶으니, 라디오를 켜라.

- Me pusieron una multa por aparcar mal el coche.
  주차를 잘못해서 나는 벌금을 부과 받았다.
- Puso mala cara cuando le pedí dinero.
  내가 그에게 돈을 부탁하니 그는 표정이 좋지 않았다.
- Pon tu firma en este documento y el coche es tuyo.
  이 서류에 서명을 해라. 그러면 그 차는 네 것이 된다.
- Me han puesto un sobresaliente en el examen.
  나는 시험에서 A+를 받았다.
- El jefe me puso en ridículo ante todos.
  사장은 나를 모든 사람 앞에서 웃음거리로 만들었다.
- Han puesto una tienda de pizzas en el barrio.
  그들은 그 동네에 피자집을 차렸다.
- Puso la venta de su casa en manos de un agente inmobiliario.
  그는 집의 매도를 부동산 중개인에게 맡겼다.
- Le pusieron un nombre muy raro.
  그에게 아주 이상한 이름을 붙여주었다.
- ¿Qué desea tomar? -Póngame un café, por favor.
  무엇을 드시겠습니까? -커피 한잔 주세요.
- Pon el despertador a las siete.
  자명종을 7시에 맞춰라.

poner a uno + adj. 누구를 …상태로 만들다

- Los exámenes siempre me ponen nervioso.
  시험은 항상 나를 예민하게 만든다.
- La lluvia me pone melancólico.
  비가 오면 나는 우울해진다.
- Esta noticia me ha puesto de mal humor.
  이 소식은 나를 불쾌하게 만들었다.

poner a uno algo 누구에게 (옷, 신발 등) 무엇을 입히다, 신기다

- ¿Me pones los zapatos?
  나에게 구두를 신겨줄래?

- Ponle el collar al perro.
  개에게 목걸이를 걸어줘라.
- La madre le puso el abrigo al niño.
  어머니는 아이에게 외투를 입혔다.
- Le puse el collar porque ella no podía prendérselo sola.
  그녀는 혼자서 목걸이를 걸 수 없어서 내가 걸어주었다.

poner a uno a + inf. 누구를 …하게 하다

- Puso a las hijas a trabajar.
  그는 딸들을 일하러 보냈다.
- Lo puse a hacer los deberes.
  나는 그를 숙제하게 했다.
- A las nueve pongo a dormir al niño.
  나는 9시에 아이를 재운다.

poner a uno de/como algo 누구를 무엇으로 쓰다, 부리다

- Me han puesto de repartidor de pizzas.
  그들은 나를 피자 배달원으로 일하게 했다.
- Su padre lo puso de guardián de la fábrica.
  그의 아버지는 그를 공장 경비원으로 부렸다.
- Me pusieron como supervisor de área en la empresa.
  그들은 나를 회사에서 그 지역의 감독으로 썼다.

poner que + ind./subj. …라고 가정하다

- Pongamos que están(estén) equivocados.
  그들이 착각했다고 가정하자.
- Pongamos que ganas(ganes) muchísimo dinero: ¿qué harías?
  네가 엄청 큰돈을 번다고 가정하자. 무엇을 하겠니?
- Pongamos que ellos no lo compren(compran).
  그들이 그것을 구매하지 않는다고 가정합시다.
- Pongamos que llegue(llega) el domingo.
  그가 일요일에 도착한다고 가정하자.

ponerse 위치하다, (자세를) 취하다

- Nos pusimos a la mesa.
  우리들은 테이블에 앉았다.
- Pongámonos a la sombra.
  우리 그늘로 가자.
- El sol se pone en el horizonte.
  지평선으로 태양이 지고 있다.
- Se puso en Sevilla en dos horas.
  그는 두 시간 만에 세비야에 도착했다.
- Llámame, y me pongo allí en dos minutos.
  전화해. 그러면 2분이면 그곳에 도착할 거야.
- Pónganse de pie, por favor.
  일어서 주세요.
- Quisiera hablar con Pepe. -¿Pepe? Sí, ahora se pone.
  뻬뻬와 통화하고 싶습니다. -뻬뻬요? 네, 지금 바꿔드릴게요.
- Dile a tu madre que se ponga.
  어머니께 전화 받으시라고 말씀드려라.
- Pónganse en contacto con nosotros, por favor.
  저희에게 연락하시기 바랍니다.

ponerse (algo) (옷, 신발 등을) 입다, 신다

- Ponte guapa, que es día de fiesta.
  축제일이니, 몸단장을 해.
- Voy a ponerme una falda(los pantalones).
  나는 치마(바지)를 입을 것이다.
- Me pondré los zapatos nuevos.
  나는 새 구두를 신을 것이다.
- Me pondré el abrigo cuando haga frío.
  날씨가 추워지면 나는 외투를 입을 것이다.
- Me puse el collar de perlas.
  나는 진주목걸이를 걸었다.
- Me puse las gafas.
  나는 안경을 썼다.

ponerse + adj. …상태로 되다

- Me puse triste.
  나는 슬퍼졌다.
- Me puse furioso cuando el testigo habló de eso.
  증인이 그것에 대하여 말했을 때 나는 화가 났다.
- Al oír la noticia se puso pálido.
  그는 그 소식을 들었을 때 얼굴이 창백해졌다.
- Cuando lo vio se puso muy contenta.
  그녀는 그를 보았을 때 매우 행복했다.

ponerse a + inf. …하기 시작하다

- Se puso a llover.
  비가 오기 시작했다.
- Al oír la noticia, ella se puso a llorar(gritar).
  그녀는 그 소식을 듣고 울기(외치기) 시작했다.
- Cuando Felipe me vio, se puso a abrazarme.
  펠리뻬는 나를 보자, 나를 껴안기 시작했다.
- Se puso a leer en cuanto llegó a casa.
  그는 집에 도착하자마자 책을 읽기 시작했다.

poseer 소유하다

- Mario posee un Picasso.
  마리오는 피카소의 작품 한 점을 갖고 있다.
- Las abejas poseen una organización social.
  꿀벌들은 사회조직을 갖고 있다.
- Ella posee el actual récord mundial.
  그녀는 현재 세계 기록 보유자이다.

practicar 연습하다, 행하다

- He practicado la natación todos los días.
  나는 매일 수영연습을 했다.
- Estoy practicando el español con un español.
  나는 스페인 사람과 스페인어를 연습하고 있다.

- Practica la medicina en su pueblo natal.
  그는 고향에서 의료에 종사하고 있다.

preferir a uno/algo (a) (…보다) 누구/무엇을 더 좋아하다, 택하다

- ¿Qué prefiere usted, café o té?
  커피와 차 중에 어느 것을 드시겠습니까?
- Para mi hermana prefiero a Felipe.
  내 여동생을 위해서는 펠리뻬를 택하겠다.
- Yo prefiero el vino a la cerveza.
  나는 맥주보다 포도주가 좋다.
- Quiero preferir la honra al dinero.
  나는 돈보다는 명예를 택하고 싶다.

preferir a uno/algo (de/entre) (…중에서) 누구/무엇을 더 좋아하다, 택하다

- De estas cuatro opiniones prefiero la tercera.
  나는 이 네 가지 의견 중에서 세 번째를 택하겠다.
- De todos los dulces, prefiero los bombones.
  모든 과자 중에서 나는 초콜릿을 좋아한다.
- Entre las opciones que me ofrecen prefiero esta.
  나에게 제공되는 옵션 중에서 나는 이것을 택하겠다.
- Mi madre prefiere a Antonio entre todos mis amigos.
  우리 엄마는 내 모든 친구들 중에서 안또니오를 좋아한다.

preferir + inf. (a + inf.) (…하는 것보다) …하는 것을 선호하다

- Preferí hablar en chino con él.
  나는 그와 중국어로 말하는 것을 선호했다.
- Ellos prefieren ir a pie.
  그들은 걸어가는 것을 선호한다.
- Preferiría morir a casarme con él.
  그 남자와 결혼하느니 차라리 죽는 편이 낫겠다.
- Prefiero esperar aquí.
  차라리 여기서 기다리겠다.

- Prefiero estudiar de noche.
  나는 밤에 공부하는 것을 좋아한다.

preferir que + subj. …하는 것이 좋다

- Preferiría que nevara.
  차라리 눈이 왔으면 좋겠다.
- Preferiría que te fueras a casa.
  차라리 네가 집으로 가는 것이 좋겠다.
- Prefiero que tú te quedes en mi casa.
  네가 내 집에 머무는 것이 좋겠다.

preguntar a uno 누구에게 물어보다

- Yo le pregunté cuántos años tenía.
  나는 그에게 몇 살이냐고 물었다.
- ¿Qué quieren preguntarle al candidato?
  후보자에게 무슨 질문을 하고 싶습니까?
- Pregúntele si quiere comer ahora.
  지금 식사하겠냐고 그에게 물어봐주세요.

preguntar por uno/algo 누구/무엇에 대해 물어보다, 찾다

- Alberto llamó y preguntó por ti.
  알베르또가 전화해서 너를 찾았어.
- Juan preguntó por la salud de usted.
  후안이 당신 건강에 대해 물어봤어요.
- Ella preguntó por mi madre.
  그녀는 나의 엄마에 대해 물어봤다.
- No pregunte por Anita porque ella no estará aquí.
  아니따는 여기 없을 테니까, 그녀를 찾지 마세요.

preocupar a uno 누구를 걱정시키다

- La noticia le preocupó muchísimo.
  그 소식은 그를 매우 걱정하게 만들었다.

• Me preocupó no haber sido amable con el hombre.
그에게 친절하지 못한 것이 나는 걱정스러웠다.

• La preocupa mucho que no la llames hace mucho.
네가 그녀에게 오랫동안 전화하지 않아서 그녀는 매우 걱정하고 있다.

preocuparse (de/por uno/algo) (누구/무엇에 대해) 걱정하다

• No te preocupes de(por) mí.
나에 대해서는 걱정하지 마라.

• No te preocupes (de eso).
(그것을) 걱정하지 마라.

• No me preocupo en lo más mínimo.
나는 정말 눈곱만큼도 걱정되지 않는다.

• Preocúpate de tus asuntos.
네 일에 신경을 써.

• No se preocupe usted por tan poca cosa.
그런 사소한 일에 걱정하지 마세요.

• La mamá se preocupa de(por) cualquier cosa.
엄마는 별 것 아닌 것에도 걱정하신다.

• Preocúpate de(por) que todos coman bien.
모두가 식사를 잘할 수 있도록 신경써줘.

preparar 준비하다, 조제하다

• Está preparando la comida para sus niños.
그녀는 아이들을 위하여 음식을 준비하고 있다.

• Vamos a preparar una fiesta de despedida.
송별회를 준비할 겁니다.

• ¿Quiere usted prepararme esta receta?
이 처방을 조제하여 주시겠습니까?

prepararse a/para + inf. …하기 위해 준비하다

• Preparémonos a salir.
출발할 준비를 하자.

- Prepárate a mudarte mañana.
  내일 이사할 준비를 해라.
- Mi familia se preparaba para comer cuando llegué.
  내가 도착했을 때 가족은 식사할 준비를 하고 있었다.

prescindir de uno/algo 누구/무엇을 무시・배제하다, 잊어버리다

- Pídele que no prescinda de mí.
  나를 잊지 말라고 그에게 부탁하게.
- No podemos prescindir de la sal.
  우리는 소금 없이는 살 수 없다.
- Él no puede prescindir del tabaco.
  그는 담배를 끊을 수 없다.
- Hemos tenido que prescindir de la casa.
  우리는 집을 처분해야만 했다.

presentar 보이다, 제출하다, 상영하다, 소개하다

- La ciudad presentaba una vista maravillosa.
  그 도시는 굉장한 경치를 보여주고 있었다.
- No pude presentar oposición alguna al padre.
  나는 아버지에게 어떤 반대도 할 수 없었다.
- Presentaron las pruebas al comité.
  그들은 위원회에 증거를 제출했다.
- Este cine presenta siempre buenas películas.
  이 극장은 항상 좋은 영화를 상영한다.
- Voy a presentar mi amigo a Juan Carlos.
  내 친구를 후안 까를로스에게 소개하겠다.

presentarse (ante/en) (…앞에) 나타나다, 출두하다

- Ayer se presentó inesperadamente.
  어제 뜻밖에 그가 나타났다.
- Tengo que presentarme ante el profesor mañana.
  나는 내일 선생님을 만나러 가야 한다.

- Se presentó ante un público muy amable.
  그는 호응이 좋은 관객 앞에 나타났다.
- Me presenté a la policía por un asunto personal.
  나는 개인적인 용건으로 경찰에 출두했다.

prestar algo a uno 누구에게 무엇을 빌려주다

- ¿Quieres prestarme este libro?
  이 책을 나에게 빌려주겠니?
- ¿Puedes prestarme 100 euros?
  나에게 100유로를 빌려줄 수 있겠니?
- Te prestaré ese libro con tal que me lo devuelvas.
  나에게 책을 돌려주기만 한다면 너에게 빌려주겠다.

prestarse a + inf. 자진해서 …하다

- Ella se prestó a ayudarme.
  그녀는 자진해서 나를 도와주었다.
- Se prestó a presidir el debate.
  그는 토론의 의장을 맡겠다고 나섰다.
- Me presté a ayudarle a preparar el examen.
  나는 그가 시험 준비하는 것을 돕겠다고 나섰다.

P

pretender 구하다, 노리다, 구혼하다

- Había un puesto y lo pretendían cinco personas.
  취직자리가 하나 있었는데, 그것을 5명이 노리고 있었다.
- Pretendió a mi prima durante ocho años.
  그는 내 사촌 누이에게 8년 동안 구혼했다.

pretender + inf. …하려 하다, 해보다, 시도하다

- ¿Qué pretendes hacer con eso?
  그걸로 뭘 하려고 하는 거니?
- Pretendían llegar a la cima de la montaña.
  그들은 산꼭대기에 올라가려고 했다.

• Pretendí convencerlo para que votara por mí.
나에게 투표하도록 그를 설득하려고 했다.

prevenir 예방하다, 방지하다, 준비하다

• Más vale prevenir que lamentar.
슬퍼하기 보다는 미리 예방하는 것이 낫다.

• Más vale prevenir las enfermedades que curarlas.
병을 치료하는 것보다 예방하는 것이 낫다.

• Si tuviera más cuidado, podría prevenir este accidente.
좀 더 주의하면 이 사고를 막을 수 있을 것이다.

• Tenemos que prevenir lo necesario para el viaje.
우리는 여행에 필요한 것을 준비해야 한다.

prevenir a uno (de/contra) (…에 대해) 누구에게 경고하다, 주의시키다

• Ella me previno contra él.
그녀는 나에게 그에 대해서 경고했다.

• Vengo a prevenirte contra el vecino, es un hombre muy raro.
이웃남자에 대해 너에게 주의를 주려고 왔는데, 아주 이상한 사람이야.

• Me previno de lo que me podía pasar.
그는 나에게 일어날 수 있는 일에 대해 나에게 경고했다.

• Hay que prevenir a los niños de los peligros en las calles.
길거리의 위험에 대해 아이들에게 주의시켜야 한다.

prevenir a uno que + ind./subj. 누구에게 …라고 경고하다

• Te prevengo que la película no es buena.
나는 너에게 그 영화가 좋지 않다는 것을 경고한다.

• Os prevengo que vais a encontrar muchas dificultades.
너희들에게 경고하는데 많은 난관이 있을 거야.

• Te prevengo que nunca vas a llegar a entenderlo.
너에게 경고하는데 너는 결코 그것을 이해하지 못할 것이야.

• Le prevengo a usted que no se atreva a hacer eso.
무리하게 그런 일을 하지 않도록 당신에게 경고합니다.

prevenir que + subj. …하는 것을 예방하다

- Las revisiones periódicas previenen que los dientes enfermen.
  정기검진이 치아가 병에 걸리는 것을 예방한다.
- Este medicamento previene que se transformen en cancerígenas.
  이 약은 그것들이 발암물질로 변하는 것을 예방한다.

prevenirse (de algo) (무엇을) 준비하다, 조심하다

- Tengo que prevenirme para el viaje.
  나는 여행을 준비해야한다.
- Tenemos que prevenirnos de víveres ante todo.
  우리는 무엇보다도 먼저 식량을 준비해야한다.
- Nos prevenimos de comida para el invierno.
  우리는 겨울을 보내기 위하여 음식을 준비했다.
- Prevéngase usted contra los accidentes de tráfico.
  교통사고에 조심하십시오.

privar a uno de algo 누구에게서 무엇을 빼앗다, 박탈하다

- Le privaron de su inmunidad diplomática.
  그는 외교특권을 박탈당했다.
- Me han privado del permiso de conducir.
  나는 운전면허를 빼앗겼다.
- Me privaron de la libertad de palabra.
  나는 발언의 자유를 박탈당했다.

privar a uno de + inf. 누가 …하는 것을 못하게 하다

- La mujer me privó de ver a sus hijos.
  아내는 나에게 아이들을 보지 못하게 했다.
- No me prives de salir a la calle.
  내가 외출하는 것을 막지 마라.

privarse de algo 무엇을 금지하다, 그만두다

- Me he privado de fumar.
  나는 담배를 끊었다.

- Desde hoy me privaré de la comida grasosa.
  오늘부터 나는 기름진 음식을 먹지 않겠다.
- Se privó del paseo por estar con sus nietos.
  그는 손자들과 함께 있기 때문에 산책을 하지 않았다.

probar 시도하다, 시험하다, 입증하다

- Prueba este vino, a ver si te gusta.
  네 입에 맞는지 보자. 이 포도주를 마셔봐.
- Probé la sopa y la encontré sosa.
  수프를 먹어봤는데 싱거웠어.
- El profesor probó nuestra paciencia.
  선생님은 우리들의 인내력을 시험했다.
- Voy a correr 10 kilómetros para probar mi fuerza física.
  내 체력을 시험하기 위해 10킬로미터를 뛰어보겠다.
- Ha probado su inocencia.
  그는 자기의 무죄를 입증하였다.

probar a + inf. …하는 것을 시도해보다

- Probaré a fumar con filtro.
  필터가 들어있는 담배를 피워보겠다.
- El enfermo probó a levantarse, pero no pudo.
  환자는 일어나려 했으나, 일어설 수 없었다.
- Yo que tú, no probaría a sacarle de quicio.
  내가 너라면 그를 화나게 하지 않을 거야.

probarse 입어보다, 먹어보다

- ¿Puedo probarme este abrigo?
  제가 이 코트를 입어 볼 수 있을까요?
- Se probó la chaqueta y no le quedó bien.
  그가 재킷을 입어봤는데 그에게 잘 어울리지 않았다.
- Pruébate la falda para ver el largo.
  치마 길이를 봐야 하니 입어봐.

- Pruébate la carne de perro.
  개고기를 먹어봐.

proceder de algo 무엇에서 나오다, 유래하다

- El vino procede de las uvas.
  와인은 포도에서 나온다.
- Estas manzanas proceden de Corea.
  이 사과는 한국산입니다.
- El español procede del latín vulgar.
  스페인어는 통속라틴어에서 유래된다.

producir 생산하다. 제조하다, 초래하다

- El árbol produjo(dio) frutos.
  나무에 열매가 열렸다.
- Argentina produce mucho trigo.
  아르헨티나는 다량의 밀을 생산한다.
- ¿Qué produce esta fábrica?
  이 공장은 무엇을 생산합니까?
- La escena del accidente me produjo escalofríos.
  그 사고를 보고 나는 소름이 끼쳤다.

prohibir 금지하다

- La ley prohíbe el tráfico de droga.
  법률은 마약 밀매를 금지한다.
- El gobierno ha prohibido las drogas.
  정부는 마약을 금지했다.
- El médico me ha prohibido alcohol.
  의사는 나에게 알코올을 금지했다.

prohibir a uno + inf. 누가 …하는 것을 금지하다

- El médico me prohibió fumar.
  의사는 나에게 흡연을 금지했다.

- La ley prohíbe fumar a los menores de edad.
  법률은 미성년자의 흡연을 금지하고 있다.
- Le he prohibido a mi hijo salir por la noche.
  나는 아들에게 밤에 외출하는 것을 금지했다.

prohibir a uno que + subj. 누가 …하는 것을 금지하다

- Te prohíbo que lo toques.
  그것을 만져서는 안 된다.
- Te prohíbo que hagas eso.
  나는 네가 그것을 하는 것을 금한다.
- El médico le prohíbe que fume.
  의사는 그가 담배를 피우는 것을 금하고 있다.
- La ley prohíbe que la gente posea armas.
  법은 사람들이 무기를 소지하는 것을 금한다.

prometer 약속하다, 유망하다

- Él me prometió un regalo.
  그는 나에게 선물을 약속했다.
- Le he prometido a mi hijo un juguete.
  나는 아들에게 장난감을 (사주겠다고) 약속했다.
- Esta situación no promete nada de bueno.
  이 상황에서 좋은 점은 하나도 기대되지 않는다.
- Este joven promete mucho.
  이 청년은 매우 유망하다.

prometer + inf. …할 것을 약속하다

- Él prometió estudiar mucho.
  그는 열심히 공부하겠다고 약속했다.
- Raquel prometió no volver a mentir.
  라 은 다시는 거짓말을 하지 않겠다고 약속했다.
- Él prometió dejar de fumar a su mujer.
  그는 아내에게 담배를 끊겠다고 약속했다.

prometer a uno que + ind. 누구에게 …할 것을 약속하다

- ¿Me prometes que no te vas a marchar?
  떠나지 않겠다고 나에게 약속하겠니?
- Le prometo que cumpliré lo estipulado.
  저는 그 조건을 이행할 것을 당신에게 약속합니다.
- Te prometo que ya no lo haré más.
  더 이상 그것을 하지 않겠다고 너에게 약속할게.

pronunciar 발음하다, (연설을) 하다, 선고하다

- Pronuncias muy bien el español.
  너는 스페인어 발음이 대단히 좋다.
- El presidente pronunció un discurso sobre la política del gobierno.
  대통령은 정부 정책에 대하여 연설했다.
- El juez pronunció la sentencia.
  판사는 판결을 내렸다.

pronunciarse 반란을 일으키다, 확실히 나타나다

- Los militares se pronunciaron en contra del gobierno.
  군인들은 정부에 대항하여 반란을 일으켰다.
- Se ha pronunciado un síntoma de cólera.
  콜레라의 증세가 확실하게 나타났다.

P

proponer 제안・제시하다, 추천하다

- Me propuso un trabajo interesante.
  그는 나에게 흥미로운 일을 제안했다.
- Aceptamos las condiciones que ustedes nos han propuesto.
  우리는 당신들이 제안한 조건을 수락하겠습니다.
- Hemos propuesto para presidente al Sr. Martínez.
  우리는 마르띠네스 씨를 의장으로 추천했다.

proponer + inf. …할 것을 제안하다

- Propongo ir al cine.
  나는 영화 보러 갈 것을 제안한다.

• Le propuse ir de viaje juntos.
  나는 그에게 함께 여행가자고 제안했다.

proponer que + subj. …할 것을 제안하다

• Le propongo que vayamos juntos.
  나는 당신께 우리 모두 같이 가는 것을 제안합니다.
• Propone que se revise el proyecto de la Junta.
  그는 위원회의 계획을 재검토하라고 제안한다.

proponerse + inf. …하기로 생각・결심하다

• Me propongo partir mañana.
  나는 내일 출발할 생각이다.
• Él se propuso construir una casa solo.
  그는 집을 자기 혼자 짓기로 결심했다.
• Se propuso conseguirlo a toda costa.
  그는 기필코 그것을 성취하겠다고 결심했다.

proteger a uno/algo (contra/de algo) (무엇으로부터) 누구/무엇을 보호하다

• Los padres deben proteger a sus hijos.
  부모는 자식들을 보호해야 한다.
• Protejamos a los jóvenes contra las drogas.
  마약으로부터 청년들을 보호합시다.
• Tenemos que proteger los pobres del frío.
  우리는 추위로부터 불쌍한 사람들을 보호해야 한다.
• Hemos protegido el edificio contra incendios.
  우리는 화재로부터 건물을 보호했다.

protegerse contra/de algo 무엇으로부터 자신을 보호하다

• Se protegieron contra los enemigos.
  그들은 적들로부터 자신들을 보호했다.
• Entramos en una tienda para protegernos de la lluvia.
  우리는 비를 피하기 위하여 상점으로 들어갔다.

protestar contra algo 무엇에 대하여 항의하다, 반대하다

- Vamos a protestar contra la subida de impuestos.
  우리들은 세금 인상에 대하여 항의할 것이다.
- Protestaron contra la ocupación de la compañía.
  그들은 회사 측의 점거에 대해 항의했다.
- La gente prostestó contra la construcción del nuevo aeropuerto.
  사람들은 신공항의 건설에 항의했다.

protestar por algo 무엇에 대하여 불평하다, 반대하다

- Los huéspedes protestaron de la comida.
  투숙객은 음식에 대하여 불평했다.
- Siempre está protestando por el frío.
  그는 항상 추위에 불평하고 있다.
- Los alumnos protestaron por el castigo corporal.
  학생들은 체벌에 반대했다.

proveer de algo 무엇을 공급하다, 제공하다

- ¿Quién les proveyó de agua?
  누가 그들에게 물을 공급했습니까?
- Mi madre me ha proveído de ropa.
  나의 어머니는 나에게 옷을 챙겨주었다.
- Ellos nos van a proveer de las cosas necesarias.
  그들이 우리에게 필요한 것들을 공급해줄 것이다.

proveerse de/con algo 무엇을 준비하다, 공급받다

- ¿Dónde van a proveerse de(con) agua?
  그들은 어디서 물을 공급받게 됩니까?
- Nos proveyeron de comestibles para un mes.
  우리들은 1개월분의 식량을 공급받았다.
- Tenemos que proveernos de(con) lo básico para subsistir.
  우리는 생존하기 위하여 기본적인 것을 준비해야 한다.
- Se proveyó de lo necesario para una larga navegación.
  그는 긴 항해를 위하여 필요한 것을 준비했다.

provenir de algo 무엇에서 유래하다, 나오다

- Esta agua proviene de las montañas.
  이 물은 산에서 내려온다.
- ¿De dónde provienen tus compañeros?
  너의 동료들은 어디 출신이니?
- El español provino del latín vulgar.
  스페인어는 통속라틴어에서 유래하였다.

provocar a uno algo 누구에게 무엇을 유발하다, 자극하다

- Tus chistes me han provocado risa.
  너의 우스갯소리가 나에게 웃음을 유발시켰다.
- Hay comidas que me provocan vómito.
  구토를 유발하는 음식이 있다.
- No hagas cosas que provoquen sospecha.
  다른 사람들의 의심을 받을 일을 하지 마라.
- Nos peleamos porque él me provocó.
  그 사람이 나를 화나게 해서 우리는 싸웠다.

provocar a + inf. …하도록 자극하다

- El río me provoca a nadar.
  나는 강을 보면 헤엄치고 싶어진다.
- El agua caliente me provoca a ducharme.
  나는 뜨거운 물을 보면 샤워하고 싶어진다.
- Escribe tan bien que me provoca a leer más.
  그가 글을 너무 잘 써서 나는 더 읽고 싶어진다.

publicar 발표하다, 발행・출판하다

- Se ha publicado la noticia por el mundo entero.
  그 뉴스는 전 세계로 보도되었다.
- Esta revista se publica mensualmente.
  이 잡지는 매월 발행된다.
- Este libro se publicó en 2012.
  이 책은 2012년에 출판되었다.

Q

quebrar 깨다, 부러뜨리다, 파산하다

- Quebré la lámpara fluorescente.
  나는 형광등을 깨뜨렸다.
- He quebrado una pata de la mesa.
  나는 테이블의 다리 하나를 부러뜨렸다.
- La empresa quebró cuando nadie lo esperaba.
  회사는 아무도 예상치 않았을 때 파산했다.

quebrarse 깨지다

- Al caer se quebró un brazo.
  그는 넘어지면서 팔이 부러졌다.
- El jarrón de flores se cayó y se quebró.
  꽃병이 떨어져서 깨졌다.

quedar 남다, 머무르다

- No queda aceite en casa.
  집에 식용유가 떨어졌다.
- Me quedan solo 300 euros.
  나에게는 300유로밖에 남아있지 않다.
- Quedan dos semanas para Navidad.
  크리스마스까지는 2주일 남았다.
- Nos quedan diez kilómetros para llegar a Madrid.
  우리가 마드리드에 도착하려면 아직 10km가 남아있다.

quedar …에 있다

- Eso queda hacia el norte de Madrid.
  그것은 마드리드의 북쪽에 있다.

- La imprenta queda muy cerca de la oficina.
  인쇄소는 사무실에서 매우 가까이 있다.
- La casa queda muy lejos del centro de la población.
  그 집은 마을의 중심에서 매우 멀리 있다.

quedar (en algo) (어떤 상태에) 있다, 머무르다

- El cuadro quedó sin acabar.
  그 그림은 완성되지 못한 채로 남았다.
- La carta queda sin terminar.
  편지는 끝맺지 못한 상태다.
- El viaje ha quedado en proyecto.
  여행은 계획만으로 끝났다.

quedar a uno bien/mal (옷, 구두 등이) 누구에게 잘 맞다/맞지 않다

- Te queda muy bien ese vestido.
  그 옷이 너에게 잘 어울린다.
- Estos zapatos me quedan muy bien.
  이 구두는 나에게 잘 어울린다.
- La talla 44 te queda bien.
  44 사이즈가 너에게 잘 맞는다.

quedar en + inf. …하기로 결정하다

- Quedamos en vernos a las diez.
  우리들은 10시에 만나기로 정했다.
- Quedamos en visitarlo mañana.
  우리는 내일 그를 방문하기로 결정했다.
- Quedamos en reunirnos al otro día.
  우리는 다른 날 모이기로 결정했다.

quedarse 남다, 머물다

- Él se quedó con sus hermanos.
  그는 형제들과 남았다.

- Mi mujer se ha quedado en casa.
  내 아내는 집에 남았다.
- Aquel verano nos quedamos en Madrid.
  그 해 여름에 우리는 마드리드에 머물렀다.
- ¿Cuánto tiempo te quedaste allí? -Me quedé un mes.
  거기서 얼마동안 있었니? -한 달 있었어.

quedar(se) + adj./adv. …의 상태가 되다

- Quedaron atónitos.
  그들은 망연자실하였다.
- La casa queda vacía.
  집은 빈 집이 되었다.
- Nos quedamos asombrados al oírlo.
  우리는 그 말을 듣고 깜짝 놀랐다.
- El pobre Juan (se) quedó ciego a causa del accidente.
  불쌍한 후안은 사고 때문에 맹인이 되었다.

quedarse con algo 무엇을 가지다, 자기 것으로 하다

- Quédese con la vuelta.
  거스름돈은 가지세요.
- La criada, haciendo compras, se quedó con la vuelta.
  하녀는 쇼핑을 하면서 거스름돈을 챙겼다.
- Es una caradura, se ha quedado con los libros que le dejé(presté).
  내가 빌려준 책을 돌려주지 않다니, 그는 정말 뻔뻔스러운 놈이다.

quejarse (de/sobre algo) (무엇에 대해) 불평하다, 호소하다

- No te quejes.
  불평하지 마라.
- No me quejo de mi suerte.
  나는 나의 운명에 대하여 불평하지 않는다.
- Es inútil que te quejes después.
  나중에 불평해 보아야 소용없다.

- ¿De qué se quejan? -Se quejan de la comida.
  그들은 뭐에 대해서 불평합니까? -음식에 대해서 불평합니다.
- Me quejé al médico que tenía dolor de cabeza.
  나는 의사에게 두통을 호소했다.

quemar (con) 태우다, 불에 데다, 뜨겁다

- El sol me ha quemado la cara.
  내 얼굴이 햇볕에 탔다.
- Han quemado la escuela con gasolina.
  그들은 휘발유로 학교를 태워버렸다.
- El sol quema esta tarde.
  오늘 오후는 날씨가 매우 덥다.
- La sopa quemaba y no pude tomarla.
  수프가 너무 뜨거워서 먹을 수가 없었다.

quemarse 타다, 데다, 그을다

- Se me quemó la casa.
  내 집은 전소되었다.
- Me quemé la lengua con el café.
  커피 때문에 혀를 데었다.
- En la playa me he quemado mucho al sol.
  나는 해변에서 햇볕에 많이 그을었다.

querer 사랑하다, 원하다

- Te quiero. -Yo también te quiero mucho.
  너를 사랑해. -나도 너를 매우 사랑해.
- ¿Qué más quieres? ¿Quieres un café?
  무엇을 더 원하니? 커피를 원하니?
- El niño quiere una bicicleta.
  그 어린이는 자전거를 한 대 갖고 싶어 한다.
- ¿Cuánto quieres por el coche?
  자동차 값으로 얼마를 원하니?

querer + inf. …하기를 원하다

- Quiero estar contigo para siempre.
  나는 영원히 너와 함께 있고 싶다.
- No quise ir contigo.
  나는 너와 함께 가기를 원치 않았다.
- ¿Quieres pasarme la sal?
  소금을 나에게 주겠니?
- Quisiera ver a la señora.
  부인을 만나고 싶습니다.
- ¿Quieres callarte?
  너 입 좀 다물어주겠니?

querer que + subj. …하기를 원하다

- Quiero que vengas mañana.
  나는 네가 내일 와주었으면 좋겠다.
- ¿Quieres que te ayude?
  너는 내가 도와주기를 원하니?
- Quiero que asistas a la fiesta del pueblo.
  나는 네가 마을 축제에 참석하기를 바란다.
- Quiero que usted me dé un ejemplo porque no entiendo.
  이해하지 못하겠으니 예를 들어주시기 바랍니다.
- Quiero que estés aquí un minuto, ahora vuelvo.
  여기 잠시만 있어줘. 금방 돌아올게.

quitar 빼앗다, 없애다, (옷 등을) 벗기다

- Me quitaron la gabardina.
  나는 레인코트를 빼앗겼다.
- Le han quitado el pasaporte al periodista.
  기자는 여권을 빼앗겼다.
- Ese pensamiento me quita la alegría.
  나는 그것을 생각하면 기쁘지 않다.
- María quita la piel a la pera.
  마리아는 배의 껍질을 벗기고 있다.

- El hombre me quitó el abrigo.
  그 남자가 나의 외투를 벗겨주었다.

quitarse (de) (…에서) 벗어나다, 없어지다, (옷 등을) 벗다

- Quítate de ahí.
  거기서 비켜.
- Quítate de mi vista.
  내 눈앞에서 사라져라.
- Quítate los zapatos antes de entrar.
  들어오기 전에 신발을 벗어라.
- Me quitaré el abrigo porque tengo calor.
  나는 더워서 외투를 벗겠다.
- Ya se me han quitado las ganas de ir.
  나는 이미 가고 싶은 생각이 없어져 버렸다.

R

realizar 실현하다, 실시・실행하다

- Pudo realizar al fin la ilusión de su vida.
  드디어 그는 일생의 꿈을 실현할 수 있었다.
- Realizaron el plan con todos sus detalles.
  그들은 그 계획을 세부적으로 실행했다.
- Sylvester Stallone realizó varias películas de acción.
  실베스터 스탤론은 여러 액션 영화를 만들었다.

realizarse 실현・실행되다

- Se han realizado sus predicciones.
  그의 예언이 현실로 되었다.
- Se ha realizado una parte del proyecto.
  계획의 일부가 실현되었다.
- La reconstrucción del edificio se ha realizado en dos años.
  빌딩 재건축이 2년 만에 실행되었다.

rebajar 낮추다, 내리다, 가격을 인하하다

- He rebajado dos kilos.
  나는 체중을 2킬로그램 내렸다.
- Al condenado le rebajaron la pena de cinco a tres años en la cárcel.
  그 죄인은 징역 5년에서 3년으로 감형되었다.
- En el nuevo proyecto han rebajado la torre.
  이번의 설계에서는 탑을 낮추었다.
- Todos los comerciantes hemos rebajado los precios.
  우리 모든 상인들이 가격을 인하했다.
- ¿Puede usted rebajarme un poco?
  조금만 할인해 줄 수 있습니까?

rebajarse 머리를 숙이다, 굴복하다

- Al fin ella se rebajó a pedirle perdón.
  그녀는 드디어 머리를 숙이고 그에게 용서를 빌었다.
- Por favor, no te rebajes pidiéndole ese favor.
  그에게 그런 부탁을 하면서 그에게 굴복하지 마라.
- No pienso rebajarme ante él.
  그에게 굴복할 생각이 없다.
- No pienso rebajarme a pedirle perdón.
  그에게 용서를 구하려고 머리를 숙일 생각이 없다.

recaer en algo (죄, 나쁜 버릇 등에) 다시 빠지다, (책임 등이) 돌아오다

- Ella recayó en la falta.
  그녀는 또 잘못을 저질렀다.
- Elena recayó en el alcoholismo.
  엘레나는 알코올중독에 빠졌다.
- Pepe parecía ya curado, pero ha recaído en su enfermedad.
  뻬뻬는 이미 치료된 것 같았는데, 다시 그 병에 걸렸다.
- La sospecha recayó en mi vecina.
  의심은 나의 이웃에게 쏠렸다.
- Las culpas siempre recaen en el pobre Juan.
  잘못은 항상 불쌍한 후안에게 돌아간다.

recibir 받다, 받아들이다, 수취하다, 맞이하다

R

- Recibí ayer su carta fechada el 21 del corriente.
  어제 이달 21일자 편지를 받았습니다.
- Mi hijo recibió muchos regalos.
  나의 아들은 선물을 많이 받았다.
- El comité recibió mi opinión.
  위원회는 나의 의견을 받아들였다.
- No le gusta recibir consejos.
  그는 충고 받는 것을 좋아하지 않는다.
- Fui a recibir a mi hijo a la estación.
  나는 역으로 아들을 마중 나갔다.

- Mis compañeros me recibieron con gran alegría.
  나의 동료들은 나를 아주 반갑게 맞이해주었다.
- Su hija será bien recibida por mis parientes.
  내 친척들은 당신의 딸을 환영할 겁니다.

recobrar 되찾다, (건강・애정 등을) 회복하다

- La ciudad recobró la normalidad.
  도시는 평상을 되찾았다.
- Terminada la guerra recobró el honor.
  전쟁이 끝나고 그는 명예를 회복했다.
- Cuando recobró el sentido no sabía lo que le había pasado.
  그가 의식을 회복했을 때 자신에게 무슨 일이 일어났는지 몰랐다.
- Afortunadamente recobré el pasaporte que me habían robado.
  다행히 나는 도난당했던 여권을 찾았다.

recobrarse 만회하다, 회복하다

- La economía se recobra.
  경기는 호전되고 있다.
- El herido se recobra lentamente.
  부상자는 천천히 회복되고 있다.
- Ya se ha recobrado de su enfermedad por completo.
  그는 이제 병에서 완전히 회복되었다.

recoger 줍다, 수확하다, 모으다, 수용하다

- Recoja usted los papeles que ha tirado.
  당신이 버린 종이를 주우시오.
- Él recogió las monedas que se habían caído.
  그는 떨어진 동전을 주웠다.
- La señora recogío a unos pobres huérfanos.
  부인은 불쌍한 몇몇 고아를 떠맡았다.
- Para escribir este libro necesito recoger datos.
  이 책을 쓰기 위해서는 자료를 구해야 한다.

• Entonces fue cuando se recogía la aceituna.
그때는 올리브 수확기였다.

recomendar 추천하다, 권하다

• ¿Puede usted recomendarme un buen hotel?
좋은 호텔을 소개해 주시겠습니까?

• ¿Qué vino nos recomienda usted con este plato?
이 요리에는 어떤 포도주를 우리에게 추천하시겠습니까?

• Le recomiendo que lo haga usted de prisa.
당신이 그것을 서둘러 하기를 권합니다.

recomendar + inf. …하기를 권하다, 충고・조언하다

• Les recomiendo hacer ejercicios.
나는 그들에게 운동할 것을 권한다.

• El profesor nos recomendó estudiar más.
선생님은 우리에게 공부를 더 하라고 충고하셨다.

• Me recomendaron no salir de casa después de las diez.
나는 10시 이후에는 외출하지 말라는 충고를 받았다.

reconocer (por algo) (무엇으로) 인지하다, 알아보다

• Yo no lo reconozco como profesor.
나는 그를 교수로 인정하지 않는다.

• Yo lo reconocí por el pelo largo.
나는 긴 머리 때문에 그를 알아보았다.

• Reconozco el mérito de la obra, pero a mí no me gusta.
그 작품의 가치는 인정하지만 내 취향에는 맞지 않는다.

• Al verla por segunda vez no la reconocí apenas.
두 번째 그녀를 만났을 때, 나는 거의 그녀를 알아볼 수 없었다.

recordar (de) 기억(생각)하게 하다, 기억하다

• Este paisaje me recuerda mi tierra natal.
이 풍경은 나에게 고향을 생각나게 한다.

- Recuerda que el sábado te esperamos a comer.
  토요일에 식사하려고 우리가 너를 기다린다는 것을 기억해라.
- ¿Qué recuerdas de tu niñez? -No recuerdo nada.
  너의 어린 시절에 대해 무엇이 기억나니? -전혀 기억나지 않아.
- No recuerdo su nombre.
  나는 그의 이름이 생각(기억)나지 않는다.

reducir (a algo) (무엇으로) 만들다, 줄이다, 제한하다

- El incendio redujo el edificio a cenizas.
  화재가 그 건물을 재로 만들었다.
- Hay que reducir esta caja a la mitad para que quepa en el baúl.
  트렁크 속에 들어가도록 이 상자를 반으로 줄여야 한다.
- Cada fabricante reduce un veinte por ciento de su producción.
  각 생산업자는 20%의 감산을 실시하고 있다.
- Redujo su cooperación a prestar su coche.
  그는 협력을 차를 빌려주는 것까지로 제한했다.

reducirse (a algo) 감소하다, (…만으로) 제한하다

- Las ventas se han reducido notablemente.
  매출이 현저히 격감했다.
- Se redujo a vivir sin coche.
  그는 (생활을 줄여서) 차 없이 살기로 했다.
- Su dieta se reduce a vegetales.
  그의 식이요법은 야채만으로 제한된다.

referir 말하다, 설명하다, …에 관하다

- Mi abuelo refería historias divertidas.
  우리 할아버지는 재미있는 얘기들을 말씀해주시곤 했다.
- Me refirió lo ocurrido con muchos detalles.
  그는 나에게 사건을 상세히 말해 주었다.
- No pudo referir las circunstancias del robo.
  그는 도난사건의 상황을 설명할 수 없었다.

referirse a uno/algo 누구/무엇에 관해 말하다, 관계가 있다

- ¿A qué se refiere usted?
  당신은 무슨 말씀을 하시는 겁니까?
- No se refiera a lo que pasó ayer.
  어제 있었던 일에 관해 말씀하지 마세요.
- No me refiero a mi padre, sino a mi madre.
  나는 아버지가 아니라 어머니에 관해 얘기하는 것이다.
- En lo que se refiere a los gastos, no se preocupe.
  비용에 대해서는 걱정하지 마십시오.

reflejar 반사・반영하다, 나타내다

- El espejo refleja un rayo de sol.
  거울은 햇빛을 반사한다.
- La obra refleja las costumbres de la época.
  그 작품은 그 시대의 풍속을 반영하고 있다.
- Sus palabras reflejaban desconfianza.
  그의 말은 불신을 나타내고 있었다.

reflejarse 비치다, 나타나다

- La luz se refleja en el muro.
  빛이 벽에 반사된다.
- Los árboles de la orilla se reflejan en el río.
  강가의 나무들이 강물에 비친다.
- Las montañas se reflejaban oscuras en el agua.
  산이 수면에 검게 비쳤다.
- Se refleja el alma en el semblante.
  마음은 얼굴에 나타난다.
- En sus ojos se reflejaba el miedo.
  그의 눈에는 두려워하는 기색이 역력했다.

regalar 선물하다, (선물로) 주다, 즐겁게 하다

- ¿Qué vas a regalarme por mi cumpleaños?
  너는 내 생일에 무엇을 선물하겠니?

- ¿Qué te regalaron para tu cumpleaños?
  너는 생일 선물로 무엇을 받았니?
- Me regalaron una bicicleta el día de mi cumpleaños.
  나는 생일날 자전거를 선물 받았다.
- Le regalamos una cartera a Antonio cuando se jubiló.
  안또니오가 퇴직했을 때 우리는 그에게 지갑을 선물했다.
- Ana nos regaló con algunas canciones.
  아나는 몇몇 노래로 우리를 즐겁게 했다.
- Le regaló los oídos con el fin de conquistarla.
  그녀의 마음을 빼앗으려고 그녀에게 아첨했다.

regalarse con algo 무엇을 즐기다

- Me regalé con un plato exquisito.
  나는 맛있는 음식을 즐겁게 맛보았다.
- Se regala de vez en cuando con un buen concierto.
  그는 때때로 좋은 음악회를 즐긴다.

regir 통치하다, 유효하다, 작동하다

- Los gobernantes rigen los destinos de la patria.
  통치자는 조국의 운명을 지배한다.
- El gobierno liberal rigió el país por diez años.
  자유주의 정권은 국가를 10년 동안 통치했다.
- Todavía rigen las tarifas del año pasado.
  작년의 세율은 아직 유효하다.
- Es muy anciano pero su cerebro aún rige perfectamente.
  그는 나이가 많지만 그의 아직 판단력은 완벽하다.

regirse por algo 무엇에 따르다

- Nos regimos por nuestra conciencia.
  우리는 양심에 의해 행동한다.
- Este club se rige por reglas estrictas.
  이 클럽은 엄격한 규칙에 따라 운영된다.

• Muchas personas se rigen por las apariencias de la gente.
사람들을 외모에 따라 판단하는 사람들이 많다.

regresar 돌아가다, 돌아오다, 돌려주다

• Regresaron a su casa hace una hora.
그들은 한 시간 전에 집으로 돌아갔다.

• Regresarán a Madrid el mes que viene.
그들은 다음 달에 마드리드로 돌아갈 것이다.

• ¿Tienes alguna esperanza de poder regresar a tu país?
너는 귀국할 수 있는 무슨 희망이라도 있어?

• Regrésame el traje que te presté.
내가 너에게 빌려준 옷을 돌려줘.

rehusar 거부하다, 거절하다

• No rehúse mi oferta.
저의 제안을 거절하지 마세요.

• Le ofrecí mi ayuda a él, pero la rehusó cortésmente.
나는 그에게 도움을 베풀었지만, 그는 정중히 그것을 거절했다.

• Rehusó presidir la empresa.
그는 기업을 운영하는 것을 거절했다.

reír(se) 웃다, 비웃다

R

• Al oírlo se echó a reír.
그는 그 말을 듣고는 갑자기 웃기 시작했다.

• Ellos se ríen bulliciosamente.
그들은 요란하게 웃는다.

• El que ríe último ríe mejor.
마지막에 웃는 자가 더 잘 웃는다. (마지막에 이기는 사람이 승자)

reírse de uno 누구를 비웃다

• ¿Ahora te ríes de mí?
지금 나를 비웃는 거야?

- Sus compañeros se ríen de él.
  동료들은 그를 비웃고 있다.
- No me gusta que se rían de mí.
  나는 사람들이 나를 비웃는 것을 좋아하지 않는다.

rellenar con/de algo 무엇으로 채우다

- Rellene de agua la botella.
  이 병을 물로 채우세요.
- Ha rellenado la botella con vino.
  그는 포도주로 병을 채웠다.
- Debes rellenar el impreso con tus datos personales.
  너는 이 신청서에 개인정보를 기입해야 한다.

rendir 항복시키다, 피곤하게 하다, 잘 움직이다

- Me rindió el sueño.
  나는 잠에 압도되었다.
- El hambre y la sed rindieron al ejército enemigo.
  기아와 갈증으로 적군은 항복했다.
- El trabajo doméstico es muy pesado, rinde a cualquiera.
  가사는 매우 힘들어서 어느 누구라도 지치게 한다.
- El equipo no está rindiendo como se esperaba.
  그 팀은 예상했던 만큼 경기를 잘 하지 못하고 있다.

rendirse (a uno) (누구에게) 항복하다, 포기하다, 시인하다

- Los soldados se rindieron al enemigo.
  병사들은 적에게 항복했다.
- Después de 10 días de cerco se rindieron los enemigos.
  10일간의 포위 후에 적은 항복했다.
- No se rindan, sigan luchando por su libertad.
  포기하지 마시고 당신의 자유를 위하여 계속 투쟁하세요.
- Se rindió ante la evidencia de los hechos.
  그는 사건의 증거를 시인했다.

rendirse de algo 무엇 때문에 지치다, 녹초가 되다

- Ella se rindió de cansancio.
  그녀는 피곤하여 녹초가 되었다.
- Se rindió de tanto trabajar.
  그는 많은 일 때문에 지쳤다.
- Se rindió de fatiga tras un trabajo tan duro.
  그는 열심히 일했기 때문에 피로에 지쳐버렸다.

renovar 새롭게 하다, 다시 시작하다, 갱신하다

- Quiero renovar los cortinajes.
  나는 커튼을 바꾸고 싶다.
- La primavera renueva el verdor de los campos.
  봄은 들판의 신록을 새롭게 한다.
- Hay que renovar el contrato cada dos años.
  그 계약은 2년마다 갱신해야 한다.
- Tengo que ir a renovar el visado por un año más.
  나는 비자를 1년 더 연장하러 가야 한다.

renunciar a algo 무엇을 그만두다, 포기하다, 양보하다

- Renuncié a la escuela.
  나는 학교를 그만 두었다.
- He renunciado al tabaco.
  나는 담배를 끊었다.
- Ayer yo renuncié a mi trabajo.
  어제 나는 일을 그만두었다.
- Renunció a su parte de herencia en favor de su hermana.
  그는 유산의 몫을 여동생에게 양보했다.

renunciar a + inf. …하는 것을 포기하다

- Ella renunció a cantar en público.
  그녀는 관중 앞에서 노래하는 것을 포기했다.
- Por fin, Alejandro renunció a volver a su país.
  결국 알레한드로는 귀국을 단념했다.

reñir a uno 누구를 나무라다, 꾸짖다

- La madre riñó a sus niños.
  어머니는 아이들을 꾸짖었다.
- No le riña usted más.
  그를 더 이상 나무라지 마세요.

reñir (con uno) (누구와) 싸우다, 사이가 나빠지다

- Felipe riñó con su novia.
  펠리뻬는 여자 친구와 싸웠다.
- Carlos riñe con Sonia muy a menudo.
  까를로스는 소니아와 매우 자주 다툰다.
- El marido y la mujer se pasan la vida riñendo.
  그 부부는 싸우면서 하루하루 지내고 있다.
- Eran muy amigos, pero riñeron y ya ni se saludan.
  그들은 매우 친했는데, 사이가 틀어져 이젠 서로 인사도 하지 않는다.

reñir por algo/uno 무엇/누구 때문에 싸우다, 논쟁하다

- Ellos siempre reñían por dinero.
  그들은 항상 돈 때문에 싸웠다.
- Los dos hombres riñeron por la mujer.
  두 남자는 그 여자 때문에 싸웠다.

reparar 고치다, 수리하다

- Tengo que reparar el coche.
  나는 자동차를 수리해야 한다.
- ¿Me puede usted reparar este reloj?
  이 시계를 수리해 주시겠습니까?

reparar en algo 무엇에 마음을 쓰다, 주의하다

- Tienes que reparar en lo que vas a hacer.
  네가 하려고 하는 일에 대해 심사숙고해야 한다.
- No reparé en lo que mi compañero decía.
  나는 동료가 말한 것에 신경 쓰지 않았다.

- Ellos no repararon en la presencia de Juan.
  그들은 후안의 존재에 대하여 신경 쓰지 않았다.
- No repares en el aspecto exterior del edificio.
  건물 외관에 신경 쓰지 마라.

repartir (a/entre) (…에게) 나누다, 분배하다, 할당하다

- Mamá nos repartió un pastel.
  엄마는 우리에게 케이크를 나누어 주셨다.
- El padre repartió el dinero entre los tres hijos.
  아버지는 돈을 세 아들에게 나누어주었다.
- Tienes que repartir las revistas en dos grupos.
  너는 잡지를 두 그룹으로 나눠야 한다.

repetir 반복하다, 되풀이하다

- El profesor repitió el alfabeto.
  선생님은 알파벳을 반복했다.
- ¿Cuántas veces tengo que repetirlo?
  내가 몇 번이나 반복해서 말해야 하니?
- Repitieron el partido el domingo.
  그들은 일요일에 경기를 반복했다.
- Te repito que no dejes de llamarme.
  거듭 말하지만 나에게 꼭 전화해.

reponer 복직시키다, 보충하다, 수리하다, 재상영하다

- Después de tres meses, la han repuesto en el cargo.
  3개월 후 그녀는 복직되었다.
- Tienes que reponer la caldera de carbón.
  너는 보일러에 석탄을 보충해야 한다.
- Se rompió el cristal y aún no lo han repuesto.
  유리가 깨졌는데, 아직 고치지 않았다.
- La semana que viene repondrán aquella película.
  다음 주에 그 영화가 다시 상영된다.

representar 나타내다, 상연하다, 역할을 해내다, 대표하다

- Esa danza representa la desesperación.
  그 댄스는 절망을 나타내고 있다.
- El actor representó bien el carácter del protagonista.
  배우는 주인공의 성격을 잘 표현했다.
- La paloma blanca representa la paz.
  하얀 비둘기는 평화의 상징이다.
- El presidente representa al gobierno.
  대통령은 정부를 대표한다.

reproducir 모사・복제하다, 재생・재현하다

- Para reproducir los cuadros famosos hay que ser buenos artistas.
  명화를 복제하려면 훌륭한 예술가가 되어야 한다.
- Él puede reproducir hábilmente el canto de los pájaros.
  그는 새소리를 능숙하게 흉내 낼 수 있다.
- Esta llave es para reproducir el sonido registrado.
  이 열쇠는 녹음된 소리를 재생하기 위한 것이다.
- Van a reproducir en la película el ambiente del siglo XIV.
  그들은 영화에서 14세기의 분위기를 재현할 것이다.

reproducirse 다시 생기다, 번식하다

- Se le ha reproducido el cáncer.
  그의 암이 재발되었다.
- Al día siguiente se reprodujeron los desórdenes.
  다음날 다시 혼란이 일어났다.
- El incendio se reprodujo en varios lugares del bosque.
  화재가 숲의 여러 곳에서 재발되었다.
- Trajo algunos animales raros para que se reproduzcan en el bosque.
  그는 이 숲 속에서 번식하도록 진귀한 동물을 몇 마리 가져 왔다.

reservar 챙기다, 예약하다, 유보하다

- Este dinero lo tengo reservado para cualquier emergencia.
  나는 비상사태를 대비해 이 돈을 챙겨두었다.

• Reservamos este dinero para el viaje.
여행을 위하여 이 돈을 챙겨두었다.

• La mesa está reservada.
이 테이블은 예약되어 있다.

• Quisiera reservar una habitación.
방을 예약했으면 합니다.

• He reservado dos entradas para el concierto.
나는 콘서트 입장권 두 장을 예약했다.

• Deseo reservar un asiento en el vuelo para Barcelona.
바르셀로나행 비행기의 좌석을 하나 예약하고 싶습니다.

• Reservo la mejor noticia para el final.
나는 제일 좋은 소식은 마지막까지 간직한다.

reservarse 떼어 놓다, 말하지 않고 두다

• Me reservo para el postre.
나는 후식을 위한 여지를 남겨둔다.

• Se reservó el mejor asiento.
그는 제일 좋은 자리를 자기 몫으로 잡아놓았다.

• Se reserva su juicio.
그는 자기 생각을 말하고 싶어 하지 않는다.

resignar algo en uno 권력・임무 등을 누구에게 넘기다, 이양하다

• Resignó sus poderes en su secretario.
그는 권력을 비서에게 넘겼다.

• El alcalde resignó el mando en el jefe de policía.
시장은 지휘권을 경찰서장에게 맡겼다.

• El gobernador resignó el mando de la provincia en el general.
통치자는 그 지방의 통치권을 장군에게 넘겼다.

resignarse (a/con) 포기하다, 받아들이다

• Resígnate, la vida es así.
포기해. 인생이란 다 그런 거야.

- No me resigno a esta situación.
  나는 이 상황을 받아들일 수 없다.
- Los prisioneros se resignaron a los trabajos forzados.
  죄수들은 강제노동을 받아들였다.
- No le queda más remedio que resignarse con su suerte.
  그는 자신의 운명을 받아들일 수밖에 없다.

resignarse a + inf. 체념하고 …하다, 받아들이다

- Se resignó a salir.
  그는 출발하기로 했다.
- Me he resignado a trabajar largas horas.
  나는 장시간 일하는 것을 받아들였다.
- Ella se resignó a quererme platónicamente.
  그녀는 나를 정신적으로 사랑하기로 했다.

resistir 버티다, 저항하다

- No puedo resistir la tentación.
  나는 그 유혹을 뿌리칠 수가 없다.
- Este coche todavía resiste.
  이 차는 아직 쓸 수 있다.
- La mujer resistió la orden del director.
  그 여자는 감독의 명령에 저항했다.
- No puedo resistir el deseo de fumar.
  나는 흡연의 욕망을 뿌리칠 수가 없다.

resistirse a + inf. …하려 하지 않다

- Me resisto a creerlo.
  나는 그것을 믿지 않는다.
- Se resistieron a volver a esa vida.
  그들은 그런 삶으로 다시 돌아가려 하지 않았다.
- Los obreros se resistieron a volver a trabajar.
  노동자들은 일터로 돌아가기를 거부했다.

resolver 해결하다, 풀다, 결정하다

- No hemos resuelto el problema.
  우리들은 아직 문제를 해결하지 않았다.
- La policía no ha resuelto el crimen.
  경찰은 범죄사건을 해결하지 못했다.
- Debo resolver algunas cuestiones antes de irme.
  나는 떠나기 전에 몇몇 문제를 해결해야 한다.
- El árbitro resolvió a su favor.
  심판은 그에게 유리한 결정을 내렸다.

resolver + inf. …하기로 결심・결정하다

- Ellos resolvieron separarse.
  그들은 갈라서기로 결심했다.
- Al final resolví salir de vacaciones.
  결국 나는 휴가를 떠나기로 결정했다.
- Han resuelto rechazar su propuesta.
  그들은 그의 제안을 거부하기로 결정했다.
- Han resuelto construir un edificio nuevo.
  그들은 새 빌딩을 짓기로 결정했다.

resolverse (문제가) 풀리다, 해결되다

- El asunto se resolvió con una multa.
  그 사건은 벌금으로 해결되었다.
- Los conflictos se resolvieron en una semana.
  그 분쟁은 1주일 만에 해결되었다.
- Quiero que sus disputas se resuelvan pacíficamente.
  나는 그들의 논쟁이 평화롭게 해결되기를 바란다.
- La disputa se resolvió tras un mes de negociaciones.
  분쟁은 1개월간의 교섭 끝에 해결되었다.

resolverse a + inf. …할 결심을 하다

- Se resolvió a marcharse a casa pronto.
  그는 곧 집으로 돌아가기로 결심했다.

- Me resolví a olvidar el accidente.
  나는 그 사고를 잊기로 결심했다.
- Mi hijo se resolvió a abandonar su empleo.
  내 아들은 그 직장을 그만두기로 결심했다.

responder (a algo) (무엇에) 대답하다, 부응하다, 작동하다

- Por favor, respondan a esta pregunta.
  이 질문에 답변을 주시기 바랍니다.
- No pudo responder a mi pregunta.
  그는 내 질문에 대답할 수 없었다.
- ¿Has respondido a su carta?
  그의 편지에 답장을 보냈니?
- Responde el teléfono cuando escuches el timbre.
  벨소리를 들으면 전화를 받아라.
- El enfermo no respondió a ningún tratamiento.
  환자는 어떤 치료에도 효과가 없었다.
- Le he respondido que puede venir cuando quiera.
  그가 원할 때에 올 수 있다고 나는 그에게 대답했다.
- El profesor se esfuerza, pero los alumnos no responden.
  선생님은 노력하지만 학생은 (그에) 부응하지 않는다.
- El detenido responde a la descripción de los testigos.
  체포된 사람은 증인들의 진술과 일치한다.
- Después de haberlo arreglado, el motor del coche responde bien.
  수리를 한 후에 차의 엔진은 잘 작동한다.

responder de algo 무엇을 책임지다, 보증하다

- Respondo de todos los gastos de este niño.
  나는 이 아이의 비용을 책임지고 있다.
- Yo responderé de lo que digan mis colegas.
  나는 내 동료들이 하는 말을 책임지겠다.
- El asesino debe responder de sus crímenes.
  살인범은 자신의 죗값을 치러야 한다.

- Yo respondo de que ella llegue a casa a tiempo.
  나는 그녀가 제 시간에 집에 오는 것에 대해 보증한다.

responder por uno 누구를 보증하다, 책임지다

- Yo respondo por Ana(mis amigos).
  나는 아나(내 친구들)를 보증한다.
- El presidente debe responder por el pueblo.
  대통령은 국민에 대하여 책임져야 한다.
- ¿Quién responderá por mí? -Antonio responderá por ti.
  누가 나를 보증할까? -안또니오가 너를 보증할 거야.

resultar 결국 …로 되다, …한 결과로 되다, 매력적이다

- La casa resultó vacía.
  결국 집이 비었다.
- Resultaron muertas dos personas.
  두 사람이 죽었다.
- El experimento no ha resultado como esperábamos.
  실험은 우리들이 기대한 대로 되지 않았다.
- Esta inversión resultará buena si trabajas mucho.
  네가 일을 열심히 한다면 이 투자는 좋은 성과를 낼 것이다.
- Ahora resulta que el culpable soy yo.
  그렇다면 결국 내가 죄인이라는 얘기가 된다.
- No es guapa, pero resulta.
  그는 미남이 아니지만, 매력이 있다.

resultar de algo 무엇의 결론이 나다, 결과가 나오다

- Resultaron muchos heridos del incendio.
  화재로 인하여 많은 부상자가 생겼다.
- De estas manifestaciones resultó una política liberal.
  이런 시위로 인하여 자유주의 정치가 생겨났다.
- De la discusión resultaron las resoluciones siguientes.
  토론에서 다음과 같은 결론이 나왔습니다.

resultar en algo (결국) 무엇이 되다, 결론이 나다

- Las negociaciones han resultado en la paz.
  협상은 평화로 결론을 맺었다.
- Me ha resultado el traje en dos mil dólares.
  이 옷은 결국 2,000달러 들었다.

retirar algo (de algo) (무엇에서) 무엇을 치우다, 인출하다

- Retiraron los platos de la mesa.
  식탁위의 접시들을 치웠다.
- Retire un poco esta silla para que se pueda pasar.
  사람이 다닐 수 있도록 이 의자를 약간 빼세요.
- Ayer retiré un millón de euros del banco.
  어제 나는 은행에서 백만 유로를 인출했다.

retirarse de algo 무엇에서 떠나다, 은퇴하다

- Me retiré de la puerta.
  나는 문에서 물러섰다.
- Se retiró del servicio militar.
  그는 제대했다.
- Mi padre se retiró de los negocios.
  나의 아버지는 사업에서 물러나셨다.
- Me retiré de su casa muy temprano.
  나는 매우 일찍 그의 집을 떠났다.

retrasar 늦추다, 연기하다, 늦다

- Con esa, en vez de adelantar, retrasa la solución.
  그렇게 해서 해결을 앞당기기는커녕 늦추게 된다.
- Retrasaron la fecha de la reunión.
  그들은 집회 날짜를 연기했다.
- Mi reloj retrasa cinco minutos al día.
  내 시계는 하루에 5분 늦는다.
- Siento haberme retrasado tanto.
  이렇게 늦어서 죄송합니다.

reunir a uno/algo 누구/무엇을 모으다

- El martes reúno a mis amigos.
  화요일에 나는 친구들을 모은다.
- La convención reunió a quinientos socios.
  총회에 500명의 회원들이 모였다.
- Los estudiantes reunieron dos mil firmas.
  학생들은 2,000명의 서명을 모았다.
- Voy a reunir a mis niños para comer.
  식사하려고 아이들을 부를 것이다.
- Reunieron sus tropas para atacar al enemigo.
  적을 공격하기 위해 군사들을 모았다.
- Juan está reuniendo dinero para comprar un ordenador.
  후안은 컴퓨터를 사기 위해 돈을 모으고 있다.

reunirse 모이다

- ¿Dónde nos reunimos?
  우리 어디서 모일까?
- Siempre nos reunimos durante las fiestas de Navidad.
  우리는 항상 크리스마스 축제 기간에 모인다.
- Los estudiantes se reunieron para estudiar.
  학생들은 공부하기 위하여 모였다.
- Nos reunimos en su casa para festejar los cumpleaños.
  우리는 생일을 축하하기 위하여 그의 집에 모였다.

reventar 파열하다, 근질근질하다, 파열시키다, 싫증나게 하다

- Esta tarde reviento de alegría.
  오늘밤 나는 기뻐서 가슴이 터질 듯하다.
- Reventaba de ganas de decirlo todo.
  나는 모두 말해버리고 싶어서 몸이 근질거렸다.
- Hinchó demasiado el globo y lo reventó.
  그는 풍선을 너무 불어서 터뜨렸다.
- Me revienta tener que vestirme de etiqueta.
  정장을 입어야 한다는 것이 나를 싫증나게 한다.

reventarse 튕기다, 파열하다, 녹초가 되다

- Se reventaron los cohetes.
  불꽃이 튕겼다.
- Se reventó un neumático.
  타이어가 터졌다.
- Se revienta trabajando, total para nada.
  녹초가 되도록 일하지만 결국 아무 것도 안 된다.

robar 훔치다, 도둑질 하다

- Él le robó la bolsa a Anita.
  그는 아니따의 가방을 훔쳤다.
- Me robaron la cartera en el metro.
  나는 지하철에서 지갑을 도둑맞았다.
- Robaron diez millones de dólares del banco.
  그들은 은행에서 천만 달러를 털었다.
- Tú pagaste demasiado por el coche. Te han robado.
  너는 자동차 값을 너무 비싸게 지불했어. 넌 바가지 썼어.

rodar 구르다, 다니다, 달리다, 촬영하다

- La piedra rodaba cuesta abajo.
  돌이 언덕 아래로 굴렀다.
- He rodado toda la tarde en su busca.
  나는 오후 내내 그를 찾아다녔다.
- Este tren rueda a más de 300 kilómetros por hora.
  이 열차는 시속 300 킬로미터 이상으로 달린다.
- Toda la película se rodará en España.
  그 영화는 모두 스페인에서 촬영될 것이다.

rogar 간청하다, 부탁하다

- Le ruego un favor.
  부탁 하나만 하겠습니다.
- Dímelo, te lo ruego.
  너에게 부탁하니, 나에게 그것을 말해줘.

- No pienses que te lo voy a rogar, yo tengo mi orgullo.
  내가 구걸할 거라고 생각하지 마라. 나도 자존심이 있어.

rogar a uno + inf. 누구에게 …해달라고 부탁하다

- Le ruego hablar en voz alta.
  큰 소리로 말씀해주시길 부탁드립니다.
- Te ruego recapacitar sobre aquel asunto.
  그 일에 관해 다시 한 번 고려해보기를 부탁한다.
- Se ruega no fumar y abrocharse el cinturón de seguridad.
  흡연하지 마시고 안전벨트를 매 주십시오.

rogar a uno que + subj. …해달라고 부탁하다

- Le rogué que fuera lo más pronto posible.
  나는 그에게 최대한 빨리 가달라고 부탁했다.
- Le rogué que no hiciera tal cosa.
  나는 그에게 그런 일을 하지 말라고 부탁했다.
- Les rogamos que disculpen el retraso.
  지연을 용서해주시기 바랍니다.

romper 부러뜨리다, 깨뜨리다, 찢다, 끊다, 고장 내다

- Rompí el vidrio de la ventana.
  나는 창문 유리를 깼다.
- Lola le rompió la camisa.
  롤라가 그의 셔츠를 찢었다.
- Rompieron su promesa.
  그들은 약속을 어겼다.
- La avaricia rompe el saco.
  지나친 욕심은 자루를 찢는다. (탐욕은 금물)
- Los dos países rompieron las relaciones diplomáticas.
  그 두 나라는 외교관계를 끊었다.
- Yo quiero romperle la cara a Alex.
  나는 알렉스의 얼굴을 깨버리고 싶다.

- Las olas rompen en la playa.
  파도가 해변에서 부서진다.
- Al romper el día se divisaba la isla.
  동이 트자 섬이 희미하게 보였다.

romper a + inf. 갑자기 …하기 시작하다

- El niño rompió a hablar.
  그 아이가 갑자기 말하기 시작했다.
- Al oírlo, rompió a llorar.
  그 말을 듣고 그는 갑자기 울기 시작했다.

romper con uno 누구와 절교하다, 헤어지다

- Yo rompí con ella.
  나는 그녀와 깨졌다(헤어졌다).
- Juan ha roto con su novia después de dos años de relación.
  후안은 2년간의 연애 끝에 애인과 헤어졌다.
- Luis ha roto con su amigo que vive en París.
  루이스는 파리에 사는 친구와 절교했다.
- Rompieron con la tradición. Fueron en auto y no a caballo.
  그들은 전통을 깼다. 말을 타지 않고 자동차를 타고 갔기 때문이다.

romperse 부러지다, 고장 나다, 끊어지다

- Se rompió la radio.
  라디오가 망가졌다.
- Por fin se rompieron las negociaciones.
  결국 교섭은 결렬되었다.
- Me rompí la nariz.
  나는 코뼈가 부러졌다.
- Se le rompieron las gafas.
  그의 안경이 깨졌다.
- No te rompas mucho la cabeza.
  너무 속을 태우지 마세요.

S

saber 알다, 이해하다, …에 정통하다

- Alfonso sabe biología muy bien.
  알폰소는 생물학에 정통하다.
- Yo no sé mucho español.
  나는 스페인어를 잘 할 줄 모른다.
- Esteban supo todas las preguntas que le hizo el profesor.
  에스떼반은 선생님이 묻는 모든 질문을 이해했다.
- No sé cómo agradecerle tantos favores.
  베풀어주신 호의에 대하여 어떻게 감사를 드려야 할지 모르겠습니다.
- No soy amigo de saber vidas ajenas.
  나는 다른 사람의 사생활을 아는 것을 좋아하지 않는다.
- ¿Sabes este poema? -Sí, claro. Lo sé de memoria.
  이 시를 알고 있니? -그래, 물론이지. 외우고 있어.

saber a algo 무엇의 맛이 나다

- ¿A qué saben los helados? -Saben a vainilla.
  아이스크림은 무슨 맛이 납니까? -바닐라 맛이 납니다.
- Ese movimiento sabe a revolución.
  그 움직임에는 혁명의 기미가 느껴진다.
- La sopa sabe a gloria.
  수프가 매우 맛있습니다.
- La comida de avión sabe muy mal.
  기내식은 매우 맛이 없습니다.

saber + inf. …할 줄 알다

- Ella no sabe cocinar.
  그녀는 요리하는 법을 모른다.

- ¿Sabes tocar el piano?
  너는 피아노 칠 줄 아니?
- Él no sabe expresarse bien.
  그는 표현을 잘 할 줄 모른다.
- Él no sabe gastar el dinero.
  그는 돈을 쓸 줄 모른다.
- La gente del pueblo no sabe leer ni escribir.
  그 마을 사람들은 글을 읽을 줄도 쓸 줄도 모릅니다.

saber de uno/algo 누구/무엇에 대해 알다

- No quiero saber de él.
  나는 그에게 대해서 알고 싶지 않다.
- Hace tres años que no sé nada de él.
  그에 대해 아무 얘기도 듣지 못한지 3년이나 됐어.
- Él sabe mucho de ordenadores.
  그는 컴퓨터에 대해 많이 알고 있다.
- Enrique sabe de hoteles de lujo.
  엔리께는 고급 호텔에 대해 알고 있어.
- Sé muy poco de ese tema.
  나는 이 주제에 대하여 아는 게 별로 없다.

saber que + ind. …을 알다

- Sabía que te ibas a retrasar.
  네가 늦을 것이라는 것을 알고 있었다.
- No sabía que tenía hijos.
  나는 너에게 자식이 있는지 몰랐어.
- ¿Sabes que Juan parte hoy para Japón? -No lo sabía.
  후안이 오늘 일본으로 출발하는 것을 알고 있니? -그건 몰랐어.

sacar 꺼내다, 뽑다, 빼다, 얻다

- Sacó la cabeza por la ventana.
  그는 창문으로 머리를 내밀었다.

- El tractor sacó el coche de la cuneta.
  견인차가 도랑에서 자동차를 끌어냈다.
- Quiere sacar buenas fotografías.
  그는 좋은 사진을 찍고 싶어 한다.
- Le castigaron por sacar malas notas.
  나쁜 점수를 받아서 벌을 받았다.
- Yo saqué un sobresaliente en matemáticas.
  나는 수학에서 A+를 받았다.
- Saqué entradas para el concierto.
  나는 콘서트 표를 샀다.
- Con este negocio él ha sacado beneficios considerables.
  이 사업으로 그는 상당한 이득을 보았다.
- La policía secreta le sacó al hombre la información.
  비밀경찰은 그 남자로부터 정보를 입수했다.
- ¿Se puede sacar el DNI en menos de dos semanas?
  2주일 내에 주민등록증을 발급받을 수 있습니까?
- Él sacó una conclusión equivocada.
  그는 잘못된 결론을 냈다.

sacar a uno 누구를 불러내다, 꺼내다

- Lo sacamos al restaurante.
  우리는 그를 레스토랑으로 불러냈다.
- Todas las tardes sacamos el perro al parque.
  매일 오후 우리는 개를 공원으로 데리고 간다.

sacar a uno a + inf. 누구를 …하도록 끌어내다, 불러내다

- Lo sacamos a comer.
  우리는 식사하려고 그를 불러냈다.
- Sacó a Elena a bailar.
  그는 엘레나를 춤추도록 끌어냈다.
- La hemos sacado a tomar una copa.
  우리는 한잔 하려고 그녀를 불러냈다.

sacar algo/uno de algo 무엇에서 누구/무엇을 꺼내다, 빼다

- Saqué al niño de la escuela.
  나는 학교에서 아이를 데리고 나왔다.
- Sacó la idea de una novela.
  그는 한 소설에서 아이디어를 생각해냈다.
- Saqué mi dinero del banco.
  나는 은행에서 돈을 인출했다.
- Saquemos su nombre de la lista.
  명단에서 그의 이름을 빼버리자.
- Saca tus cosas de mi cajón.
  내 서랍에서 네 물건을 꺼내라.
- Ella sacó el peine de la bolsa.
  그녀는 가방에서 빗을 꺼냈다.

sacar algo a uno 누구에게서 무엇을 빼앗다, 빼다

- No se lo saques, que es suyo.
  그에게서 그것을 빼앗지 마. 그건 그의 것이야.
- El dentista le sacó una muela a mi mujer.
  치과의사는 내 아내에게서 이빨을 뽑았다.
- Me pisaron el pie y me sacaron el zapato.
  나는 발을 밟혀서 구두 한쪽이 벗겨졌다.

sacarse (자신에게서) 꺼내다, 빼다

- Se sacó el monedero del bolsillo.
  그는 주머니에서 동전지갑을 꺼냈다.
- Sácate las manos de los bolsillos.
  주머니에서 손을 빼.
- Me tengo que sacar una muela.
  나는 어금니를 빼야 해.

salir 나가다, 출발하다, (결과로) …이 되다

- Quiero salir ahora.
  나는 지금 나가고 싶다.

- Mañana vamos a salir para Barcelona.
  내일 우리는 바르셀로나로 출발할 것이다.
- El tren sale a las ocho y media.
  기차는 8시 반에 출발한다.
- Su primera obra salió en 2011.
  그의 첫 작품은 2011년에 출판되었다.
- Este balón sale demasiado.
  이 발코니는 너무 튀어나왔다.
- El sol sale por el este.
  태양은 동쪽에서 뜬다.
- Felipe ha salido buen matemático.
  펠리뻬는 훌륭한 수학자가 되었다.
- La sospecha ha salido falsa.
  의심은 결국 근거 없는 것이 되었다.

salir a + inf. …하러 나가다

- Salieron a lavar el coche.
  그들은 세차하러 나갔다.
- ¿Cuándo sales a comer con nosotros?
  너는 언제 우리와 함께 식사하러 갈 거야?

salir a uno 누구를 닮다

- La niña ha salido a su abuela.
  그 여자아이는 할머니를 닮았다.
- Alberto salió a su padre.
  알베르또는 아버지를 닮았다.

salir bien(mal) 성공(실패)하다

- La película salió bien.
  영화는 성공이었다.
- ¿Cómo saliste en el examen? -Salí muy bien.
  너는 시험이 어땠니? 매우 잘 봤어.

- Salió bien en los exámenes.
  그는 시험에 합격했다.

salir con uno 누구와 나가다, 사귀다

- Salió con sus padres.
  그의 부모님과 함께 나갔다.
- Alfonso sale ahora con Anita.
  알폰소는 요즘 아니따와 사귄다.
- ¿Aún sales con él?
  넌 아직도 그와 사귀니?
- Alicia y David salen juntos desde hace tres meses.
  알리시아와 다비드는 사귄지 3개월이 되었다.

salir de algo 어디에서 출발하다, 나가다, 벗어나다

- El avión salió del aeropuerto de San Francisco.
  비행기는 샌프란시스코 공항을 출발했다.
- A Elena no le salió el anillo del dedo.
  엘레나 손가락에서 반지가 빠지지 않았다.
- Al salir del teatro me encontré con Marisol.
  나는 극장에서 나오다가 마리솔을 만났어.
- El enfermo ha salido del coma.
  환자가 혼수상태에서 벗어났다.
- ¿A qué hora sales de casa? -Siempre salgo de casa a las siete.
  너는 몇 시에 집에서 나가니? -항상 7시에 집에서 나가.

salirse (de algo) (무엇에서) 나오다, 벗어나다, 새다

- El agua se sale del tanque.
  물이 탱크에서 새어 나온다.
- Los pájaros se salieron de la jaula.
  새들은 새장에서 탈출했다.
- El coche se salió de la carretera.
  차가 도로에서 벗어났다.

• Cuidado que se sale la leche.
우유가 넘치니까 조심해라.

• Este cántaro se sale.
이 항아리는 샌다.

saltar (a/de/en/por) 뛰다, 튀어 오르다

• ¿Cuántos metros puedes saltar?
몇 미터나 뛸 수 있니?

• El perro saltó muy alto.
개가 아주 높이 뛰었다.

• No saltes en la cama.
침대에서 뛰지 마라.

• El nadador saltó al río.
수영선수는 강으로 뛰어들었다.

• Los paracaidistas saltaron del avión.
낙하산대원들은 비행기에서 뛰어내렸다.

• Saltó por la ventana.
그는 창문으로 뛰어내렸다.

• ¿Puede usted saltar por encima de la tapia?
그 담을 뛰어 넘을 수 있습니까?

• El niño saltó de alegría cuando vio a su mamá.
아이는 엄마를 보고 기쁨에 날뛰었다.

• Su libro ha saltado al primer puesto de los libros más vendidos.
그의 책이 베스트셀러 1위에 올랐다.

saltarse 건너뛰다, 빼먹다, 빠지다

• Sáltese esa página.
그 페이지는 건너뛰세요.

• Yo leía deprisa y me salté una línea.
나는 급히 읽다가 한 줄을 건너뛰었다.

• Se me saltó un diente por el golpe.
나는 부딪혀서 이가 하나 빠졌다.

salvar 구조하다, 극복하다, 제외하다

- El joven aventuró su vida por salvar a su amigo.
  젊은이는 친구를 구하기 위해 목숨을 걸었다.
- El médico ha perdido la esperanza de salvarle.
  의사는 그를 살릴 희망을 잃었다.
- Ya hemos salvado la principal dificultad.
  우리는 큰 역경을 이미 극복했다.
- El tren salvó en doce horas la distancia entre las dos ciudades.
  열차는 두 도시 사이를 12시간에 달렸다.
- Mis compañeros, salvando a los presentes, me han abandonado.
  여기 있는 사람은 빼고, 내 동료들은 나를 버렸다.

salvarse 구출되다, 도망치다, 회복하다

- Sálvese quien pueda.
  도망칠 수 있는 사람은 도망치십시오.
- Nos salvamos por un pelo.
  우리는 간발의 차로 구출되었다.
- La escuela se salvó del incendio.
  학교는 화재를 면했다.
- El médico no cree que el enfermo vaya a salvarse.
  의사는 환자가 회복되리라고 믿지 않는다.

sangrar 피가 나다, 피를 흘리다

- La herida sangra mucho.
  상처에서 피가 많이 나온다.
- El hombre sangró cuando le metieron la espada.
  칼로 그 남자를 찌르자 그는 피를 흘렸다.

sangrar de/por algo 무엇에서 피가 나다

- Sangro por la nariz.
  나는 코피가 나온다.
- Está sangrando de(por) los intestinos.
  그는 장출혈이 있다.

satisfacer 만족시키다

- La solución no satisfizo a nadie.
  그 해결은 아무도 만족시키지 못했다.
- Les satisface su propuesta.
  그들은 그의 제안에 만족스러워 한다.
- Sus notas los satisfacieron plenamente.
  그들은 그의 성적이 매우 만족스러웠다.

satisfacerse con algo 무엇에 만족하다

- No me satisfago con poco dinero.
  나는 적은 돈에 만족하지 않는다.
- No se satisfará con esas explicaciones.
  그는 그런 설명에는 만족하지 않을 것이다.
- Los obreros no se satisfacen con sueldos bajos.
  노동자들은 낮은 임금에 만족하지 않는다.

satisfacerse con + inf. …하는 것으로 만족하다

- Me satisfago con estar contigo.
  나는 너와 함께 있는 것으로 만족한다.
- Se satisfacen con ayudar a los pobres.
  그들은 불쌍한 사람들을 돕는 것으로 만족한다.

secar 말리다, 건조시키다, 괴롭히다

- Por favor, seca la mesa.
  테이블 위에 물기 좀 닦아줘.
- Ella secó los platos con el trapo.
  그녀는 접시에 있는 물기를 행주로 닦았다.
- Puso a secar la ropa cerca del fuego.
  그는 옷을 말리기 위해 불 가까이에 놓았다.
- El calor ha secado la hierba.
  더위가 풀을 말라 죽게 했다.
- Me está secando ya tu estupidez.
  나는 너의 어리석음에 짜증이 난다.

secarse 마르다, (자기 자신을) 말리다

- Séquese bien después del baño.
  목욕 후에 몸을 잘 닦으세요.
- Todas las mañanas me seco el pelo.
  나는 매일 아침 머리를 말린다.
- La niña se secó las lágrimas con el pañuelo.
  여자아이는 손수건으로 눈물을 닦았다.

seducir 매혹·유혹하다

- Su propuesta me seduce.
  나는 그의 제안에 끌린다.
- Tomás seduce a todas con su dinero.
  토마스는 돈으로 모든 여성을 유혹한다.
- Hollywood seduce a muchos jóvenes.
  헐리웃은 많은 젊은이들을 유혹한다.
- El Mar Caribe seduce a los turistas con sus playas maravillosas..
  카리브 해는 매력적인 해변으로 관광객들을 유혹한다.

seguir 계속하다, 유지하다, 따르다

- Seguiré sus amables consejos.
  나는 당신의 친절한 충고에 따르겠다.
- Ya es imposible seguir el viaje.
  그 여행을 계속하기는 이미 불가능하다.
- Siga derecho a lo largo de la colina.
  그 언덕을 따라 곧장 가세요.
- No puedo seguir tus instrucciones.
  너의 지시를 따를 수가 없어.
- Seguimos por la orilla del mar.
  우리는 해안가를 따라 계속 갔다.
- Aún sigue con sus preocupaciones.
  아직 그는 계속 걱정하고 있다.
- Al volver la cabeza, María vio que un hombre la seguía.
  마리아가 뒤돌아보았을 때, 한 남자가 뒤따라오는 것을 알았다.

seguir + adj./adv. …상태를 유지하다

- No sigas tan insistente.
  계속 그렇게 고집부리지 마라.
- Ella sigue enferma(enamorada).
  그녀는 계속 아프다(사랑에 빠져있다).
- Si el tiempo sigue mal, no iremos al mar.
  날씨가 계속 나쁘면, 우리는 바다에 가지 않을 것이다.
- ¿Cómo sigue su madre? -Está mejor.
  어머니는 어떠시니? -좋아지셨습니다.

seguir en algo 계속 무엇에 있다, 계속하다, 유지하다

- Antonio sigue en su trabajo.
  안또니오는 계속 그 일에 종사하고 있다.
- Seguimos en dificultades.
  우리는 계속 어려움 속에 처해있다.
- Mi amigo sigue en casa(en Madrid).
  내 친구는 계속 집(마드리드)에 있다.

seguir + ger. 계속 …하다

- Pepe sigue nadando.
  뻬뻬는 계속 수영하고 있다.
- La producción sigue creciendo cada año más.
  생산은 매년 계속해서 증가하고 있다.
- Estamos en septiembre pero todavía sigue haciendo calor.
  9월이지만 아직 날씨가 계속 덥다.

seguir sin + inf. 계속 …하지 않고 있다

- Mi amigo sigue sin trabajar.
  내 친구는 계속 일을 하지 않고 있다.
- El problema no es difícil, pero él sigue sin comprenderlo.
  문제는 어렵지 않지만, 그는 계속 이해하지 못하고 있다.
- Son las once y seguimos sin comer nada.
  11시가 되었는데 우리는 계속 아무것도 먹지 못하고 있다.

semejarse a uno/algo 누구/무엇을 닮다, 비슷하다

- Esa figura se semeja a un perrito.
  그 형체는 강아지처럼 생겼다.
- Su conducta se semeja a la de su padre.
  그의 행동은 아버지를 닮았다.
- La crisis actual se semeja a la de los años noventa.
  현재의 위기는 90년대의 위기와 비슷하다.

sentar 앉히다, 가라앉히다

- Voy a sentarle en la última fila.
  나는 그를 마지막 줄에 앉히겠다.
- Los invitados están sentados a la mesa.
  손님들은 테이블에 앉아 있다.
- Esta lluvia sentará el polvo.
  이 비가 먼지를 가라앉힐 것이다.
- Han sentado las bases para llegar a un acuerdo.
  합의를 위해 기본선이 마련되었다.

sentar (bien/mal) 어울리다, 맞다, 적합하다

- Esta minifalda no te sienta.
  이 미니스커트는 너에게 어울리지 않는다.
- Esa chaqueta te sienta muy bien.
  그 재킷은 너에게 매우 잘 어울린다.
- Ese peinado te sienta admirablemente.
  그 헤어스타일은 너에게 매우 잘 어울린다.
- Esta sopita te sentará bien.
  이 수프는 너에게 잘 받을 거야.
- La cena me ha sentado mal.
  저녁식사는 나에게 맞지 않았다.
- A mí me sienta muy mal la comida picante.
  나에게는 매운 음식이 전혀 맞지 않는다.
- Le ha sentado mal el paseo.
  산책은 그에게 적합하지 않았다.

sentar bien/mal que + subj. 마음에 들다/들지 않다, 기분이 좋다/좋지 않다

- Le sentó fatal que no lo invitaras.
  네가 그를 초대하지 않아서 그는 매우 불쾌했다.
- Me sentó mal que se riesen.
  그들이 웃는 것이 나는 불쾌했다.
- Me sienta muy mal que haga esos comentarios.
  그가 그런 논평을 하는 것이 나는 마음에 들지 않는다.

sentarse 앉다

- Me sentaré en esta silla.
  나는 이 의자에 앉겠다.
- No te sientes aquí.
  여기 앉지 마라.
- No había donde sentarse.
  앉을 곳이 없었다.
- Esteban se sentó enfrente(detrás) de mí.
  에스떼반은 내 앞(뒤)에 앉았다.

sentarse a + inf. …하려고 앉다

- Nos sentamos a la mesa a cenar.
  우리는 저녁식사를 하려고 식탁에 앉았다.
- Quiero sentarme contigo a jugar a las cartas.
  너와 함께 앉아 카드놀이를 하고 싶다.
- Sentémonos juntos a discutir el problema.
  이 문제에 대하여 토론하기 위해서는 함께 앉자.

sentir 유감이다, 느끼다, 슬퍼하다

- Lo siento (muchísimo).
  (대단히) 미안합니다.
- Yo siento mucha hambre.
  나는 매우 배고프다.
- Siento mucho calor, me quito el abrigo.
  나는 너무 더워서, 외투를 벗어야겠어.

- El enfermo ya no siente.
  환자는 이미 감각이 없다.
- Digo lo que siento.
  나는 생각하는 바를 말한다.
- Sentí en el alma la pérdida de tan fiel amigo.
  나는 그토록 충실한 친구의 죽음이 진심으로 슬펐다.

sentir + inf. …해서 유감이다, 미안하다

- Siento llegar tan tarde.
  너무 늦게 와서 미안합니다.
- Siento mucho no poder ir contigo.
  너와 함께 갈 수 없어서 정말 미안해.
- Siento haberte hecho esperar tanto tiempo.
  너무 오래 기다리게 해서 미안해.
- Siento mucho haberte dicho eso.
  너에게 그것을 말한 것을 후회하고 있어.

sentir que + ind. …하는 것을 느끼다, 알아차리다

- Sentí que abrían la puerta.
  나는 그들이 문을 여는 소리를 들었다.
- Sentí que alguien entraba en la habitación.
  나는 누군가 방에 들어오는 것을 느꼈다.
- Sentí que algo malo iba a pasarle.
  나는 그에게 뭔가 좋지 않은 일이 생길 것을 예감했다.

sentir que + subj. …해서 유감이다

- Siento que no puedas venir.
  네가 올 수 없다니 나는 유감스럽다.
- Siento que no hayas venido.
  네가 오지 않아서 유감이다.
- Anita sentía que su novio fuera al ejército.
  아니따는 애인이 군대에 가서 서운했다.

- Siento mucho que te divorciaras de tu esposa.
  네가 아내와 이혼해서 나는 매우 유감스럽다.

sentirse + adj./adv. …하게 느끼다

- Me siento alegre(feliz).
  나는 기쁘다(행복하다).
- Ella siente calor, pero se siente bien.
  그녀는 덥다고 느끼지만, 기분은 좋다.
- Me siento mal. Saldré fuera a tomar el aire.
  나는 기분이 나쁘다. 바깥바람을 쐬러 나가야겠다.
- Me siento mucho mejor que antes.
  나는 전보다 훨씬 나아진 것 을 느끼고 있다.

separar (de uno/algo) (누구/무엇으로부터) 떼어내다, 분리하다

- Van a separar a los niños de las niñas.
  여자아이들로부터 남자아이들을 떼어놓을 것이다.
- Hay que separar las frutas sanas de las podridas.
  싱싱한 과일을 썩은 과일로부터 분리해야 한다.
- Separe usted un poco la mesa de la pared.
  벽에서 테이블을 약간 떼어 주세요.
- El trabajo me está separando de mi familia.
  나는 일 때문에 가족과 떨어져 있다.
- Los hermanos fueron separados cuando murieron los padres.
  부모님이 돌아가셨을 때 형제들은 헤어졌다.

separarse 분리되다, 헤어지다

- Me separé de la mesa donde estábamos todos para fumar.
  나는 담배를 피우기 위해서 모두가 있던 테이블에서 나왔다.
- Sus padres se separaron con disparidad de carácteres.
  그의 부모는 성격의 차이로 헤어졌다.
- No se separen, que los pequeños se pueden perder.
  아이들을 잃어버릴 수 있으니, 헤어지지 말고 함께 계세요.

sepultar 묻다, 매장하다, 숨기다

- Sepultaron a los muertos.
  사망자들을 매장했다.
- Ayer sepultaron a mi amigo.
  어제 내 친구의 장례식이 있었다.
- Las aguas sepultaron el pueblo entero.
  그 마을 전체가 수몰되었다.
- Sepultaron la verdad bajo un montón de mentiras.
  진실은 엄청난 거짓말 아래 숨겨졌다.

ser …이다, …가 되다

- Este señor es español.
  이 신사는 스페인 사람입니다.
- ¿Quien es él? -Él es Luis.
  그는 누구니? 그는 루이스야.
- Ana era bonita y simpática.
  아나는 예쁘고 상냥했다.
- Tú serás abogado también.
  너 또한 변호사가 될 것이다.
- Son las dos. Ya es tarde.
  2시야. 이제 늦었어.
- ¿Qué día es hoy? -Hoy es domingo.
  오늘은 무슨 요일이지? -오늘은 일요일이야.
- ¿Cuánto es la entrada? -Son diez euros.
  입장권은 얼마입니까? -10유로입니다.
- Es importante aprender inglés.
  영어를 배우는 것은 중요한 일이다.
- Es necesario que estudies español.
  네가 스페인어를 배우는 것이 필요하다.

ser 행해지다, 개최되다

- ¿A qué hora es la fiesta?
  파티는 몇 시에 있습니까?

- ¿Cómo fue el accidente?
  사고가 어떻게 발생했지?
- ¿Dónde es la conferencia? -La conferencia es en el tercer piso.
  강연회는 어디에서 개최됩니까? -강연회 장소는 3층입니다.
- ¿Cuándo es el concierto? -El concierto es a las tres.
  연주회는 언제 열립니까? -콘서트는 3시입니다.

ser de uno/algo 어디 출신이다, 제품이다, 누구의 것이다

- ¿De dónde eres? -Soy de España(la Argentina).
  너는 어디 출신이니? -나는 스페인(아르헨티나) 출신이야.
- Esta maleta es de cuero(plástico).
  이 여행 가방은 가죽(플라스틱) 제품이다.
- ¿De quién es este libro? -Es de biblioteca.
  이 책은 누구 것이니? -도서관 책이야.
- Esa manera de hablar no es de un caballero bien educado.
  그런 식으로 말하는 것은 잘 배운 신사의 태도가 아니야.
- El cuadro es de Picasso.
  그 그림은 피카소가 그린 것이다.

ser de + inf. …해야 한다, …해도 좋다

- Es de creer que son útiles.
  그것들은 유용하다고 믿어도 좋다.
- Es de esperar que así sea.
  그렇게 되리라고 기대해도 좋다.
- Es de creer que el volcán hará erupción dentro de poco.
  화산이 곧 폭발 할 것이라고 믿어야 한다.

ser para uno/algo/inf. 무엇에 해당하다, 누구의 것이다, 무슨 용도이다

- Esto es para usted.
  이것은 당신에게 드리는 것입니다.
- Jorge no es para este trabajo.
  호르헤는 이 일에는 어울리지 않는다.

- ¿De quién es esta carta? -Esta carta es para ti.
  그 편지는 누구 것이냐? 이 편지는 너한테 온 거야.
- Esta tela es para camisas.
  이 천은 와이셔츠용이다.
- Esto es para comer(beber).
  이것은 먹기(마시기) 위한 것이다.

servir 봉사・근무하다, (음식 등을) 대접하다, 제공하다

- Oiga usted. ¿En qué puedo servirle?
  저기요. 무엇을 도와드릴까요?
- Felipe está sirviendo en Hacienda.
  펠리뻬는 재무성에서 근무하고 있다.
- Sirva usted primero a las señoras.
  (식사에서) 먼저 부인들을 대접하세요.
- ¿Le sirvo a usted un poco de vino?
  와인을 좀 드릴까요?
- Los camareros de esa ciudad no sirven bien.
  그 도시의 웨이터들은 서빙을 잘 하지 못한다.
- Los jóvenes no quieren servir a la patria.
  젊은이들은 국가에 봉사하려고 하지 않는다.
- Sírvase frutas(bebidas), por favor.
  과일(음료수) 좀 드세요.
- Esta cámara(Este ordenador) no sirve.
  이 카메라(컴퓨터)는 쓸모가 없다.

servir de algo 무엇으로 사용되다, 쓸모가 있다

- Estas cajas sirven de mesa.
  이 상자들은 탁자로 사용된다.
- Mi casa también me sirve de oficina.
  나의 집은 사무실로도 사용된다.
- Tus palabras me servirán de consuelo.
  너의 말은 나에게 위로가 될 거야.

servir de algo 무엇의 역할을 하다

- Alejandro sirvió de guía.
  알레한드로는 가이드의 역할을 수행했다.
- José puede servir de intérprete.
  호세는 통역자로 일할 수 있다.

servir para algo 무엇에 소용이 되다

- Él solo sirve para soldado.
  그는 그저 병사로만 쓸모가 있다.
- No sirve para nada que te pongas a llorar.
  네가 울어도 아무 소용이 없다.
- No lo tires, que puede servir para algo.
  그걸 버리지 마라, 쓸데가 있을지도 모르니까.

servir para + inf. …하기 위해 사용되다

- Esta máquina sirve para lavar el coche.
  이 기계는 세차하는데 사용된다.
- Esto sirve para sacar y poner tornillos.
  이것은 나사를 빼고 끼우기 위해 사용된다.

servirse de algo 무엇을 사용하다

- Los coreanos se sirven de palillos para comer.
  한국 사람들은 식사하기 위해 젓가락을 사용한다.
- Me serví de un destornillador para abrir la puerta.
  나는 문을 열기 위해 드라이버를 사용하였다.
- Silvia se sirvió de un diccionario para traducir la carta.
  실비아는 편지를 해석하기 위해 사전을 사용했다.

significar 뜻하다, 의미하다, 중요하다

- ¿Qué significa esta palabra(oración)?
  이 단어(문장)는 무슨 뜻입니까?
- No sé qué significa esta palabra(oración).
  이 단어(문장)가 무슨 뜻인지 나는 모른다.

- Este programa significa nuestro éxito.
  이 프로그램은 우리의 성공을 의미한다.
- Dos mil euros no significan nada para él.
  2,000유로는 그에게는 아무 의미도 없다.

situar (en algo) (어디에) 배치하다, 두다

- El capitán situó a dos soldados en la entrada del edificio.
  지휘관은 두 병사를 건물 입구에 배치했다.
- Mi padre situó la piscina detrás de la casa.
  나의 아버지가 집 뒤에 수영장을 만들었다.
- Este triunfo lo sitúa entre los mejores equipos de la liga.
  이번 승리로 그 팀은 리그의 최강팀에 들어가게 된다.
- Mi casa está situada en un buen barrio.
  나의 집은 좋은 지역에 자리 잡고 있습니다.

situarse 위치하다, 취업하다, 출세하다, (수치가) …이다

- Madrid se sitúa en el centro de España.
  마드리드는 스페인의 중앙에 위치해 있다.
- Uno se situó al principio de la calle y otro al final.
  한 사람은 거리의 기점에, 한 사람은 종점에 위치했다.
- Alejandro, después de situarse, se casó.
  알레한드로는 취업한 후에 결혼했다.
- Miguel se ha situado muy bien.
  미겔은 대단히 출세했다.
- La tasa de desempleo llega a situarse en un 22%.
  실업률이 22%에 달한다.

sofocar 질식시키다, (화재・소란 따위를) 진압하다

- El calor me sofocaba.
  더위로 나는 숨이 막혔다.
- Los bomberos sofocaron en breve el incendio.
  소방대원들은 신속하게 불을 껐다.

- El gobierno envió al ejército a que sofocara la rebelión.
  정부는 반란을 진압하기 위해 군대를 파견했다.

sofocarse 숨이 막히다, 얼굴을 붉히다, 정색하다

- El niño se sofoca con tanta ropa.
  어린이는 그렇게 옷을 많이 입어서 숨이 막힌다.
- Al oír la palabra, la niña se sofocó.
  소녀는 그 말을 듣고 얼굴을 붉혔다.
- No vale la pena de que te sofoques.
  네가 정색할 만한 일은 아니다.

soler + inf. 자주 …하다, …하곤 하다

- Juan suele llegar tarde.
  후안은 자주 지각한다.
- Solíamos hacer excursiones por la montaña.
  우리는 자주 산으로 소풍갔었다.
- No suelo beber alcohol en las comidas.
  나는 식사 중에 술을 마시지 않는다.
- En Corea suele hacer mucho frío durante el invierno.
  한국은 대개 겨울에 매우 춥다.
- Alberto suele trabajar muy tarde en su oficina.
  알베르또는 사무실에서 늦게까지 일하곤 한다.

solicitar 요청하다, 부탁하다

- Luis solicitó su retiro.
  루이스는 사직서를 제출했다.
- Solicitó información sobre un plan de viajes.
  그는 여행계획에 관한 자료를 요청했다.

solicitar algo a uno 누구에게 무엇을 요구하다, 부탁하다

- Nos solicitaron paciencia.
  그들은 우리에게 인내심을 요구했다.

- El gobierno solicita a todos comprensión.
  정부는 모두에게 이해를 요구했다.
- Le solicité que se marchara más temprano.
  나는 그에게 더 일찍 떠나라고 부탁했다.

soltar 놓다, 석방하다, (웃음 · 울음을) 터뜨리다

- No sueltes esta cuerda.
  이 밧줄을 놓지 마라.
- Soltaron el pájaro de la jaula.
  그들은 새를 새장에서 풀어주었다.
- Cuando lo oyó soltó una carcajada.
  그는 그 말을 듣고 껄껄 웃었다.
- Todos esperaban que la soltaran pronto.
  모두가 그녀를 곧 석방하기를 바라고 있었다.

soltarse 날아가다, (구두끈 따위가) 풀리다

- Se soltó el globo.
  풍선이 날아갔다.
- Se me soltaron los cordones de los zapatos.
  내 구두끈이 풀렸다.
- Se me soltaron las lágrimas de tanto reírme.
  나는 너무 웃어서 눈물이 났다.
- Ella se soltó el cabello.
  그녀는 머리를 풀어헤쳤다.

someter 진압하다, 정복하다, 제출하다

- El gobierno de ese país sometió a los rebeldes.
  그 나라의 정부는 반란군들을 진압했다.
- Los españoles sometieron a los incas.
  스페인 사람들은 잉카족을 정복했다.
- Someta usted el informe al comité.
  보고서를 위원회에 제출하십시오.

someterse a algo 무엇에 따르다, 항복하다

• Me sometí a su voluntad.
나는 그가 하고자 하는 대로 따랐다.

• Se sometió a la opinión de la mayoría.
그는 대다수의 의견에 따랐다.

• Por fin las tropas rebeldes se sometieron al gobierno.
결국 반란군은 정부에 항복했다.

sonar 울리다, 소리 나다, 기억나다, 낯이 익다

• El teléfono suena sin parar.
전화벨이 쉴 새 없이 울린다.

• La radio suena muy fuerte.
라디오 소리가 매우 크다.

• Me parece que ha sonado el timbre.
초인종이 울린 것 같아.

• Mi reloj sonó a las seis, pero yo no me levanté.
시계가 6시에 울렸지만 나는 일어나지 않았다.

• En español la hache no suena.
스페인어의 H는 소리가 나지 않는다.

• Ese nombre no me suena. No lo he oído nunca.
그 이름은 기억에 없는데. 전혀 들어본 적이 없어.

• Me suena tu cara. ¿Dónde nos conocimos?
네가 낯이 익어. 우리가 어디서 만났지?

• Su propuesta no suena mal.
그의 제안이 나쁜 것 같지 않아.

sonar a algo 무엇 같다, 무엇의 기미가 보이다

• Sus palabras suenan a mentira.
그의 말은 거짓말 같다.

• Eso me suena a problemas
그것은 문제가 될 것 같아.

• Su proposición suena a interés, pero lo aceptaré.
그의 제안은 이해관계의 기미가 보였지만, 나는 그것을 받아들이겠다.

sonar que + ind. …라는 소문이 나다

- Suena por ahí que el presidente va a dimitir.
  대통령이 사임할 것이라는 소문이 이 근처에 돌고 있다.
- Suena que habrá crisis económica.
  경제 위기가 있을 것이라는 소문이 있다.
- Por ahí suena que Anita se casa.
  이 근처에 아니따가 결혼한다는 소문이 돌고 있다.

sonarse 코를 풀다

- Ella se sonó las narices.
  그녀는 코를 풀었다.
- Se sonó porque estaba resfriado.
  그는 감기가 걸려서 코를 풀었다.

soñar 꿈꾸다, 간절히 바라다

- Usualmente no sueño por la noche.
  나는 보통 밤에는 꿈을 꾸지 않는다.
- Hablas cuando sueñas.
  너는 꿈꾸면서 말을 한다.
- ¿Que te perdone? ¡Ni soñarlo!
  나보고 너를 용서하라고? 꿈도 꾸지 마라!
- Crees que voy a prestarte mi automóvil, pues ni lo sueñes.
  내 차를 너에게 빌려줄 것이라고 생각한다면, 꿈도 꾸지 마.
- Yo no podía ni soñar que pudiera verte.
  너를 만날 줄은 꿈에도 생각하지 못했다.
- Si piensas que te voy a dejar salir hasta tan tarde, sueñas despierto.
  내가 너를 늦은 시간까지 외출하게 한다고 생각하면, 헛된 공상이야.

soñar (con uno/algo) (누구/무엇의) 꿈을 꾸다, 공상하다

- Sueña con los angelitos.
  좋은 꿈 꿔.
- He soñado contigo esta noche.
  간밤에 나는 네 꿈을 꾸었다.

- Los jóvenes deben soñar con un futuro mejor.
  젊은이들이 더 나은 미래를 꿈꿔야 한다.
- ¿Con qué soñaste anoche?
  너는 어젯밤에 무슨 꿈을 꿨니?

soñar con + inf. …하기를 바라다, 꿈꾸다

- Sueño con ir a España.
  나는 스페인에 가고 싶다.
- Sueña con casarse y tener muchos niños.
  그는 결혼해서 아이들을 많이 갖고 싶어 한다.
- Siempre soñaba con ser cantante.
  나는 항상 가수가 되는 꿈을 꾸었다.
- Soñaba con ser médico, pero no pude estudiar.
  나는 의사가 되기를 꿈꿨지만 공부를 할 수 없었다.

soñar que + ind. …하는 꿈을 꾸다

- He soñado que viajaba a Egipto.
  나는 이집트를 여행하는 꿈을 꾸었다.
- Soñé que había perdido el avión.
  나는 꿈속에서 비행기를 놓쳤어.
- Soñé que tú eras presidente.
  나는 네가 대통령이 되는 꿈을 꾸었다.

soplar (바람이/바람을) 불다

- Soplaba un viento suave.
  산들바람이 불고 있었다.
- El viento siempre sopla en las praderas.
  초원에는 항상 바람이 분다.
- Fuertes vientos soplaban en dirección hacia abajo.
  강풍이 아래쪽을 향하여 불고 있었다.
- Soplé el polvo que estaba en la mesa.
  나는 책상위에 있던 먼지를 불어버렸다.

soplar a uno 누구에게 (답을) 알려주다, 고자질하다

- Como yo no sabía la respuesta, mi amigo me la soplaba.
  내가 답을 몰라서, 내 친구가 답을 알려주었다.
- Le sopla la musa al poeta.
  바람이 시인에게 영감을 준다.
- Le sopló al jefe todo lo que ocurrió ese día.
  그는 그날 있었던 모든 일을 사장에게 고자질했다.

sorprender 놀라게 하다, (뜻밖에) 발견하다

- Me sorprendió su actitud.
  나는 그의 태도에 놀랐다.
- Me ha sorprendido con esa pregunta.
  그는 그런 질문을 해서 나를 놀라게 했다.
- Mis compañeros le sorprendieron robando.
  나의 동료들이 그가 도둑질을 하는 것을 발견했다.

sospechar (de algo) (무엇에 대해) 의심하다, 추측하다

- Nadie sospecha de su honradez.
  아무도 그의 정직을 의심하지 않는다.
- Los detectives sospechan del guarda del banco.
  형사들은 은행의 경비원을 의심한다.
- Su actitud me hace sospechar que lo sabe todo.
  그의 태도를 보면 마치 모든 것을 알고 있는 것 같다.
- Sospecho que no están en muy buenas relaciones.
  나는 그들의 관계가 좋지 않다는 생각이 든다.

subir 올라가다, 상승하다, 증가하다

- Los precios suben cada día más.
  물가가 나날이 올라간다.
- Están subiendo la montaña.
  그들은 산에 올라가고 있다.
- ¿Quieres subir el volumen de la televisión?
  TV 볼륨을 올려 주겠니?

- Nos subirán el sueldo un 10% desde el año próximo.
  내년부터 우리의 월급을 10% 인상해 줄 것이다.
- Después de mediodía, la temperatura subió al máximo.
  정오 후에 기온이 최고에 달했다.

subir a algo 무엇에 올라가다, 싣다, 달하다

- Apenas subimos al tren, comenzó a andar.
  우리가 기차에 타자마자 기차는 움직이기 시작했다.
- Subieron las maletas al(en el) coche.
  그들은 가방을 차에 실었다.
- Le subirán la maleta a la habitación.
  가방을 방으로 올려다 드릴 겁니다.
- Subamos en ascensor al quinto piso.
  엘리베이터를 타고 5층으로 올라가자.
- El niño subió a un árbol para verlo bien.
  어린이는 그것을 잘 보려고 나무에 올라갔다.
- ¿A cuánto sube la cuenta?
  계산은 얼마나 됩니까?
- Me han subido el sueldo.
  나의 월급이 인상되었다.

subirse 올라가다

- Se me subió la presión.
  나의 혈압이 올라갔다.
- Al tejado se sube por este lado.
  이쪽에서 지붕에 올라갈 수 있다.
- Si te subes a la torre verás el mar.
  네가 탑에 올라가면 바다가 보일 거야.

suceder (일이) 일어나다, 생기다

- ¿Qué sucede? -Nada de particular.
  무슨 일이야? -별일 아니야.

- Sucedió un accidente muy serio.
  아주 심각한 사고가 발생했다.
- Suceda lo que suceda, no huiré de aquí.
  무슨 일이 일어나든지, 나는 여기서 도망가지 않겠어.
- A una pena sucede una alegría.
  괴로운 일 뒤에 즐거운 일이 있다.

suceder a uno/algo 누구를 계승하다, 무엇을 이어받다

- A marzo sucede abril.
  4월은 3월 뒤에 온다.
- No tiene hijos que lo sucedan.
  그에게는 뒤를 이을만한 자식이 없다.
- ¿Quién te sucedió en el puesto?
  누가 너의 후임이었지?
- El senador López la sucederá en el ministerio.
  로뻬스 의원이 그녀의 장관직을 이어받을 것이다.

suceder con uno 누구에게 일어나다, 발생하다

- Un accidente extraño sucedió con Isabel.
  이사벨에게 이상한 사건이 발생했다.
- Sucederá con Ana lo que con Tomás.
  또마스에게 일어난 일이 아나에게 일어날 것이다.

sufrir 고통 받다, 겪다, 견디다

- Hay que sufrir las consecuencias de los hechos.
  행위의 결과를 마땅히 받아야 한다.
- Mi padre sufrió un ataque de corazón.
  아버지는 심장마비를 겪었다.
- Después de sufrir una operación [se] empeoró aún más.
  그는 수술을 받은 후 더욱더 악화되었다.
- Hemos sufrido los males con mucha paciencia.
  우리들은 잘 참아서 불행을 견디어 왔다.

• A causa de la nieve, los transportes públicos han sufrido retrasos.
눈 때문에 대중교통이 지연되었다.

sugerir (a uno) (누구에게) 암시하다, 제안하다

• Esa película me sugirió malos pensamientos.
그 영화는 나에게 나쁜 생각을 들게 하였다.

• Este paisaje sugirió al autor su obra maestra.
이곳 경치가 작가에게 걸작을 쓰게 했다.

• Esa canción me sugiere recuerdos de la infancia.
그 노래를 들으면 내 어린 시절이 기억난다.

sugerir + inf. …하라고 제안하다

• El médico sugiere hacer ejercicio.
의사는 운동을 하라고 제안했다.

• Sugieren tomar precauciones en el uso de celulares.
휴대폰 사용에 있어서 예방조치를 취할 것을 제안한다.

• Sugiero dejarlo para mañana.
나는 그것을 내일로 미룰 것을 제안한다.

sugerir que + subj. …하라고 제안・충고하다

• Te sugerí que no trabajaras tanto.
나는 너에게 그렇게 열심히 일하지 말라고 충고했다.

• Le sugerimos que dejara de verse con ella.
우리는 그에게 그녀를 만나지 말라고 제안했다.

• Mi padre siempre me sugirió que guardara la tradición.
아버지는 항상 나에게 전통을 지키라고 하셨다.

superar (a) (…보다) 뛰어나다, 극복하다

• Este modelo supera al anterior en belleza de líneas.
이 모델은 이전 모델보다 선의 아름다움이 뛰어나다.

• Han superado muchas dificultades.
그들은 많은 어려움을 극복했다.

- Nadie lo supera en experiencia.
  경험에 있어서는 아무도 그보다 뛰어나지 않다.
- Ya hemos superado la etapa más difícil.
  우리는 이미 가장 어려운 단계를 극복했다.

suponer 생각하다, 추측하다, 상상하다

- Es como usted supone.
  당신이 추측하신 대로입니다.
- Es bastante distinto a lo que suponía antes.
  전에 생각했던 것과는 매우 다르군요.
- Usted podrá suponer lo que ocurrió.
  당신은 무슨 일이 일어났는지 상상할 수 있을 겁니다.
- Te suponía en París.
  나는 네가 파리에 있다고 생각했어.
- Le suponía más edad.
  나는 그가 나이가 더 많을 거라 생각했어.

suponer que + ind. …라고 생각하다, 가정하다

- Supongo que Inés irá a la fiesta mañana.
  나는 이네스가 내일 파티에 갈 거라고 생각한다.
- Supongamos que lo que dice es cierto.
  그가 말하는 것이 사실이라고 생각하자.
- Supuse que no quería verme.
  나는 그가 나 보기를 원치 않는다고 생각했다.
- Supongamos que vamos a ganar el partido.
  우리가 경기에서 이긴다고 가정해보자.
- Supongamos que ocurría una nueva guerra.
  또 다시 전쟁이 발생했다고 가정해보자.

suponiendo que + subj. …라고 가정하면

- Me lo dirá, suponiendo que lo sepa.
  그가 그것을 알고 있다면, 나에게 말할 것이다.

- Suponiendo que él viva todavía, debe tener ochenta años.
  그 분이 아직 살아 있다면, 그분은 80세일 것이다.
- Suponiendo que venga, seguramente llegará tarde.
  그가 온다면, 확실히 늦게 도착할 거야.

suponerse que + ind. …라고 상상하다, 생각하다

- Me supongo que Ricardo llegará a la hora.
  나는 리까르도가 제시간에 도착할 것이라고 생각한다.
- Me supongo que ya estará aquí.
  나는 그가 이미 이곳에 있을 거라고 상상한다.
- ¿Cuánto tiempo se supone que dura esta situación?
  이 상황이 얼마나 지속될 거라고 생각합니까?

surgir 생겨나다, 나타나다, 떠오르다

- Los imprevistos surgen en cualquier momento.
  의외의 일은 어느 때나 일어난다.
- Ha surgido un nuevo ídolo de la juventud.
  젊은이들의 새로운 우상이 등장했다.
- Los submarinos surgieron del fondo del mar.
  잠수함들은 바다 깊은 곳에서 나왔다.
- Surgió cuando nadie le esperaba.
  아무도 그를 기다리지 않았을 때 그가 모습을 나타냈다.
- Me ha surgido un problema y no puedo ir.
  나에게 문제가 생겨서 갈 수가 없어.

suscribir 서명하다, 승인하다

- Suscribo lo que has dicho.
  네가 말한 것을 승인한다.
- Todos los representantes suscribieron el contrato.
  모든 대표자들은 계약서에 서명을 했다.
- Cuando una persona se casa, debe suscribir un documento.
  결혼하면 서류에 서명해야 한다.

suscribirse a algo 무엇에 가입하다, 구독신청을 하다

• Felipe se suscribió a una asociación deportiva.
펠리뻬는 스포츠협회에 가입했다.

• Teresa se suscribió a una revista de modas.
떼레사는 패션잡지의 구독신청을 했다.

• Quiero subscribirme a esta revista mensual.
나는 이 월간잡지를 구독하고 싶다.

suspender 매달다, 중지하다, 낙제시키다

• Suspendió una lámpara del techo con un cable.
그는 전선으로 전등을 천정에 달았다.

• Suspendieron el concierto al aire libre a causa de la lluvia.
비 때문에 야외 공연이 중단되었다.

• Vamos a suspender el proyecto hasta nuevo aviso.
새로운 지시가 있을 때까지 우리는 프로젝트를 중단할 것이다.

• Le suspendieron en tres asignaturas.
그는 세과목에서 낙제했다.

suspender de algo 무엇에서 제외하다, 퇴학시키다

• Lo suspendieron del trabajo.
그는 업무에서 제외되었다.

• El entrenador lo suspendió del equipo.
코치는 그를 팀에서 제외시켰다.

• A Juana la van a suspender del colegio.
후아나는 학교에서 퇴학당할 것이다.

suspenderse 중단되다, 취소되다, 매달리다

• La reunión se suspendió.
모임은 취소되었다.

• Se ha suspendido el partido por la lluvia.
비 때문에 경기가 중단되었다.

• El mono se suspendía de una rama.
원숭이는 나뭇가지에 매달려있었다.

suspirar 한숨을 쉬다

- Suspiró profundamente.
  그는 한숨을 깊이 쉬었다.
- Deja de suspirar.
  한숨 좀 그만 쉬어라.
- Suspiró mientras leía su carta.
  그는 편지를 읽는 동안 한숨을 쉬었다.

suspirar por algo/uno 무엇을 동경·열망하다, 누구를 사랑하다

- Suspiro por la playa y el sol.
  나는 해변과 햇살을 동경한다.
- Suspiraba por un abrigo de piel.
  그는 가죽외투를 매우 원했다.
- Suspira por esa mujer, pero ella no le hace caso.
  그는 그 여인을 사모했지만, 그녀는 그에게 관심을 두지 않는다.

suspirar por + inf. …하기를 열망하다

- Suspiro por verte.
  나는 네가 보고 싶어 미치겠다.
- Suspiro por irme de viaje.
  나는 여행 가기를 갈망한다.
- Suspiraba por salir a la calle y jugar con la nieve.
  그는 거리로 나가 눈장난을 하고 싶었다.

sustituir (por algo) (무엇으로) 대체하다, 교체하다

- Quiero sustituir esta cama por otra.
  이 침대를 다른 침대로 바꾸고 싶다.
- Sustituí el teléfono móvil viejo por uno último.
  나는 오래된 휴대전화를 최신 휴대전화로 교체했다.
- El portero del equipo se lesionó y tienen que sustituirle.
  팀의 골키퍼가 다쳐서 그를 교체해야만 했다.

T

tapar (con algo) (무엇으로) 덮다, 막다, 감추다, 숨기다

- Tapaba la caja con un libro.
  나는 책으로 상자를 덮었다.
- Tapó al niño con una manta.
  담요로 그 아이를 덮었다.
- Ella le tapó la cara al niño con un pañuelo.
  그녀는 손수건으로 아이의 얼굴을 덮어주었다.
- Tape usted el café para que no se enfríe.
  커피가 식지 않도록 뚜껑을 덮으시오.
- Tapó la olla para que el arroz se cocinara más rápido.
  그는 쌀이 빨리 익도록 냄비 뚜껑을 덮었다.
- La madre tapa todas las travesuras de su hija.
  어머니는 딸의 나쁜 행실을 모두 숨기고 있다.

tapar a uno algo 누구에게 무엇이 안보이게 가리다

- Tu cabeza me tapa la tele.
  네 머리가 TV를 가려서 안보여.
- Apártate un poco, me tapas la televisión.
  조금 비켜줘. TV를 가린단 말이야.
- El hombre de la butaca es tan alto que me tapa la película.
  관람석에 앉은 남자가 너무 커서 영화를 가린다.

taparse 몸을 감싸다, 가리다

- Tápese usted bien, que hace frío afuera.
  바깥은 추우니까 충분히 몸을 감싸고 나가세요.
- Se tapó la cara.
  그는 얼굴을 가렸다.

- Julia se tapó la boca con las manos al salir del metro.
  훌리아는 지하철에서 나갈 때 손으로 입을 막았다.

tardar 늦어지다, 지체하다

- No tardes.
  늦지 마라.
- Ha tardado mucho el avión.
  비행기가 매우 늦었다.
- No voy a tardar mucho.
  나는 많이 늦지는 않을 거야.
- He tardado por culpa del tráfico.
  나는 교통 때문에 늦었다.
- Solo ha salido a comprar pero parece que tarda.
  그는 단지 쇼핑하러 나갔는데 시간이 많이 걸릴 것 같다.

tardar + tiempo 시간이 걸리다

- ¿Cuántos días tardará esta obra? -Tardará un par de días.
  그 작품은 며칠이나 걸릴까요? -2일 걸릴 겁니다.
- El avión de Madrid a París tarda dos horas y media.
  마드리드발 파리행 비행기는 2시간 반 걸립니다.
- Tardó tres horas más de lo previsto.
  그는 예정보다 3시간 더 걸렸다.

tardar en + inf. …하는 데 시간이 너무 많이 걸리다

- El autobús tarda en llegar.
  버스는 늦게 도착한다.
- Teresa no tardará mucho en llegar.
  떼레사는 곧 도착할 것이다.
- No tardaron en detenerlo.
  그를 체포하는 데 오래 걸리지 않았다.
- Si tardas en salir, perderás el tren.
  네가 나가는 데 오래 걸리면, 기차를 놓칠 거야.

tardar tiempo en + inf. …하는 데 시간이 걸리다

- Inés tardó dos horas en vestirse.
  이네스는 옷을 입는 데 2시간 걸렸다.
- Tardé dos horas en acabarlo.
  나는 그것을 마치는 데 2시간 걸렸다.
- Solo tardaré dos horas en pintar la mesa.
  내가 책상을 칠하는 데 2시간 밖에 걸리지 않을 것이다.

tardarse (시간이) 걸리다

- ¿Cuánto tiempo se tarda de aquí a la estación?
  여기서 역까지 얼마나 걸립니까?
- Se tardará un cuarto de hora a pie.
  걸어서 15분 걸릴 것입니다.
- ¿Cuánto se tarda de Moscú a Berlín?
  모스크바에서 베를린까지 얼마나 걸립니까?

temblar (de algo) (무엇 때문에) 떨다, 흔들리다

- Yo temblé de miedo cuando la vi.
  나는 그녀를 보고 무서워 덜덜 떨었다.
- El viento hace temblar la ventana.
  바람으로 창문이 흔들거린다.
- La pobre niña temblaba de frío.
  가여운 그 소녀는 추위로 떨고 있었다.
- Ella se excitó tanto que empezó a temblar.
  그녀는 너무 흥분해서 떨기 시작했다.
- La casa temblaba mucho durante el terremoto.
  지진이 일어나는 동안 집이 많이 흔들렸다.

temer (a uno/algo) (누구/무엇을) 무서워하다, 두려워하다

- No temas.
  두려워하지 마라.
- Sus hijos le temen.
  그의 자식들은 그를 무서워한다.

- Todos tememos mucho a los profesores.
  우리는 모두 선생님을 심하게 무서워한다.
- Los animales temen el fuego por instinto.
  동물은 본능적으로 불을 무서워한다.
- Los japoneses no temen los terremotos.
  일본 사람들은 지진을 두려워하지 않는다.

temer + inf. …할까 걱정하다, …한 것 같다

- Temo cometer una equivocación.
  나는 실수를 하지 않을까 걱정된다.
- Tememos llegar tarde a la fiesta.
  우리는 파티에 늦지 않을까 걱정하다.
- Temo haber cogido un resfriado.
  나는 아무래도 감기에 걸린 것 같다.

temer por algo 무엇을 걱정하다

- Los padres temen siempre por sus hijos.
  부모는 항상 자식을 걱정하고 있다.
- La policía teme por la seguridad del testigo.
  경찰은 증인의 안전을 걱정한다.
- Tememos por su situación financiera.
  우리는 그의 재정상태가 걱정된다.

temer que + ind. …할 것이라니 걱정하다, …인 것 같다

- Temo que va a llover.
  비가 올 거라니 걱정입니다.
- Temo que no voy a poder asistir a la fiesta.
  나는 파티에 참가하지 못하게 되어 걱정입니다.
- Temo que vendrán mayores males.
  나는 더 큰 재앙이 오는 것이 걱정이다.
- Temo que tendrás que esperarlo otra media hora.
  나는 네가 그를 30분 더 기다려야 할 것 같다.

temer que + subj. …할까봐 걱정하다

- Temo que ella llegue tarde.
  나는 그녀가 늦게 도착할까봐 걱정이다.
- Temo que se hayan perdido.
  나는 그들이 길을 잃었을까봐 걱정한다.
- Ella teme que se descubra su mentira.
  그녀는 자신의 거짓말이 탄로날까봐 걱정하고 있다.
- Tememos que no vaya a llegar a tiempo.
  우리는 그가 제때에 도착하지 않을까 걱정이다.
- Temen que a su edad no pueda soportar la operación.
  그들은 그가 그 나이에 수술을 견디지 못할까봐 걱정하고 있다.

temerse que + ind. …할 것이라니 걱정하다, …인 것 같다

- Me temo que ella llegará tarde.
  나는 그녀가 늦게 도착할 것이라니 걱정이다.
- Me temo que no ha llegado.
  나는 그가 도착하지 않아 걱정이다.
- Me temo que te has equivocado.
  네가 실수한 거 같다.
- Me temo que ha perdido las llaves de casa.
  그가 집 열쇠를 잃어버린 것 같다.

temerse que + subj. …할까봐 걱정하다

- Nos tememos que no nos pague.
  우리에게 지불하지 않을까봐 겁이 난다.
- Me temo que te ocurra algo malo.
  너에게 좋지 않은 일이 일어날까 걱정이다.
- Me temo que te marches de mí y yo no tenga ningún apoyo.
  네가 나를 떠나가면 나는 의지할 곳이 없게 될까 두려워.

tender 펼치다, 늘리다, 내밀다

- Tienda la ropa para que se seque.
  옷이 마르도록 펴놓으세요.

- Estaba tendiendo el mantel sobre la mesa.
  그는 테이블에 테이블보를 펴고 있었다.
- Juan me tendió la mano para saludarme.
  후안은 나에게 인사하려고 손을 내밀었다.

tender a algo 어떤 방향으로 기울어지다, 치우치다

- Las plantas tienden a la luz.
  식물은 빛 쪽으로 향한다.
- Mis hermanos tienden al optimismo.
  나의 형제들은 낙천주의로 기울어 간다.
- Su interés tiende a la diversión más bien que al estudio.
  그의 관심은 공부보다는 놀이 쪽으로 더 기울고 있다.

tender a + inf. …하는 경향이 있다, …할 기미가 보이다

- El desempleo tiende a aumentar.
  실업이 증가하는 기미가 보인다.
- Ella tiende a dormir cuando se enoja.
  그녀는 화가 나면 잠을 자는 경향이 있다.
- La temperatura tiende a subir a medida que llega el verano.
  여름이 다가옴에 따라 기온이 상승하는 기미가 보인다.

tenderse en/sobre algo 무엇에 눕다

- Se tendió sobre la arena.
  그는 모래 위에 (길게) 누웠다.
- Nos tendimos en la cama para dormir.
  우리는 잠자려고 침대에 누웠다.
- Estaba tan cansado que me tendí en el césped.
  나는 너무 피곤해 잔디밭에 누웠다.

tener 갖고 있다, 보유하다, 소유하다

- Ella tiene dos hermanos.
  그녀는 오빠가 둘 있다.

- Tengo dos casas(dos coches).
  나는 두 채의 집(자동차 두 대)을 갖고 있다.
- Tengo mucha hambre(mucho calor).
  나는 배가 매우 고프다(나는 매우 덥다).
- ¿Por qué tiene usted tanta prisa?
  왜 당신은 그렇게 서두르십니까?
- Mi mujer no tiene cuidado cuando lava los platos.
  나의 아내는 설거지 할 때 조심성이 없다.
- Tuve un mal día.
  나는 나쁜 하루를 보냈다.
- No tengo miedo de nadie.
  나는 아무도 두려워하지 않는다.
- Él tiene razón.
  그의 말이 옳다.
- Este pasillo tiene diez metros.
  이 복도는 길이가 10미터이다.
- Su novia tendrá veinte años.
  그의 애인은 20세 일거야.

tener a uno por + adj. 누구를 …로 취급하다

- Me tienen por sabio.
  사람들은 나를 학자라고 생각한다.
- No me tengas por borracho.
  나를 술주정뱅이로 취급하지 마라.
- No quiero que me tengan por incumplido.
  나를 약속을 지키지 않는 사람으로 여기지 말기 바란다.

tener + p.p. …해두다

- Tengo escritas dos cartas.
  나는 편지 두 통을 써뒀다.
- Te lo tengo dicho muchas veces.
  나는 너에게 그것을 수차례 말해 두었다.

- Todavía me falta poco, aunque ya tengo escrita más de mitad.
  이미 반 이상은 써두었는데도 아직 좀 남았어.

tener que + inf. …해야 한다

- Tendrás que salir para Madrid.
  너는 마드리드로 출발해야 할 것이다.
- Tengo que marcharme de todas maneras.
  어떻게 해서든지 나는 떠나야 한다.
- Pedro ha tenido que comprarlo(venderlo).
  뻬드로는 그것을 사야(팔아야) 했다.

tenerse por + adj. 스스로 …라고 생각하다

- Juan se tiene por inteligente.
  후안은 자신이 영리하다고 생각하고 있다.
- Silvia se tiene por muy guapa.
  실비아는 자신이 아주 예쁘다고 생각한다.
- Se tiene por una persona muy importante.
  그는 자신이 매우 중요한 사람이라고 생각한다.

tentar 더듬다, 자극하다, 시험하다, 유혹하다

- Ella tuvo que bajar la escalera tentando la pared.
  그녀는 벽을 더듬으면서 계단을 내려가야 했다.
- No me tienta nada este trabajo.
  나는 이 일에 마음이 내키지 않는다.
- No me tientes la paciencia.
  나의 인내심을 시험하지 마라.
- Creo que la ha tentado el dinero.
  나는 돈이 그녀를 유혹했다고 생각한다.
- Me tienta la idea de un viaje de fin de semana.
  나는 주말여행 생각에 구미가 당긴다.
- Rechazó esa oferta de trabajo, aunque le tentaba mucho.
  비록 그는 구미가 당겼지만, 일자리의 제안을 거절했다.

tentar a + inf. …하도록 유혹하다, 부추기다

- No me tientes a fumar.
  나에게 담배피우도록 유혹하지 마라.
- Estoy tentado a decírselo.
  나는 그에게 그것을 말하고 싶은 충동을 느낀다.
- No me tientes a hablar sobre lo que no quiero.
  내가 원치 않는 것에 대해 말하게 하려고 부추기지 마라.

teñir de/en algo 무엇으로 물들이다, 염색하다

- La chica tiñó su pelo de color rubio.
  그 소녀는 머리카락을 금발로 염색했다.
- Teñí mi falda de verde.
  나는 치마를 초록색으로 물들였다.
- Voy a teñir esta camisa blanca en rojo.
  나는 이 하얀 셔츠를 빨간색으로 염색할 것이다.

teñirse 물들다, (자신의 무엇을) 염색하다

- En otoño los árboles se tiñen de distintos colores.
  가을에는 나무들이 여러 가지 빛깔로 물든다.
- Me voy a teñir el pelo.
  나는 머리를 염색할 것이다.
- La actriz se tiñó el pelo de rubio.
  그 여배우는 머리를 금발로 염색했다.

terminar 끝나다, 마치다

- Al fin hemos terminado ese trabajo.
  드디어 우리는 그 작업을 마쳤다.
- Voy a terminar mis estudios en junio.
  나는 6월에 학업을 마칠 예정이다.
- La clase termina a las cinco de la tarde.
  수업은 오후 5시에 끝난다.
- Terminó sus días en la máxima pobreza.
  그는 극한 가난 속에서 생애를 마쳤다.

- Las vacaciones han terminado y debemos volver al trabajo.
  휴가는 끝났고, 우리는 일터로 돌아가야 한다.

terminar + ger. 결국 …하다

- Terminó marchándose.
  그는 결국 떠나버렸다.
- Mi colega terminó yéndose a los Estados Unidos.
  내 동료는 결국 미국으로 가버렸다.
- Ella terminó diciendo que no podía concluirlo a tiempo.
  그녀는 결국 그것을 제 시간에 마칠 수 없다고 말했다.

terminar con algo/uno 누구와 끝내다, 무엇을 없애다, 파괴하다

- Mario ha terminado con su novia.
  마리오는 여친과 헤어졌다.
- ¿Has terminado con el ordenador?
  컴퓨터를 다 썼니?
- Terminaron con todo lo que había en la nevera.
  그들은 냉장고에 있던 것을 다 먹어치웠다.
- El nuevo presidente prometió terminar con la corrupción.
  신임 대통령은 부패를 척결하겠다고 약속했다.
- La droga terminó con su vida.
  마약이 그의 인생을 파괴했다.

terminar de + inf. …하는 것을 끝내다

- Déjame terminar de hablar.
  내가 말하는 것을 끝내도록 해줘.
- No he terminado de comer.
  나는 식사를 끝내지 않았다.
- Cuando termine de ducharse, va a llamarte.
  그가 샤워를 끝내면 너에게 전화할 거야.
- Salió nada más terminar de comer.
  그는 식사를 마치자마자 나갔다.

terminar en algo 무엇으로 끝나다

- La discusión terminó en riña.
  토론은 싸움으로 끝났다.
- Creo que sus amores terminarán en tragedia.
  그들의 사랑은 비극으로 끝날 것 같다.
- Una pequeña broma tan inocente terminó en muerte.
  악의 없는 가벼운 농담이 죽음으로 끝났다.

terminar por + inf. 결국 …하다

- Terminará por marcharse al extranjero.
  그는 결국 외국으로 떠나게 될 것이다.
- Si sigues trabajando, terminarás por caer enfermo.
  이대로 계속 일하면, 너는 결국 병에 걸리게 될 거야.
- Sus malas decisiones terminaron por llevarlo a la quiebra.
  그의 잘못된 결정들은 결국 그를 파산으로 이끌었다.

terminarse 끝나다, 다하다, 떨어지다

- Se ha terminado el estudio(plazo).
  공부(기한)가 끝났다.
- El vino se terminó a media comida.
  식사 중에 포도주가 떨어졌다.
- El pan se ha terminado. Saldré a comprarlo.
  빵이 떨어졌어. 빵을 사러 나갈 거야.
- Se me ha terminado el arroz.
  나는 쌀이 떨어졌어.

testificar 증명하다, 증언하다

- Vamos a testificar ante el juez.
  우리는 판사 앞에서 증언할 것이다.
- Testificaron contra el acusado.
  그들은 피고에 대하여 증언했다.
- Testifico que lo que dice es cierto.
  나는 그가 말한 것이 확실하다고 증언한다.

tirar 넘어뜨리다, 버리다, 쏘다

- El viento ha tirado el árbol.
  바람이 그 나무를 쓰러뜨렸다.
- Los alumnos tiraron los papeles.
  학생들은 종이를 버렸다.
- Este televisor está para tirarlo.
  이 TV는 버려야한다.
- Estos tirantes ya no sirven; hay que tirarlos.
  이 멜빵은 이제 쓸모가 없으니 버려야 한다.
- No tires tu dinero, ahórralo.
  돈을 낭비하지 말고 저축을 해라.
- Tiraron un cañonazo(un balazo).
  그들은 폭격(사격)을 가했다.
- Tiraron fuegos artificiales al aire.
  불꽃을 공중으로 쏘아 올렸다.

tirar a uno/algo 누구/무엇을 닮다, 매혹하다, 누구에게 던지다

- La niña tira más a su madre.
  그 여자아이는 엄마를 더 많이 닮았어.
- Mi madre tira a gorda(flaca).
  나의 어머니는 뚱뚱한(마른) 쪽에 속한다.
- A Luis le tira mucho escuchar música en directo.
  루이스는 생방송으로 음악을 듣는 것을 매우 좋아한다.
- ¿Le tiraste un beso a tu novia? -Sí, le tiré un beso.
  너는 애인에게 키스했니? 응, 그녀에게 키스했어.
- Le tiramos la moneda al mendigo.
  우리는 거지에게 동전을 던져주었다.
- Los chicos tiraron la piedra a la ventana.
  아이들은 창문에 돌멩이를 던졌다.
- Me tiró un puñetazo.
  나에게 주먹을 날렸다.
- ¡No tire! Le daré todo el dinero.
  쏘지 마세요! 돈을 모두 드리겠습니다.

tirar de algo 무엇을 잡아당기다, 끌다

- Me tiró de las orejas.
  그는 나의 귓불을 잡아 당겼다.
- Él me tiró violentamente de la manga.
  그는 내 소매를 난폭하게 잡아당겼다.
- La locomotora tira de los vagones.
  기관차는 수화물 칸을 끌어준다.
- El niño tiraba de la falda de la madre.
  아이는 엄마의 치맛자락을 잡아당기고 있었다.

tirarse a/en algo 무엇에 뛰어들다

- Se tiró al suelo.
  그는 바닥에 쓰러졌다.
- Los jóvenes se tiraron al río.
  젊은이들은 강에 뛰어들었다.
- Ella se le tiró a los brazos.
  그녀는 그의 팔에 안겼다.
- Estaba muy cansado y se tiró en la cama.
  그는 너무 피곤해서 침대에 뛰어들었다.

tirarse de algo 무엇에서 뛰어내리다

- El suicida se tiró del puente.
  자살자는 다리에서 뛰어내렸다.
- Los chicos se tiraron del trampolín.
  아이들은 다이빙대에서 뛰어내렸다.
- Los paracaidistas se tiraron en paracaídas del avión.
  낙하산병들은 낙하산을 메고 비행기에서 뛰어내렸다.

tirarse sobre uno/algo 누구/무엇에 뛰어들다, 달려들다

- El perro se tiró sobre el ladrón.
  개는 도둑에게 달려들었다.
- Se tiraron sobre los pasteles al verlos.
  그들은 케이크를 보고 달려들었다.

tocar 만지다, (문을) 두드리다, 연주하다, 당첨되다, 정박하다

- No me toques.
  나에게 손대지 마.
- Margarita me tocó la mano.
  마르가리따는 나의 손을 잡았다.
- ¿Quién está tocando a la puerta?
  누가 문을 두드리고 있지?
- ¿Qué instrumento tocas? -Toco la guitarra.
  무슨 악기를 연주하니? -나는 기타를 연주해.
- Ella no quiso discutir el asunto. Tocó el tema brevemente.
  그녀는 그 사건에 대해 논쟁하고 싶지 않았다. 주제를 살짝 언급했다.
- Me han tocado 500.000€ en la lotería de Navidad.
  나는 크리스마스 복권에서 500,000유로가 당첨되었다.
- Este barco no tocará en Barcelona.
  이 배는 바르셀로나에는 정박하지 않는다.
- Anita me toca por parte de mi abuela materna.
  아니따는 내 외할머니 쪽의 친척이다.

tocar a uno (+ inf.) 누구 차례가 되다, 누가 …할 차례이다

- Ahora te toca a ti.
  이제 네 차례야.
- ¿A quién le toca? -Creo que te toca a ti.
  누구 차례지? -네 차례가 된 것 같아.
- Me toca trabajar esta noche.
  오늘밤 내가 야근할 차례야.
- A él le toca limpiar la casa.
  그가 집을 청소할 차례야.
- Hoy me toca ir a la clase de español.
  오늘은 내가 스페인어 수업에 가는 날이다.

T

tolerar 관용하다, 허용하다, 참다, 견디다

- El profesor les tolera demasiado.
  선생님은 그들에게 너무 관대하시다.

• Mi estómago no tolera la leche.
내 위장은 우유를 소화하지 못한다.

• No puedo tolerar más esta situación.
나는 이런 상황을 더 이상 참을 수 없다.

• No puedo tolerar la irresponsabilidad(el dolor físico).
나는 무책임(육체적 고통)을 참지 못한다.

• El jefe no tolera que lleguemos tarde a la oficina.
사장은 우리가 회사에 지각하는 것을 허용하지 않는다.

tomar 마시다, (물건 등을) 취하다, (교통수단을) 타다

• Ayer tomamos el desayuno más tarde.
어제 우리는 아침을 더 늦게 먹었다.

• Inés tomará una cerveza y yo un café.
이네스는 맥주를 마실 것이고 나는 커피를 마실 것이다.

• Mi amigo tomaba mucho y se murió joven.
내 친구는 술을 많이 마셔 젊어서 사망했다.

• ¿A qué hora vas a tomar el tren para Barcelona?
바르셀로나행 기차를 몇 시에 탈거니?

• Tienes que tomar esta carretera para ir a Toledo.
똘레도로 가기 위해서는 이 도로로 가야 해.

• Al llegar al cruce, tiene que tomar a la derecha.
교차로에 도착하면 당신은 오른쪽으로 가야 합니다.

• Hemos tomado un joven nuevo en la oficina.
우리는 사무실에 청년 한명을 새로 채용했다.

• Mi hermana va a tomar el sol.
나의 언니는 일광욕을 할 것이다.

• Ella necesitaba tomar aire.
그녀는 바깥 공기가 좀 필요했다.

• ¿Qué decisión ha tomado él?
그는 어떤 결정을 내렸습니까?

• ¿Le has tomado la temperatura al niño?
아이의 체온을 재보았니?

- El sastre le tomó las medidas para hacerle una chaqueta.
  재봉사는 그의 재킷을 만들기 위해 치수를 재었다.
- Tome usted asiento.
  자리에 앉으십시오.
- Tomaron las armas contra el tirano.
  그들은 독재자에 대항하여 무기를 들었다.

tomar a uno por uno 누구를 누구로 오인하다, 취급하다

- Me han tomado por ladrón.
  사람들은 나를 도둑으로 취급했다.
- Parece que te tomaba por tu hermano.
  그는 너를 네 형으로 오인한 듯하다.
- Perdone, he tomado a este señor por otra persona.
  미안합니다. 제가 이 분을 다른 사람으로 착각했습니다.

topar con algo 무엇과 부딪치다, 발견하다

- El coche topó con un árbol.
  자동차가 나무에 부딪쳤다.
- Cuando caminaba topó con la pared.
  그는 걷다가 벽과 부딪쳤다.
- Buscaba petróleo y topó con unas ruinas antiguas.
  그는 유전을 찾다가 고대 유물을 발견했다.
- Como toparon con muchos obstáculos, no continuaron la obra.
  그들은 수많은 장애물을 만났기 때문에, 작업을 계속하지 못했다.

toparse (con uno) (누구와 우연히) 만나다

- En la calle Juana se topó con Luis.
  후아나는 길거리에서 루이스를 만났다.
- Me topé con él en la estación.
  나는 역에서 그를 만났다.
- Anoche se toparon en el parque.
  어젯밤에 그들은 공원에서 만났다.

torcer (a/hacia algo) (어느 쪽으로) 굽다, 구부리다, 비틀다

- Al llegar a la esquina, tuerza usted a la derecha.
  모퉁이에 도달하면 우회전하세요.
- El agua tuerce los rayos de luz.
  물은 광선을 굴절시킨다.
- Al oírlo torció el gesto.
  그 말을 듣고 그는 얼굴을 찡그렸다.
- Juan me torció el brazo.
  후안이 내 팔을 비틀었다.

torcerse 삐다, 꼬이다, 좌절되다, 악화되다

- Me torcí un pie al bajar la escalera.
  나는 계단을 내려가다 한쪽 발을 삐었다.
- Se me ha torcido la muñeca.
  나는 손목을 삐었다.
- Debido a su muerte se torció el plan.
  그의 사망으로 그 계획은 좌절되었다.
- Yo creo que las cosas se están torciendo.
  나는 사태가 악화되고 있다고 생각한다.

trabajar 일하다, 공부하다, 경작하다, 작동하다, 취급하다

- No trabajes tanto.
  너무 무리해서 일하지마라.
- Luis trabajaba como un esclavo.
  루이스는 마치 노예처럼 일을 했었다.
- Ese alumno es aplicado y trabaja mucho.
  그 학생은 근면하기 때문에 열심히 공부한다.
- ¿Dónde trabajas? -Trabajo en un banco.
  너는 어디서 일하니? -나는 은행에서 일하고 있어.
- Marta trabaja de diseñador en una compañía.
  마르따는 회사에서 디자이너로 일하고 있다.
- Ahora están trabajando la tierra.
  그들은 지금 땅을 경작하고 있다.

- El ordenador trabaja según un programa determinado.
  컴퓨터는 정해진 프로그램에 의해 작업하고 있다.
- Este ganadero solo trabaja caballos.
  이 목축업자는 오직 말만 취급하다.
- En esta película trabaja mi actriz favorita.
  이 영화에 내가 좋아하는 여배우가 출연한다.

trabajar por + inf. …하기 위하여 일하다

- Ella trabaja por ayudar a los pobres.
  그녀는 불쌍한 사람들을 도우려고 일을 한다.
- Sandra trabaja mucho por sobresalir entre sus compañeros.
  산드라는 동료들 사이에서 뛰어나기 위하여 열심히 일한다.
- Ella está trabajando por conseguir un empleo.
  그녀는 일자리를 구하기 위하여 노력하고 있다.

traducir 번역하다, 표현하다

- Esta parte está mal traducida.
  이 부분은 오역되어 있다.
- Van a traducir la obra del latín al español.
  그들은 그 작품을 라틴어에서 스페인어로 번역할 것이다.
- ¿Quién tradujo la novela al(en) español? -Felipe la tradujo.
  누가 이 소설을 스페인어로 번역했지? -펠리뻬가 번역했어.
- Me faltan palabras para traducir mis sentimientos.
  내 감정을 표현할 말이 부족하다.

traducirse en algo 무슨 결과를 내다, 무엇으로 바뀌다

- El trabajo de los hombres se ha traducido en riqueza.
  사람들의 노동이 부유함을 가져다주었다.
- Los esfuerzos de los obreros se tradujeron en mejoras salariales.
  그 노동자들의 노력이 더 나은 수당을 받게 했다.
- El aumento del consumo se tradujo en un aumento de la inflación.
  소비의 증가는 인플레 증가로 바뀌었다.

traer 가져오다, 입고 있다, 초래하다, …하게 하다

- Tráigamelo.
  나에게 그것을 가져다주세요.
- Le traigo buenas noticias.
  당신께 좋은 소식을 가져왔습니다.
- Esta biografía no trae nada importante.
  이 자서전은 중요한 내용이 전혀 없다.
- Su llegada me trajo felicidades.
  그가 도착은 나에게 행복을 가져왔다.
- ¿Qué trae Julia hoy? -Trae un vestido nuevo.
  오늘 훌리아는 뭘 입고 왔니? -새로 산 드레스를 입고 왔어.
- El periódico trae un artículo sobre el terrorismo iraquí.
  신문에 이라크테러에 관한 기사가 실려 있다.
- La ociosidad trae estos vicios.
  태만은 악습의 원인이 된다.
- El asunto le traía muy inquieto.
  그 사건이 그를 매우 불안하게 했었다.

transformar a uno/algo 누구/무엇을 변화시키다, 바꾸다

- Transformaron la sala de cine en una sala de conciertos.
  영화관이 콘서트홀로 바뀌었다.
- Esta obra transformará el pueblo en un centro de turismo.
  이 공사는 마을을 관광 중심지로 바꿀 것이다.
- La estancia en Francia le ha transformado.
  프랑스 체류가 그를 변하게 했다.
- Esa experiencia transformó su carácter.
  그 경험으로 그의 성격이 변했다.

transformarse en algo 무엇으로 바뀌다, 변하다

- A 0°C el agua se transforma en hielo.
  섭씨 0도에서 물은 얼음으로 변한다.
- El oso se trasformó en una bella princesa.
  곰은 아주 예쁜 공주로 변했다.

- El pueblo pesquero se ha transformado en una zona industrial.
  이 어촌은 공업 지대로 변했다.

transigir (con uno) (누구와) 타협하다, 화해하다

- No transigiré en este punto.
  나는 이 점에서는 타협하지 않겠다.
- Transijamos para no litigar más.
  더 이상 다투지 않도록 화해합시다.
- Yo no puedo transigir con gente que no cede.
  나는 양보하지 않는 사람들과는 타협할 수 없다.
- Transigiré en cuanto al precio, pero no en cuanto a la calidad.
  가격 대해서는 타협하겠지만, 품질에 대해서는 그럴 수 없다.

transigir con algo 무엇을 참다, 용서하다, 허용하다

- No transijo con la injusticia.
  나는 부당한 행위를 용서할 수 없다.
- Hay que transigir hasta cierto punto.
  어느 정도까지는 참아야 한다.
- No transige con la impuntualidad.
  그는 시간을 지키지 않는 것을 용서하지 않는다.
- Los españoles no transigen con extranjerismos.
  스페인 사람들은 외래어를 허용하지 않는다.

transigir en + inf. …하는 것에 합의하다, 타협하다

- Marisa transigió en cobrarles solo la mitad.
  마리사는 절반만 받기로 하고 타협했다.
- Transigimos en trabajar dos horas más al día.
  하루에 두 시간 더 일하는 것에 합의했습니다.

transitar por algo 무엇을 통하여 통행하다, 운송하다

- Los peatones transitan por la acera.
  보행자들은 인도로 걸어 다닌다.

- Los autos transitan por las carreteras.
  자동차들은 차도로 다닌다.
- Transitemos silenciosamente por el camino del colegio.
  학교 가는 길로 조용히 지나갑시다.

transmitir 전송하다, 전도하다, 발신하다

- El aire transmite el sonido.
  공기는 소리를 전달한다.
- Este cable transmite la electricidad.
  이 전선은 전기를 전도한다.
- El mosquito transmite el paludismo.
  모기는 말라리아를 전염시킨다.
- Las noticias fueron transmitidas por la radio.
  그 뉴스는 라디오로 방송되었다.
- Esta estación de radio transmite solo noticias.
  이 라디오 방송국은 오직 뉴스만 보도한다.
- Transmitieron los juegos olímpicos a todo el mundo.
  올림픽 경기를 전 세계에 전송했다.

traslucirse (de/en) 반영하다, 비춰지다

- En su cara se traslucía el odio.
  그의 얼굴에서 증오가 서려있었다.
- Cierta inseguridad se traslucía de sus ojos.
  그의 눈에 확실한 불안감이 비춰졌다.
- En sus declaraciones se traslucía el miedo.
  그의 진술에서 두려움을 느낄 수 있었다.

trasnochar (en) 밤을 새우다 · 보내다

- Siempre que tiene examen, trasnocha.
  그는 시험이 있을 때마다 밤을 샌다.
- Desde joven tenía costumbre de trasnochar.
  젊을 때부터 그는 밤을 새우는 버릇이 있었다.

- Trasnochamos en un pueblo pintoresco.
  우리는 그림 같은 마을에서 밤을 보냈다.

traspasar 관통하다, 건너다, 옮기다

- La bala le traspasó el hombro.
  탄환이 그의 어깨를 관통했다.
- El agua ha traspasado el techo.
  지붕에서 물이 샜다.
- Traspasamos el arroyo de un lado a otro.
  우리들은 개울을 (한 쪽에서 다른 쪽으로) 건너갔다.
- La expedición ha traspasado los Alpes.
  탐험대는 알프스산맥을 횡단했다.
- He decidido traspasar mi cuenta a otro banco.
  나는 계좌를 다른 은행으로 옮기기로 결정했다.

tratar 대하다, 다루다

- Tratan bien a los clientes.
  그들은 손님들을 잘 대한다.
- Siempre lo tratan con naturalidad.
  항상 그를 자연스럽게 대한다.
- Mi padre me trata como un niño de 5 años.
  아버지는 나를 다섯 살 어린아이처럼 취급한다.
- Este asunto lo trataremos por separado.
  우리는 이 사건을 별도로 다룰 것이다.

tratar con uno/algo 누구와 사귀다, 무엇을 다루다

- Yo no puedo tratar con personas mal educadas.
  나는 버릇없는 사람들과는 어울릴 수 없다.
- Ya no quiero tratar con este tema.
  이 주제에 대해서는 더 이상 얘기하기 싫습니다.
- En la fábrica él trata con máquinas.
  그는 공장에서 기계를 다루고 있다.

tratar de/sobre algo 무엇에 대하여 논하다, 다루다, 문제로 삼다

- La película trata del problema de la droga.
  그 영화는 마약문제를 다루고 있다.
- La conferencia trató del(sobre el) origen del universo.
  강연회는 우주의 기원에 대한 것이었습니다.
- Se reúnen hoy para tratar de(sobre) la huelga de mineros.
  그들은 오늘 광부들의 파업에 대하여 논하기 위하여 모일 것입니다.

tratar de tú/usted 너/당신으로 대하다

- Me trataba de tú.
  그는 나를 너(tú) 라고 하며 (친구처럼) 대했다.
- En la oficina nos tratamos de usted.
  사무실에서 우리는 서로 존칭(usted)을 사용하며 대한다.
- Trátame de tú. Somos de la misma edad más o menos.
  나에게 '너(tú)'라고 해(친구처럼 지내자). 우리는 얼추 동갑이야.

tratar de + adj. …로 취급하다, 비난하다

- Hasta entonces la trataron de loca.
  그때까지 그들은 그녀를 미친 여자로 대했다.
- Siempre le tratan de tonto y de poco inteligente.
  그는 항상 멍청하고 영리하지 못한 사람으로 취급당한다.

tratar de + inf. …하려고 노력하다・애쓰다

- Trató de conducir con cuidado.
  그는 조심해서 운전하려고 했다.
- Trate usted de ser más puntual.
  시간을 지키도록 노력하세요.
- Trató de llegar a tiempo, pero se retrasó.
  그는 제시간에 도착하려고 노력했지만 늦게 도착했다.

tratar en algo 무엇을 취급하다, 거래하다, 팔다

- Tratamos en productos marítimos.
  우리는 해산물을 팔고 있다.

- ¿En qué trata el comerciante? -Trata en frutas.
  그 상인은 무엇을 팝니까? -과일을 팔고 있습니다.
- Es un comerciante de vinos pero trata también en otros licores.
  그는 포도주 상인이지만 다른 주류도 판다.

tratarse de algo 무엇에 관하다, 무엇에 대한 일이다

- Si se trata de dinero, yo no puedo ayudar.
  돈 문제라면 나는 도와드릴 수 없습니다.
- ¿De qué se trata el artículo? -Se trata de su éxito.
  기사는 무엇에 관한 것입니까? -그의 성공에 관한 것입니다.
- ¿Qué te preocupa? ¿Se trata del trabajo?
  무엇 때문에 걱정하니? 일 때문이야?
- La novela se trata de la vida de una mujer del siglo XVIII.
  소설은 18세기 한 여인의 삶에 관한 것이다.

tratarse de + inf. …하는 것에 연관되다

- Se trata de conseguir un empleo.
  일자리 구하기에 관한 것이다.
- Se trataba de tomar una decisión inteligente.
  현명한 결정을 내리는 것에 대한 것이었다.
- Se trata de arreglar la situación, no de discutir.
  사태를 수습하자는 것이지 언쟁하자는 것이 아닙니다.

triunfar 승리하다, 이기다

- Ha triunfado en el campeonato.
  그는 선수권대회에서 승리했다.
- Todo el mundo quiere triunfar en la vida.
  누구나 인생에서 성공하기를 원한다.
- Los soldados triunfaron sobre sus enemigos.
  병사들은 적들을 격파했다.
- Mario triunfó sobre su rival en los juegos olímpicos.
  마리오는 올림픽경기에서 경쟁 상대를 이겼다.

trocar (por algo) (무엇으로) 바꾸다, 교환하다

- Troqué mis libros por dinero.
  나는 내 책들을 돈으로 교환했다.
- Ella y yo trocamos el asiento en el avión.
  그녀와 나는 비행기 좌석을 바꿨다.
- Trocamos una lavadora vieja por una nueva.
  오래된 세탁기를 새것으로 교체했다.

trocarse (en algo) (무엇으로) 완전히 바뀌다

- Se trocó el color(la vida).
  색깔(인생)이 완전히 바뀌었다.
- El amor se trocó en odio.
  사랑은 증오로 바뀌었다.
- Gané la lotería y se me trocó la suerte.
  나는 복권에 당첨되어 운명이 완전히 바뀌었다.

tronar 천둥치다, 요란하게 울리다, 사이가 틀어지다

- Tronó toda la noche.
  밤새도록 천둥이 쳤다.
- Está tronando. Va a llover.
  천둥이 치네. 비가 오겠구나.
- Tronaron los cañones.
  대포소리가 요란하게 울렸다.
- Tronó la voz temible del entrenador.
  코치의 무서운 목소리가 요란하게 울렸다.
- Ella tronó con todos sus compañeros.
  그녀는 모든 동료와 사이가 틀어졌다.

tropezar (en algo) (무엇에 걸려) 넘어지다

- Emilio tropezó al entrar en la casa.
  에밀리오는 집에 들어가다가 넘어졌다.
- Tropecé en una piedra y me rompí el brazo.
  나는 돌멩이에 걸려 넘어져 팔이 부러졌다.

tropezar con algo 무엇에 부딪히다, 충돌하다

- Tropezó con una piedra y cayó.
  그는 발이 돌에 걸려 넘어졌다.
- Tropecé con la pared y se me rompieron los anteojos.
  벽에 부딪혀서 안경이 부서졌다.
- Su proyecto tropezó con una gran dificultad.
  그의 계획은 일대 난관에 직면했다.

tropezarse (con uno) (누구와) 마주치다, 우연히 만나다

- Nos tropezamos en la calle.
  우리는 길에서 우연히 만났다.
- Me tropecé con ellos a la salida del cine.
  나는 영화관에서 나오다가 그들과 마주쳤다.
- Me tropecé con un antiguo compañero del colegio en el banco.
  나는 은행에서 옛 학교 동료를 만났다.

tumbar 쓰러뜨리다, 타도하다, 낙제시키다

- La tequila nos tumbó.
  우리들은 떼낄라에 취해 쓰러졌다.
- El viento ha tumbado los árboles.
  바람이 나무들을 쓰러뜨렸다.
- Tumbamos al candidato del Partido Conservador.
  우리는 보수당의 후보를 이겼다.
- El boxeador tumbó a su adversario al primer golpe.
  그 복서는 상대 선수를 첫 일격으로 쓰러뜨렸다.
- Nos han tumbado en matemáticas.
  우리는 수학에서 낙제했다.

tumbarse 드러눕다, 무너지다

- Me tumbé en la cama.
  나는 침대에 드러누웠다.
- Después de comer me tumbé a descansar un rato.
  나는 식사를 마친 후에 잠깐 쉬기 위해 드러누웠다.

• Se tumbaron las torres del edificio.
빌딩의 탑들이 무너졌다.

turbar 어지럽히다, 당황하게 하다

• Fue acusado por haber turbado el orden público.
그는 공공질서를 어지럽혔기 때문에 고발당했다.

• La mala noticia turbó su estado de ánimo.
나쁜 소식은 그의 정신 상태를 어지럽혔다.

• Me turbó la repentina presencia de Gloria.
글로리아의 갑작스런 출현에 나는 당황했다.

turbarse 당황하다, 동요하다

• El alumno se turbó cuando le preguntaron.
그 학생은 질문을 받았을 때 당황했다.

• Al verte se turbó y comenzó a temblar.
그는 너를 보자 당황하고 떨기 시작했다.

• El silencio de la noche se turbó por aquel fuerte ruido.
엄청난 소리 때문에 밤의 적막이 깨졌다.

U

unificar 동일하게 하다, 통일하다

- Unificaron los precios de la gasolina y gasoil.
  휘발유와 경유의 가격을 동일하게 했다.
- Los Reyes Católicos unificaron España.
  가톨릭국왕부처는 스페인을 통일했다.
- Unificaron sus fuerzas para lograr mayor eficacia.
  그들은 최대 효과를 거두기 위하여 힘을 모았다.
- Unificaron las tarifas del transporte público.
  대중교통 요금을 단일화했다.

unir 연결하다, 단결하다

- La puente va a unir dos islas.
  그 교량이 두 섬을 연결할 겁니다.
- Van a unir dos partidos a uno.
  두 당을 합칠 것이다.
- Las autopistas unen las ciudades principales del país.
  고속도로가 그 나라의 주요 도시를 연결하고 있다.
- Los niños unieron dos tablas con un pegamento.
  아이들은 두개의 판자를 접착제로 붙였다.

unirse 가입하다, 합치다, 찬성하다, 결혼하다

- Las dos compañías decidieron unirse.
  두 회사는 합병하기로 결정되었다.
- Nosotros nos unimos a la opinión de Ignacio.
  우리들은 이그나씨오의 의견에 찬성했다.
- Muchos países se unen para ayudarse mutuamente.
  많은 나라들이 서로 협력하기 위하여 단결한다.

- Javier y Anita se han unido en matrimonio.
  하비에르와 아니따는 부부가 되었다.

unirse a algo 무엇에 합치다, 합세하다

- Me uno a vuestro grupo.
  나는 너희들의 그룹에 들어가겠다.
- Me uní a un grupo de estudiantes.
  나는 학생들의 한 무리에 합류했다.
- Voy a unirme al partido político.
  나는 그 정당에 가입하겠다.

urgir 급하다, 재촉하다, 긴급히 요구하다

- Nos urge salir de aquí.
  우리들은 서둘러 여기서 나가야 한다.
- Me urge terminar este trabajo.
  나는 이 일을 빨리 끝내야 한다.
- El director la urgió a terminar el informe.
  사장은 보고서를 끝내도록 그녀를 재촉했다.
- Urge que vengas a mi despacho hoy.
  너는 오늘 급히 내 사무실에 와야겠다.
- Los ciudadanos urgían la construcción de un parque.
  시민들은 공원의 건설을 재촉했다.

usar 사용하다, 쓰다, 직업으로 삼다

- ¿Me permite usted usar su teléfono?
  전화를 좀 빌려주시겠습니까?
- Quiero usar tu ordenador hoy.
  나는 오늘 컴퓨터를 사용하고 싶다.
- Siempre usa el mismo método.
  그는 항상 같은 방법을 사용한다.
- A mi novia le gusta usar minifalda.
  내 여자 친구는 미니스커트를 즐겨 입는다.

- Estos zapatos están sin usar.
  이 구두는 아직 신지 않은 상태이다.
- Yo usé toda mi simpatía para congraciarme con ella.
  나는 그녀의 마음에 들기 위하여 나의 모든 호감을 이용했다.

usar de algo 무엇을 사용・이용하다

- Ella usó de mañas para engañarme.
  그녀는 나를 속이기 위하여 교묘한 수법을 사용했다.
- Yo usé de toda mi imaginación para seducirla.
  나는 그녀를 유혹하기 위하여 나의 모든 상상력을 동원했다.

usarse 사용되다, 유행이다

- Esta palabra ya no se usa en español.
  스페인어에서 이 단어는 더 이상 사용되지 않습니다.
- Este pasaporte ya no se puede usar.
  이제 이 여권은 사용할 수 없다.
- Se usan mucho las prendas de cuero.
  가죽 옷이 매우 유행하고 있다. (가죽 옷을 많이 입는다.)

V

vaciar 비우다

- Vació el vaso de un trago.
  그는 단숨에 잔을 비웠다.
- Voy a vaciar el contenido de este recipiente.
  이 그릇에 담긴 내용물을 비워낼 것이다.

vacilar 흔들리다, 머뭇거리다

- La pared vaciló, pero no se cayó.
  벽이 흔들렸지만 쓰러지지 않았다.
- Vacilan las bases económicas.
  경제 기반이 흔들리고 있다.
- Esteban vaciló un momento antes de contestarme.
  에스떼반은 나에게 대답하기 전에 잠깐 머뭇거렸다.

vacilar en + inf. …하는 데 망설이다, 머뭇거리다

- Rosalia vaciló en decírmelo.
  로살리아는 나에게 그것을 말해주기를 꺼려했다.
- Vacilaba en aceptar el contrato.
  그는 계약을 승낙하는 것에 주저하고 있었다.
- Ella vacila en comprar una casa.
  그녀는 집을 살까 말까 망설인다.

valer 가치가 있다, 값지다

- Nuestra amistad vale mucho.
  우리들의 우정은 돈으로 따질 수 없다.
- Vale la pena leer este libro.
  이 책은 읽을 가치가 있다.

- Como profesor no vale (nada).
  그는 교사로서 아무 쓸모가 없다.
- En este juego un gol vale dos tantos(puntos).
  이 경기에서는 한 골은 2점에 해당한다.
- Este pasaporte no vale; está caducado(expirado).
  이 여권은 효력이 없다. 기한이 넘었다.
- Más valen huevos de hoy que gallinas de mañana.
  오늘의 달걀은 내일의 닭보다 가치가 있다.

valer (a) 가격이 얼마이다

- Las patatas valen [a] diez euros el kilo.
  감자는 1킬로에 10유로이다.
- La carne de vaca vale [a] cien dólares el kilo.
  소고기는 1킬로그램에 100달러이다.
- ¿Cuánto vale este pendiente? -Vale solo cien euros.
  이 귀고리는 얼마입니까? 단돈 100유로입니다.

valer por algo 무엇의 가치가 있다

- Su sonrisa valió por mil palabras.
  그녀의 미소는 천 마디의 가치가 있었다.
- Tu bella actitud vale por mil besos.
  너의 아름다운 행동은 천 번의 입맞춤의 가치가 있다.
- La buena conciencia vale por mil testigos.
  좋은 양심은 천 명의 증인만큼 가치가 있다.

valerse de uno/algo 누구를 이용하다, 무엇을 사용하다

- Enrique se valió de su mujer para engañarme.
  엔리께는 나를 속이기 위하여 자신의 아내를 이용했다.
- No te valgas de ella para lograr tus propósitos.
  너의 목적을 이루려고 그녀를 이용하지 마라.
- Me valdré de este palo para apoyarme al caminar.
  나는 걸을 때 몸을 지탱하기 위하여 이 막대기를 사용하겠다.

variar 바뀌다, 바꾸다, 다르다

- El tiempo ha variado.
  날씨가 바뀌었다.
- La noción de belleza varía según los tiempos.
  미의 개념은 시대에 따라 바뀐다.
- Tenemos que variar la colocación de los muebles.
  우리는 가구의 배치를 바꿔야 한다.
- Había que variar los temas de conversación.
  대화의 화제를 바꾸어야 했다.
- La tarifa varía según la distancia.
  요금은 거리에 따라 다르다.
- El precio varía de una semana a la otra.
  가격은 매주 변한다.

variar de algo 무엇과 다르다, 무엇을 바꾸다

- Tu opinión varía de la mía.
  너의 의견은 나의 의견과 다르다.
- He variado de gustos desde entonces.
  그때부터 나는 취향이 변했다.
- He variado de opinión. No votaré por ti.
  나는 의견을 바꿨어. 너에게 투표하지 않겠어.
- No le gusta variar de peinado, lleva 10 años peinándose igual.
  그는 머리모양을 바꾸는 것을 좋아하지 않아. 10년째 머리모양이 같아.

velar 망보다, 돌보다, 철야하다, 야근하다

- Durante la noche, la policía vela el edificio de la embajada.
  경찰은 밤새워 대사관 건물을 감시한다.
- Me quedaré en el hospital a velar a mi mujer.
  나는 아내를 돌보기 위하여 병원에 남을 것이다.
- Velaré durante toda la noche para estudiar.
  나는 공부하기 위하여 밤을 꼬박 새울 것이다.
- Tenemos que velar en la oficina esta noche.
  우리는 오늘밤 사무실에서 야근해야 한다.

velar por uno/algo 누구/무엇을 열심히 살피다 · 돌보다

- Mi padre vela por la salud del niño.
  나의 아버지는 아이의 건강을 열심히 돌보신다.
- Todas las madres velan por sus hijos.
  모든 어머니들은 자식들을 열심히 돌본다.
- La policía vela por la seguridad de los ciudadanos.
  경찰은 시민의 안전을 돌본다.

vencer 이겨내다, (기간 등이) 마감되다

- Para eso hay que vencer toda dificultad.
  그러기 위해서는 어떠한 곤란도 극복해야 한다.
- No creo que venza semejante pasión.
  나는 그가 그러한 감정을 억제할 거라고 생각하지 않는다.
- Mañana vence el plazo para la presentación de documentos.
  서류 제출은 내일 마감된다.
- La cuenta del teléfono vence el treinta.
  전화요금 기한은 30일이다.

vencer a uno/algo 누구/무엇을 이겨내다, 물리치다

- Me vence el sueño. (= No puedo vencer el sueño.)
  나는 졸음을 견딜 수 없다.
- No pudieron vencer al ejército del tirano.
  그들은 독재자의 군대를 무너뜨릴 수 없었다.
- Nuestro equipo venció al contrario por dos tantos.
  우리 팀은 2점 차로 상대팀을 이겼다.

vender 팔다, 배신하다

- Ellos venderán la casa y el coche.
  그들은 집과 자동차를 팔 것이다.
- El contrato me obligó a vender mi finca.
  나는 계약 때문에 어쩔 수 없이 농장을 팔아야만 했다.
- Juan me vendió la motocicleta.
  후안은 나에게 오토바이를 팔았다.

- El ladrón ha vendido a sus cómplices.
  도둑은 공범자를 배신했다.
- Para convertirse en rector, vendió a su mejor amigo.
  그는 총장이 되기 위하여 가장 친한 친구를 배신했다.

vender a algo 얼마에 팔다

- Hemos vendido el cuadro a(por) cien mil euros.
  우리는 그림을 10만 유로에 팔았다.
- Vendemos artículos a precio fijo.
  우리는 물건을 정가에 팔고 있다.
- Vamos a vender la finca a buen precio.
  우리는 농장을 좋은 값에 팔게 될 거야.

venderse (a/por algo) (무엇에) 팔리다

- Se vende muy bien.
  그것은 매우 잘 팔린다.
- Los niños se vendieron por dinero.
  아이들이 돈에 팔려갔다.
- El coche se vendió por lo que me ofrecieron.
  그 차는 그들이 제안한 가격에 팔렸다.
- Se venden por cien euros.
  그것들은 100유로에 팔리고 있다.
- Las papas se venden a 50 pesos el kilo.
  감자는 킬로당 50뻬소에 판매된다.

vengar (a uno) (누구의) 원수를 갚다

- Él vengó a su mujer.
  그는 아내의 원수를 갚았다.
- Vengó a su padre, matando al enemigo.
  그는 적을 죽여서 부친의 원수를 갚았다.
- Juró que vengaría la muerte de su amigo.
  그는 친구의 죽음을 복수하겠다고 맹세했다.

vengarse 복수하다

- Se vengó matando al asesino de su padre.
  그는 아버지의 살해범을 죽여 복수를 했다.
- Javier quiere vengarse por el asesinato de su padre.
  하베에르는 아버지의 살해를 복수하려고 한다.
- Me vengaré de ti por lo que has hecho.
  나는 네가 한 짓에 대해 너에게 복수를 하겠다.
- Algún día me vengaré de él por haberme engañado.
  언젠가 그에게 사기당한 원한을 풀겠다.
- Me vengaré de ti por la ofensa.
  너에게서 받았던 모욕을 갚겠다.

venir (a/de algo) (어디로/어디에서) 오다, 비롯되다

- ¿De dónde vengo y adónde voy?
  나는 어디서 와서 어디로 가는가?
- Mañana vendrá mi hijo de Madrid.
  내일 내 아들이 마드리드에서 올 것이다.
- ¿De dónde vienes? -Vengo del trabajo.
  어디서 오는 거야? -직장에서 오는 길이야.
- ¿Cuándo vendrás a vernos? -Iré el mes que viene.
  언제 우리를 보러 올 거야? -다음 달에 갈게.
- Vente conmigo al cine.
  나와 함께 영화관에 가자.
- Juan viene de la Argentina.
  후안은 아르헨티나 출신이다.
- Ya viene el verano.
  벌써 여름이 왔다.
- Me vino la gripe.
  나는 독감에 걸렸어요.
- No sé cómo me vino esa idea.
  어떻게 그런 생각이 떠올랐는지 나는 모른다.
- Me vienen ganas de decirle la verdad.
  나는 당신에게 진실을 말하고 싶습니다.

- Esa información viene en el capítulo dos.
  그 정보는 제 2장에 나와 있다.
- Tus problemas de salud vienen del exceso de trabajo.
  너의 건강 문제는 과다업무에서 비롯되었다.
- Su perfeccionismo le viene de su padre.
  그의 완벽주의는 그의 아버지로부터 물려받은 것이다.

venir a + inf. …하러 오다

- Vengo a verle a usted.
  나는 당신을 만나러 왔습니다.
- Ellos vendrán a hablar sobre el negocio.
  그들이 사업에 대하여 얘기하러 올 겁니다.
- He pedido a Inés que venga a verme.
  나는 이네스에게 나를 보러 오라고 부탁했다.

venir a + inf. (결국) …하게 되다

- Vino a perder el sentido.
  그는 결국 의식을 잃게 되었다.
- Vino a ser presidente.
  그는 결국 대통령이 되었다.
- Después de una larga enfermedad, vino a morir.
  오랜 병 끝에 그는 결국 죽었다.

venir a uno + adj./adv. 누구에게 …하다

- La camisa te viene ancha.
  그 셔츠는 너에게 크다.
- Este jersey me viene grande.
  이 스웨터는 나에게는 크다.
- ¿Me vendrán bien tus zapatos?
  네 구두가 나에게 맞을까?
- Esta minifalda te viene mal.
  그 미니스커트는 너한테 어울리지 않는다.

venir a uno bien 누구에게 좋다, 적합하다

- ¿Te viene bien a las ocho?
  8시는 괜찮니?
- El jueves no me viene bien.
  목요일은 힘들어.
- Me vendría bien un descanso.
  나는 휴식하면 좋겠어.
- Nos veremos mañana porque esta tarde no me viene bien.
  오늘 오후는 힘드니 우리 내일 만나자.

venir + ger. 계속해서 …하다

- Hace mucho [tiempo] que lo venía diciendo.
  오래전부터 나는 그것을 계속 말해왔다.
- Viene trabajando aquí desde hace muchos años.
  그는 수년전부터 계속 여기서 일하고 있다.
- Las guerras vienen sucediéndose desde que la humanidad existe.
  인류가 존재한 이후 전쟁은 계속 발생하고 있다.

venir + p.p. …상태로 오다, …해 있다

- Vine sentado en el metro.
  나는 지하철에서 앉아 왔다.
- Vino dormida todo el tiempo.
  그녀는 계속 잠든 채 왔다.
- Esta situación en el campo viene causada por la falta de lluvias.
  농촌의 이런 상황은 비가 오지 않아 초래되었다.

ver 보다, 만나다, 알다

- No veo bien de noche.
  밤에는 잘 보지 못합니다.
- No veo nada sin gafas.
  나는 안경이 없으면 아무 것도 안 보인다.
- He visto unos cuadros muy bonitos en el museo.
  나는 박물관에서 매우 아름다운 그림을 보았다.

- Ha ido a ver al profesor.
  그는 선생님을 만나러 갔다.
- No veo por qué tú no puedes estudiar.
  네가 공부할 수 없는 이유를 나는 모르겠다.

ver a uno + inf./ger. 누가 …하는 것을 보다

- Yo la vi cantar.
  나는 그녀가 노래하는 것을 보았다.
- Le veo pasar todos los días.
  나는 그가 매일 지나가는 것을 본다.
- Quiero ver salir el sol.
  나는 해가 뜨는 것을 보고 싶다.
- La veíamos llegar tarde todos los días.
  우리들은 그녀가 매일 늦게 도착하는 것을 보곤 했다.
- La vi llorando en el rincón.
  구석에서 울고 있는 그녀를 보았다.
- Veo a un hombre nadando.
  나는 남자 한 사람이 수영하고 있는 것을 본다.
- Veo a Susana cantando.
  나는 수사나가 노래하고 있는 것을 본다.

verse 보이다, 알다

- Se veía una luz a lo lejos.
  멀리서 빛이 한 가닥 보이고 있었다.
- Por la ventana se veía un paisaje magnífico.
  창문으로 멋진 경치가 보였다.
- Se ve que no sabe nada.
  그가 아무 것도 모른다는 것은 명백하다.

verse (con uno) (누구와) 만나다

- Me veo con él a menudo.
  나는 자주 그와 만난다.

- Nos vemos el domingo por la tarde.
  우리 일요일 오후에 만나자.
- Alfonso se ve todos los días con Teresa.
  알폰소는 매일 떼레사를 만난다.

verse (어떤 장소・상태에) 있다

- Nos veíamos pobres y perseguidos.
  우리들은 가난하며 박해당하고 있었다.
- Juana se vio sola y quería volver a su país.
  후아나는 외로워서 고국으로 돌아가고 싶었다.
- Sobre la mesa se veía un libro abierto.
  테이블 위에 책이 펼쳐져 있었다.
- Inés, al verse ante el micrófono, se puso nerviosa.
  이네스는 마이크 앞에 서면 신경이 예민해졌다.

verificar 확인하다, 검사하다, 실행・실현하다

- Hay que verificar la cuenta una vez más.
  그 계산서를 다시 한 번 확인해야 한다.
- Queremos verificar esta información.
  우리는 이 정보를 확인해보고 싶다.
- Verificamos el funcionamiento del motor.
  우리들은 엔진의 작동을 검사하고 있다.

verificarse 실행・실현되다, 확실해지다

- La elección presidencial se verificará en diciembre.
  대통령 선거는 12월에 실행될 것이다.
- Ayer se verificó el acto de entrega de premios.
  어제 시상식이 거행되었다.
- Todas sus predicciones se han verificado.
  그의 모든 예언은 적중했다.
- Se ha verificado la identidad de todos los pasajeros.
  모든 여행객의 신분이 확인되었다.

vestir (de) 옷을 입다, 옷을 입히다

- Javier viste bien.
  하비에르는 옷을 잘 입는다.
- Ella viste elegantemente.
  그녀는 우아하게 옷을 입는다.
- Ella siempre vestía de negro.
  그녀는 항상 검은 옷을 입고 있었다.
- Alicia vestía un maravilloso vestido blanco.
  알리시아는 멋있는 하얀 드레스를 입고 있었다.
- Hoy he vestido a mi hija.
  오늘 나는 딸에게 옷을 입혔다.

vestirse (con/de) 옷을 입다

- Ella se vistió a toda prisa.
  그녀는 매우 급하게 옷을 입었다.
- Voy a vestirme. Espera un momento.
  옷을 입을게. 잠시만 기다려.
- Vístase con delicadeza y elegancia.
  화사하고 우아하게 옷을 입으세요.
- Me visto con estos pantalones.
  나는 이 바지를 입는다.
- Él se viste de etiqueta.
  그는 정장을 입는다.
- En este pueblo las mujeres se visten de negro.
  이 마을에서 여인들은 검은색 옷을 입는다.
- En invierno, la montaña se viste de blanco.
  겨울에 산은 하얀 옷을 입는다. (눈이 내린다.)

viajar 여행하다, 운행하다

- ¿Por qué viaja tanto el rector?
  총장은 왜 그렇게 여행을 자주 합니까?
- Ella tiene que viajar mucho por su trabajo.
  그녀는 업무 때문에 여행을 많이 해야 한다.

- Ojalá [que] yo pudiera viajar contigo.
  내가 너와 함께 여행을 할 수 있으면 참 좋겠다.
- El tren viaja a gran velocidad por el nuevo trazado.
  기차는 새 노선을 고속으로 운행한다.

viajar (a/por algo) (어디를・어디로) 여행하다

- Viajaremos a Italia la próxima semana.
  우리는 다음 주에 이탈리아로 여행갈 것이다.
- Me gustaría viajar por España y Portugal.
  나는 스페인과 포르투갈을 여행하고 싶다.
- He viajado por muchos países europeos.
  나는 유럽의 여러 나라를 여행했다.

viajar en/por algo 무엇을 타고 여행하다, 운송되다

- Viajaremos por avión(tierra).
  우리는 비행기(육로)로 여행할 것이다.
- He viajado por toda Europa en coche(autobús).
  나는 유럽 전역을 차(버스)로 여행했다.
- El pedido viajará en el último tren.
  주문품은 마지막 기차로 운송될 겁니다.

vigilar 지켜보다, 감시하다

- Vigila mi casa mientras estoy fuera.
  내가 밖에 있는 동안 집을 잘 보고 있어라.
- Vigila mi equipaje mientras voy al cuarto de baño.
  내가 화장실에 가는 동안 내 짐을 지켜라.
- Los soldados vigilaban la entrada del cuartel.
  병사들은 부대의 입구를 지키고 있었다.

vigilar a uno 누구를 감시하다

- El guardia vigila al sospechoso.
  경비원은 용의자를 감시한다.

• La madre vigila a los niños mientras juegan.
어머니는 아이들이 노는 동안 지켜보고 있다.

vigilar por algo 무엇을 감시하다, 주의하다

• La madre vigila por la salud de sus hijos.
어머니는 아이들의 건강에 주의하고 있다.

• Hay que vigilar constantemente por la salud pública.
공중위생을 지속적으로 감시해야 한다.

visitar 방문하다, 시찰하다

• Visitaremos Toledo de España la próxima semana.
우리는 다음 주에 스페인의 똘레도를 방문할 예정이다.

• Voy a visitar a mis padres porque cumplen años de casados.
부모님의 결혼기념일이라 나는 부모님을 찾아뵐 것이다.

• Yo visité el Museo del Prado el domingo pasado.
나는 지난 일요일에 쁘라도 박물관을 방문했다.

• Los arquitectos han salido a visitar las obras.
건축가들이 그 공사를 시찰하러 갔다.

vivir (en algo) (어디에) 살다, 거주하다

• Yo vivo en este barrio.
나는 이 지역에 살고 있습니다.

• No sé si ella vive o ha muerto.
나는 그녀가 살아있는지 죽었는지 모른다.

• El perro está herido pero aún vive.
개는 부상을 당했지만 아직 살아있다.

• Mi abuelo vivió más de noventa años.
할아버지는 90세 넘게 사셨다.

• Se vive bien en este pueblo.
이 마을에서는 모두 행복하게 살고 있다.

• Alberto no quiere casarse, quiere vivir con su novia.
알베르또는 여자 친구와 결혼하기는 싫고, 동거하기를 원한다.

- El recuerdo de las vacaciones vivirá mucho tiempo en mí.
  휴가의 추억이 나에게 오랫동안 남아있을 것이다.

vivir de algo 무엇으로 살아가다, 생계를 유지하다

- Mis padres viven de sus rentas.
  나의 부모님은 연금으로 생계를 유지하신다.
- El viejo vive de las limosnas.
  그 노인은 동냥으로 살고 있다.
- El chico vive de su trabajo.
  그 소년은 일을 해서 생활하고 있다.
- Muchos jóvenes viven de sus padres hasta los 30 años.
  많은 젊은이들이 30살까지 부모에 얹혀살고 있다.

volar (a/hacia algo) (무엇을 향해) 날다, 폭파하다

- El avión voló sobre los Ándes.
  비행기가 안데스산맥 위로 비행했다.
- Un avión volaba de Madrid a Nueva York.
  비행기가 마드리드에서 뉴욕까지 비행 중이었다.
- Nosotros volaremos a(hacia) Argentina.
  우리는 비행기로 아르헨티나로 갈 것이다.
- Las golondrinas vuelan al(hacia el) sur.
  제비들은 남쪽을 향해 날아간다.
- Las noticias volaron.
  소식은 매우 빨리 퍼졌다.
- El ejército enemigo voló los puentes.
  적군이 교량들을 폭파했다.

volver (a/de algo) (어디로/어디에서) 돌아가다・돌아오다

V

- No te preocupes. Volveré pronto.
  걱정하지 마. 곧 돌아올게.
- Sandra volvió a casa después de un largo viaje.
  산드라는 오랜 여행을 마치고 집에 돌아왔다.

- Por favor, vuelvan a sus asientos.
  좌석으로 돌아가 주시기 바랍니다.
- Al oír su nombre volvió la cabeza.
  자기의 이름을 듣고서 그는 고개를 돌렸다.
- María ha vuleto su vestido para plancharlo.
  마리아는 옷을 다리려고 뒤집었다.

volver a + inf. 다시 …하다

- Vuelvo a llamarte más tarde.
  나중에 다시 전화할게.
- Anita ha vuelto a fumar.
  아니따는 다시 담배를 피우기 시작했다.
- Quiero que no vuelvas a llamarme.
  나는 네가 다시는 나에게 전화하지 않기 바란다.
- Estaba de vuelta; parece que volvió a salir.
  그는 돌아와 있었으나 또 나간 모양이다.
- Me alegro mucho de volver a verte.
  너를 다시 보게 되어 무척 기쁘다.

volverse 돌아오다・가다, 뒤집히다, 뒤돌아보다

- Se ha vuelto a casa muy alegre.
  그녀는 매우 기뻐하면서 집에 돌아왔다.
- Se le ha vuelto el paraguas con el viento.
  그의 우산이 바람에 뒤집혀졌다.
- Al salir de la clase se volvió hacia nosotros.
  교실을 나가면서 그는 우리 쪽으로 뒤돌아보았다.

volverse + adj. …로 되다

- Esa chica se ha vuelto loca.
  그 여자애는 미쳤어.
- Don Quijote se volvió loco con esa lectura.
  돈키호테는 그것을 읽고 미쳐버렸다.

- Desde que empezó el problema se ha vuelto triste.
  문제가 생긴 후부터 슬픔에 잠겼다.

votar (por/contra) (…의 쪽에/반대로) 투표하다

- Ella votó por el candidato de su partido.
  그녀는 자기 당의 후보에게 투표했다.
- Dudo que usted vote por mi partido.
  당신이 우리 당에 투표하리라고는 생각하지 않습니다.
- Por mi parte votaré en contra.
  나는 반대표를 던지겠다.
- Toda mi familia votará el próximo domingo.
  우리 가족 모두가 다음 주 일요일에 투표할 예정이다.

Y

yacer (en) 누워있다, 묻혀있다, 위치하다

- ¿Quién yace en esta tumba?
  이 무덤에는 누가 묻혀 있습니까?
- En esa sepultura yace el famoso músico.
  그 묘지에는 그 유명한 음악가가 묻혀 있다.
- En la cama del hospital yacía un enfermo.
  병원 침대에 환자가 누워 있었다.
- Los heridos yacían en la calle.
  부상자들은 길거리에 쓰러져있었다.
- El pueblo yace a orillas del río.
  마을은 강가에 위치해 있다.

yuxtaponer 나란히 놓다, 늘어놓다

- Los libros estaban yuxtapuestos sin criterio alguno en los anaqueles.
  책들이 선반 위에 어떤 기준도 없이 놓여있었다.
- Él yuxtapone historia, ficción y panfleto ideológico de manera genial.
  그는 역사, 픽션, 그리고 관념적인 괴문서를 기발하게 늘어놓았다.
- Pretende yuxtaponer sus ideas a las de los expertos.
  그는 자신의 생각을 전문가의 생각과 함께 병치하려고 한다.

Z

zafar 풀다, 풀어놓다

- Tenemos que zafar los tornillos y las tuercas.
  우리는 볼트와 너트를 풀어야 한다.
- Quitemos la tapa, y zafemos la rueda dentada cuidadosamente.
  뚜껑을 제거하고 톱니바퀴를 조심스럽게 풀자.

zafarse 풀리다, 도망치다

- La correa se ha zafado de la máquina.
  벨트가 기계에서 풀려나갔다.
- Me ataron las manos, pero logré zafarme.
  나는 두 팔이 묶였지만, 도망치는데 성공했다.
- Zafémonos ahora que no nos ven.
  지금 저들이 우리를 보지 않고 있을 때 도망가자.
- Me zafé del compromiso.
  나는 약속을 회피했다.

zambullir (en algo) (무엇에) 넣다

- El cocinero zambulló el pollo en la olla.
  요리사는 닭고기를 냄비에 넣었다.
- Ella zambulló a su amigo en la piscina.
  그녀는 친구를 수영장 속으로 밀어 넣었다.
- El niño zambulle la mano en la pecera.
  아이는 어항 속에 손을 넣는다.

zambullirse (en algo) (무엇에) 숨어 들어가다, (물속에) 뛰어들다

- Jorge se zambulló en la cama.
  호르헤는 침대로 숨어들었다.

- El buzo se zambulló en el mar con los delfines.
  잠수부는 돌고래와 함께 바다로 뛰어들었다.
- Tú no sabes nadar, así que no te zambullas en el mar.
  너는 수영을 할 줄 모르니 바다에 뛰어들지 마라.

zamparse 급히 먹다, (급히) 숨다 · 들어가다

- La criada se zampó en la cocina.
  하녀는 급히 부엌으로 들어갔다.
- Los ladrones se zamparon en un callejón.
  도둑놈들은 재빨리 골목길로 들어가 숨었다.
- Me zampé cinco bocadillos en un momento. Estoy que reviento.
  삽시간에 샌드위치를 다섯 개나 먹었어. 배불러 죽겠어.
- Es increíble que te hayas zampado una botella de whisky.
  네가 위스키 한 병을 다 해치우다니 믿을 수가 없군.

zumbar (소리 등이) 울리다, 때리다

- Al nadar me zumban mucho los oídos.
  나는 수영할 때 귀가 많이 울린다.
- Este televisor zumba demasiado. Hay que arreglarlo.
  이 TV는 소리가 너무 울린다. 수리해야겠어.
- En verano, las moscas zumban por todas partes.
  여름에는 파리들이 곳곳에서 윙윙 날아다닌다.
- Estáte quieto si no quieres que te zumbe.
  나에게 얻어맞기 싫으면 가만히 있어.

Glossary

Glossary

[A]

abandonar a uno/algo 누구/무엇을 버리다, 단념・포기하다
abandonarse 자포자기하다, 몸을 맡기다
abarcar 품다, 포함하다, 바라보다
abarcarse (한눈에) 바라보이다
abatir 격추시키다, 넘어뜨리다, 실망시키다
abatirse (sobre algo) (무엇을) 내리 덮치다, 기가 죽다
ablandar(se) 부드럽게 하다, 부드러워지다, (날씨가) 풀리다
abonar 납입・입금하다, 지불하다, 보증하다, 비료를 주다
abonarse a algo 무엇에 가입하다, 예매하다, 구독신청을 하다
abrazar a uno/algo 누구를 포옹하다, 무엇을 포함하다, 채택하다
abrazarse a uno/algo 누구/무엇에 꼭 매달리다, 붙들고 늘어지다
abrigar (de algo) (무엇으로부터) 보호하다, 감싸다, 품다
abrigarse (de algo) (무엇으로부터) 몸을 싸다・지키다, 피하다
abrir 열다, (눈을) 뜨다, 개설・개시하다
abrirse 열리다, 시작되다, 꽃이 피다
abstenerse de algo 무엇을 삼가다
abstenerse de + inf. …하는 것을 포기하다・삼가다
abstraer 추출하다, 추상하다
abstraerse de algo 무엇을 잊다, 무시하다
abstraerse en algo 무엇에 몰두・전념하다
abundar (en) 많이 있다
abundar en/de algo 무엇이 풍부하다, 많이 있다
abundar en algo 무엇을 찬성하다, 집착하다
aburrir 지루하게・따분하게 만들다
aburrirse 따분해 하다, 싫증이 나다
aburrirse con/de/en uno/algo 누구/무엇에 싫증을 내다
aburrirse de + inf. …하는 것에 싫증을 내다, 지루해 하다

abusar de uno/algo 누구/무엇을 악용·남용하다, 성폭행하다
acabar 마치다, 완성하다, 결말에 이르다
acabar con uno/algo 무엇으로 끝나다, 누구를 죽이다
acabar de + inf. 방금 …하다
acabar de + inf. …하는 것을 마치다
no acabar de + inf. (좀처럼, 쉽게) …하지 않다 [부정문]
acabar en algo 결국 무엇으로 되다
acabar por + inf. 마침내 …하게 되다
acabar + ger. 마침내 …하게 되다
acabarse 모두 끝나다, 바닥나다, 완성되다
acalorar 격렬하게 하다, 달아오르게 하다, 화나게 하다
acalorarse 달아오르다, 열중하다, 흥분하다
acceder 동의·허용하다, …하는 것을 허용하다
acelerar (속도·시기를) 빨리하다, 촉진하다
acelerarse 서두르다, 가속화하다
aceptar 받다, 받아들이다, 시인·승낙하다
acercar algo 무엇을 접근시키다, 가까이 하다
acercarse (a uno/algo) (누구/무엇에) 가까이 가다, 접근하다
acertar 적중시키다, 알아맞히다
acertar a + inf. 잘 …할 수 있다, 우연히 …하다
acertar con algo 무엇을 알아내다, 마주치다, 발견하다
aclarar 밝게·맑게 하다, 해명하다, 헹구다, 맑아지다
aclararse 밝아지다, 맑아지다
acoger 맞이하다, 받아들이다, 수용하다
acogerse (a algo) (무엇에) 피하다, 의지·호소하다
acomodar 놓다, 정리하다, 묵게 하다
acomodarse a algo 무엇에 적응하다, 따르다
acompañar 동반하다, 함께 하다, 반주하다
aconsejar 충고하다, 조언하다
aconsejarse con/de uno 누구의 조언을 구하다, 상의하다
acordar 합의하다, 결정하다
acordar + inf. …하는 것을 합의·결정하다
acordarse de uno/algo 누구/무엇을 기억하다, 생각해내다
acordarse de +inf. …하는 것을 기억하다

acostar 눕히다, 재우다
acostarse 잠자리에 들다, (드러)눕다
acostumbrar a + inf. …하는 것이 버릇이다, 항상 …하다
acostumbrar a uno a algo 누구를 무엇에 익숙하게 하다
acostumbrarse a + algo 무엇에 익숙해지다, 무엇에 길들다
acostumbrarse a + inf. …하는 것에 익숙해지다
acudir a uno/algo 누구/무엇에 가다・오다, 호소하다, 구원을 요청하다
acudir a + inf. …하러 가다
acusar 나타내다, 보이다, 드러내다
acusar a uno (de algo) 누구를 (무엇 때문에) 고소하다, 비난하다
acusar de + inf. …하기 때문에 비난・기소하다
acusarse de algo 무엇을 고백・자백하다
acusarse de +inf. …한 것을 고백・자백하다
adaptar a/para algo 무엇에 적합하게 하다, 각색・편곡하다
adaptarse a algo 무엇에 적응・순응하다
adelantar 앞으로 당기다, 미리 지불하다
adelantarse 앞서가다, 진보하다
adeudar(se) 빚지다, 과세하다
adivinar 점치다, 알아맞히다, (수수께끼를) 풀다
admirar 감탄시키다, 놀라게 하다, 찬양하다
admirarse (de algo) (무엇에) 감탄・감격하다, 놀라다
admitir 시인・승낙하다, 들어가다
admitir + inf. …라고 시인・인정하다
admitir que + ind. …하는 것을 인정・시인하다
admitir que + subj. …하는 것을 허락・용인하다
adoptar 양자로 삼다, 채용・채택하다
adueñarse de algo 무엇을 자기 것으로 삼다, 무엇의 주인이 되다
advertir 알아채다, 경고하다
advertir a uno de algo 누구에게 무엇을 알리다, 주의를 주다
advertir que + ind. …라고 알리다, 경고하다
advertir que + subj. …하라고 충고하다, 경고하다
afanarse en algo 무엇에 열심히 하다, 최선을 다하다
afanarse en/por + inf. …하려고 애쓰다, 최선을 다하다
afectar 영향을 주다, 지장・타격을 주다

afeitar 면도해 주다
afeitarse 자신을 면도하다
aficionarse a algo 무엇이 좋아지다, 무엇에 열중하다
agarrar (de/a) 잡다, 붙잡다, (병에) 걸리다
agarrarse (de/a algo) (무엇에) 달라붙다, 붙잡다, (병에) 걸리다
agitar 젓다, 흔들다, 자극하다, 동요시키다
agitarse 흥분・동요하다, 흔들리다
agotar 피곤하게 하다, (완전히) 없애다
agotarse 다하다, 절품되다, 지치다
agradar 좋아하다, 마음에 들다
agradecer 감사하다, 감사를 느끼다
ahorrar 저축하다, 절약하다
ahorrarse 피하다, 면하게 하다, 절약하다
ajustar 맞추다, 조정하다, 정하다
ajustarse 따르다, 동의・동조하다, 조여 매다
alcanzar 닿다, 따라잡다, 도달하다, 이해하다
alcanzar a +inf. …하기에 이르다
alegrar a uno 누구를 기쁘게 하다
alegrarse (con/de/por algo) (무엇에) 기뻐하다
alegrarse de + inf. …해서 기쁘다
alegrarse de que + subj. …해서 기쁘다
alimentar 기르다, (영양 따위를) 공급하다, 부양하다
alimentar de/con algo 무엇을 공급하다, 영양으로 주다
alimentarse de/con algo 무엇을 (영양으로) 먹다
almorzar 점심을 먹다
alterar 바꾸다, 부패시키다, 동요시키다
alterarse 변하다, 동요하다
aludir a uno/algo 누구/무엇에 빗대어 말하다, 언급하다
amar 사랑하다
amenazar (con/de) 위협・협박하다
amenazar algo 무엇의 우려・위험이 있다
amenazar + inf. …할 우려가 있다, …한다고 협박하다
amenazar con algo 무엇을 하겠다고 협박하다
amenazar con + inf. …한다고 협박하다, …할 우려가 있다

andar 걷다, 운행한다, 어떤 상태에 있다
animar 고무하다, 분위기를 띄우다
animar a uno a + inf. 누구에게 …할 용기를 주다
animar a uno para que + subj. 누구에게 …할 용기를 주다
animarse a + inf. …할 용기・생각을 갖다
anticipar 미리 하다, 앞당겨 하다
anticiparse 앞지르다, 빨리・앞당겨 …하다
anunciar 알리다, 발표・예고하다
añadir (a algo) (무엇에) 첨가하다, 보태다
apagar (불을) 끄다, 약하게 하다, 없애다
apagarse 꺼지다, 죽다
aparecer (en/por) 출현하다, 나타나다, 보이다
aparecerse (a/en) 나타나다, 보이다, 있다
apegarse a uno/algo 누구/무엇에 애착을 느끼다, 집착하다
apoderarse de algo 무엇을 자기 것으로 만들다
apostar (algo) (무엇을) 걸다, 내기를 하다
apostar (algo) a que + ind. …하는 것에 (무엇을) 걸다, 내기하다
apoyar (en algo) (무엇에) 기대다, 지지・지원하다
apoyarse en algo (무엇에) 의지하다, 기대다
aprender (de uno) (누구에게서) 배우다, 학습하다
aprender a + inf. …하는 것을 배우다・익히다
apresurar 독촉하다, 서두르다
apresurar a uno a + inf. 누가 …하도록 재촉하다
apresurar a uno para que + subj. 누가 …하도록 재촉하다
apresurarse 서둘다
apresurarse a + inf. 서둘러 …하다
apresurarse por + inf. …하기 위해 서두르다
aprobar 승인・인가하다, (시험에) 합격하다
apropiar 적용・응용하다, 맞추다
apropiarse de algo 무엇을 차지하다, 가지다
aprovechar 도움이 되다, 이용하다
aprovecharse de algo 무엇을 이용하다
apuntar (a) 겨냥하다, 가리키다, 적다
armar 무장시키다, 조립하다, (소동 따위를) 일으키다

armarse (de algo) (무엇을) 가지다, (소란 등이) 일어나다
arrancar (a/de) 뿌리를 뽑다, 찢다, 시동을 걸다, 강탈하다
arrancar de algo 무엇에서 비롯되다
arreglar 정리하다, 해결하다, 수리하다, 청산하다
arreglarse 정리하다, 몸치장을 하다, 처리하다
arrepentirse 생각을 바꾸다
arrepentirse de algo 무엇을 후회하다, 뉘우치다
arrepentirse de + inf. …한 것을 후회하다
arrojar 던지다, 버리다, 쫓아내다
arrojarse a/en algo 무엇으로 몸을 날리다, 뛰어들다
ascender a algo 무엇으로 승진하다, 오르다
asegurar 단단히 잠그다, 확인하다, 보호하다
asegurar algo contra algo 무엇을 보험에 들다
asegurar que + ind./subj. …라고 확인·확언·확약하다
asegurarse de algo 무엇을 확인·확신하다
asegurarse de que + ind. …인지를 분명히 하다, 확인하다
asemejarse 비슷하다, 닮다
asemejarse a algo/uno 무엇/누구를 닮다, 비슷하다
asistir a uno 누구를 돕다, 간호하다, 구조하다
asistir a/en algo 무엇에 참석하다
asomar a/por algo 무엇에 보이다, 나타나다
asomar algo 무엇을 드러내다, 나타내다
asomarse a/por algo 무엇에 나타나다, 드러나다
asombrar 놀라게 하다, 감탄하게 하다
asombrar a uno que + subj. …하는 것이 누구를 놀라게 하다
asombrarse de/con/por algo 무엇에 놀라다, 감탄하다
asombrarse de + inf. …해서 놀라다
asombrarse de que + subj. …해서 놀라다
aspirar 흡입하다, 들이마시다
aspirar a algo 무엇을 동경·열망하다
aspirar a + inf. …하기를 열망·갈망하다
asustar 놀라게 하다
asustarse (de/por algo) (무엇에) 놀라다, 질겁하다
asustarse de + inf. …해서 놀라다, 질겁하다

atacar 덮치다, 습격·공격하다
atar 묶다, 속박하다
atarse (a algo) (무엇에) 매달리다, (자기의 구두끈 등을) 매다
atender a uno/algo 대접하다, 돌보다, 주의하다
atenerse a uno/algo 누구/무엇을 따르다, 몰두하다, 의지하다
atentar a/contra algo 무엇을 어기다, 해치다
atravesar 횡단하다, 관통하다
atravesarse en algo 무엇에 끼어들다, 끼다
aumentar ·증가시키다, 증가·증대하다
avenirse (con uno/algo) (누구/무엇과) 조화를 이루다, 일치하다
avenirse a + inf. …하는 것에 납득하다, 일치하다
avergonzar a uno 누구에게 창피를 주다
avergonzarse (de/por algo) (무엇을) 수치스러워하다, 부끄러워하다
avergonzarse de/por + inf. …하는 것을 수치스러워하다
averiguar 조사·탐구·수사하다
avisar a uno 누구에게 알리다, 주의·충고하다
ayudar (a uno) (누구를) 돕다, 거들다, 도움이 되다
ayudar a uno con/en algo 누구의 무엇을 돕다, 거들다
ayudar a uno a +inf. 누가 …하는 것을 돕다
ayudarse de algo/uno 무엇/누구를 이용하다

[B]

bailar 춤추다, 흔들리다
bajar 내리다, 내려가다
bajar a + inf. …하러 내려가다
bajar de algo 무엇에서 내리다
bajar por algo 무엇을 통해 내려가다
bajarse 내리다, (몸을) 구부리다
bañar a uno/algo 누구/무엇을 목욕시키다, 비추다, 접하다
bañarse 목욕하다, 해수욕을 하다, 흥건히 젖다
basar (en/sobre algo) (무엇에) 기초·근거를 두다
basarse en algo 무엇에 기초·근거를 두다
bastar 충분하다, 족하다

bastar (a uno) con algo (누가) 무엇에 만족하다, 충분하다
bastar con + inf. …하는 것으로 만족하다, 충분하다
bastar de + inf. …하는 것을 그만하다
batallar (con algo/uno) (무엇/누구와) 싸우다, 투쟁하다
batir 때리다, 타도 · 타파하다, 뒤섞다
beber (a/por) 마시다, 음주하다
besar 키스하다, 무엇에 부딪치다
besarse 서로 키스하다, 부딪치다
borrar (de algo) (무엇에서) 지우다, 지워버리다
borrarse (de algo) (무엇에서) 지워지다, 사라지다
bostezar (de algo) (무엇 때문에) 하품하다
botar 던지다, 버리다, 진수시키다, 해고하다
brincar (de algo) (무엇 때문에) 깡충깡충 뛰다, 뛰다
brindar (por algo) (무엇을 위하여) 건배하다, 제공하다
brindarse a + inf. …하겠다고 자진하다
bromear (con) 농담하다, 장난치다
broncearse 햇볕에 피부를 태우다
bullir 끓어오르다, 우글거리다, 들끓다, 돌아다니다
burlar 속이다, 놀리다
burlarse de uno/algo 누구/무엇을 놀리다, 비웃다
buscar 찾다, 구하다, 부르러 가다

[C]

caber 들어가다, 여유가 있다
caber a uno algo 무엇(옷, 구두 등)이 누구에게 들어가다(맞다)
caber en algo 무엇에 들어가다, 용량이 있다
caber la posibilidad de que + subj. …할 수 있다, …할 지 모르다
caber + inf. …할 수 있다, …할 지 모르다
caber que + subj. …할 수 있다, …할 지 모르다
caer 떨어지다, 넘어지다, 몰락하다
caer a/en algo 무엇에 떨어지다, 적중하다
caer de algo 무엇에서 떨어지다
caer bien/mal a uno 누구에게 잘 맞다/맞지 않다

caerse (de algo) (무엇에서) 떨어지다, 넘어지다
caerse a uno algo 누구에게서 무엇이 떨어지다
calentar 데우다, 뜨겁게 하다, 때리다
calentarse 따뜻해지다, 흥분하다, 화가 나다
callar 침묵하다, 말하지 않다
callarse 말하지 않다, 침묵하다
calzar 구두를 신다
calzar a uno 누구에게 신발을 신기다, 장갑을 끼우다
calzar algo 무엇에 고정 장치를 대다
calzarse algo 무엇을 신다
cambiar 바꾸다, 변화하다, 변하게 하다
cambiar(se) de algo 무엇을 바꾸다
cambiar en algo 무엇으로 바꾸다, 환전하다
cambiar algo por algo 바꾸다, 교환하다
cambiarse 옷을 갈아입다
cambiarse en algo 무엇으로 변하다, 변화하다
caminar 걷다
caminar a/hacia algo 무엇을 향해 걷다
canjear algo (por algo) 무엇을 (무엇으로) 교환하다
cansar a uno 누구를 피곤하게 하다
cansarse (de algo) (무엇에) 싫증을 내다, 피곤해지다
cantar 노래 부르다, (새가) 울다, 실토하다
carecer de algo 무엇이 빠져 있다, 부족하다
cargar 짐을 싣다, 짊어지다, 충전하다
cargar a/en algo 무엇에 짊어지다, 싣다
cargar con algo 무엇을 떠맡다, 채우다
cargar de algo 무엇을 싣다, 과하다
cargar sobre uno/algo 누구/무엇에 뒤집어씌우다, 떠넘기다
cargarse de algo 무엇을 짊어지다, 많이 가지고 있다.
casar a uno 누구를 결혼시키다
casarse (con uno) (누구와) 결혼하다
cegar 장님이 되다, 시력을 잃다
celebrar(se) 축하하다, 열다, 개최하다(되다)
cerrar 닫다, 잠그다

cerrarse 닫히다. 끝나다, 아물다
cesar 멎다, 그만두다, 해고하다
cesar de + inf. …하는 것을 그만두다, 중지하다
cesar en algo 무엇에서 그만두다, 중지하다
chocar 부딪치다, 충돌하다, 싸우다
chocar con uno/contra algo 무엇과 충돌하다, 싸우다
cocer (액체가) 끓다, (불에) 삶다, 굽다
cocerse 비밀리에 꾸며지다, 획책되다
cocinar 요리하다, 삶다
coger a uno/algo 누구/무엇을 붙잡다, 타다, 덮치다, 병에 걸리다
coger de/por algo 무엇을 잡다, 움켜잡다
coincidir con algo/uno 무엇/누구와 일치하다, 마주치다
colaborar 협력하다, 공동으로 일을 하다, 기고하다
colaborar con uno 누구와 협력・협조하다, 합작・공저하다
colar 거르다, (속이고) 들어가다
colarse (en algo) (무엇에) 몰래 들어가다, 실수하다, 반하다
colegir (de/por algo) (무엇으로부터) 추측・추정하다
colgar (de/en algo) (무엇에) 걸다, 매달다, 중단하다
colgarse 매달다, (컴퓨터가) 멈추다
colocar (en algo) (무엇에) 놓다, 배치하다
colocarse 취직하다, 위치를 잡다
combatir 싸우다, 전투하다, 물리치다
combatir contra uno 누구에 맞서 싸우다
combinar 조합・연합・결합하다
combinar con algo 무엇과 합치다, 조화시키다
comentar 논평・해설하다, 소문내다
comentar sobre/acerca de algo 무엇에 대하여 논평・해설하다
comenzar 시작하다, 시작되다
comenzar a + inf. …하기 시작하다
comenzar por + inf. …하는 것부터 시작하다
comer 먹다, 식사하다, 소비하다
comerse 먹어치우다, 식사하다, 빠뜨리다
comerciar (con uno) (누구와) 거래하다, 무역하다
comerciar con algo 무엇을 취급하다, 거래하다

cometer 범하다, 저지르다
compadecer (por algo) (무엇 때문에) 불쌍히 여기다, 동정하다
compadecerse de uno 누구를 동정하다
comparar (con algo) (무엇과) 비교하다, 대조하다
compartir 나누다, 분배하다, 동의하다
compartir algo con uno 누구와 무엇을 나누다, 공동으로 하다
compartir algo en/entre uno/algo 누구/무엇에게 분배하다, 나누어주다
compensar con algo 무엇으로 보상・변상하다, 보충하다
competir (con uno) (누구와) 겨루다, 경쟁하다
competir en algo 무엇에서 경쟁하다
competir por algo 무엇을 목표로 경쟁하다
complacer 기쁘게 하다, 즐겁게 하다
complacerse con/de algo 무엇에 기뻐하다, 만족하다
complacerse en + inf. …하게 되어 기쁘다, 만족하다
complacerse que + subj. …해서 기쁘다, 만족하다
complicar 복잡하게 하다, 곤란하게 하다
complicar en algo 무엇에 말려들게(휩쓸리게) 하다
complicarse 복잡해지다, 뒤얽히다, 악화되다
componer 작사・작곡하다, 구성하다, 장식하다, 고치다
componerse de algo 무엇으로 구성되다, 화장하다
comprar 사다, 구입하다
comprar algo a uno 누구에게 사주다, 누구에게서 사다
comprender 이해하다, 포함하다
comprender que + ind. …라는 점을 알다, 이해하다
comprender que + subj. …한다 해도 이해하다
comprometer 위태롭게 하다, 손상하다
comprometer a + inf. 억지로 …하게 하다
comprometer a que + subj. 억지로 …하게 하다
comprometerse (con uno) (누구와) 약혼하다
comprometerse a + inf. …하겠다고 약속하다
comunicar 전달하다, 알리다, 연결하다
comunicarse con uno/algo 누구/무엇과 연락하다, 통하다
concentrar 집중시키다, 집결시키다
concentrarse (en algo) (무엇에) 집중하다, 모이다

concluir 끝내다, 마치다, 끝나다
concluir con algo 무엇으로 끝내다, 마치다
concluir en algo 무엇으로 끝나다
concluir por + inf. 결국 …하게 되다
concluir que + ind. …라고 결론짓다
concluirse 끝나버리다, 결론이 나오다
concurrir (a algo) (무엇에) 모이다, 참가하다
concurrir en + inf. …하는 것에 일치하다
condenar a algo/uno 무엇/누구를 유죄로 판결하다, 비난하다, 폐쇄하다
condenar a algo 무엇을 선고하다
conducir 운전하다
conducir a algo 무엇으로 통하다
conducir a algo 무엇으로 안내하다, 인도하다
conducirse 처신하다, 행동하다
confesar (a uno) (누구에게) 고백・자백하다
confesarse (a/de) 고백・자백하다, 고해하다
confiar a uno 누구에게 맡기다, 위임・부탁하다
confiar en uno/algo 누구/무엇을 믿다, 신뢰・신용하다
confiar en que + ind. …라고 확신하다
confiar en que + subj. …이기를 기대하다
confiarse de/en uno/algo 누구/무엇을 신뢰・신용하다
conformar (con/a algo) (무엇과) 일치・합치시키다
conformarse con/a algo 무엇에 만족하다, 일치하다, 따르다
confundir 혼동하다, 당황하게 하다
confundir uno/algo con uno/algo 혼동하다, 착각하다
confundirse 혼동하다, 혼란스럽다, 휩쓸리다
conocer 알다, 만나다
conocer de uno/algo 누구/무엇에 대해 알고 있다
conocer por algo 무엇으로 알고 있다
conseguir 얻다, 손에 놓다, 입수하다
conseguir + inf. …할 수 있다
conseguir que + subj. …하게 할 수 있다
consentir a uno 누구에게 어하다
consentir en algo 무엇에 동의하다, 허용하다

consentir (en) + inf. …하는 것을 동의하다, 허용하다
consentir (en) que + subj. …하는 것을 동의하다, 허용하다
conservar 보존·보관하다
conservarse (자기를 어떤 상태로) 유지하다, 보존되다
considerar 고려하다, 검토하다. 존경하다, (…라고) 생각하다
considerarse (자신을 …으로) 생각하다, 간주되다
consistir en algo 무엇에 기초·기반을 두다, 무엇으로 구성되다
consistir en + inf. …하는 것에 있다, …에 기반을 두다
constar 확실하다, 기록되어있다
constar de algo 무엇으로 구성되다
constituir 만들어내다, 형성하다, 구성하다
constituirse en/de algo 무엇이 되다, 무엇으로 구성되다
construir 세우다, 건축하다, 제조하다
consultar 상담하다, 진찰 받다, (사전을) 찾다
consultar a/con uno de/sobre algo 무엇에 대하여 누구와 상담하다
contagiar 전염·감염시키다
contagiarse 전염·감염되다, (나쁜 습관 등이) 물들다
contar (acerca de/de) 이야기하다, 세다, 중요하다, 갖고 있다
contar con uno/algo 누구/무엇에 기대하다, 의지하다
contener 포함하다, 억제하다
contenerse 자제하다, 억제하다
contentar a uno (con algo) 누구를 (무엇으로) 만족시키다
contentarse con algo 무엇에 기뻐하다, 만족하다
contestar 대답하다
continuar 계속하다
continuar + ger. 계속해서 …하다
continuar con/en algo 무엇을 계속하다, 지속하다
contraer 수축시키다, 결혼하다, (병에) 걸리다
contraerse (a/en algo) (무엇에) 전념하다, 수축되다
contribuir a algo 무엇에 기부하다, 기여하다
contribuir con algo 무엇을 기부·기증하다
convencer a uno 누구를 납득시키다, 누구의 마음에 들다
convencerse de algo 무엇을 납득하다, 깨닫다
convenir a uno 누구에게 좋다, 적당하다

convenir en algo 무엇에 합의하다
convenir en + inf. …하는 것에 합의하다
convenir en que + ind. …라는 점에 일치·합의하다
convenir que + subj. …하는 것이 좋다, 적당하다
conversar (con uno) (누구와) 담화하다, 이야기하다
conversar de/sobre uno/algo 누구/무엇에 대하여 이야기하다
convertir algo en algo 무엇을 무엇으로 변화시키다, 바꾸다
convertirse a algo 무엇으로 개종하다
convertirse en uno/algo 누구/무엇으로 바뀌다, 변하다
convidar (a algo) (무엇에) 초대하다
convidar a + inf. …하는 것에 초대하다, …하게 하다
convocar (a algo) (무엇에) 소집하다, 공고하다
correr 달리다, 흐르다
cortar 자르다, 베다, 중단시키다
cortarse (자신의 몸의 일부를) 자르다, 끊기다
costar 힘이 들다, 비용이 들다
creer 믿다, 생각하다
creer (en uno/algo) (누구/무엇을) 믿다
creerse 자신을 …로 믿다, …로 생각하다, 다 믿어버리다
cruzar 건너다, 교차하다
cubrir(se) con algo 무엇으로 덮다, 몸을 감싸다
cuidar a uno/algo 누구/무엇을 돌보다, 조심하다, 보호하다
cuidar de uno/algo 누구/무엇을 보살피다, 돌보다
cuidar de que + subj. …하도록 보살피다, 신경 쓰다
cuidarse 몸조심하다
cuidarse de uno/algo 누구/무엇을 조심하다, 신경 쓰다
cuidarse de + inf. …하는 것에 노력하다, 조심하다
culpar 나무라다, 비난하다
culpar a uno por/de algo 누구를 무엇 때문에 비난·고소하다
culpar a uno/algo por/de algo 무엇을 누구/무엇의 탓으로 돌리다
culparse de algo 무엇을 자신의 탓으로 하다, 자책하다
cumplir 완수하다, 수행하다, (나이가) 몇 살이 되다
cumplir con algo 무엇을 완수하다, 다하다
cumplirse 실현하다, 몇 년이 되다, 기한이 되다

curar (con algo) (무엇으로) 치료하다, 고치다
curarse (con algo) (무엇으로) 치료되다
curarse de algo 무엇에서 낫다, 치유되다, 완쾌되다

[D]

dar a uno algo 누구에게 무엇을 주다
dar algo 무엇을 생산하다
dar algo 무엇을 상영·상연하다
dar algo 무엇을 실현·실행하다
dar a uno algo 누구에게 무엇의 느낌을 주다
dar a uno algo 누구의 무엇을 망치다
dar (a uno) algo (누구에게) 무엇을 초래하다
dar a uno algo 누구에게 무엇을 표현하다
dar (con/en) 치다, 부딪치다
dar 상관있다, 관계있다
dar a algo 무엇으로 향해 있다, 면해 있다
dar con uno/algo 누구/무엇을 찾다, 마주치다
dar de + inf. …할 것(음식)을 주다
dar en algo 무엇에 맞추다
dar para algo 무엇에 충분하다
dar que + inf. …할 것을 주다
dar por + adj. …라고 간주하다, 생각하다
darse (일이) 있다, 일어나다
darse a algo 무엇에 열중하다, 전념하다
darse con/contra algo 무엇에 부딪치다
darse por + adj. 자신을 …하다고 간주하다, 생각하다
deber 지다, 입다, (…의) 덕택이다
deber + inf. …해야 한다
deber de + inf. …일 것이다, …임에 틀림없다
deberse a algo 무엇에 의무가 있다, 원인이 있다
decidir (algo) (무엇을) 결정하다
decidir + inf. …할 것을 결심하다
decidir a uno + inf. 누가 …하도록 결심하게 하다

decidir que + ind. …라는 결론에 도달하다
decidir que + subj. …할 것을 결정하다
decidirse a + inf. …할 것을 결심하다
decidirse por algo 무엇으로 결정하다
decir 말하다, 표현하다, 명명하다, 의미하다
decir de/sobre uno/algo 누구/무엇에 대하여 말하다
decir algo por + inf. …하려고 말하다
decir que + ind. …라고 말하다
decir que + subj. …하라고 말하다
decirse 자신에게 (혼자) 말하다, (사람들이) 말하다
declarar 선언・진술하다, 신고하다
declararse (사랑을) 고백하다, (…라고) 진술하다, 발생하다
dedicar algo a uno/algo 누구/무엇에 바치다, 증정하다, 전념하다
dedicar algo a + inf. …하는데 무엇을 사용하다
dedicarse a algo 무엇에 종사하다, 전념하다
dedicarse a + inf. …하는 것에 전념하다
defender 지키다, 변호하다, 보호하다
defender contra/de algo 무엇으로부터 지키다, 보호하다
defenderse contra/de algo 무엇으로부터 자신을 지키다, 보호하다
dejar 방치하다, 버리다, 남기다, 중단하다
dejar algo + adj./p.p. …한 상태로 두다
dejar para algo 무엇으로 연기하다, 미루다
dejar a uno 누구를 괴롭히지 않다, 내버려 두다
dejar + inf. …하도록 허락하다, 내버려두다
dejar de + inf. …하는 것을 중단하다, 그만두다
no dejar de + inf. 반드시 …하다
dejar que uno/algo + subj. 누구/무엇이 …하도록 내버려두다
dejarse algo 무엇을 두고 오다. 가지고 오는 것을 잊다
dejarse + inf. …하도록 내버려두다
demostrar 드러내다, 보이다, 나타내다
depender de uno/algo 누구/무엇에 의존하다, 달려 있다
derivar hacia algo 무엇으로 돌리다
derivarse de algo 무엇에서 나오다, 유래하다
desayunar(se) 아침식사를 하다

descansar (sobre/en algo) (무엇에) 휴식하다, 의지하다
descargar (짐 따위를) 내리다, 방전시키다, (태풍 등이) 몰아치다
descargar de algo (책임・부담 등) 무엇에서 면제하다
descender (a algo) (무엇으로) 내려가다
descender de algo 무엇의 자손이다, 무엇에서 유래하다
descontar 할인하다, 깎아 주다, 공제하다, 인정하다
describir 그리다, 묘사하다, 서술하다
descubrir 폭로하다, 밝혀내다, 발견하다
descubrirse 바라보이다, 발견되다, 모자를 벗다
desear algo 무엇을 원하다, 바라다
desear + inf. …하고 싶다
desear que + subj. …하기를 원하다
deshacer 파기하다, 파괴하다, 망가뜨리다
deshacerse 깨지다, 녹다
deshacerse de algo 무엇을 처분하다, 없애다
deshacerse de uno 누구를 벗어나다, 누구를 죽이다
deshacerse en algo 무엇을 철저하게 하다, 아끼지 않다
deshacerse por + inf. …하려고 애태우다
desistir de algo 무엇을 포기하다, 단념하다
desistir de + inf. 포기・단념하다
desnudar a uno 누구의 옷을 벗기다
desnudar a uno/algo de algo 누구/무엇에게서 무엇을 제거하다
desnudarse 옷을 벗다, 벌거벗다
desnudarse de algo 무엇을 포기하다, 버리다
despedir 풍기다, 분출하다, 배웅하다
despedir a uno (de algo) (무엇에서) 누구를 해고하다, 쫓아내다
despedirse de algo 무엇을 포기・단념하다
depedirse de uno 누구와 작별・이별하다
despertar 잠을 깨우다, 생각나게 하다
despertarse (de algo) (무엇에서) 깨어나다, 눈을 뜨다
despojar a uno de algo 누구로부터 무엇을 약탈하다, 빼앗다
despojarse de algo 무엇을 벗다, 버리다, 포기하다
desprender (de algo) (무엇에서) 떼어내다, 발산하다
desprenderse (de algo) (무엇을) 단념하다, 발산하다, 추측하다

destinar a/para algo 무엇에 충당하다, 예정해두다
destinarse (a/para) 충당되다, 무엇에 사용되다
destruir 부수다, 파괴시키다, 찢다
desvelar 잠을 못 자게 하다, 밤을 새우다, 밝히다
desvelarse 잠을 못 자다, 철야하다
desvelarse por uno/algo 누구/무엇에 신경을 쓰다, 노력하다
desvelarse por + inf. …하기 위해 신경을 쓰다
desviar 빗나가게 하다, 우회시키다
desviarse de algo 무엇에서 벗어나다, 빗나가다
detener a uno/algo 누구/무엇을 체포하다, 정지시키다
detenerse 멈추다, 중지하다
detenerse a + inf. …하려고 멈추다
detenerse en algo 무엇에 시간이 많이 걸리다
determinar 정하다, 결정하다, 조사・확인하다
determinar + inf. …하기로 결심・결정하다
determinar a uno + inf. …하도록 결심하게 하다
determinarse + inf. …하기로 결심・결정하다
devolver 되돌려 주다, 반환하다, 토하다
devolverse 되돌아가다, 되돌아오다
diferenciar (entre/de) 구별하다
diferenciarse 서로 다르다, 차이가 있다
diferir (de algo) (무엇과) 다르다, 연기하다, 미루다
dirigir 지휘하다, 경영하다, 인도하다, 지도하다
dirigir algo a/hacia uno/algo 무엇을 누구/무엇으로 향하다
dirigirse a uno/algo 누구/무엇으로 향하다, 편지를 쓰다
disculpar a uno/algo 누구/무엇을 용서하다
disculpar algo 무엇을 변명하다
disculparse de/por algo 무엇을 변명하다, 사과하다
disculparse por + inf. …한 것을 사과하다
discutir 논쟁・논의하다
discutir de algo 무엇에 대하여 논쟁・논의하다
discutir con uno 누구에게 따지다, …와 다투다
disfrutar 즐기다, 누리다
disfrutar con/de algo 무엇을 즐기다, 누리다, 소유하다

disgustar a uno 누구를 불쾌하게 하다
disgustar a uno que + subj. …하는 것이 누구를 불쾌하게 하다
disgustarse con uno 누구와 사이가 나빠지다, 누구에게 화가 나다
disgustarse de/por algo 무엇 때문에 불쾌하다, 슬프다
disgustarse de/por + inf. …해서 불쾌하다
disparar (a/contra/en) 발사하다, 쏘다, 상승시키다
dispensar de algo 무엇을 면제하다
disponer 준비하다, 조치하다, 명령하다
disponer de algo 쓰다, 사용하다
disponerse a/para + inf. …할 준비를 갖추다, …하려고 하다
distinguir 구별·식별하다
distinguir de/entre algo/uno 구별·식별하다
distinguirse de uno/algo 누구/무엇과 구별되다
distinguirse por algo 무엇 때문에 우수하다, 빼어나다, 식별되다
distraer a uno/algo 누구/무엇을 산만하게 하다, 즐겁게 해주다, 횡령하다
distraerse (con/por algo) (무엇 때문에) 주의가 산만해지다
distraerse (con/en algo) (무엇으로) 기분전환하다, 즐기다
disuadir a uno de + inf. 누가 …하는 것을 단념하게 하다
disuadir a uno de que + subj. 누가 …하는 것을 단념하게 하다
divertir a uno 누구에게 기쁨을 주다, 즐거움을 주다
divertirse 즐기다
dividir (en algo) (무엇으로) 나누다, 분할하다, 분리하다
dividirse en algo 무엇으로 나누어지다, 분리되다
divorciar a uno/algo 누구를 이혼시키다, 무엇을 갈라놓다
divorciarse (de uno/algo) (누구/무엇과) 이혼하다, 인연을 끊다
doblar 돌아가다, 구부리다, 두 배로 늘리다
doblarse 구부리다, 꺾이다
doler 아프다, 슬프다, 괴롭다
dolerse de algo 무엇을 후회하다, 호소하다, 동정하다, 불쾌하다
dominar 지배하다, 억제하다, 마스터하다, 우월하다, 내려다보다
dominarse 자신을 억제하다, 자제하다, 참다
dormir 잠자다, 성관계를 맺다
dormirse 잠들다, 졸다, (손, 발 등이) 저리다, 방심하다
dotar con/de algo 무엇을 주다, 기부하다, 무엇을 설비하다

dudar 의심하다, 믿지 못하다, 망설이다
dudar que + subj. …하는 것을 의심하다
dudar de uno/algo 누구/무엇을 의심하다
dudar de que + subj. …하는 것을 의심하다
dudar en +inf. …하는 것을 주저하다, 망설이다
dudar entre + inf. …하는 것을 주저하다, 망설이다
dudar si + ind. …인지 아닌지 확신이 없다, 모르다

[E]

echar algo 무엇을 뿌리다, 던지다, 피우다, 돋아나다
echar a algo 무엇에 던지다, 버리다
echar a uno 누구의 (나이, 값 등을) 짐작하다
echar a + inf. (갑자기) …하기 시작하다
echar de algo 무엇에서 내쫓다, 해고하다
echar en algo 무엇에 붓다, 놓다
echarse a + inf. …하려고 드러눕다
echarse en algo 무엇에 드러눕다, 몸을 던지다
ejercer 행하다, 수행하다, 영위하다
ejercer de uno/algo 누구/무엇으로서 일하다
elegir 고르다, 선택하다, 선출하다
elegir a uno de/para algo 누구를 무엇으로 선출하다
elegir entre unos/algo 누구/무엇 중에서 선택하다 · 고르다
elegir por algo 무엇 때문에 선택하다 · 고르다
elevar 올리다, 높게 하다, 세우다
elevar a uno/algo 누구/무엇을 올리다, 승진시키다
elevarse 오르다, 높아지다
elevarse a algo 무엇으로 올라가다
embarcar (배 · 항공기 등에) 싣다, 끌어들이다
embarcarse 탑승 · 승선하다
embarcarse de uno 누구의 자격으로 탑승 · 승선하다
emborrachar 취하게 하다, 잠들게 하다
emborracharse (con/de algo) (무엇에) 취하다
embriagar 취하게 하다, 도취하게 하다

embriagarse (con algo) (무엇에) 취하다, 도취하다
empapar 적시다, 스며들게 하다
empaparse de algo 무엇에 잠기다, 스며들다, 흠뻑 젖다
empeñar 저당・전당 잡다, 약속・맹세하다
empeñar en algo 무엇에 저당 잡다
empeñarse en + inf. …할 것을 고집하다, 노력하다
empeñarse en que + subj. …하라고 고집하다
empezar 시작하다, 시작되다
empezar a + inf. …하기 시작하다
empezar con algo 무엇으로 시작하다, 시작되다
empezar por algo 무엇으로 시작하다, 시작되다
empezar por + inf. …하는 것부터 시작하다, 시작되다
empujar a uno/algo 누구/무엇을 밀다
empujar a/hacia algo 무슨 방향으로 밀다
empujar a + inf. 부득이 …하게 하다, 압력을 가하다
empujar a que + subj. 부득이 …하게 하다, 압력을 가하다
enamorar a uno 누구를 사랑에 빠지게 하다
enamorarse de uno 누구에게 반하다, 누구와 사랑에 빠지다
encargar 주문하다, 맡기다, 부탁하다
encargar que + subj. …하도록 부탁하다, 지시하다
encargarse de algo 무엇을 담당하다, 맡다
encargarse de + inf. …하는 것을 담당하다, 책임지다
encender 켜다, 타오르게 하다
encenderse (불이) 켜지다, 얼굴을 붉히다, 화가 나다
encerrar 감금하다, 포함하다, 깊이 보관하다
encerrarse en algo 무엇에 들어박히다, 무엇을 점령하다
encontrar a uno/algo 누구/무엇을 찾다, 발견하다
encontrar a uno/algo + adj./adv. 누구/무엇이 …하다고 생각하다
encontrar que + ind. …라고 생각하다, 간주하다
encontrarse 만나다
encontrarse (en algo) (무엇에) 있다
encontrarse + adj./adv. …상태이다
encontrarse con uno/algo 누구/무엇과 마주치다, 만나다
encontrarse con que + ind. …라는 것을 알아차리다, 깨닫다

enfadar a uno 누구를 화나게 하다
enfadarse (con uno) (누구에게) 화를 내다
enfadarse por algo 무엇 때문에 화를 내다
enfatizar 강조하다
enfermar 병에 걸리다, 병에 걸리게 하다, 화나게 하다
enfermar(se) de algo 무엇을 앓다, 무엇에 걸리다
enfrentar 맞서다, 대항하다, 대면시키다
enfrentarse (con algo) (무엇에) 맞서다, 대항하다, 직면하다
enfriar 차게 하다, 식히다, 정열 따위가 식다
enfriarse 식다, 차가워지다, 냉담해지다
engañar 속이다, 사기 치다
engañarse 잘못하다, 실수하다, 자신을 속이다
engañarse con/por algo 무엇에 속다
enlazar 연결하다, (열차 따위가) 연결・접속하다
enmendar 수정・교정하다
enmendarse 생각・행위를 고치다
enojar 화나게 하다 (enfadar)
enojarse (con uno) (누구에게) 화를 내다
enojarse por algo 무엇 때문에 화를 내다
enseñar 가르치다, 보여주다
enseñar a + inf. …하는 법을 가르쳐주다
entender a uno/algo 이해하다, 알다
entender de algo 무엇에 지식이 있다, 잘 알다
entender que + ind. …라고 판단・생각하다, 알다
entender que + subj. …하더라고 이해하다
entenderse 서로 이해하다, 자신을 알다
entenderse con uno 누구와 (생각 등이) 일치하다, 잘 지내다
enterar 알리다, 보고하다
enterarse de/en algo 무엇을 알다
entrar 들어가다, 시작되다
entrar a uno/algo 누구/무엇을 안에 넣다
entrar en algo 무엇에 들어가다, 입학하다, 포함되다
entregar 양도하다, 건네주다
entregarse a uno/algo 누구/무엇에 몸을 맡기다, 몰두하다

entretener 즐겁게 하다, 지연시키다, 주의를 끌다
entretenerse (con algo) (무엇으로) 즐기다, 향락하다
entrevistar (a uno) (누구를) 인터뷰하다, 회견하다
entrevistarse con uno 누구와 인터뷰하다, 회담하다
enviar a uno/algo 누구/무엇을 보내다
enviar a uno de algo 무엇의 자격으로 누구를 보내다, 파견하다
envolver 싸다, 포장하다
envolver a uno en algo 누구를 무엇에 끌어들이다
envolver con/en algo 무엇으로 싸다, 포장하다
envolverse con/en algo 무엇으로 몸을 감싸다, 휩쓸리다
equivocar algo (con algo) 무엇을 (무엇과) 착각하다, 잘못 알다
equivocarse 착각하다
equivocarse de uno/algo 누구/무엇을 착각하다
equivocarse en algo 무엇에서 실수하다, 착각하다
escapar (con algo/uno) (누구/무엇을 가지고) 도망가다, 탈출하다
escapar de algo 무엇으로부터 도망가다, 탈출하다
escaparse 탈출하다, 새어 나오다
escaparse de uno/algo 누구/무엇으로부터 도망치다, 달아나다
escoger 고르다, 선택하다
escoger de algo 무엇에서 고르다
escoger entre algo 무엇 중에서 고르다, 선택하다
esconder 숨기다, 감추다
esconderse 숨다
escribir (편지를) 쓰다, 저술하다
escribir de/sobre uno/algo 누구/무엇에 대하여 쓰다
escribirse 서로 편지를 쓰다
escuchar algo 무엇을 듣다
escuchar a uno 누구의 말을 듣다
esforzar 노력하다, 힘을 돋우다
esforzarse en/por algo 무엇에 노력하다, 힘을 기울이다
esforzarse en/para/por + inf. …하려고 노력하다
espantar a uno 누구를 놀라게 하다
espantar algo 무엇을 쫓아내다, 몰아내다
espantarse 놀라다

espantarse con/por uno/algo 누구/무엇에 놀라다
esperar 기다리다, 기대하다
esperar en uno/algo 누구/무엇에 기대를 걸다, 희망을 두다
esperar + inf. …하기를 기대하다
esperar que + ind. …할 것이라 예상・기대하다
esperar a que + subj. …하기를 기다리다
esperar que + subj. …하기를 바라다, 희망하다
esperarse 기다리다, 기대하다, 예상하다
establecer 설립하다, 건설하다, 제정하다, 수립하다
establecerse (de algo) (무엇으로) 개업하다, 정착하다
estar …상태이다
estar …에 있다, …에 머무르다
estar + ger. …하는 중이다
estar + p.p. …한 상태이다
estar a/en algo 가격이 얼마이다
estar a algo 거리가 얼마이다, 기온이 몇 도이다
estar a algo 무슨 요일이다, 며칠이다
estar en algo 몇 월이다, 무슨 계절이다
estar con uno/algo 누구/무엇에 일치・동의하다
estar con uno 누구와 살다, 일하다, 관계를 맺다
estar de algo 무엇하는 중이다
estar de algo 무엇으로 (임시로) 일하다, 행동하다
estar en algo 무엇에 기초・기반을 두다, 원인・동기이다
estar en algo 무엇을 믿다, 이해하다
estar en que + ind. …하는 것을 믿다, 이해하다
estar en que + ind. …하는데 있다 [3인칭]
estar en que + subj. …할지에 있다 [3인칭]
estar para + inf. 막 …하려 하다
estar para algo 무엇을 할 상태이다
estar por + inf. 막 …하려 하다
estar por + inf. 아직 …하고 있지 않다
estar por uno/algo 누구/무엇을 좋아하다, 지지하다
estar que + ind. …하는 상태에 있다
estar sin + inf. …하지 않고 있다

estarse (어떤 상태에) 있다 [강조]
estimar (a) uno/algo 누구/무엇을 존중하다, 소중히 여기다, 판단하다
estimar en algo 무엇으로 평가하다, 견적하다
estimarse 예상되다, 자중하다, 자존심을 가지다
estrechar 좁히다, 폭을 줄이다, 긴밀하게 하다
estrecharse (서로) 좁히다, 친해지다, 제휴하다
estrecharse (en algo) (무엇의) 비용을 줄이다
estrenar 처음으로 쓰다・입다, 개막・개봉하다
estrenarse 개막・개봉되다, 데뷔하다
estudiar 공부하다, 연구하다
estudiar para (ser) algo 무엇이 되기 위하여 공부하다
estudiar para + inf. …하기 위하여 공부하다
examinar 조사・검사하다, 진찰하다
examinar (de algo) (무슨) 시험을 실시하다
examinarse de algo 무슨 시험을 보다
excitar 자극하다, 흥분시키다, 선동하다
excitarse 흥분하다
excluir de algo 무엇에서 배제・제외하다
excusar a uno 누구를 용서하다
excusar a uno de algo 누구에게 무엇을 면제하다
excusarse de/por algo 무엇을 사과하다
excusarse de/por + inf. …한 것에 대해 사과하다
exigir 요구・요청하다
exigir que + subj. …하라고 요구・요청하다
existir 존재하다, 지속하다
explicar 설명・해명하다, 가르치다
explicarse 납득이 가다, 마음을 털어 놓다
exponer 표명하다, 전시・출품하다
exponerse a algo 무엇에 노출하다
exponerse a + inf. …할 위험에 노출되다
expresar 표현하다
expresarse (자신의 생각・감정을) 표현하다
expulsar (de algo) (무엇으로 부터) 추방하다, 쫓아내다
extender 펼치다, 늘리다, 넓히다, 발행하다

extenderse 퍼지다, 번지다, 유포되다, 드러눕다
extenderse por algo 무엇에 퍼지다, 펼쳐지다
extrañar a uno/algo 누구/무엇을 그리워하다
extrañar algo 무엇에 익숙하지 않다
extrañar a uno 누구를 의아하게 하다
extrañar a uno que + subj. …하는 것이 누구를 놀라게 하다 [3인칭]
extrañarse de que + subj. …하다니 놀랍다, 이상하다

[F]

fabricar 만들다, 생산하다
faltar uno/algo 누구/무엇이 없다, 부족하다
faltar a uno algo 누구에게 무엇이 없다, 부족하다, 필요하다
faltar a algo 무엇에 빠지다, 결석하다, 어기다
faltar de algo 무엇에 없다, 부재중이다
faltar en algo 무엇에 없다, 부족하다
faltar algo para algo 어디까지는 무엇이 부족하다
faltar algo para + inf. …하기에 무엇이 부족하다
faltar algo para que + subj. …하기에 무엇이 부족하다
faltar por + inf. …할 필요가 있다
fatigar a uno 누구를 피곤하게 하다, 괴롭히다
fatigarse de/por + inf. …하는 것에 지치다, 피곤하다
felicitar a uno por algo 누구를 무엇 때문에 축하하다
fiar 외상으로 팔다, 믿고 맡기다
fiarse de uno/algo 누구/무엇을 믿다, 신뢰하다
fijar (en algo) (무엇에) 고정하다, 정하다
fijarse en algo 무엇에 고정되다, 무엇에 주의를 기울이다
fingir 짐짓 꾸미다, 척하다
fingir + inf. …하는 것처럼 꾸미다
fingirse …인 척하다
firmar 서명하다, 조인하다
formar 만들다, 형성하다, 구성하다
formarse 성장하다, 형태가 이루어지다
forzar a uno/algo 누구를 폭행하다, 무엇을 강제로 열다

forzar a uno a + inf. 누구를 강제로 …하게 하다
fumar 담배피우다
fumarse 담배피우다, 쉬다, 다 써버리다
funcionar 작동하다, 잘 나가다
fundar 세우다, 수립하다
fundarse en algo 무엇에 의거하다, 근거를 두다
fundir 녹이다, 합치다
fundirse 녹다, 융합되다, 합체되다

[G]

ganar 이기다, 벌다, 향상되다
ganar a uno en algo 무엇에서 누구보다 뛰어나다
ganar con algo 무엇 때문에 향상되다, 좋아지다
ganarse …을 벌다, 받다
gastar (en uno/algo) (누구/무엇에 돈 · 시간 등을) 쓰다
gastar algo 무엇을 사용하다, 입다
gastarse 닳아 없어지다, 소모되다
gobernar 통치 · 지배하다, 조종하다
gobernarse 처신하다, 스스로 다스리다
gozar 즐기다, 기뻐하다
gozar de algo 무엇을 가지고 있다, 향유하다, 즐기다
guardar 보관하다, 돌보다, 지키다
guardarse de algo 무엇으로부터 자신을 보호하다
guardarse de + inf. …하는 것을 피하다, …하지 않다
guiar 인도 · 안내하다, 지도하다, 운전하다
guiarse de/por algo 무엇을 지침으로 하다, 따르다
gustar 맛보다, 경험하다, 좋아하다
gustar 마음에 들다, 좋아하다 [3인칭]
gustar + inf. …하는 것을 좋아하다
gustaría + inf. …하기를 원하다
gustar de + inf. …하는 것을 좋아하다
gustar que + subj. …하는 것을 좋아하다

[H]

haber (무인칭형태: hay, hubo, había) …이 있다
haber de + inf. …할 것이다, …해야 한다
haber que + inf. …해야 한다 [무인칭]
habitar en algo 어디에 살다, 거주하다 [vi.]
habitar algo 어디에 살다, 거주하다 [vt.]
hablar 말하다
hablar con uno 누구와 말하다
hablar de uno/algo 누구/무엇에 대하여 말하다
hacer 하다, 만들다, 시키다
hacer a uno + inf. 누구를 …하게 시키다 [사역]
hacer (날씨가) …하다
hacer [시간] que… …한지 [시간] 되었다
hacer de uno 누구인 척하다, 누구의 역할을 하다
hacerse …이 되다
hacerse a algo 무엇에 길들다, 익숙해지다
hallar 발견하다, 찾아내다
hallarse (en) (어떤 상태・장소에) 있다
hallarse con uno/algo 누구/무엇과 마주치다, 당면하다
hartar (con algo) (무엇에) 신물 나게 하다, 지치게 하다
hartarse de algo 무엇에 싫증나다, 싫어지다
hartarse de + inf. …하는 것에 싫증이 나다
helar(se) 얼게 하다, 얼다
heredar de uno 누구로부터 물려받다
herir 상처를 입히다, 아프게 하다
hervir 끓다, 끓이다, (가슴이) 끓어오르다
hervir de uno/algo 누구/무엇 때문에 (가슴이) 끓어오르다, 무엇으로 들끓다
hinchar 부풀게 하다, 과장하다, 화나게 하다
hincharse 부풀어 오르다, 불어나다
hincharse a/de algo 무엇을 너무 먹다・마시다
hincharse a + inf. 너무 많이 …하다
honrar 존경하다, 영광스럽게 하다
honrarse de + inf. …하는 것을 영광・명예로 알다

huir de uno/algo 누구/무엇으로부터 피하다, 도망치다
hundir 침몰시키다, 가라앉히다, 붕괴시키다
hundirse 가라앉다, 붕괴되다, 침체되다

[I]

ignorar 모르다, 무시하다
ignorar si + ind. …인지 모르다
ignorar que + ind. …을 모르다
imaginar(se) 상상하다, 생각하다
imaginar(se) que + ind. …을 상상하다, 생각하다
impedir algo (a uno) (누구에게) 무엇을 막다, 방해하다
impedir a uno + inf. 누가 …하는 것을 막다, 방해하다
impedir (a uno) que + subj. (누가) …하는 것을 막다
imponer 강요・강제하다, 부과하다, 명명하다, 가르치다
imponerse 우세하다, 압도하다
imponerse + inf. …해야 하다
importar (de algo) (무엇으로부터) 수입하다
importar (a uno) (누구에게) 관계가 있다, 중요하다 [3인칭]
incendiar 방화하다, 불을 지르다, 태워 없애다
incendiarse 불이 나다, 불에 타다
inclinar 기울이다, 구부리다
inclinar a uno + inf. 누구를 …하게 하다
inclinarse 기울어지다, 숙이다
inclinarse a + inf. …하고 싶어지다, …하는 경향이 있다
incluir (en algo) 무엇에 넣다, 포함하다, 셈에 넣다
incurrir en algo (죄・과오 등) 무엇을 범하다, 저지르다
incurrir en algo (증오・분오・멸시 등) 무엇을 받다, 당하다
indignar a uno 누구를 화나게 하다
indignarse (con uno) (누구에게) 화를 내다
indignarse por algo 무엇 때문에 화내다
infectar 오염・전염시키다
infectarse (de algo) (무엇에) 감염되다
influir en/sobre algo 무엇에 영향을 주다

influir a/en uno 누구에게 영향을 주다
informar de/sobre algo 무엇에 대하여 알리다, 보고하다
informarse de/sobre algo 무엇에 대하여 알다, 조사하다
ingresar a/en algo 무엇에 입학・입원・가입하다, 입금하다
insistir (en/sobre algo) (무엇에) 고집・집착하다
insistir en + inf. …하겠다고 고집하다, 우기다
insistir en que + ind. …라고 주장・생각하다
insistir en que + subj. …라고 고집하다, 우기다
inspirar a uno (algo) 누구에게 (무엇을) 불러일으키다, 영감을 주다
inspirarse en algo 무엇에서 영감을 받다, 암시를 받다
instruir (en/sobre algo) (무엇을) 알게 하다, 가르치다
instruirse en/sobre algo 배우다, 지식을 얻다
intentar 꾀하다, 시도하다
intentar + inf. …할 작정이다, …하려고 생각하다
intentar que + subj. …하도록 시도하다
interesar a uno 누구의 관심을 끌다, 흥미를 갖게 하다
interesarse en/por uno/algo 누구/무엇에 관심・흥미를 갖다
interesarse en/por + inf. …하기를 원하다
interferir algo 무엇을 방해하다
interferir en algo 무엇에 간섭・참견하다
interferirse en algo 무엇에 간섭・참견하다
internar a uno en algo 누구를 무엇(병원・수용소 등)에 수용하다
internarse en algo 무엇에 깊이 들어가다
intervenir en algo 무엇에 간섭하다, 참여하다
intervenir por uno 누구를 위하여 간섭하다
introducir (en) 안내하다, 들여 넣다, 소개하다
introducirse en algo 무엇에 들어가다, 끼어들다
invitar a uno (a) 누구를 초대하다
invitar a + inf. …하는데 초대하다, …하라고 권유하다
ir (a/de/hacia) (…로) 가다, (…상태로) 되다, 어울리다
ir a + inf. …하려고 하다, …할 예정이다
ir con uno/algo 누구/무엇과 함께 가다, 무엇과 어울리다
ir contra uno/algo 누구/무엇에 반대・대항하다, 맞서다
ir de algo 무엇 하러 가다, 무엇의 자격으로 가다

ir en algo 무엇을 타고 가다
ir para + inf. …하러 가다
ir a por uno 누구를 데리러 가다
ir (a) por algo 무엇을 가지러 가다
irse 떠나다, 가버리다
irse por algo 무엇을 통하여 가다

[J]

jugar (con) 경기하다, 놀다
jugar(se) 도박을 하다, 내기하다
jugar a algo 무엇의 경기를 하다
jugar bien con algo 무엇과 어울리다, 맞다
jugar con uno/algo 누구/무엇을 갖고 장난치다, 놀리다
jugarse (생명・재산 등을) 걸다
juntar 붙이다, 모으다
juntar a/con algo 무엇과 합치다, 연결하다
juntarse (con uno) (누구와 함께) 모이다, 동거하다
jurar (por) 맹세하다
juzgar 판단하다
juzgar (a uno) de algo (누구를) 무엇으로 판단하다
juzgar (a uno) por algo 무엇을 보고 (누구를) 판단하다

[L]

lamentar 유감으로 생각하다
lamentarse de/por algo 무엇을 슬퍼하다, 한탄하다
lanzar 던지다, 발사하다
lanzarse a algo 무엇으로 몸을 던지다, 뛰어들다
lanzarse contra/sobre uno/algo 누구/무엇으로 덮치다, 침투하다
lanzarse de algo 무엇에서 몸을 던지다, 뛰어 내리다
lastimar 상처를 입히다, 다치게 하다
lastimarse (con/contra/en) 다치다, 상처를 입다
lavar algo 씻다, 닦다

lavarse (자신을) 씻다, 닦다
leer 읽다, 독서하다, 추측하다
levantar 들다, 들어 올리다
levantarse 일어나다, 봉기하다
liberar a uno de uno/algo 누구를 (무엇으로부터) 해방시키다, 면제해주다
librar a uno/algo (de algo) 누구/무엇을 (무엇에서) 구하다
librar de + inf. …하는 것으로부터 면제하다, 구출하다
librarse de + uno/algo 누구/무엇으로부터 행방되다, 벗어나다
ligar (a/con/por) 묶다, 연결하다, 연합・제휴하다, 합금하다
ligarse 연합・동맹・결합하다
limitar 제한하다
limitar a uno a +inf. 누구에게 (…하는 것으로) 제한하다
limitar con algo 무엇과 경계를 접하다
limitarse a algo 무엇으로 제한하다
limitarse a + inf. …하기만 하다
limpiar 청소하다, 닦다, 훔치다
limpiarse (con algo) (무엇으로) 자신을 닦다
lindar con algo 무엇과 경계를 접하다, 가깝다, 근사하다
llamar 부르다, 전화하다, 소집하다, 노크하다
llamarse 이름이 …이다
llegar a algo 무엇에 도착・도달하다
llegar (a) (…에) 닿다, 도달하다, 충분해지다
llegar a + inf. …하게 되다
llegar a ser algo 무엇이 되다
llenar 가득 채우다, 기재하다, 충족하다
llenar de algo 무엇으로 가득 채우다
llenarse 무엇으로 가득해지다, 무엇 투성이다
llevar 가지고 있다(가다), 입고 있다, 운반하다
llevar (시간을) 보내다, 생활하다
llevar a uno 누구를 데리고 가다, 안내하다
llevar a uno 누구보다 우위에 있다, 나이가 많다
llevar a uno a + inf. 누구를 …하게 하다・데려가다
llevar(se) a cabo algo 무엇을 해내다, 완수하다
llevarse a uno/algo 무엇을 가져가다, 누구를 데리고 가다

llorar 울다, 눈물을 흘리다
llorar de algo 무엇 때문에 울다
llover 비가 오다
lograr 얻다, 성취하다, 달성하다
lograr + inf. …하는 것을 이루다, 해내다
lucir 빛나다, 두드러져 보이다, 뛰어나다
lucirse en algo 무엇에서 뛰어나다, 빛나다
luchar 싸우다, 투쟁하다
luchar con/contra uno/algo 누구/무엇에 대항하여 싸우다
luchar por algo 무엇을 위하여 싸우다
luchar por + inf. …하기 위하여 싸우다・노력하다

[M]

maldecir (de) uno/algo 누구/무엇을 저주・악담하다
manar (액체 등이) 나오다, 흐르다
manar de algo 무엇에서 흐르다, 나오다
mandar 명령하다, 보내다
mandar a uno por algo (누구를) 무엇을 찾으러 보내다
mandar a uno + inf. 누구에게 …하라고 명령하다
mandar (a uno) que + subj. (누구에게) …하라고 명령하다
manejar 운전하다, 다루다, 취급하다, 사용하다
manejarse 취급하다, 처신하다
manifestar 나타내다, 표현・표명하다
manifestarse 나타나다, 시위하다
mantener 유지・부양하다, 주장하다
mantenerse (con algo) (무엇으로) 유지하고 있다
mantenerse en algo 무엇을 유지하다
marcar 표시하다, 가리키다, 점수를 내다
marchar 떠나다, 작동하다, 행진하다
marcharse 떠나가다, 가버리다
matar 죽이다, 괴롭히다, 끄다, 없애다
matarse 죽다, 자살하다
matarse a/por + inf. …하는데 열중하다・신경 쓰다

matricular (en algo) (무엇에) 등록하다, 등록시키다
matricularse (en algo) (무엇에) 등록하다
mediar (en/entre algo) (무엇에/무엇 사이에) 중재·개입하다
medir (길이·높이·폭 등이) …이다, 재다, 계량하다
mejorar 개량·개선하다, (날씨가) 좋아지다
mejorar de algo 무엇이 좋아지다·나아지다
mejorarse (병세·상황·날씨 등이) 좋아지다
mencionar 언급하다, 서술하다
merecer …할·받을 만하다, 가치가 있다
merecer + inf. …할 자격이 있다, …할 만하다
meter a uno en algo 누구를 무엇에 들여보내다
meter algo (en) 무엇을 넣다
meterse a algo 무엇이 되다
meterse con uno 누구와 싸우다, 싸움을 걸다
meterse en algo 무엇에 들어가다, 참견·개입하다
mezclar(se) (con algo) (무엇과) 섞다, 섞이다
mezclarse en algo 무엇에 개입하다, 참견하다
mirar 바라보다, 쳐다보다
mirar a uno 누구를 바라보다
mirar (a) algo 무엇을 바라보다, 어디로 행해 있다
mirar por uno 누구를 보살피다, 돌보다
mirarse 자신을 보다, 서로 보다
mirarse en uno 누구를 본받다, 비추어보다
molestar 괴롭히다, 귀찮게 하다
molestarse con uno/algo 누구/무엇에 화내다, 짜증내다
molestarse en + inf. 번거롭게 …하다
montar (a/en) 타다, 설치하다, 총계가 …에 달하다
morder 씹다, 물다
morir(se) 죽다
morir(se) de algo 무엇으로 죽다
morirse por uno/algo 누구/무엇이 좋아 죽을 지경이다
morirse por + inf. …하고 싶어 죽을 지경이다
mostrar 보여주다, 내색하다, 과시하다
mostrarse 모습을 보이다, 나타나다

mostrarse + adj. …한 상태로 보이다, 행동하다
motivar 동기를 주다, 자극하다
mover 움직이다, 위치를 옮기다
mover a uno a + inf. 누구를 …하게 하다
moverse (스스로) 움직이다, 떠나다, 서둘다
mudar 바꾸다, 교체하다, 옮기다
mudar de algo 무엇을 바꾸다
mudarse de algo (스스로) 무엇을 바꾸다, 갈다

[N]

nacer (en) (…에서) 태어나다, 생기다
nacer de uno/algo 누구/무엇에서 태어나다, 생겨나다
nadar 수영하다, 헤엄치다
navegar 항해하다, 비행하다
necesitar a uno/algo 누구/무엇을 필요로 하다
necesitar + inf. …할 필요가 있다
necesitar que + subj. …하는 것이 필요하다
negar 부정하다, 거부하다
negarse a + inf. …하는 것을 부정하다, 거부하다
nevar 눈이 내리다

[O]

obedecer 복종·순종하다, 지키다
obedecer a algo 무엇에 의하다, 기인하다
obligar a uno 누구에게 강요하다, 의무를 지우다
obligar a + inf. …하도록 강요하다, 부득이 …하다
obligarse a + inf. …하는 의무를 지다, …해야 하다
obligar a que + subj. 억지로 …하게 하다, 강요하다
observar 주시하다, 관찰하다, 준수하다
obtener 얻어내다, 손에 넣다, 획득하다
ocultar a uno/algo 누구/무엇을 감추다, 숨기다
ocultarse 숨다

ocupar 점령・차지하다, 거주하다, 고용하다
ocuparse con algo 무엇을 담당하다
ocuparse de uno 누구를 돌보다, 신경 쓰다
ocuparse de algo 무엇을 담당하다, 책임지다
ocuparse de/en + inf. …하는 것을 담당하다
ocurrir 일어나다, 생기다, 발생하다
ocurrirse a uno algo 누구에게 무엇이 생각나다, 떠오르다
ofrecer 제공하다, 제안하다, 권하다
ofrecerse a/para + inf. …하기 위해 자청하다
oír 듣다
oír hablar de uno/algo 누구/무엇에 대해 말하는 것을 듣다
oler 냄새가 나다, 냄새를 맡다, 남의 뒤를 캐다
oler a algo 무엇의 냄새가 나다, 티가 나다
olvidar a uno/algo 누구/무엇을 잊다, 두고 오다
olvidar + inf. …하는 것을 잊다
olvidarse a uno 누구에게서 잊히다 [3인칭]
olvidarse de uno/algo 누구/무엇을 잊다, 저버리다
olvidarse de + inf. …하는 것을 잊다
opinar (en/sobre algo) (무엇에 대하여) 생각하다, 의견을 가지다
oponer (방해물을) 놓다, 저지하다, 반대하다
oponerse 반대・대립하다
oponerse a uno/algo 누구/무엇에 반대하다
oponerse a + inf. …하는 것을 반대・거부하다
oprimir 억압하다, 누르다, 죄어 매다
optar entre algo 무엇 중에서 선택하다
optar por algo 무엇을 선택・선호하다
optar por + inf. …하기로 하다, 선택하다
ordenar 명령하다, 정리하다
ordenar a uno + inf. 누구에게 …하라고 명령하다・말하다
ordenar a uno que + subj. 누구에게 …하라고 명령하다・말하다
orientar (hacia algo) (어디로) 방향을 정하다, 길을 가리켜주다
orientarse (a/hacia algo) (어디로) 방향을 정하다

[P]

padecer (고통을) 겪다, 당하다, 견디다
padecer de algo 무슨 병을 앓다, 어디가 아프다
pagar (돈을) 내다, 지불하다
pagar (con algo) (무엇으로) 갚다, 보답하다
pagar por algo 무엇의 값으로 지불하다
parar (en/a algo) (어디에서) 멈추다, 끝나다, 머무르다
parar de + inf. …하는 것을 멈추다
parar en algo 무엇으로 끝나다, 마무리 되다
pararse 멈추다, 정지하다
parecer …인 것 같다, …처럼 보이다
parecer a uno 누가 생각하다
parecer + inf. …하는 것으로 보이다
parecer que + ind. …인 것 같다
no parecer que + subj. …인 것 같지 않다
parecer bien/mal que + subj. …하는 것은 좋다고/나쁘다고 생각하다
parecer adj./sust. que + subj. …하는 것은 형용사/명사 같다
parecerse (a uno/algo) (누구/무엇을) 닮다, 비슷하다
partir (en algo) (무엇으로) 나누다, 쪼개다, 분배하다
partir (para algo) (어디로 향하여) 떠나다, 출발하다
partirse (스스로) 쪼개지다, 갈라지다
pasar (…이) 일어나다, 통과하다, 지나가다, 상영하다
pasar algo 무엇을 겪다
pasar algo 무엇을 넘겨주다
pasar a uno/algo 누구에게 가다, 어디로 가다
pasar con/sin algo 무엇으로(무엇 없이) 지내다, 견디다
pasar de algo 무엇을 넘기다, 초과하다
pasar de uno/algo 누구/무엇을 무시하다, 무관심하다
pasar por uno/algo 누구/무엇을 지나가다, 들르다
pasar por + adj./sust. …인 척 하다, …로 보이다
pasarse 지나가다, 썩다, 상하다
pasarse 지나쳐가다, 과하다
pasarse 끝나다, 사라지다

pasarse (자신을) 문지르다, 빗질하다
pasarse a uno algo 누구에게서 무엇이 지나가다, 잊히다
pasarse de + adj. 너무 …하다, 과도하다
pasear por algo 어디를 산책하다, 돌아다니다
pasear a uno 누구를 산책시키다, 데리고 나가다
pasearse (en/por algo) (어디에서) 산책하다, 돌아다니다
pedir 요구하다, 부탁하다, 주문하다
pedir a uno algo 누구에게 무엇을 요구하다, 부탁하다
pedir a uno que + subj. 누구에게 …하라고 요구하다, 부탁하다
pegar 때리다
pegar (en algo) (무엇에) 붙이다, 붙다
pegar 꼭 들어맞다, 어울리다
pegar contra algo 무엇에 부딪치다
pegar(se) 감염시키다(되다), 물들게 하다
pegarse a algo/uno 누구/무엇에 달라붙다
pegarse con uno 누구와 싸우다, 언쟁하다
peinar 머리를 빗다, 빗겨주다, 수사하다
peinarse (con algo) (무엇으로) 머리를 빗다
pelar (무엇의 털・껍질을) 자르다, 뽑다, 벗기다
pensar 생각하다
pensar en uno/algo 누구/무엇을 생각하다
pensar + inf. …하려고 생각하다
percatarse de algo 무엇을 깨닫다, 알아차리다
perder 잃다, 놓치다, 패하다
perderse 길을 잃다, 상하다, 사라지다
perdonar 용서하다, (의무 등을) 면제하다
perjudicar (a algo) (무엇을) 해치다, 폐를 끼치다
permanecer 체재하다, (어떤 상태로) 있다
permitir 허락・허가하다
permitir + inf. …하는 것을 허락・허가하다
permitir que + subj. …하는 것을 허락・허가하다
persistir (en algo) (무엇을) 고집하다, 지속되다
persistir en + inf. …하는 것을 고집하다
persuadir a uno de algo 누구에게 무엇을 설득하다

persuadir a uno de que + ind. 누구에게 …라고 설득하다
persuadir a uno de/para que + subj. 누구에게 …하라고 설득하다
persuadirse de algo 무엇을 확신하다, 믿다
persuadirse de que + ind. …라는 점을 확신하다, 믿다
pertenecer a uno/algo 누구/무엇에 속해있다, 소속하다
pesar 무게를 달다, 무겁다, 무게가 …이다
picar (en) (동물 등이) 물다, 간지럽게 하다, 자극하다, (잘게) 썰다
picarse 화내다, 상하다, (술이) 쉬다
pintar 칠하다, 그리다, (과실 따위가) 물들다
pintarse (과실 따위가) 물들다, 화장하다, 칠하다
pisar 밟다, 짓밟다
placer 기쁘게 하다, 즐겁게 하다 [주로 3인칭 단수 사용]
planear 계획하다
plantar a uno/algo (나무 등을) 심다, 설치하다, 바람맞히다
plantarse 우뚝 서다, 움직이지 않다
poblar (con/de algo) (무엇을) 거주시키다, 거주하다
poblarse de algo 무엇이 가득하다, 증가하다, 불어나다
poder 할 수 있다, 능력이 있다
poder + inf. …할 수 있다, …해도 되다
poder con algo 무엇을 할 수 있다, 이기다
poder que + subj. …일 수도 있다, …할 가능성이 있다 [3인칭 단수]
poner (en) 놓다, 넣다, 켜다, 쓰다, 설치하다
poner a uno + adj. 누구를 …상태로 만들다
poner a uno algo 누구에게 (옷, 신발 등) 무엇을 입히다, 신기다
poner a uno a + inf. 누구를 …하게 하다
poner a uno de/como algo 누구를 무엇으로 쓰다, 부리다
poner que + ind./subj. …라고 가정하다
ponerse 위치하다, (자세를) 취하다
ponerse (algo) (옷, 신발 등을) 입다, 신다
ponerse + adj. …상태로 되다
ponerse a + inf. …하기 시작하다
poseer 소유하다
practicar 연습하다, 행하다
preferir a uno/algo (a) (…보다) 누구/무엇을 더 좋아하다, 택하다

preferir a uno/algo (de/entre) (…중에서) 누구/무엇을 더 좋아하다, 택하다
preferir + inf. (a + inf.) (…하는 것보다) …하는 것을 선호하다
preferir que + subj. …하는 것이 좋다
preguntar a uno 누구에게 물어보다
preguntar por uno/algo 누구/무엇에 대해 물어보다, 찾다
preocupar a uno 누구를 걱정시키다
preocuparse (de/por uno/algo) (누구/무엇에 대해) 걱정하다
preparar 준비하다, 조제하다
prepararse a/para + inf. …하기 위해 준비하다
prescindir de uno/algo 누구/무엇을 무시・배제하다, 잊어버리다
presentar 보이다, 제출하다, 상영하다, 소개하다
presentarse (ante/en) (…앞에) 나타나다, 출두하다
prestar algo a uno 누구에게 무엇을 빌려주다
prestarse a + inf. 자진해서 …하다
pretender 구하다, 노리다, 구혼하다
pretender + inf. …하려 하다, 해보다, 시도하다
prevenir 예방하다, 방지하다, 준비하다
prevenir a uno (de/contra) (…에 대해) 누구에게 경고하다, 주의시키다
prevenir a uno que + ind./subj. 누구에게 …라고 경고하다
prevenir que + subj. …하는 것을 예방하다
prevenirse (de algo) (무엇을) 준비하다, 조심하다
privar a uno de algo 누구에게서 무엇을 빼앗다, 박탈하다
privar a uno de + inf. 누가 …하는 것을 못하게 하다
privarse de algo 무엇을 금지하다, 그만두다
probar 시도하다, 시험하다, 입증하다
probar a + inf. …하는 것을 시도해보다
probarse 입어보다, 먹어보다
proceder de algo 무엇에서 나오다, 유래하다
producir 생산하다. 제조하다, 초래하다
prohibir 금지하다
prohibir a uno + inf. 누가 …하는 것을 금지하다
prohibir a uno que + subj. 누가 …하는 것을 금지하다
prometer 약속하다, 유망하다
prometer + inf. …할 것을 약속하다

prometer a uno que + ind. 누구에게 …할 것을 약속하다
pronunciar 발음하다, (연설을) 하다, 선고하다
pronunciarse 반란을 일으키다, 확실히 나타나다
proponer 제안・제시하다, 추천하다
proponer + inf. …할 것을 제안하다
proponer que + subj. …할 것을 제안하다
proponerse + inf. …하기로 생각・결심하다
proteger a uno/algo (contra/de algo) (무엇으로부터) 누구/무엇을 보호하다
protegerse contra/de algo 무엇으로부터 자신을 보호하다
protestar contra algo 무엇에 대하여 항의하다, 반대하다
protestar por algo 무엇에 대하여 불평하다, 반대하다
proveer de algo 무엇을 공급하다, 제공하다
proveerse de/con algo 무엇을 준비하다, 공급받다
provenir de algo 무엇에서 유래하다, 나오다
provocar a uno algo 누구에게 무엇을 유발하다, 자극하다
provocar a + inf. …하도록 자극하다
publicar 발표하다, 발행・출판하다

[Q]

quebrar 깨다, 부러뜨리다, 파산하다
quebrarse 깨지다
quedar 남다, 머무르다
quedar …에 있다
quedar (en algo) (어떤 상태에) 있다, 머무르다
quedar a uno bien/mal (옷, 구두 등이) 누구에게 잘 맞다/맞지 않다
quedar en + inf. …하기로 결정하다
quedarse 남다, 머물다
quedar(se) + adj./adv. …의 상태가 되다
quedarse con algo 무엇을 가지다, 자기 것으로 하다
quejarse (de/sobre algo) (무엇에 대해) 불평하다, 호소하다
quemar (con) 태우다, 불에 데다, 뜨겁다
quemarse 타다, 데다, 그을다
querer 사랑하다, 원하다

querer + inf. …하기를 원하다
querer que + subj. …하기를 원하다
quitar 빼앗다, 없애다, (옷 등을) 벗기다
quitarse (de) (…에서) 벗어나다, 없어지다, (옷 등을) 벗다

[R]

realizar 실현하다, 실시・실행하다
realizarse 실현・실행되다
rebajar 낮추다, 내리다, 가격을 인하하다
rebajarse 머리를 숙이다, 굴복하다
recaer en algo (죄, 나쁜 버릇 등에) 다시 빠지다, (책임 등이) 돌아오다
recibir 받다, 받아들이다, 수취하다, 맞이하다
recobrar 되찾다, (건강・애정 등을) 회복하다
recobrarse 만회하다, 회복하다
recoger 줍다, 수확하다, 모으다, 수용하다
recomendar 추천하다, 권하다
recomendar + inf. …하기를 권하다, 충고・조언하다
reconocer (por algo) (무엇으로) 인지하다, 알아보다
recordar (de) 기억(생각)하게 하다, 기억하다
reducir (a algo) (무엇으로) 만들다, 줄이다, 제한하다
reducirse (a algo) 감소하다, (…만으로) 제한하다
referir 말하다, 설명하다, …에 관하다
referirse a uno/algo 누구/무엇에 관해 말하다, 관계가 있다
reflejar 반사・반영하다, 나타내다
reflejarse 비치다, 나타나다
regalar 선물하다, (선물로) 주다, 즐겁게 하다
regalarse con algo 무엇을 즐기다
regir 통치하다, 유효하다, 작동하다
regirse por algo 무엇에 따르다
regresar 돌아가다, 돌아오다, 돌려주다
rehusar 거부하다, 거절하다
reír(se) 웃다, 비웃다
reírse de uno 누구를 비웃다

rellenar con/de algo 무엇으로 채우다
rendir 항복시키다, 피곤하게 하다, 잘 움직이다
rendirse (a uno) (누구에게) 항복하다, 굴복하다, 시인하다
rendirse de algo 무엇 때문에 지치다, 녹초가 되다
renovar 새롭게 하다, 다시 시작하다, 갱신하다
renunciar a algo 무엇을 그만두다, 포기하다, 양보하다
renunciar a + inf. …하는 것을 포기하다
reñir a uno 누구를 나무라다, 꾸짖다
reñir (con uno) (누구와) 싸우다, 사이가 나빠지다
reñir por algo/uno 무엇/누구 때문에 싸우다, 논쟁하다
reparar 고치다, 수리하다
reparar en algo 무엇에 마음을 쓰다, 주의하다
repartir (a/entre) (…에게) 나누다, 분배하다, 할당하다
repetir 반복하다, 되풀이하다
reponer 복직시키다, 보충하다, 수리하다, 재상영하다
representar 나타내다, 상연하다, 역할을 해내다, 대표하다
reproducir 모사・복제하다, 재생・재현하다
reproducirse 다시 생기다, 번식하다
reservar 챙기다, 예약하다, 유보하다
reservarse 떼어 놓다, 말하지 않고 두다
resignar algo en uno (권력・임무 등을) 누구에게 넘기다, 이양하다
resignarse (a/con) 포기하다, 받아들이다
resignarse a + inf. 체념하고 …하다, 받아들이다
resistir 버티다, 저항하다
resistirse a + inf. …하려 하지 않다
resolver 해결하다, 풀다, 결정하다
resolver + inf. …하기로 결심・결정하다
resolverse (문제가) 풀리다, 해결되다
resolverse a + inf. …할 결심을 하다
responder (a algo) (무엇에) 대답하다, 부응하다, 작동하다
responder de algo 무엇을 책임지다, 보증하다
responder por uno 누구를 보증하다, 책임지다
resultar 결국 …로 되다, …한 결과로 되다
resultar de algo 무엇의 결론이 나다, 결과가 나오다

resultar en algo (결국) 무엇이 되다, 결론이 나다
retirar algo (de algo) (무엇에서) 무엇을 치우다, 인출하다
retirarse de algo 무엇에서 떠나다, 은퇴하다
retrasar 늦추다, 연기하다, 늦다
reunir a uno/algo 누구/무엇을 모으다
reunirse 모이다
reventar 파열하다, 근질근질하다, 파열시키다, 싫증나게 하다
reventarse 튕기다, 파열하다, 녹초가 되다
robar 훔치다, 도둑질 하다
rodar 구르다, 다니다, 달리다, 촬영하다
rogar 간청하다, 부탁하다
rogar a uno + inf. 누구에게 …해달라고 부탁하다
rogar a uno que + subj. …해달라고 부탁하다
romper 부러뜨리다, 깨뜨리다, 찢다, 끊다, 고장 내다
romper a + inf. 갑자기 …하기 시작하다
romper con uno 누구와 절교하다, 헤어지다
romperse 부러지다, 고장 나다, 끊어지다

[S]

saber 알다, 이해하다, …에 정통하다
saber a algo 무엇의 맛이 나다
saber + inf. …할 줄 알다
saber de uno/algo 누구/무엇에 대해 알다
saber que + ind. …을 알다
sacar 꺼내다, 뽑다, 빼다, 얻다
sacar a uno 누구를 불러내다, 꺼내다
sacar a uno a + inf. 누구를 …하도록 끌어내다, 불러내다
sacar algo/uno de algo 무엇에서 누구/무엇을 꺼내다, 빼다
sacar algo a uno 누구에게서 무엇을 빼앗다, 빼다
sacarse (자신에게서) 꺼내다, 빼다
salir 나가다, 출발하다, (결과로) …이 되다
salir a + inf. …하러 나가다
salir a uno 누구를 닮다

salir bien(mal) 성공(실패)하다
salir con uno 누구와 나가다, 사귀다
salir de algo 어디에서 출발하다, 나가다, 벗어나다
salirse (de algo) (무엇에서) 나오다, 벗어나다, 새다
saltar (a/de/en/por) 뛰다, 튀어 오르다
saltarse 건너뛰다, 빼먹다, 빠지다
salvar 구조하다, 극복하다, 제외하다
salvarse 구출되다, 도망치다, 회복하다
sangrar 피가 나다, 피를 흘리다
sangrar de/por algo 무엇에서 피가 나다
satisfacer 만족시키다
satisfacerse con algo 무엇에 만족하다
satisfacerse con + inf. …하는 것으로 만족하다
secar 말리다, 건조시키다, 괴롭히다
secarse 마르다, (자기 자신을) 말리다
seducir 매혹・유혹하다
seguir 계속하다, 유지하다, 따르다
seguir + adj./adv. …상태를 유지하다
seguir en algo 계속 무엇에 있다, 계속하다, 유지하다
seguir + ger. 계속 …하다
seguir sin + inf. 계속 …하지 않고 있다
semejarse a uno/algo 누구/무엇을 닮다, 비슷하다
sentar 앉히다, 가라앉히다
sentar (bien/mal) 어울리다, 맞다, 적합하다
sentar bien/mal que + subj. 마음에 들다/들지 않다, 기분이 좋다/좋지 않다
sentarse 앉다
sentarse a + inf. …하려고 앉다
sentir 유감이다, 느끼다, 슬퍼하다
sentir + inf. …해서 유감이다, 미안하다
sentir que + ind. …하는 것을 느끼다, 알아차리다
sentir que + subj. …해서 유감이다
sentirse + adj./adv. …하게 느끼다
separar (de uno/algo) (누구/무엇으로부터) 떼어내다, 분리하다
separarse 분리되다, 헤어지다

sepultar 묻다, 매장하다, 숨기다
ser …이다, …가 되다
ser 행해지다, 개최되다
ser de uno/algo 어디 출신이다, 제품이다, 누구의 것이다
ser de + inf. …해야 한다, …해도 좋다
ser para uno/algo/inf. 무엇에 해당하다, 누구의 것이다, 무슨 용도이다
servir 봉사・근무하다, (음식 등을) 대접하다, 제공하다
servir de algo 무엇으로 사용되다, 쓸모가 있다
servir de algo 무엇의 역할을 하다
servir para algo 무엇에 소용이 되다
servir para + inf. …하기 위해 사용되다
servirse de algo 무엇을 사용하다
significar 뜻하다, 의미하다, 중요하다
situar (en algo) (어디에) 배치하다, 두다
situarse 위치하다, 자리 잡다, 취업하다
sofocar 질식시키다, (화재・소란 따위를) 진압하다
sofocarse 숨이 막히다, 얼굴을 붉히다, 정색하다
soler + inf. 자주 …하다, …하곤 하다
solicitar 요청하다, 부탁하다
solicitar algo a uno 누구에게 무엇을 요구하다, 부탁하다
soltar 놓다, 석방하다, (웃음・울음을) 터뜨리다
soltarse 날아가다, (구두끈 따위가) 풀리다
someter 진압하다, 정복하다, 제출하다
someterse a algo 무엇에 따르다, 항복하다
sonar 울리다, 소리 나다, 기억나다, 낯이 익다
sonar a algo 무엇 같다, 무엇의 기미가 보이다
sonar que + ind. …라는 소문이 나다
sonarse 코를 풀다
soñar 꿈꾸다, 간절히 바라다
soñar (con uno/algo) (누구/무엇의) 꿈을 꾸다, 공상하다
soñar con + inf. …하기를 바라다, 꿈꾸다
soñar que + ind. …하는 꿈을 꾸다
soplar (바람이/바람을) 불다
soplar a uno 누구에게 (답을) 알려주다, 고자질하다

sorprender 놀라게 하다, (뜻밖에) 발견하다
sospechar (de algo) (무엇에 대해) 의심하다, 추측하다
subir 올라가다, 상승하다, 증가하다
subir a algo 무엇에 올라가다, 싣다, 달하다
subirse 올라가다
suceder (일이) 일어나다, 생기다
suceder a uno/algo 누구를 계승하다, 무엇을 이어받다
suceder con uno 누구에게 일어나다, 발생하다
sufrir 고통 받다, 겪다, 견디다
sugerir (a uno) (누구에게) 암시하다, 제안하다
sugerir + inf. …하라고 제안하다
sugerir que + subj. …하라고 제안・충고하다
superar (a) (…보다) 뛰어나다, 극복하다
suponer 생각하다, 추측하다, 상상하다
suponer que + ind. …라고 생각하다, 가정하다
suponiendo que + subj. …라고 가정하면
suponerse que + ind. …라고 상상하다, 생각하다
surgir 생겨나다, 나타나다, 떠오르다
suscribir 서명하다, 승인하다
suscribirse a algo 무엇에 가입하다, 구독신청을 하다
suspender 매달다, 중지하다, 낙제시키다
suspender de algo 무엇에서 제외하다, 퇴학시키다
suspenderse 중단되다, 취소되다, 매달리다
suspirar 한숨을 쉬다
suspirar por algo/uno 무엇을 동경・열망하다, 누구를 사랑하다
suspirar por + inf. …하기를 열망하다
sustituir (por algo) (무엇으로) 대체하다, 교체하다

[T]

tapar (con algo) (무엇으로) 덮다, 막다, 감추다, 숨기다
tapar a uno algo 누구에게 무엇이 안보이게 가리다
taparse 몸을 감싸다, 가리다
tardar 늦어지다, 지체하다

tardar + tiempo 시간이 걸리다
tardar en + inf. …하는 데 시간이 너무 많이 걸리다
tardar tiempo en + inf. …하는 데 시간이 걸리다
tardarse (시간이) 걸리다
temblar (de algo) (무엇 때문에) 떨다, 흔들리다
temer (a uno/algo) (누구/무엇을) 무서워하다, 두려워하다
temer + inf. …할까 걱정하다, …한 것 같다
temer por algo 무엇을 걱정하다
temer que + ind. …할 것이라니 걱정하다, …인 것 같다
temer que + subj. …할까봐 걱정하다
temerse que + ind. …할 것이라니 걱정하다, …인 것 같다
temerse que + subj. …할까봐 걱정하다
tender 펼치다, 늘리다, 내밀다
tender a algo 어떤 방향으로 기울어지다, 치우치다
tender a + inf. …하는 경향이 있다, …할 기미가 보이다
tenderse en/sobre algo 무엇에 눕다
tener 갖고 있다, 보유하다, 소유하다
tener a uno por + adj. 누구를 …로 취급하다
tener + p.p. …해두다
tener que + inf. …해야 한다
tenerse por + adj. 스스로 …라고 생각하다
tentar 더듬다, 자극하다, 시험하다, 유혹하다
tentar a + inf. …하도록 유혹하다, 부추기다
teñir de/en algo 무엇으로 물들이다, 염색하다
teñirse 물들다, (자신의 무엇을) 염색하다
terminar 끝나다, 마치다
terminar + ger. 결국 …하다
terminar con algo/uno 누구와 끝내다, 무엇을 없애다, 파괴하다
terminar de + inf. …하는 것을 끝내다
terminar en algo 무엇으로 끝나다
terminar por + inf. 결국 …하다
terminarse 끝나다, 다하다, 떨어지다
testificar 증명하다, 증언하다
tirar 넘어뜨리다, 버리다, 쏘다

tirar a uno/algo 누구/무엇을 닮다, 매혹하다, 누구에게 던지다
tirar de algo 무엇을 잡아당기다, 끌다
tirarse a/en algo 무엇에 뛰어들다
tirarse de algo 무엇에서 뛰어내리다
tirarse sobre uno/algo 누구/무엇에 뛰어들다, 달려들다
tocar 만지다, (문을) 두드리다, 연주하다, 당첨되다, 정박하다
tocar a uno (+ inf.) 누구 차례가 되다, 누가 …할 차례이다
tolerar 관용하다, 허용하다, 참다, 견디다
tomar 마시다, (물건 등을) 취하다, (교통수단을) 타다
tomar a uno por uno 누구를 누구로 오인하다, 취급하다
topar con algo 무엇과 부딪치다, 발견하다
toparse (con uno) (누구와 우연히) 만나다
torcer (a/hacia algo) (어느 쪽으로) 굽다, 구부리다, 비틀다
torcerse 삐다, 꼬이다, 좌절되다, 악화되다
trabajar 일하다, 공부하다, 경작하다, 작동하다, 취급하다
trabajar por + inf. …하기 위하여 일하다
traducir 번역하다, 표현하다
traducirse en algo 무슨 결과를 내다, 무엇으로 바뀌다
traer 가져오다, 입고 있다, 초래하다, …하게 하다
transformar a uno/algo 누구/무엇을 변화시키다, 바꾸다
transformarse en algo 무엇으로 바뀌다, 변하다
transigir (con uno) (누구와) 타협하다, 화해하다
transigir con algo 무엇을 참다, 용서하다, 허용하다
transigir en + inf. …하는 것에 합의하다, 타협하다
transitar por algo 무엇을 통하여 통행하다, 운송하다
transmitir 전송하다, 전도하다, 발신하다
traslucirse (de/en) 반영하다, 비춰지다
trasnochar (en) 밤을 새우다・보내다
traspasar 관통하다, 건너다, 옮기다
tratar 대하다, 다루다
tratar con uno/algo 누구와 사귀다, 무엇을 다루다
tratar de/sobre algo 무엇에 대하여 논하다, 다루다, 문제로 삼다
tratar de tú/usted 너/당신으로 대하다
tratar de + adj. …로 취급하다, 비난하다

tratar de + inf. …하려고 노력하다 · 애쓰다
tratar en algo 무엇을 취급하다, 거래하다, 팔다
tratarse de algo 무엇에 관하다, 무엇에 대한 일이다
tratarse de + inf. …하는 것에 연관되다
triunfar 승리하다, 이기다
trocar (por algo) (무엇으로) 바꾸다, 교환하다
trocarse (en algo) (무엇으로) 완전히 바뀌다
tronar 천둥치다, 요란하게 울리다, 사이가 틀어지다
tropezar (en algo) (무엇에 걸려) 넘어지다
tropezar con algo 무엇에 부딪히다, 충돌하다
tropezarse (con uno) (누구와) 마주치다, 우연히 만나다
tumbar 쓰러뜨리다, 타도하다, 낙제시키다
tumbarse 드러눕다, 무너지다
turbar 어지럽히다, 당황하게 하다
turbarse 당황하다, 동요하다

[U]

unificar 동일하게 하다, 통일하다
unir 연결하다, 단결하다
unirse 가입하다, 합치다, 찬성하다, 결혼하다
unirse a algo 무엇에 합치다, 합세하다
urgir 급하다, 재촉하다, 긴급히 요구하다
usar 사용하다, 쓰다, 직업으로 삼다
usar de algo 무엇을 사용 · 이용하다
usarse 사용되다, 유행이다

[V]

vaciar 비우다
vacilar 흔들리다, 머뭇거리다
vacilar en + inf. …하는 데 망설이다, 머뭇거리다
valer 가치가 있다, 값지다
valer (a) 가격이 얼마이다

valer por algo 무엇의 가치가 있다
valerse de uno/algo 누구를 이용하다, 무엇을 사용하다
variar 바뀌다, 바꾸다, 다르다
variar de algo 무엇과 다르다, 무엇을 바꾸다
velar 망보다, 돌보다, 철야하다, 야근하다
velar por uno/algo 누구/무엇을 열심히 살피다・돌보다
vencer 이겨내다, (기간 등이) 마감되다
vencer a uno/algo 누구/무엇을 이겨내다, 물리치다
vender 팔다, 배신하다
vender a algo 얼마에 팔다
venderse (a/por algo) (무엇에) 팔리다
vengar (a uno) (누구의) 원수를 갚다
vengarse 복수하다
venir (a/de algo) (어디로/어디에서) 오다, 비롯되다
venir a + inf. …하러 오다
venir a + inf. (결국) …하게 되다
venir a uno + adj./adv. 누구에게 …하다
venir a uno bien 누구에게 좋다, 적합하다
venir + ger. 계속해서 …하다
venir + p.p. …상태로 오다, …해 있다
ver 보다, 만나다, 알다
ver a uno + inf./ger. 누가 …하는 것을 보다
verse 보이다, 알다
verse (con uno) (누구와) 만나다
verse (어떤 장소・상태에) 있다
verificar 확인하다, 검사하다, 실행・실현하다
verificarse 실행・실현되다, 확실해지다
vestir (de) 옷을 입다, 옷을 입히다
vestirse (con/de) 옷을 입다
viajar 여행하다, 운행하다
viajar (a/por algo) (어디를・어디로) 여행하다
viajar en/por algo 무엇을 타고 여행하다, 운송되다
vigilar 지켜보다, 감시하다
vigilar a uno 누구를 감시하다

vigilar por algo 무엇을 감시하다, 주의하다
visitar 방문하다, 시찰하다
vivir (en algo) (어디에) 살다, 거주하다
vivir de algo 무엇으로 살아가다, 생계를 유지하다
volar (a/hacia algo) (무엇을 향해) 날다, 폭파하다
volver (a/de algo) (어디로/어디에서) 돌아가다·돌아오다
volver a + inf. 다시 …하다
volverse 돌아오다·가다, 뒤집히다, 뒤돌아보다
volverse + adj. …로 되다
votar (por/contra) (…의 쪽에/반대로) 투표하다

[Y]

yacer (en) 누워있다, 묻혀있다, 위치하다
yuxtaponer 나란히 놓다, 늘어놓다

[Z]

zafar 풀다, 풀어놓다
zafarse 풀리다, 도망치다
zambullir (en algo) (무엇에) 넣다
zambullirse (en algo) (무엇에) 숨어 들어가다, (물속에) 뛰어들다
zamparse 급히 먹다, (급히) 숨다·들어가다
zumbar (소리 등이) 울리다, 때리다